海淀法院文丛 | 总主编：鲁为

# 刑事疑难问题

## 典型案例评析

主 编：肖中华 范 君

副主编：陈 雷 游 涛 徐 进

法律出版社
LAW PRESS · CHINA

# 编辑委员会

# 序

当前,加快推进法治国家建设成为全社会的共识。然而,法治建设是一项系统工程,其基本内涵包括科学立法、严格执法、公正司法和全民守法,只有把这些方面都做好了,才能保障公民的权利和自由,实现社会的和谐与进步。

立法方面,总的来说,改革开放以来取得了长足进步。我国法律体系的基本框架已经形成,特别是私权保护方面的法律法规越来越完善,比如《物权法》、《侵权责任法》等法律的制定和实施,为公民的财产权、人身权等私权提供了制度保障。

执法和司法方面,法律制定完善后必须付诸实施。再好的法律如果没有得到贯彻实施,也是纸面上的法律,不是现实的法律。更重要的是,执法和司法活动是社会公众直接与法律近距离的“遭遇”,与其日常生活息息相关,如实践中出现的民间借贷、医疗事故等民事纠纷,因而也更能引起社会公众的关注。所以从某种程度上说,执法和司法的任务要远远大于立法的任务,法律权威的树立往往更有赖于执法机关和司法机关的执法办案活动。

守法方面,全民守法是法治的基本要求,也是检验法治社会的标准之一。我们每一个普通公众都是法律共同体的成员,我们在监督国家机关依法执法、司法的同时,也要共同遵守法律。当前,我们的权利意识越来越强,大多数人都懂得拿起法律武器维护自身的合法权益,但由于地域差异、认识水平等原因,大家的法律意识和诉讼能力参差不齐;加上法律固有的专业化、抽象化的特点,不同的人对法律条文的理解可能会出现偏差,这就需要司法机关在一个个具体的案件中通过法律适用引导公众认识法律,建立起连接立法和守法的桥梁,间接地承担起一个普法者的角色。

海淀法院是全国司法能力和水平最好的基层法院之一,在特殊的区位优势下,各类疑难、复杂、新类型案件层出不穷,每年审理数以万计的诉讼案件,作出了一批又一批经典性、开创性和有影响力的裁判,积累了丰富的审判经验,在全国树立了公平正义的司法形象。同时,海淀法院有着浓厚的法律文化氛围,注重对审判业务、司法理论的钻研,锤炼了较高的应用法学研究水平,在审判管理、专业化审判等领域的司法改革走在全国前列。这套海淀法院文丛,凝聚着海淀法院法官的集体智慧,是海淀法院多年来审判实践和裁判经验的总结,我认为丛书的出版将产生两方面的重要价值和积极意义：

一是将对法官办案产生示范和引领作用。目前各地法院裁判尺度不统一的现象还比较突出，主要问题在于对法律适用的标准和自由裁量的幅度把握不一致，特别是在法律规定不完善的情况下，如何运用法律精神、原则作出公平公正的裁判，实践中存在的问题还很多。此外，不同地区、不同法官之间的司法水平差别还不小，全面提升司法能力和水平将是树立司法公信力的必经之路。该套系列丛书，通过对真实案例的阐述和解析，展现了海淀法院法官裁判案件的思路、方法和技巧，将为全国法院办理同类案件提供参考借鉴，促进审判质量和水平的不断提升。

二是将对社会公众起到诉讼指引和普法教育作用。我认为，普法教育可以分为以下三个层次：初级层次的“知法”，也就是通过日常的电视、报刊、网络等媒体报道，普通公众大体上知道法律是什么，权利义务是什么，哪些可以做，哪些不能做，做了会有什么样的后果；中级层次的“学法”，是当遇到法律纠纷时，通过学习法律文本、典型案件，逐渐形成一定的规则意识、证据意识；高级层次的“用法”，是能主动、自觉地运用法治思维和法治方法规范自身的行为、进行社会交往，从而在市场经济条件下获得最大的合法效益，同时也有利于促进全社会法治氛围的形成。这套既有诉讼程序指引，又有具体案件法律适用解读的丛书，对不同的诉讼纠纷进行了分门别类的系统解读，深入浅出、通俗易懂，不仅对具体案件具有诉讼指引的作用，而且也完全具有上述不同层面的普法价值，是普法教育不可多得的新颖形式和生动教材。

可以想见，等到全国法院司法水平全面提升，普通公众真正掌握了法治的制度、方法和理念，中国离法治社会的建成也就不远了。

是为序。

著名法学家、中国政法大学终身教授

# 前　言

近年来，随着经济、社会、文化的快速发展，依法治国理念的日益深入
正公开的严格要求，加之众多社会影响较大的知名案件的庭审直播，使刑事
实体与程序公正备受社会关注，而刑事案件在审判阶段的实体公正与程序
加成为当前理论与实务研究的重要课题。

北京是经济科技繁荣、人口密度较大的地区，尤其是海淀区辖区内高等院校集、高科技企业林立、城乡区域平分秋色、外来人口甚多、居民知识层次跨度较大，这样的区域特点决定了海淀法院刑事案件的丰富与多样。据统计，海淀法院近五年来共审结刑事案件18,860余件，案件类型涉及刑法分则内容的8章、105个罪名。由于刑事普通程序特别是疑难复杂案件存在诉讼周期较长、案件事实复杂、证据认定难度大、法律适用疑难多、裁判要点争议大等特点与难点，且新类型、社会敏感案件时有发生，刑事审判工作面临着数量多、强度大、程序严格、实体复杂的多重压力。

在这样的审判压力之下，海淀法院锻炼出了一支理论功底扎实、司法经验丰富的专业化刑事审判队伍。他们审理了大量疑难复杂的传统及新类型刑事案件，开创了不少前沿领域的知名判例，积累了丰富的案件素材，总结并整理了各类刑事案例的裁判要点、程序规范及证据认定标准，做好了提升刑事审判水平与普适参考价值的理论储备。

值得一提的是，我国《刑法》的不断修正对刑事案件实体公正的与时俱进更加关注，比如危险驾驶等新罪名的入法及相关罪名定罪量刑标准的调整，使刑罚的调节功能更加科学；《刑事诉讼法》的大力度修改对程序规范提出了更高的要求，比如明确了“侦查阶段即可介入”的辩护制度、“出庭作证”的证人制度、“排除合理怀疑”的证明标准等一系列推进刑事诉讼更加文明的制度设计，这些条文规定为刑事案件的良性运作奠定了法律基础。

面对刑事审判的高标准、严要求，唯有总结经验、升华理论、面向未来方能适应依法治国、公正公开对我们的要求，院党组审时度势、高度重视刑事审判工作，与法律出版社强强联合，由鲁为院长担任总主编，肖中华、范君副院长担任主编，会同刑事审判部门所有经验丰富的优秀法官及理论功底深厚的法官助理，编写出版了这

本《问题典型案例评析》,不但是对海淀法院多年刑事审判工作的良好总望能够明确相关问题的实务观点,达到培养刑事法律实务人才的目的。

于此,本书以“提炼问题,明确见解”为指导思想,每个案例的撰写,以案件认定或法律适用方面所存在的核心问题为标题,突出案件争议焦点,重点阐事法理论。每个案例所提炼出的要旨,力图做到既有实务启示意义,又有深刻论价值。全书体例的编排实体为先,程序随后,共八章。第一章至第七章为刑事实体法部分相关典型案例解析,根据刑法典的编排体例,以基层法院的受案范围为根据,依次包括刑法总则案件,危害公共安全类案件,破坏社会主义市场经济秩序类案件,侵犯公民人身权利,民主权利案件,侵犯财产类案件,妨害社会管理秩序类案件,贪污贿赂类案件;第八章为刑事程序法相关典型案例解析,包括刑事诉讼证明及特别程序类案件。

本书所收集的案例均为海淀法院近年来审结的具有代表性的真实案件,为了方便读者查阅,每篇案例列明了案件的一审、二审(针对上诉、抗诉案件)文书号,也增加了快速了解个案法律适用的法律法规链接。本书兼具诉讼实务的便利性与诉讼理论的前瞻性,对初涉刑事司法领域的初任法官、实习律师将会有所裨益,也是法科学生接受法学教育、了解刑事法律实务、研习刑事法理论的生动教材。

本书由覃波、李静、陈明分别修改审稿,由陈雷、游涛、徐进全书统稿。鲁为院长对本书撰写给予了大力支持和指导,肖中华、范君副院长对全书成稿付出了艰辛的努力,并最终审核定稿。在统稿过程中,为照顾全书体系,删减了不同撰稿人在不同章节中观点重复与内容相近的案例解析;除必要的修正外,充分尊重撰稿人的观点与行文习惯,不作变动。

由于刑事审判理论与实务专业性很强,我们的水平及经验有限,加之编写时间紧迫,书中难免有思虑不周及错误疏漏之处,恳请各位专家、读者批评指正。

北京市海淀区人民法院副院长

# 目　录

# 第一章　刑法总则案件

## 1. 交通肇事案件中，机动车驾驶人未正确履行高度注意义务是认定其具有主观过失的根本因素

——赵某文交通肇事案[①]

**【裁判要旨】**

犯罪过失作为犯罪的主观罪过形式之一，是指行为人缺乏必要的谨慎而导致危害社会结果产生的心理态度。在交通肇事案件中，判断机动车驾驶人驾驶谨慎程度高低的标准，就体现为其是否正确履行了道路交通安全法规分配给其的注意义务，这也是认定其是否具有主观过失的根本因素。

**【基本案情】**

被告人赵某文于2004年8月27日18时许，驾驶车牌号为京CU3586的桑塔纳2000型小客车由北向南行至北京市海淀区圆明园西路主路骚子营路口南20米处时，因超速（该路段限速60公里/小时）采取措施不及，其所驾车辆轧着散放于路面上的雨水井盖后失控，冲过隔离带进入辅路，与正常行驶的杨某玉所驾的富康车（车牌号为京EV0159）和骑自行车正常行驶的刘某兰（女，殁年51岁）、相某玲（女，殁年23岁）、张某（女，殁年17岁）、薛某红（女，41岁）相撞，造成刘某兰、相某玲当场死亡；张某经抢救无效于当日死亡；杨某玉、薛某红受伤。事故发生后，被告人赵某文让他人代为报警，后于同年9月6日被公安机关传唤到案。经北京市公安局公安交通管理局海淀交通支队认定，被告人赵某文负此事故的全部责任。经审查，附带民事诉讼原告人张某华、李某芝因张某死亡造成的经济损失共计人民币344,792元；附带民事诉讼原告人彭某栋因刘某兰死亡造成的经济损失共计人民币367,176元；附带民事诉讼原告人王某云因相某玲死亡造成的经济损失共计人民币

---

① （2005）海法刑初字第265号判决书，（2005）一中刑终字第3679号裁定书。

205,606元。在诉讼过程中,被告人赵某文家属已交纳赔偿款人民币28万元在案扣押。

【法院裁判】

法院认为:被告人赵某文违反道路交通管理法规,超速驾驶过程中遇紧急情况采取措施不及,发生3人死亡、2人受伤的重大交通事故,其行为已构成交通肇事罪,应予惩处。检察院对被告人赵某文犯有交通肇事罪的指控成立。被告人赵某文交通肇事致3人死亡,且负事故的全部责任,根据《最高人民法院关于审理交通肇事刑事案件具体应用法律若干问题的解释》第4条第(一)项之规定,应属于"有其他特别恶劣情节"。被告人赵某文及其辩护人在庭审过程中对于海淀交通支队的交通事故认定书提出异议,赵某文认为其不应承担全部责任;其辩护人认为,赵某文的行驶线路看不到限速标志牌,且没有让井盖的管理者承担责任,海淀交通支队责任认定错误。庭审中,辩护人刘某今申请证人宋某出庭作证,宋某证实了其当日乘坐赵某文驾驶汽车的行驶路线;申请播放了赵某文行驶路线的录像光盘,证实其驾车通过天秀花园路口时看不见限速标志牌;并当庭出示了肇事的物证雨水井盖,证实赵某文驾车途中因轧到雨水井盖导致该起事故的发生。对于上述辩方证据,公诉人认为限速标志牌是实际存在的,赵某文就应当在限定的速度内安全行驶。对上述质证意见,法庭认为,海淀区圆明园西路主路北向南方向设有明显的限速60公里/小时交通标志牌,被告人赵某文事发时"行驶速度高于77公里/小时",由于赵某文违章超速驾驶车辆,且未尽到注意义务,在其发现散落在路中的雨水井盖时,采取措施不及,是导致事故发生的原因。赵某文多次在上述路段驾驶,不能因其未看或者未看到该限速标志而成为其违章超速驾驶的理由,在无其他行为人违章的前提下,海淀交通支队依法作出赵某文负此事故全部责任的交通事故认定书并无不妥。上述控方证据内容客观、真实,来源合法,相互间能证实被告人赵某文超速驾驶,致3人死亡2人受伤,且负事故全部责任的事实,法院予以确认。案发后,被告人赵某文委托他人代为报警,且在庭审后写出书面"悔过书",并表示愿意接受法庭审判,故可认定其有自首情节;在诉讼过程中,其家属亦能尽力积极赔偿被害人家属的部分经济损失,且考虑赵某文在行驶过程中轧到散放于路中的井盖这一特殊因素,量刑时可依法对其从轻处罚并宣告缓刑。庭审中,其辩护人关于赵某文的行为不构成交通肇事罪的辩护意见,缺乏必要的法律法理支持,且庭审所查明之事实不能排除被告人主观上的过失及该过失与事故后果的因果关系,故法院不予采纳。因赵某文的犯罪行为给各附带民事诉讼原告人造成的经济损失应依法予以赔偿,根据《最高人民法院关于审理人身损害赔偿案件适用法律若干问题的解释》的相关规定,车主赵某晨不应承担连带或垫付赔偿责任。附带民事诉讼原告人张某华、李某芝、彭某栋要求赔偿的误工费,王某云要求赔偿的赡养费等数额过高,法院均不予全部支持;张某华、李某芝、彭某栋、王某云要求赔偿的精神损失费无法律依据,彭某栋要求赔偿的其本人住院抢救费属间接损失以及王某云要求赔偿的住宿费等无证据证实,法院均不予支持。依照《中华人民共和国刑法》第133条,第67条第1款,第72条第1款,第73条第2、3款,第36条第1款及《中华人民共和国民法通则》第119条之规定,以交通肇事罪判处被告人赵某文有期徒刑3年,缓刑3年,并由被告人赵某文对各附带民事诉讼原告人所受到的经济损失予以赔偿。

一审宣判后,被告人赵某文提出上诉,二审法院于2005年12月7日作出二审裁定,驳回上诉,维持原判。

## 【要点评析】

本案的争议焦点在于赵某文对于该起交通事故的发生是否存在主观上的过失。

交通肇事罪是指违反交通运输管理法规,因而发生重大事故,致人重伤、死亡或者使公私财产遭受重大损失的行为。交通肇事罪的成立,要求行为人主观上具备过失。而交通肇事罪的过失,既可以是疏忽大意的过失,也可以是过于自信的过失,即行为人对自己违反交通运输管理法规的行为导致的严重后果应当预见,由于疏忽大意而未预见,或者虽然预见,但轻信能够避免。这里的过失是指行为人对所造成的严重后果的心理态度而言,至于对违反交通运输管理法规本身,则可能是明知故犯。本案的证据材料可以证实,赵某文在肇事路段的行驶速度高于77公里/小时,明显超过该路段限速交通标志牌所要求的60公里/小时,由此可见,赵某文在事发时超速行驶是一个无法回避的客观事实。那么在基于赵某文存在上述交通违法行为的前提下,接下来所要探究的就是我国的交通运输管理法规对于机动车驾驶人注意义务的分配,以及赵某文是否正确承担了该注意义务。我国的《道路交通安全法》第22条明确规定:"机动车驾驶人应当遵守道路交通安全法律、法规的规定,按照操作规范安全驾驶、文明驾驶。饮酒、服用国家管制的精神药品或者麻醉药品,或者患有妨碍安全驾驶机动车的疾病,或者过度疲劳影响安全驾驶的,不得驾驶机动车。"这一概括性的规定实际明确了机动车驾驶人负有安全驾驶的义务,那么要保证安全驾驶,就必须以机动车驾驶人尽到了相关注意义务为前提。而《道路交通安全法》以及《道路交通安全法实施条例》中关于机动车驾驶人资格的取得、道路通行条件、道路通行规定、交通事故处理等各个事项的具体规定,就是考虑到机动车驾驶实际是一项高度危险作业,人、车、路等任何一个因素单独或同时出现问题,都会给安全驾驶带来危害,因此就要求机动车驾驶人在取得驾驶资格时必须知晓相应的法律法规和具备基本的驾驶技能,并在日常驾驶中对上述因素均保持高度的注意,不可存在疏漏。而疲劳驾驶、超速、超载、违反交通标志行驶、道路出现突发状况、驾驶人采取措施不当等,均是交通事故发生的常见原因,交通事故的发生也是人、车、路等因素单独或共同作用的结果。回到本案,首先,案发前,赵某文曾多次驾车行驶过该肇事路段,其作为机动车驾驶人,显然负有观察道路交通标志的注意义务,因此其没有看到交通管理部门设置的限速标志的说法既不符合常理,也不能成为其超速行为免责的理由;其次,赵某文作为具有完全刑事责任能力的驾驶人,完全能够预见到其超速行为所带来的直接后果便是观察道路状况能力的降低以及采取紧急措施时间的缩短,同时其对于道路上所可能出现的各种情况亦是应当予以预见的,井盖散放于道路之上这一特殊情况的出现并不足以降低或者免除赵某文的注意义务,而是属于其应当预见的范畴之内,因此造成此次交通事故的根本原因在于赵某文没有尽到法律所分配的注意义务,而且违反交通法规,超速行驶,导致其观察能力降低,在发现道路上的井盖时不能及时采取措施,造成重大伤亡事故。因为赵某文未能正确履行法律所分配给机动车驾驶人的注意义务,所以其对这起交通事故的发生具有主观上的过失,并应当承担交通肇事罪的刑事责任。

**【法律法规链接】**

《中华人民共和国刑法》第 36 条第 1 款,第 67 条第 1 款,第 72 条第 1 款,第 73 条第 2 款、第 3 款,第 133 条

《中华人民共和国民法通则》第 119 条

（编写人:张　鹏）

## 2. 刑事审判中对被告人主观心态的判断

——杨某萍寻衅滋事案①

**【裁判要旨】**

犯罪主观方面,是犯罪主体对于自身行为及其危害社会结果所抱心理的态度,

① (2012)海刑初字第 909 号判决书。

是一切犯罪构成必须具备的要素。对被告人主观心态的判断正确与否，直接影响对被告人行为定罪是否正确，而在大部分案件中，被告人主观方面的判断更多的是依据被告人本人的供述。如何将被告人供述与客观证据相结合，对被告人主观方面做出准确判断，需要法官综合全案证据考虑，有时甚至需要考虑被告人的作案动机。

## 【基本案情】

被告人杨某萍因对村内土地分配情况不满，遂于2011年6月23日8时许，携带装有敌敌畏的矿泉水瓶到北京市海淀区苏家坨镇北安河村村委会内找相关人员谈论土地分配问题，并让丈夫闵某国带着女儿闵甲（女，1岁7个月）到村委会。后在土地问题得不到解决的情况下，欲向女儿闵甲口中喂食敌敌畏，在场群众及其丈夫上前抢夺装有毒物的水瓶及闵甲，争抢过程中，瓶内的敌敌畏洒出，杨某萍即在争抢过程中用手将敌敌畏涂抹在闵甲的面部，后被围观群众劝阻。被告人杨某萍后离开现场上班，闵某国带闵甲回家。后杨某萍打电话告知闵某国称闵甲中毒，要求其带闵甲去医院看病，闵某国即带闵甲到309医院诊治。经诊断，闵甲系有机磷中毒，且患有肺炎，经治疗后出院。公安机关接报案后找相关人员了解情况，因故未当即对杨某萍采取强制措施，而是告知其保持联系畅通。2011年6月28日，民警经与闵某国联系得知闵甲现已出院，杨某萍正在家中，即赶到被告人杨某萍家中将其抓获。本案主要证据：

（1）被告人杨某萍的供述，证实其曾供认因不满土地分配问题，于案发当日扬言要死在居委会门口，并向女儿口中喂药。因被他人将药瓶抢走，其用手将洒在地上的药向女儿嘴里塞，后女儿被抢走并送到医院抢救。其知道药有毒性，往孩子嘴里抹就是因为不想活了，因为村里不给解决土地的问题，想全家都死在村委会，但还没来得及喝，药瓶就被抢走了。后其称其把敌敌畏抹在女儿的嘴上和脸上，这样做能让女儿中毒，但死不了，书记害怕了就会给其家地，其只是往女儿脸上抹了敌敌畏，没有向嘴上抹，当时周围有很多人，其认为他们不会看着其给女儿灌敌敌畏，如果没有人抢其手里的瓶子，其会自己喝敌敌畏，这样做就是为了吓唬村书记。

（2）证人闵某国的证言，证实内容与杨某萍供述一致。

（3）证人果某芝（苏家坨镇林业工作站工作人员）的证言，证实当时其见杨某萍将矿泉水瓶慢慢向孩子嘴伸过去，后被制止。

（4）证人赵某增（北安河村委会司机）的证言，证实案发当日听见办公室外面有人吵闹。后见一个女的抱着个小女孩，边上有人和她抢孩子，那个女的用手在地上抹着，接着孩子就被旁边的人抢走了。

(5)证人郭某恩(北安河村委会工作人员)的证言,证实案发当日8时许,杨某萍到其办公室向其反映土地的问题,其答复称村委会正积极解决,现在无法答复。杨某萍扬言全家死在居委会。

(6)证人李某雁(309医院儿科医生)的证言,证实案发当日其收治了一个叫闵甲的患儿,孩子的父亲称孩子是敌敌畏中毒,其给孩子采取了洗胃、输液的治疗,孩子当时没有生命危险,没有发现中毒症状,后来经过血液检查,发现她的血液中胆碱酯酶低于正常值很多,结合相关情况,判定为有机磷中毒。

(7)现场勘验笔录,证实公安机关勘验的情况。

(8)毒物检验报告,证实经对送检的液体进行分析,在其中检出敌敌畏。

(9)精神疾病司法鉴定意见书,证实杨某萍未见精神病性症状,案发时对杀人的辨认能力、控制能力完整,评定为具有完全刑事责任能力。

(10)到案经过,证实海淀刑侦支队接布警,称苏家坨镇北安河村村民杨某萍到村委会反映土地问题,在得不到解决的情况下以死相要挟,在村委会拿出毒药给1岁大的女儿喝,后被在场的其夫闵某国及村民抢下。2011年6月28日13时许,民警到被告人杨某萍家中将其抓获。

2012年2月8日,检察院以被告人杨某萍犯故意杀人罪向法院提起公诉。被告人杨某萍辩称,其没有向孩子口中倒敌敌畏,只是向孩子的脸上抹,也不想杀孩子,只是想借此向村委会要地,且其具有自首情节。

## 【法院裁判】

法院认为:被告人杨某萍以给幼儿喂食农药的方式恐吓他人,情节恶劣,其行为已构成寻衅滋事罪,应予惩处。检察院据此指控被告人杨某萍犯罪的事实清楚,证据确实充分,但指控罪名有误。被告人杨某萍不具有非法剥夺他人生命的主观故意,不应以故意杀人罪对其定罪处罚。依照《中华人民共和国刑法》第293条第1款第(二)项、第67条第3款之规定,于2012年9月以寻衅滋事罪判处被告人杨某萍有期徒刑1年3个月。

一审宣判后被告人没有上诉,公诉机关亦未抗诉,一审判决已经生效。

## 【要点评析】

本案的争议焦点在于如何通过客观证据对被告人的主观心态进行分析,进而正确定罪量刑。本案最终以寻衅滋事罪对被告人定罪,且未认定被告人具有自首情节,理由如下:

(1)从案件的起因看,杨某萍追求的目的不是非法剥夺自己女儿的生命,而是以此相要挟,逼迫村委会满足其获取分配土地的诉求,否则,杨某萍作为孩子的母亲,有大量的机会给孩子喂食毒药,完全没有必要将这一行为在村委会办公地这一特定地点进行。故如果仅仅孤立地、形式地考虑其欲将农药给女儿喂食这一客观情节,极有可能错误判断其主观目的,进而误判。

(2)从案件的发展过程上看,杨某萍作为孩子的母亲,在旁边有围观群众及其丈夫的情况下,扬言并用装有毒物的瓶子欲行给孩子喂食,案件中有证人果某芝证实杨某萍的喂食动作较为缓慢,其自己也认为在场人员不会真让其给孩子灌入农药,可以看出,杨某萍只是想以此威胁并故意留给他人阻拦的机会,而且其给孩子灌食农药的行为也确实受到了围观群众的阻止而未果,仅仅是用手将泼洒在地上的农药向孩子的脸上涂抹,并捂住孩子的嘴。随后在群众的劝阻下离开。由此可判断,杨某萍并不以追求孩子的死亡为其最终目的。

(3)从案件后续情况看,杨某萍在事后让闵某国带孩子去医院治疗,并不追求闵甲死亡的后果,其虽然造成了闵甲有机磷中毒,但中毒很轻微,没有造成严重的损害。综合上述分析,对杨某萍不应以故意杀人罪追究其刑事责任。

(4)关于是否认定杨某萍具有自首情节。由于其被抓当日对于民警将对其实施抓捕并不知情,主观上并不具有自动投案的意识,故无法认定其具有自首情节。

**【法律法规链接】**

《中华人民共和国刑法》第 67 条第 3 款、第 293 条第 1 款第(二)项

(编写人:尹鹏展)

## 3. 预备行为与实行行为如何界分

——苗某国等五人抢劫案①

**【裁判要旨】**

准确界分预备行为与实行行为,是正确判断故意犯罪的停止形态进而合理确定被告人刑事责任的前提。对于预备行为与实行行为的区分标准“着手”,应坚持主观与客观的有机统一,即应在实质上具有侵害刑法所保护的法益的紧迫危险性,

① (2012)海刑初字第 1268 号判决书,(2012)一中刑终字第 3290 号裁定书。

同时又符合刑法分则规定的具体犯罪构成客观方面这一形式上的特征。

【基本案情】

2011年9月25日晚,被告人苗某国与李甲(另案处理)纠集张某等四人欲对李甲的朋友被害人吴某华实施抢劫。被告人苗某国、李乙、王丙、王丁及纪某博(另案处理)乘坐被告人张某驾驶的银白色哈飞路宝牌面包车,并携带事先准备的镐把、口罩等作案工具,来到北京市海淀区羊坊店东路19号院2号楼下。被告人苗某国与李甲通过电话欲将吴某华约至楼下,因吴某华拒绝,被告人苗某国与李甲遂进入该楼11层一私人旅馆1号房间内,与吴某华吃饭饮酒,并探查对方的情况。随后,苗某国与李甲返回楼下与其他被告人商讨抢劫的计划,并做好分工,欲持镐把闯入房间实施抢劫。至次日凌晨,巡逻民警发现被告人形迹可疑,对被告人李乙、王丙及纪某博进行盘查时当场将其抓获,并在车内起获镐把、口罩等作案工具。当日,被告人王丁经公安机关电话传唤后到案。2011年10月12日,被告人苗某国向公安机关投案。2011年10月13日,被告人张某被公安机关抓获。

公诉机关认为被告人苗某国等人的行为已构成抢劫罪,系犯罪预备,提请法院定罪处罚。

【法院裁判】

法院认为:被告人苗某国等人以非法占有为目的,着手使用暴力手段劫取他人财物,其行为均已构成抢劫罪。但本案五名被告人应构成抢劫罪未遂,理由为:被告人苗某国伙同他人经事先预谋,有明确的抢劫目标,事先准备了镐把等作案工具,对实施的抢劫行为亦分工明确、具体,且被告人苗某国与李甲已进到被害人居住的房间按预谋对被害人实施诱骗及探查情况,被告人张某等人在车内等候行抢,抢劫行为侵害法益的危险达到了紧迫程度,因此可以认定为被告人已经着手实施抢劫犯罪,但因意志以外的原因而未得逞,因此应认定为构成抢劫罪未遂。被告人苗某国、张某、王丙、李乙、王丁已经着手实行犯罪,由于其意志以外的原因而未得逞,系犯罪未遂;且被告人苗某国、王丁主动投案,到案后如实供述犯罪事实,系自首;被告人张某、王丙、李乙到案后如实供述犯罪事实,认罪态度较好。综合以上情节,法院依法对五被告人从轻处罚。被告人苗某国在共同犯罪中提出犯意,是纠集者及积极参与者,法院在量刑时将予以考虑。综上,法院判决如下:被告人苗某国犯抢劫罪,判处有期徒刑4年,罚金人民币8000元;被告人张某、王丙、李乙犯抢劫罪,判处有期徒刑3年6个月,罚金人民币7000元;被告人王丁犯抢劫罪,判处有期徒刑3年,罚金人民币6000元。

**【要点评析】**

在完整的故意犯罪过程中,犯罪的预备与实行是前后相继、紧密相连而无任何中间环节的两个阶段,两个阶段的预备行为与实行行为虽都是侵害法益的危险行为,但二者的本质和作用有别,危险程度亦不同。根据我国《刑法》的规定,预备行为是为了犯罪而准备工具、创造条件,其作用在于为实行行为的实施乃至犯罪的完成创造便利条件,为实现对法益的侵害创造现实可能性。因而,这种对法益侵害的危险只是一种间接、抽象、非紧迫的危险。而实行行为的作用在于直接完成犯罪,使对法益侵害的可能性转化为现实性。实行行为一旦开始,就预示着犯罪行为由预备进入实行阶段。准确区分预备行为与实行行为是正确认定犯罪形态的前提和依据。

着手是实行行为的开始,是区分预备行为与实行行为的分界点。着手从其概念产生起就引起了刑法学界的热议。在德国、日本等国刑法理论中,着手存在主观说、客观说、折中说之争。

主观说认为犯罪是行为人危险性格的发现,故行为人意思的危险性或者说犯罪意思被发现时就是实行行为的着手;或者说,当行为表示出行为者的犯罪意思没有二义的、不可能取消的确定性时,就是着手。主观说违反了实行行为着手判断问题上本身的客观性,受到很多学者的批判。

客观说分为形式的客观说与实质的客观说。形式的客观说认为实行的着手以实施一部分符合构成要件的行为为必要。形式客观说的缺陷在于判断标准不明确,无法在实质上区分预备行为与实行行为。实质的客观说将"法益侵害的危险"作为判断着手的实质标准。在对危险的理解重点上,又分为行为说与结果说。行为说认为开始实施具有实现犯罪的现实危险性的行为时就是实行的着手。结果说认为当行为发生了作为未遂犯的结果的危险性时,即侵害法益的危险达到紧迫程度时,才是实行的着手。实质客观说的缺陷在于判断标准模糊,而且容易扩大未遂犯的处罚范围。

折中说结合了客观说与主观说的观点,强调行为是主客观的统一体,实行的着手也必须从主客观两个方面认定。根据折中说,在判断行为侵害法益的危险性时,必须考虑行为人的犯罪计划;而考虑的结果是,不仅犯罪故意决定法益侵害的危险性,而且比犯罪故意更为具体的犯罪计划也决定法益侵害的危险性。于是,只有完全查明、证实了行为人的犯罪计划,才可能认定着手;然而,一旦不能证实行为人的犯罪计划,折中说就没有实践意义。

我国刑法理论通说认为,所谓着手,是主客观相统一的概念,是指行为人已经开始实施刑法分则规定的具体犯罪构成客观方面的行为。它具备主观和客观两个基本特征:主观上,行为人实行具体犯罪的意志已经直接支配客观实行行为并通过后者开始充分表现出来,而不同于在此之前实施犯罪的意志;客观上,行为人已经开始直接实行具体犯罪构成客观方面的行为,这种行为已不再属于为犯罪的实行创造便利条件的预备犯罪的性质,而是实行犯罪的性质,这种行为已使刑法所保护的具体权益初步受到危害或者面临实际存在的威胁。①

按照我国刑法理论通说的见解,实行的着手包含着丰富的内容,对实行的着手应作如下全面的理解:

首先,着手是实行具体犯罪构成客观行为要件的起点,是区别犯罪未遂形态与犯罪预备形态的主要标志。故意犯罪在犯意产生后,一般要经过犯罪预备和犯罪实行等一系列前后相继的发展阶段,然后才有犯罪的完成即犯罪的既遂形态。着手不是介于犯罪预备阶段和实行阶段之间的一个独立的阶段或者点,而是实行阶段和实行行为本身的起点。着手的出现既是确定犯罪已开始实行的标志,也是宣告预备行为和预备阶段已经终了的标志。其次,我国刑法理论强调着手是犯罪主客观的有机统一。一方面,刑法的根本目的和任务是保护法益,处罚未遂犯的根据主要是因为犯罪未遂形态对刑法所保护的法益造成了现实的威胁。在有犯罪对象的场合,这种行为已直接指向犯罪对象,如果不出现行为人意志以外原因的阻碍或者行为人的自动中止犯罪,这种行为就会继续进行下去,直到完成犯罪即达到既遂。因此,着手应当是客观的东西,是对法益造成客观危险的客观行为。另一方面,着手又不是一种纯客观的动作,着手已客观表明了行为人实行犯罪的主观犯罪意图。

就本案来讲,被告人苗某国伙同他人主观上经事先预谋,有明确的抢劫目标;客观上,事先准备了镐把等作案工具,对实施的抢劫行为亦分工明确、具体,而且被告人苗某国与李甲已进到被害人居住的房间按预谋对被害人实施诱骗及探查情况,被告人张某等人在车内等候行抢,只要被告人苗某国、张某等人持工具闯入即可以造成犯罪结果,因此认为其抢劫行为侵害法益的危险已经面临实际存在的威胁。综上,将主客观统一起来,可以认定本案被告人已经着手实行犯罪。

---

① 参见高铭暄主编:《中国刑法学》,中国人民大学出版社 1989 年版,第 173 ~ 174 页;姜伟著:《犯罪形态通论》,法律出版社 1994 年版,第 155 页;高铭暄主编:《新编中国刑法学》(上册),中国人民大学出版社 1998 年版,第 215 页;高铭暄、马克昌主编:《刑法学》,北京大学出版社、高等教育出版社 2000 年版,第 156 ~ 157 页。

【法律法规链接】

《中华人民共和国刑法》第 23 条，第 25 条第 1 款，第 53 条，第 67 条第 1 款、第 3 款，第 263 条

（编写人：樊　强）

## 4. 爆炸罪的预备与未遂之区分

——王某伟爆炸案①

【裁判要旨】

爆炸罪的预备与未遂的根本区别在于，行为人的行为是否具有引发爆炸的现实紧迫性。如果没有现实紧迫性，只是创造了爆炸条件，则应当认定为犯罪预备。

【基本案情】

王某伟，男，1986 年 12 月 29 日出生于河北省怀来县，汉族，初中文化，原为庆丰园粥店后厨配菜工。

2012 年下半年，王某伟在北京市海淀区金沟河庆丰园粥店工作半年左右，粥店未跟其签订书面劳动合同。2013 年 1 月 27 日上午，王某伟在粥店内向厨师长及经理提出辞职，要求支付扣押的一个月工资。粥店经理称按照规定，辞职得提前一个月提出，且年底店内事多，不允许其辞职。王某伟不服，遂去旁边的加油站购买了一桶汽油，于当日 13 时左右，泼洒在店内煤气间内后离开，煤气间内有正在使用中的煤气罐 4 个。店内工作人员闻到了汽油味后，前往煤气间查看，发现了汽油，此时王某伟也给厨师长打电话，称汽油是他洒的，要求马上结清工资。经理遂马上报警，同时立刻将煤气间的门打开通风，并关掉了厨房明火 20 分钟左右。等民警到达之后，还倒了一些沙土在煤气间，并积极查找王某伟的下落。王某伟一直在外面游荡，当日晚上 11 点多因为没有地方睡觉就又回到餐厅员工宿舍，粥店经理发现他回来之后，马上报警，民警过来将其抓获归案。王某伟到案后，如实供述了上述犯罪事实。

检察机关认为，王某伟意图实施爆炸行为，危害公共安全，尚未造成严重后果，

① （2013）海刑初字第 2874 号判决书。

应当以爆炸罪追究其刑事责任。王某伟为了实施犯罪,准备工具、制造条件,是犯罪预备,可以比照既遂犯从轻、减轻处罚或者免除处罚。王某伟如实供述自己的罪行,可以从轻处罚。

**【法院裁判】**

法院认为:被告人王某伟在公共场所意图实施爆炸行为,危害公共安全,但尚未造成严重后果,其行为已构成爆炸罪。检察院指控被告人王某伟犯爆炸罪的事实清楚,证据确实充分,指控罪名成立。鉴于本案系犯罪预备,且被告人王某伟到案后如实供述犯罪事实,认罪态度较好,依法对其减轻处罚。王某伟犯爆炸罪,判处有期徒刑 1 年 6 个月。

一审宣判后,被告人未上诉,公诉机关亦未抗诉,一审判决已经生效。

**【要点评析】**

1. 意见分歧

公诉机关认为本案是犯罪预备,但合议庭评议过程中一种观点认为是犯罪未遂。该观点认为,王某伟将汽油泼到煤气间之后,就制造了一个随时可能爆炸的危险状态,可以是由王某伟自己点燃引爆,也可能是餐馆厨房的明火或者其他火源将其引爆。使煤气间的汽油所处于的随时可被引爆的状态的行为,已经超越了犯罪预备阶段,是一种爆炸的实行行为,但是由于及时被人发觉,而没有产生实际的爆炸后果,这是行为人所无法掌控的。另外,虽然本案没有足够证据证明王某伟具有点燃煤气间的直接故意,但是在餐厅人员没有发觉汽油,并采取应对措施之前,煤气间的汽油随时都有可能被他人的明火不慎引爆。王某伟无法掌控煤气间是否会被他人的不慎行为所引爆,对爆炸结果持有一种放任的态度,具有间接故意。据此,本案应当是爆炸罪的未遂。

法院认为:王某伟向煤气间泼洒汽油的行为属于制造爆炸装置的行为,是为了犯罪而准备工具,制造条件。爆炸罪的实行行为是引爆行为。在本案中,王某伟并未点燃汽油,没有实施引爆行为,因此只能认定其是犯罪预备。另外,我国司法实践中曾出现过类似案例,被告人将煤气罐放置到预爆炸的场所,并在煤气罐周围洒上汽油,但是还没有实施点火行为,该案判决认定该行为属于设置引爆装置,应以犯罪预备论处。①

---

① 详见“胡国东爆炸案”,载《人民法院案例选》(2010 年第 1 辑),详见陈兴良、张军、胡云腾主编:《人民法院刑事指导案例裁判要旨通纂》(上卷),北京大学出版社 2012 年版,第 5 页。

2. 应以具体危险的现实迫切性作为区分预备和未遂的界限

预备犯和未遂犯之所以具有刑事处罚的必要，关键在于这两类犯罪形态对于社会共同体会造成法益侵害的危险或者已经造成了实然的损害。比如，为了盗窃他人财物而进入被害人的室内，即使没有窃得财物，但是该入室行为本身就是对他人生活安宁的现实侵害，并对被害人的财产安全造成了具体的危险，因而是盗窃罪的未遂。但是如果行为人仅是事先到被害人的小区踩点，观察被害人的作息规律，并在被害人的窗前做好记号，以便晚上实施盗窃，则该行为只能被认为是盗窃的预备行为，其对被害人法益所造成的危险不具有现实迫切性。对于同一种犯罪而言，预备犯和未遂犯的关键区别在于，前者一般只造成法益侵害的危险，该危险未必具有紧迫性，只有等到行为人实施了着手行为之后，该危险才转化为具体的现实危险。而后者不仅造成了现实紧迫的危险，而且在有些场合，已经给被害人造成了实质损害。从罪责刑相适应角度出发，和预备犯相比，刑法应当对未遂犯予以更为严重的处罚。

在本案中，被告人王某伟在厨房的煤气间泼洒了汽油，由于汽油具有挥发性，很容易被人发觉，除非汽油在空气中到达了一定浓度，并且遇到了明火，否则不太可能会燃烧，因此这尚不足以导致煤气间爆炸，也就是说尚未造成现实紧迫的危险。爆炸罪案件的一个特殊性在于，行为人一旦着手实施了点燃行为，则很可能会立刻爆炸，产生危害后果，未遂的可能性很小，但并不能排除未遂的现实存在，更不能将爆炸罪的停止形态前移，不能将爆炸罪的未遂认定为既遂，将预备认定为未遂，否则明显有违法理。

**【法律法规链接】**

《中华人民共和国刑法》第22条、第67条第3款、第114条

（编写人：吴扬传）

## 5. 特殊防卫权的认定

——吴某艳故意伤害案①

**【裁判要旨】**

《刑法》第20条第3款中的“杀人、抢劫、强奸、绑架”，虽然在文义上可以理解

① (2004)海法刑初字第696号判决书，(2004)年一中刑终字第3051号裁定书。

为罪名,但该条款的核心词汇是"严重危及人身安全的暴力犯罪",因此这里的"杀人、抢劫、强奸、绑架"既可以指具体罪名,也可以指四种形式的犯罪手段,同时不管是"行凶"还是这四种犯罪形式,都要达到严重危及人身安全的程度。"行凶",在性质上属于严重危及人身安全的暴力犯罪,在暴力程度上已经达到足以严重危及人身安全的暴力犯罪的严重程度或正在常朝着这个方向发展,但客观暴力行为还无法明确反映出行为的主观故意,因此无法确定侵害行为的具体性质,而只能以"行凶"这一词汇概括之。对"严重危及人身安全的暴力犯罪"的理解,应该结合"行凶、杀人、抢劫、强奸、绑架"等行为性质,和对这些行为的刑罚处罚力度,以及侵害行为的紧迫性和当时时间、地点、环境等因素综合考虑。

## 【基本案情】

北京市海淀区北安河乡北安河村村民孙某某(男,22 岁,)与事主李某某(男,19 岁,海淀区北安河乡北安河村人)曾是北京市海淀区北安河乡阳台山庄饭店职工。孙某某于2003 年8 月离开山庄。同年9 月9 日,李某某被开除。当日晚20 时许,李某某、张某某(男,21 岁,海淀区北安河乡北安河村人)将孙叫到张家,称阳台山庄饭店服务员尹某某(女,24 岁)向经理告发其三人在山庄吃饭、拿烟、洗桑拿没有付钱致李某某被山庄开除之事,并讲尹非但不同意孙交朋友的追求反而骂孙傻,孙听后气恼。孙、李、张三人预谋强行将尹带到山下旅馆关押两天,孙欲在尹身上留下"迹号",并通过电话对尹言语威胁。当日晚 23 时许,三人酒后来到阳台山庄饭店,敲山庄大门,遇客人阻拦未入,便在山庄外伺机等候。次日凌晨 2 时许,孙见山庄已无客人,尹等服务员已经睡觉,便踹开尹等人宿舍小院的木门而入,并敲打宿舍房门叫尹出屋,遭尹拒绝。凌晨 3 时许,孙、李、张三人再次来到宿舍外,继续要求尹开门,又被尹拒绝,遂强行破门而入。孙直接走到尹的床头,李站在被告人吴某艳的床边,张站在宿舍门口。孙进屋后便掀开尹的被子,欲强行带尹下山,遭拒绝后,便殴打尹并撕扯尹的睡衣,致尹胸部裸露。吴某艳见状下床劝阻,孙又转身殴打吴,并一把扯开吴的睡衣,致吴胸部裸露,后又踢打吴。吴某艳顺手从床头柜上摸起一把水果刀(刀刃长 14.5cm,刀宽长 2cm),持刀冲孙比画,孙用腿踢挡并后退,其间,吴某艳所持水果刀将孙左上臂划伤。事主李某某见状,从桌上拿起一把铁挂锁(长 11cm,宽 6.5cm,重 550 克),举起欲砸吴某艳,吴亦即持刀刺向李某某,李当即倒地。(经鉴定,李某某左胸部 2.7 厘米刺创口,急性失血性休克死亡)。吴某艳见李倒地,惊悚片刻后,跑出宿舍给饭店经理拨打电话。公安机关于当日凌晨 4 时 30 分在案发地点将吴抓获归案。

2004 年 3 月 4 日,检察院以被告人吴某艳构成故意伤害罪,向法院提起公诉。

被告人吴某艳辩称：自己是出于防卫的意识，在孙某某殴打欺辱尹某某时，认为孙某某要强奸尹某某；在孙某某殴打欺辱自己，并将上衣撕开，致上身裸露时，感到很屈辱，认为孙某某亦要对其实施强奸，最后在李某某持铁挂锁欲砸其时，才冲李某某扎了一刀。如果孙某某和李某某不对其和尹某某行凶，其也不会用刀扎。同时表示不应赔偿附带民事原告人的经济损失。

其辩护人杨某兰辩称：被告人吴某艳的行为属于具有无限防卫权类型的正当防卫，没有超过必要限度，不构成犯罪。对附带民事原告人提出的赔偿要求，认为本案应认定为正当防卫，故不应赔偿。

公诉人针对上述被告人辩解和辩护人意见，答辩如下：被害人李某某虽然与孙某某一同进入宿舍，但没有对尹某某、吴某艳实施伤害行为，其拿锁欲击打吴某艳是为了制止孙某某和吴某艳之间的争斗；且吴某艳当时有多种求助的选择，而李某某等人的行为也没有达到严重危及吴某艳等人人身安全的程度，且危害后果尚未产生，故吴某艳持刀扎李某某的行为不属于正当防卫；被害方也存在较大的过错，其三人的行为也属于不法行为；吴某艳认罪态度较好，建议法庭酌情从轻处罚。

**【法院裁判】**

法院认为：被告人吴某艳为了使本人和他人的人身权利免受孙某某、李某某、张某某三人正在进行的暴力侵害，而持刀逼退孙某某，并在李某某对其举锁欲砸之时，面对将要严重危及自己人身安全的暴力侵害，而持刀刺中李某某身体，致其死亡，属于具有无限防卫权的正当防卫行为，不应负刑事责任。被告人吴某艳亦不应承担民事赔偿责任。检察院指控被告人吴某艳持刀致死李某某的事实清楚，证据确实充分，但指控罪名不能成立。理由如下：

1. 被告人吴某艳的行为，起因于事主李某某等人正在进行的一系列暴力侵害行为

首先，事主李某某与孙某某、张某某事先有侵犯他人人身权利的预谋行为。案发当晚，李某某、孙某某、张某某三人就一起商量，要将尹某某强行带到山下关押二天，孙某某要在尹某某身上留下“迹号”，而张某某理解为孙某某要强奸尹某某。李某某等三人的上述行为，轻则可以理解为非法拘禁行为的预备行为，重则可以理解为强奸行为、绑架行为的预备行为，不管他们预谋之结果是否确实发生，至少他们预谋将要实施侵犯公民人身权利之行为。故李某某与孙某某、张某某等人到达尹某某、吴某艳等人宿舍的目的，就是要侵犯公民人身权利，且李某某、孙某某、张某某三人有共同的故意、共同的行为。

其次，在案发过程中，事主李某某与孙某某、张某某三人正在共同实施侵犯他

人住宅权和人身权利的行为。李某某及孙某某、张某某三人于深夜在吴某艳、尹某某等人已经睡觉之时,叫门被拒绝后,强行破门而入,属非法侵入他人住宅之性质。三人破门而入后,孙某某直接走到尹某某床边,李某某站立在吴某艳床边,张某某站在宿舍门口,形成对屋内女子人身自由的控制之势。孙某某掀开尹某某被子,要强行带离尹某某,遭拒绝后便殴打尹某某,扯开尹的睡衣,致其胸部裸露,此属孙某某对尹某某人身权利的侵害和侮辱,而李某某和张某某站立一旁,显系站脚助威,孙某某等三人所实施之行为正按照他们预谋之步骤进行。在吴某艳上前劝阻时,孙某某又转身殴打、踢踹吴某艳,并将吴睡衣扯开,致吴上身裸露,系对吴某艳人身权利的侵害和侮辱,孙某某等三人之行为此时又已侵害到吴某艳的人身权利。

最后,事主李某某有严重危及他人人身安全的暴力行为。在吴某艳持刀逼退孙某某之过程中,李某某举铁锁欲砸吴某艳,而此铁锁有造成他人人身之严重伤害之可能,故李某某举锁欲砸吴某艳的行为,是李某某进一步着手伤害吴某艳的开始,此行为将直接严重危及被告人吴某艳的人身安全。

综上,事主李某某与孙某某、张某某不仅有危害他人人身权利的预谋,而且有正在共同实施侵犯他人住宅权和人身权利的行为,李某某更有实施严重危及他人人身安全的暴力行为。吴某艳持刀防卫,就是起因于李某某等人的上述侵害他人人身权利及严重危及自己人身安全的暴力行为。

2. 被告人吴某艳具有防卫意图

首先,吴某艳针对孙某某的防卫行为具有明确的防卫意图。吴某艳见孙某某欺辱尹某某,其作为年轻女子,在当时这种夜深人静、孤立无援的境地,猜想孙某某将要强奸尹某某,属常人之想法;而在孙某某同样欺辱自己时,意识到自己也将遭受严重的侵害,甚至强奸,同样属于常人之认识。吴某艳阻止孙某某殴打、侮辱尹某某,目的显然是为了避免尹某某继续遭受不法侵害。而吴某艳在遭受孙某某的殴打及侮辱后,情急间顺手从床头柜摸到一把水果刀冲孙某某比画,逼迫孙后退,也是为了自身免受进一步的侵害。因此吴某艳针对孙某某的上述行为,具有明确的防卫认识和防卫目的。

其次,吴某艳一刀刺中李某某之行为,防卫意图明显。在吴某艳面对孙某某等人的不法侵害,而持刀逼退孙某某,此时孙某某虽然在退缩,但仍然是边踢打边后退,并无放弃不法侵害的明确意思表示,故吴某艳持刀逼退孙某某之行为,属于孙实施不法侵害行为过程中,防卫者仍然是吴某艳,防卫对象仍然是孙某某等人。此时李某某举铁锁欲砸吴某艳。公诉人认为,李某某上述行为是为了“制止”吴某艳持刀伤害孙某某。我们认为,既然吴某艳持刀逼迫孙某某后退,是针对不法侵害实施的防卫行为,那么李某某的“制止”行为,就不是“制止”不法侵害行为的行为,而相反是制止正当行为的不法侵害行为。而且李某某举铁锁欲砸吴某艳之行为,必将严重危及吴某艳的人身安全,因此李某某的行为实际上是对正当防卫人员的进一步伤害。吴某艳见李某某举锁欲砸自己,而对不法侵害者进行反击,显然是在防卫自己免受正在进行的更为严重的暴力侵害,防卫意图明显。公诉人关于李某某持铁锁是为了制止吴某艳持刀伤害孙某某等人的公诉意见,法院不予采纳。

再次,被告人吴某艳的防卫对象正确。孙某某和李某某、张某某在闯入宿舍前,有共同的违法共谋;在三人进入宿舍后,孙某某殴打、侮辱尹某某、吴某艳,李某某和张某某在一旁站脚助威;吴某艳正当防卫而持刀逼退孙某某时,李某某举锁欲砸吴某艳,是为了阻止吴某艳正当防卫,属于与孙某某一同对抗吴某艳。因此,孙某某等三人的不法侵害,事前有共谋,事中有共同侵害,属于共同违法行为。吴某艳不论是针对孙某某,还是针对李某某,都是针对夜深人静之时非法闯入住宅的孙某某等三人的共同不法侵害行为,因此吴某艳无论是针对孙某某还是针对李某某,防卫对象均正确。公诉人关于李某某没有对尹某某、吴某艳实施直接伤害行为,而认为吴某艳针对李某某防卫系防卫对象错误的公诉意见,漠视了李某某举锁欲砸吴某艳亦属暴力侵害行为之性质,也忽视了孙、李、张三人具有不法侵害的共同行为、实为整体的事实,我们对此意见不予采纳。

复次,被告人吴某艳的防卫时间在不法侵害正在进行过程中。在吴某艳刺中李某某一刀之瞬间,孙某某等人的侵害行为并未结束。吴某艳持刀逼退孙某某等人,是在进行正当防卫,孙某某虽然在退缩,但仍然是边后退边踢打,孙某某和李某某等人此时并没有要放弃侵害的明确意思表示。孙某某等人如果放弃侵害,完全可以顺利离开房间。而李某某非但不离开房间停止侵害,反而举锁欲砸吴某艳,阻止吴某艳正当防卫,李某某之行为将严重危及吴某艳的人身安全,吴某艳持刀刺中李某某,是在李某某不法侵害正在进行过程中。

最后,事主李某某的侵害行为属于已经严重危及被告人吴某艳的人身安全的暴力犯罪行为,吴某艳对此具有无限防卫权。我国《刑法》第 20 条第 3 款明确规定,对正在进行行凶、杀人、抢劫、强奸、绑架以及其他严重危及人身安全的暴力犯罪,采取防卫行为,造成不法侵害人伤亡,不属于防卫过当,不负刑事责任。此种规定是赋予了防卫人对特定侵害行为的无限防卫权。从上述法条可以看出,无限防卫权只能针对"严重危及人身安全的暴力犯罪",法条对严重危及人身安全的暴力犯罪进行了部分列举,即"行凶、杀人、抢劫、强奸、绑架",但没有穷尽,而是以"以及其他严重危及人身安全的暴力犯罪"进行本质概括。"行凶"可以理解为持凶器实施严重伤害他人的故意犯罪行为,可以包括在"其他严重危及人身安全的暴力犯罪"之中。是否达到"严重危及人身安全的暴力犯罪"的程度,应从侵害行为的强度及紧迫性两方面予以认定。本案李某某的侵害行为属于已经严重危及被告人吴某艳的人身安全的暴力犯罪行为，理由如下：

第一，李某某的暴力行为已经达到了严重危及他人人身安全的强度。

李某某所持铁挂锁长 11 厘米、宽 6.5 厘米、重 550 克，平时用于锁山庄大铁门，如果砸在人身上，轻则造成伤害，重则造成死亡，其严重程度已有造成人员严重伤害甚至危及生命之可能性。而且从案发时间来看，已是凌晨 3 点，正是夜深人静，人们睡意正浓之时，山庄客人和唯一一名厨师早已熟睡；从案发现场的环境来看，山庄大院里，客人住所离案发宿舍尚远，厨师也住在二楼，房门紧闭。在这种时间和地点，三名女子被围困在空间狭小的宿舍里，实际已经处于孤立无援的境地。综合分析李某某行为当时的时间、地点和孙某某前期行为所造成的紧急状态，以及李某某砸锁可能造成的危害后果，李某某举锁欲砸吴某艳的行为已经达到了严重危及他人人身安全的强度，属于其他严重危及人身安全的暴力犯罪行为。吴某艳对此具有无限防卫权。公诉人关于李某某等人的行为尚未达到严重危及吴某艳人身安全的程度的公诉意见，忽视了李某某此行为之严重性。若如公诉人所言，严重危害后果并未产生，吴某艳就不能反抗。那么，等到非死即伤的危害后果发生后，吴某艳还将如何反抗？正当防卫要求“不法侵害进行过程中”，而并未要求“不法侵害已经造成严重后果”，因此只要是即将产生严重危及人身安全的暴力行为正在发生过程中，公民就可以进行正当防卫，且在此情况下，依法拥有无限防卫权。

第二，李某某举锁欲砸吴某艳，致使吴某艳的人身安全处于即将遭受严重侵害的紧迫状态。

三名男子破门而入后，即欺辱尹某某、吴某艳，致尹某某、吴某艳胸部裸露，身心遭受极大屈辱。在吴某艳持刀逼退孙某某的过程中，李某某又举锁欲砸吴某艳，吴某艳将即刻遭受更为严重的人身伤害，紧急程度可想而知。在此状况下，吴某艳没有时间和机会选择其他防卫方式。吴某艳一刀刺中李某某，完全系其不得已之本能防卫反应。此时还要求其选择其他的求助方式或依赖、等待外援，过于苛求。不法侵害的强度虽然是考察正当防卫是否超过必要限度的重要因素，但不能把侵害强度作为考察正当防卫必要限度的唯一因素。在侵害强度尚未发挥出来的情况下，不法侵害的缓急程度，即侵害的紧迫性，是判断正当防卫必要限度的重要标准。本案被告人吴某艳所面临的正是在针对孙某某不法侵害防卫过程中，其人身安全又将即刻遭受更为严重侵害之危急时刻，如果不做出上述本能之防卫反应，也就无法逃避对其人身安全的暴力侵害。公诉人关于吴某艳等人还有其他多种求助选择的公诉意见，忽视了案发当时的时间、地点和三名男子的行为方式以及李某某暴力侵害行为的紧迫程度，法庭不应支持。同时，公诉人认为吴某艳、尹某某与孙某某、李某某相互认识，孙某某、李某某等人非法闯入宿舍并对其二人进行殴打、侮辱，给吴某艳、尹某某等人所造成的心理恐惧感和危害程度，与素不相识的人闯入屋内实施上述行为有差别。我们认为，是否相识并不影响孙某某、李某某等人行为的危害性，亦不影响此行为给尹某某、吴某艳等人心理所造成的恐惧感，同时也不影响李某某举锁欲砸吴某艳将造成吴某艳非死即伤千钧一发之紧迫状态，故不影响本案性质的成立。不相识如何会有情杀？仇杀？在司法实践中，当事人双方相识而仍进行强奸或杀人的案例亦不胜枚举。故公诉人的上述意见不能成立。

综上，法院认为，吴某艳的防卫行为起因于危及自己和他人人身安全的暴力犯罪的发生，且防卫意图明显，防卫时间在不法侵害正在进行过程中，防卫对象准确，符合具有无限防卫权的正当防卫的构成条件，属于正当防卫。刑法设置公民的正当防卫权，是法律公正性和社会公平的重要保障。当公民合法权益受到不法侵害，国家公力救济又难以及时制止时，采取正当防卫制止不法侵害，不仅可以使公民合法权益得到及时保护，而且能最直接、最有效地威慑和遏制不法侵害，预防和减少犯罪。设置正当防卫制度，且针对严重危及人身安全的暴力行为而赋予公民无限防卫权，就是要鼓励公民与违法犯罪行为作斗争，培养广大公民互助友爱、见义勇为的良好社会道德风尚。本案中，被告人吴某艳在孙某某等三人非法闯入住宅之后，面对同伴被殴打被侮辱而仗义相救，即属于应当受到褒扬的见义勇为行为。孙某某等三人本要强行劫持尹某某下山，而正是由于吴某艳的上前劝阻，并针对正在进行中的不法侵害人实施正当防卫，才使孙等人预谋之目的未能达到（避免尹某某将可能遭受的严重侵害）。同时，吴某艳奋力反抗李某某，又使自己的人身安全免于遭受更为严重的侵害。故认定吴某艳上述行为属于具有无限防卫权的正当防卫行为，符合我国刑法设置正当防卫权，保护公民合法权益、鼓励公民与违法犯罪行为作斗争之立法目的。

故此，依照《中华人民共和国刑法》第 20 条第 1 款、第 3 款，《中华人民共和国刑事诉讼法》第 162 条第（二）项，[①]《中华人民共和国民法通则》第 128 条之规定，判决宣告被告人吴某艳无罪。

一审宣判后，检察院不服，提出抗诉，认为一审法院判决定性错误，适用法律不当。理由为：法院判决书错误地将行为人预谋但未付诸实施的犯罪意图作为正当防卫的条件；即使原审被告人吴某艳的行为具有防卫性质，其行为也不属于原审法院所认定的具有无限防卫权类型的正当防卫行为，即无过当防卫，其防卫行为明显超过必要限度，属于防卫过当。附带民事原告人李某有、张某华亦就附带民事赔偿

① 现行《中华人民共和国刑事诉讼法》第 195 条第（二）项。

问题提出上诉,理由为:原判认定的主要事实不清,吴某艳的行为不属于正当防卫,请求判令吴某艳承担民事责任。被告人吴某艳的辩护人的辩护意见是维持原审判决。北京市检察院第一分院经审查,向北京市第一中级法院撤回了抗诉。

二审法院认为,原审被告人吴某艳为了使本人和他人的人身权利免受不法侵害,对正在进行的严重危及人身安全的暴力犯罪,采取防卫行为,造成不法侵害人死亡,不属于防卫过当,不负刑事责任,亦不应承担民事赔偿责任。原公诉机关指控原审被告人吴某艳持刀致不法侵害人死亡的事实清楚,证据确凿,但指控罪名不能成立。原审人民法院根据本案的事实、证据作出的原审被告人吴某艳无罪、不承担民事赔偿责任的刑事附带民事判决,适用法律正确、审判程序合法,应予维持。故北京市人民检察院第一分院认为抗诉不当,向法院撤回抗诉的决定,法院予以采纳。二审法院根据《中华人民共和国刑事诉讼法》第 189 条第(一)项①、最高人民法院《关于执行〈中华人民共和国刑事诉讼法〉若干问题的解释》第 241 条②的规定,裁定驳回李某有、张某华的上诉,维持原审附带民事部分判决;准许北京市人民检察院第一分院撤回抗诉。

## 【要点评析】

本案中,对于被告人吴某艳的行为如何定性,存在两种不同意见:第一种意见认为,被告人吴某艳无罪。理由是:被告人吴某艳为了使本人和她人的人身权利免受孙某某、李某某、张某某三人正在进行的暴力侵害,而持刀逼退孙某某,并在李某某对其举锁欲砸之时,面对将要严重危及自己人身安全的暴力侵害,而持刀刺向李某某身体,属于具有无限防卫权的正当防卫行为,其行为虽致李某某死亡,但并未超过必要限度,不应负刑事责任。

第二种意见认为,被告人吴某艳构成故意伤害罪。理由是:被害人李某某虽然与孙某某一同进入宿舍,但没有对尹某某、吴某艳实施伤害行为,其拿锁欲击打吴某艳是为了制止孙某某和吴某艳之间的争斗;且吴某艳当时有多种求助的选择,而李某某等人的行为也没有达到严重危及吴某艳等人人身安全的程度,且危害后果尚未产生,故吴某艳持刀扎李某某的行为不属于正当防卫,而构成故意伤害罪,应负刑事责任。

正当防卫及特殊防卫问题一直在理论界都存有争议,在司法实践中的认定,也存在很大的困难,很多问题都还需要深入的探讨。比如《刑法》第 20 条第 3 款规定

① 现行《中华人民共和国刑事诉讼法》第 225 条第(一)项。

② 现行最高人民法院《关于执行〈中华人民共和国刑事诉讼法〉若干问题的解释》第 307 条。

的“杀人、抢劫、强奸、绑架”到底是罪名还是行为方式？行凶到底应该怎样理解，严重危及人身安全的暴力犯罪应该怎样理解？《刑法》第20条第3款在什么情况下可以适用？该条款是否赋予了公民无限防卫权？在共同侵害行为下，对侵害人是否可以一视同仁进行特殊防卫？

1. 对《刑法》第20条第3款的语言结构分析

(1)如何理解“杀人、抢劫、强奸、绑架”？《刑法》第20条第3款中的“杀人、抢劫、强奸、绑架”，虽然可以理解为罪名，但该条款的核心词汇是“严重危及人身安全的暴力犯罪”。并非对所有的实施“杀人、抢劫、强奸、绑架”罪的侵害人，都可以进行特殊防卫，也不仅仅限于这四种罪。

在本案的讨论过程中，有观点认为，《刑法》第20条第3款规定的“杀人、抢劫、强奸、绑架”到底是罪名还是行为方式？是否只要侵害人触犯了上述罪名，防卫人就可以致侵害人死亡而不属于防卫过当？实际上这个问题的提出和回答，从1997年《刑法》刚刚颁布实施之初，便有学者进行了探讨。很多学者认为“杀人、抢劫、强奸、绑架”仅仅指的是罪名[①]。并有很多学者认为正是因为该条款对侵害行为仅有“性质”的限制，欠缺对“强度”的限制，将会导致对那些暴力强度不大，没有威胁人身、财产安全的“杀人、抢劫、强奸、绑架”行为，也实行特殊防卫，而也认定为正当防卫，这一矫枉过正的结果，从而这些学者认为该条款的实施会导致不合理的后果。[②] 而随着研究的深入，又有很多学者从力求合理解释刑法规范的角度，认为：无过当防卫的对象只能是严重危及人身安全的暴力犯罪（不是罪名），于是刑法从两个方面进行了列举：一是犯罪行为的方式即“行凶”；二是犯罪行为的性质，即“杀人、抢劫、强奸、绑架等”。通过对行为方式与行为性质的列举，可以使司法机关明确“严重危及人身安全的暴力犯罪”的范围。[③] 从关于这一理论问题研究的现状来看，支持部分学者所主张的对于杀人、抢劫、强奸、绑架罪，不管犯罪手段如何，亦即是否是以暴力手段实施，均可以实行特殊防卫[④]之观点的仍然是少数。随着研究的深入，越来越多的学者开始认同这样一种观点：这里的“杀人、抢劫、强奸、绑架”既可以指具体罪名，也可以指四种形式的犯罪手段，同时不管是“行凶”还是这四种犯

① 参见赵秉志主编：《刑法学总论》，群众出版社2000年版，第174页。

② 例如陈兴良：《刑法适用总论》（上卷），法律出版社1999年版，第375页。

③ 张明楷：《刑法的基本立场》，中国法制出版社2002年版，第2~3页。

④ 参见姜振丰：“关于正当防卫的几个问题的研究”，载刘守芬主编：《刑事法律专题研究》，群众出版社1998年版，第252~256页。

罪形式,都要达到严重危及人身安全的程度。① 笔者赞同这种观点。理由如下:

第一,如果"杀人、抢劫、强奸、绑架"仅仅指罪名,那么拐卖人口、组织卖淫行为过程中的强奸行为,抢劫枪支、弹药、爆炸物等行为,就会因为不定强奸罪、抢劫罪,而不能进行特殊防卫。这种结果显然是与立法目的不相符的。因此,"杀人、抢劫、强奸、绑架"不能仅仅指罪名,还应该指犯罪手段。

第二,无论是从学者们在研究之初对立法缺陷提出忧思时所述之理由来看,还是从学者们力图对法律条款进行合理解释所持之观点来看,绝大部分论点都认为"行凶、杀人、抢劫、强奸、绑架"应该有暴力强度的要求,否则如果对诱奸、麻醉抢劫、使用慢性毒品杀人等等暴力程度及紧急程度不是很强的侵害行为都允许进行特殊防卫,显然有悖于人道,也与正当防卫的本义不符,因为针对这些行为完全可以采取其他手段进行防卫。

第三,从语言结构上进行分析,"严重危及人身安全的暴力犯罪"应该是对"行凶、杀人、抢劫、强奸、绑架"的本质概括,而"行凶、杀人、抢劫、强奸、绑架"则是"严重危及人身安全的暴力犯罪"的列举。因此,如果不要求"行凶、杀人、抢劫、强奸、绑架"达到"严重危及人身安全"的程度而允许特殊防卫,显然有悖罪刑法定的精神。

在没有具体的立法解释和司法解释的情况下,理论界和司法实践部门应该更加关注如何合理的解释好现存的刑法规范,使其更大程度地发挥好功效。而实际上,虽然本条款确实在立法技术上存在一定的缺陷,比如这种列举与概括并存、罪名与行为性质并用容易给学者和司法部门产生一定的误解,但我们也应该看到这种立法方式也有一定的优势。比如这种立法方式,既有利于审判实践中司法工作人员更好地理解立法精神,同时这些并行列举的罪名或行为方式也为老百姓所熟识,便于引导人们大胆地与犯罪分子作斗争。因此,在司法实践中,我们不应过多地纠缠"行凶、杀人、抢劫、强奸、绑架"到底是什么,而应该把重点放在如何把握"严重危及人身安全"上,因此这才是判断是否应该适用《刑法》第 20 条第 3 款的关键。

(2)如何理解"行凶"? 笔者认为,《刑法》第 20 条第 3 款所述之"行凶",在性质上属于严重危及人身安全的暴力犯罪,在暴力程度上已经达到足以严重危及人身安全的暴力犯罪的严重程度或正在朝着这个方向发展,但客观暴力行为还无法

① 类似的观点参见赵秉志、刘志伟:"正当防卫理论若干争议问题研究",载《法律科学》2001 年第 2 期;周光权:"特殊防卫权研究",载陈兴良主编:《刑事法评论》(第 13 卷),中国政法大学出版社 2003 年版,第 595 页。

明确反映出行为的主观故意，因此无法确定侵害行为的具体性质。

关于行凶的含义，有的学者认为一般指故意伤害行为，有的认为应该限于“持凶器”对被害人进行伤害，[①]有的认为伤害的程度应该是足以达到重伤或者死亡程度。[②] 随着研究的深入，有观点认为，刑法意义上的“行凶”，是指对他人施以致命或严重危及他人生命、健康权益的暴力。从犯意上说是指没有明确的明示式的杀害他人的确定故意，具有的是一种或杀死或致命伤害他人的不确定故意内容。[③] 笔者认为，行凶不仅仅限于伤害行为，更不应仅仅限于“持凶器”的伤害行为，同时也不仅仅限于故意不确定的伤害或杀人行为，而应该是故意不确定的严重危及人身安全的暴力犯罪行为。其不确定的故意不仅仅包括伤害或杀人，还应该包括强奸、抢劫、绑架以及其他严重危及人身安全的暴力犯罪行为。正因为这些行为的主观故意通过客观行为还没有明确地表现出来，或者行为人本身就是抱着一种概括的故意予以实施，或者说通过行为人现有的客观行为还不能明确判断其行为性质到底为何，行为性质具有不确定性，而严重性又有达到足以危及人身安全的程度的趋势，因此不好适用哪一个有明确含义罪名对此种行为进行定性，而最好的选择是适用公安机关或人民群众经常使用的“行凶”这一词汇进行概括。例如本案中，侵害人孙某某等人实行预谋的内容是要把尹某某带下山关两天，孙某某还欲在尹某某身上留下“迹号”，并夜闯民宅，且孙某某进屋后即对尹某某进行殴打、撕扯，在吴某艳对其制止时，孙某某又转而对吴某艳殴打、撕扯。孙某某带尹某某下山到底是强奸还是绑架，是伤害或者其他，在其闯入宿舍后的行为中，并没有明显地表现出来，即其侵害的主观故意还没有通过其客观行为明确地呈现出来，而其进屋后的一系列行为，却又有实现上述多个故意的可能性，而且结合当时的时间、环境、人员及性别对比、行为手段，孙某某的行为正朝着严重危及吴某艳、尹某某人身安全的趋势发展。那么对孙某某的行为应该如何定性概括呢？显然既不能使用“杀人”、“伤害”词汇，也不能使用“强奸”、“绑架”等词汇，而最确切的也就是“行凶”这个词汇了。当然，这里的“行凶”也如杀人、强奸等行为一样，如果适用特殊防卫，也同样要求该行为达到足以严重危及人身安全的程度。通过调研，笔者发现也有个别学者

---

① 陈兴良、郎胜、姜伟、张军：《刑法纵横谈：理论、立法、司法（总则部分）》，法律出版社 2003 年版，第 194 ~ 211 页。

② 王作富、阮方民：“关于新刑法中特别防卫权规定的研究”，载《中国法学》1998 年第 5 期。同时此观点也出现在《刑法纵横谈：理论、立法、司法（总则部分）》同一部分。

③ 陈兴良主编：《刑法学》，复旦大学出版社 2003 年版，第 121 ~ 122 页。类似的观点见赵秉志、刘志伟：“正当防卫若干问题研究”，载《法律科学》2001 年第 2 期；屈学武：“正在行凶与无过当防卫”，载陈兴良主编：《刑事法判解》（第 2 卷），法律出版社 2000 年版，第 408 页；周光权：“特殊防卫权研究”，载陈兴良主编：《刑事法评论》（第 13 卷），中国政法大学出版社 2003 年版，第 594 页。

的观点与此类似。[①]

(3)如何理解“其他严重危及人身安全的暴力犯罪”?笔者认为,对“严重危及人身安全的暴力犯罪”的理解,应该结合“行凶、杀人、抢劫、强奸、绑架”等行为性质,和对这些行为的刑罚力度,以及侵害行为的紧迫性和当时时间、地点、环境等因素综合考虑。

如何判断严重危及人身安全的暴力犯罪?一方面要考虑到侵害行为的强度,另一方面要考虑到侵害行为的紧迫性,同时还要考虑到侵害行为的时间、地点、具体环境等。对此,理论界和司法实践过程中,一般都是这样把握的,笔者不再赘述。需要强调的是如何把握侵害行为强度这一问题。笔者认为,考察侵害行为的强度,也应该对比“杀人、抢劫、强奸、绑架”等已经被列举的罪名进行。一方面,要考察行为的暴力性质,即是否涉及公民的人身安全,包括杀人、抢劫、绑架所体现的生命权、健康权,也包括强奸所体现的性的不可侵犯权,绑架所体现出的人身自由权,而不应包括上述被列举行为没有体现出的其他人身权,如名誉权、隐私权、住宅权等。另一方面,还要考察刑法对这些行为所应有的处罚力度。从刑法对“杀人、抢劫、强奸、绑架”的处罚力度来看,起刑点是3年以上有期徒刑。因此暴力侵害行为强度反应在刑罚处罚上,不仅应该达到犯罪的程度,而且要达到应处刑3年有期徒刑以上刑罚的程度。比如故意伤害,要求达到足以造成重伤的强度,而对于只能造成轻伤的情况,显然不能认为足以危及人身安全的程度。又如一般的非法拘禁行为,也不能适用特殊防卫,而在非法拘禁过程中手段行为足以致人重伤的情况下,也可以认定为达到了足以危及人身安全的程度,可以特殊防卫。

2. 如何理解《刑法》第20条第3款与第1款的关系

在定罪量刑时,法律依据应该明确,那么在什么样的案件中应该适用《刑法》第20条第3款呢?在本案中,裁判者既认为被告人吴某艳的行为属于具有特殊防卫权类型的正当防卫行为,又认为其行为虽致李某某死亡,但并未超过必要限度,不应负刑事责任;并且在法律依据的适用上,既依照《刑法》第20条第3款,又依照第1款。这样认定防卫人的防卫性质,并如此适用法律,是否有不当之处?笔者认为,如此认定行为性质并适用法律并无不当之处。只要裁判者认为被告人的行为属于正当防卫,就应该适用《刑法》第20条第1款;且只有在被防卫人已经死亡,而侵害行为在性质上属于暴力犯罪,在危害程度上又达到足以严重危及人身安全的程度的情况下,方能适用第3款,即第1款与第3款的关系属于包容与被包容的关系。这里关键要理解的是,第3款是否否定了特殊防卫的必要限度问题。笔者认

---

① 刘艳红:“刑法第20条第3款‘行凶’一词的理论考察”,载《法学评论》2000年第6期。

为,正当防卫的必要限度是该条款的应有之义。

在新刑法颁布之初,很多学者称为无限防卫权说,即认为该款是关于严重危及人身安全的暴力犯罪实行无限防卫权[①]原则的规定。据此规定,对正在进行的严重危及人身安全的暴力犯罪实行正当防卫,不存在过当情形。[②] 同时也有一些学者也赞同此种观点,认为该条款尽管对适用的前提条件有限制,但对于防卫限度没有限制,是一种无过当的防卫。[③] 该种观点被称之为无过当防卫说。随着研究的深入,目前有一种观点越来越被众多的学者所接受,即特殊防卫权说。特殊防卫权,是指法律赋予公民在特定的严重暴力犯罪侵害时,可以采取导致不法侵害人死亡的方法保全自己,从而制止不法侵害的权利。[④] 虽然在持特殊防卫权说的学者中,有部分学者认为,对特殊防卫来讲,不受防卫限度的限制。[⑤] 但也有部分学者认为,第3款是有必要限度限制的,该条款虽然没有"必要限度"的明确表述,但是这并不等于特殊防卫行为没有必要限度的要求。该持该观点的论者从第3款的立法背景、立法目的、法条之间的联系等方面进行了分析论证。[⑥] 笔者赞同此种观点,并补充意见如下:

第一,既然第3款规定的特殊防卫也是正当防卫形式的一种(这一点毋庸置疑),那么第3款的特殊防卫也就应当符合正当防卫的构成要件。而"必要限度"是正当防卫的构成要件之一,因此从逻辑上讲,特殊防卫也应该有"必要限度"的要求。

第二,从《刑法》第20条3个条款之间的语言结构上讲,第1款是对正当防卫概念的定义,第2款是对防卫限度的要求和防卫过当的处罚原则,第3款是对特殊防卫的规定。法律之所以在第3款没有写明"必要限度"的要求,一方面是因为第2款已经对正当防卫的必要限度做出了明确的规定,因此第3款没有必要进行重复;另一方面第3款规定在特定的条件下防卫致死,也不属于防卫过当,这句话并没有否定必要限度的含义,而是以"不属于防卫过当"这一语句,从反面强调没有明

---

① 所谓无限防卫权,是指法律赋予防卫人对不法侵害者不受防卫强度限制的处置权利。参见陈兴良:《刑法适用总论》(上卷),法律出版社1999年版,第371页。

② 参见赵秉志主编:《新刑法教程》,中国人民大学出版社1997年版,第259页。

③ 参见陈兴良:《刑法适用总论》(上卷),法律出版社1999年版,第373页。

④ 参见周光权:"特殊防卫权研究",载陈兴良主编:《刑事法评论》(第13卷),中国政法大学出版社2003年版,第582页。

⑤ 参见李永生:"无限防卫问题研究",载《综合来源》2005年第2期。

⑥ 对此的详尽分析,请参见周光权:"特殊防卫权研究",载陈兴良主编:《刑事法评论》(第13卷),中国政法大学出版社2003年版。类似的观点参见杨忠民:"对正当防卫权限度若干问题的新思考",载《法学研究》1999年第3期;郭泽强、蒋娜:"刑法第20条第3款与第1款关系研究——兼论第20条第3款条款的意义",载《法学家》2002年第6期。

显超过必要限度。

第三，从立法初衷来讲，法律在第3款对特殊防卫进行特别强调，其目的旨在提醒司法裁判人员在适用正当防卫问题上不要被“防卫限度”所束缚，应该大胆适用正当防卫的规定，同时也是鼓励公民勇于同违法犯罪作斗争。①

第四，无限防卫权说的主张，是从个人权利神圣不可侵犯的基本理念出发，认为个人权利的行使除了受同样保障社会的其他成员享有这一权利的限制之外，个人权利应当是无限，不受干涉的，因此正当防卫的强度应当是没有限制的。② 正因为无限防卫权思想有片面强调个人权利之嫌，因此随着法的社会化和社会本位思想的不断发展，逐步被有限防卫权的主张所代替。我国法律既注重对个人权利的保护，同时也注重对社会权益的保护。因此从符合我国立法基本原则来讲，不能说《刑法》第20条第3款的规定等于有限地承认了无限防卫权，更不能将这一规定等同于无限防卫权。③ 所以不管是无限防卫权说、无过当防卫说，还是特殊防卫权说中的部分学者所持观点，因其否认第3款存有防卫限度含义的提法，故而都是有失欠缺的。

第五，适用第3款应该注意哪些问题。理解了《刑法》第20条第3款中特殊防卫依然具有必要限度的限制要求，就不难理解第3款与第1款之间具有被包容和包容或特殊与一般的关系。因此，只要适用第3款，就必然要适用第1款。那么是不是只要是在第3款特定条件下的正当防卫，不管是否造成侵害人伤害还是死亡，都适用第3款呢？笔者认为，适用第3款，必须是在侵害人被防卫人致死的情况下。虽然从“举重以明轻”的立法技巧上，有助于理解在第3款的特定条件下，致人重伤也不属于防卫过当。但应注意的是，第3款在很大程度上是立法者为了提示司法人员，在处理特定条件下防卫致人死亡这一种情形时，应考虑不属于防卫过当，是就特殊情况下特别规定，并没有要扩张到致伤或其他损害的情况下。因此在没有致人死亡的情况下，是不必要适用该条款，仅仅适用第1款就足矣。

3. 共同暴力犯罪下的特殊防卫问题

在共同侵害行为下，对侵害人是否可以一视同仁进行无限防卫呢？关于此问题，理论界还鲜有论及。学者们在论及此问题时，一般认为，特殊防卫只能针对不法暴力侵害者本人实施，而不加害与暴力性犯罪无关的第三人。④ 并且认为，对于

---

① 参见陈兴良、郎胜、姜伟、张军：《刑法纵横谈：理论、立法、司法（总则部分）》，法律出版社2003年版。

② 参见陈兴良主编：《刑法学》，复旦大学出版社2003年版，第109页。

③ 参见陈兴良：《刑法适用总论》（上卷），法律出版社1999年版，第373页。

④ 参见周光权："特殊防卫权研究"，载陈兴良主编：《刑事法评论》（第13卷），中国政法大学出版社2003年版，第589页。

共同犯罪，因为参与犯罪的每个人都实施了犯罪行为，所以防卫人对正在进行共同犯罪的每个犯罪人都可以进行正当防卫。① 目前，也有一些学者对这一问题有了一些更为深入的思考，如有的认为即使在共同犯罪的情况下，也只能对正在进行不法侵害的人进行防卫。② 有的认为只能针对实施暴力的人，在多人共同侵害时，不一定能对每个人都实施无限防卫。③ 在本案审理过程中，有法官提出，是否也允许被告人吴某艳对张某某实施特殊防卫，对孙某某的防卫强度是否过当？可见司法实践中确实存在针对共同侵害行为如何把握特殊防卫的问题。笔者认为，面对共同实施严重危及人身安全的暴力犯罪，特殊防卫的对象只能是直接实施严重危及人身安全的暴力犯罪的正犯，对于组织犯、教唆犯、帮助犯不能进行特殊防卫。

这里首先要介绍一下正犯与共犯，以及组织犯、教唆犯、帮助犯的概念问题。共犯与正犯的区分，来源于大陆法系各国刑法。我国虽然也吸取了上述分类的部分理论，但对共同犯罪的区分主要是采用行为人在犯罪过程中作用的大小为标准，区分主犯、从犯与胁从犯。正犯与共犯的区分是根据行为人在犯罪过程中的分工为标准。正犯在我国刑法理论中称为实行犯，充足构成要件的是正犯，实行行为是刑法分则规定的具体犯罪构成要件的行为。依附于正犯而存在的是共犯，共犯包括组织犯、教唆犯、帮助犯。组织犯是指组织他人实行犯罪的人，而组织行为是指组织犯在犯罪集团中的组织、策划、指挥行为。教唆犯是教唆他人犯罪的人，而教唆行为是指引起他人实行犯罪意图的行为。帮助犯是帮助他人犯罪的人，帮助行为是指在共同犯罪中起辅助作用的犯罪行为。④ 很显然，组织行为和教唆行为，无法直接危及人身安全，不具有紧迫性，因此不必采取致死的方式进行特殊防卫，因而不可能成为特殊防卫的对象。而帮助犯或帮助行为是否能够成为特殊防卫的对象呢？也不能。从帮助犯的行为方式来看，帮助行为分为物质性帮助行为与精神性帮助行为。物质性的帮助行为是指物质上与体力上的帮助，在司法实践中常见的是提供犯罪工具。而精神性的帮助行为是指在精神上与心理上的帮助，在司法实践中常见的是为实行犯出主意、想办法、撑腰打气、站脚助威等。⑤ 很显然，帮助行为不可能达到严重危及人身安全的程度，对于被侵犯人的人身安全也没有现实的危险性，因此也不可能成为特殊防卫的对象。

那么是不是所有的正犯都可以成为特殊防卫的对象？也不尽然，只有直接实

---

① 参见高铭暄主编：《刑法学原理》（第2卷），中国人民大学出版社1993年版，第212页。
② 参见陈广普："论正当防卫的适用"，载河南法院网，发布时间：2003年9月30日。
③ 参见李竞东、晓懂："正当防卫中的人权保护"，载《时代潮》2004年第10期。
④ 参见陈兴良：《当代中国刑法新境遇》，中国政法大学出版社2002年版，第433页。
⑤ 参见陈兴良：《刑法适用总论》（上卷），法律出版社1999年版，第475~483页。

施严重危及人身安全的暴力犯罪的正犯,一般情况下是直接实施严重危及人身安全暴力行为的主犯,才能成为特殊防卫的对象,而参与实行行为的从犯和胁从犯是不能成为特殊防卫的对象的。因为既然是从犯和胁从犯,依据法律规定,在共同犯罪中作用就较小,其行为不可能达到直接严重危及人身安全的程度,如果达到了,就是主犯而非从犯或胁从犯了。同时对没有直接实施严重危及人身安全暴力行为的主犯,如教唆犯等,由于侵害行为不具备紧迫性,也不能实施特殊防卫。主犯和从犯、胁从犯的区分标准是根据行为人在共同犯罪中的作用为标准,而非以分工为标准,如果判断是否能够成为特殊防卫的对象,往往还要区分在共同犯罪中的行为分工问题,因此,笔者以为,司法实践中更应注重以分工为标准判断是否能够成为特殊防卫的对象。当然,我们不能要求防卫人在人身安全正在受到严重危及的紧迫情况下,特别是在第三人防卫的情况下,要求防卫人能够清楚确定的区分共同犯罪中正犯、组织犯、帮助犯等问题。但实践中侵害与被害往往有一个互动的过程,防卫人对直接实施严重危及人身安全的暴力犯罪的正犯还是应该有个明确的认识的,这一点在自卫的情况下,要求应该相对严格一些。

回到本案。如果确定孙某某、张某某、李某某三人的行为属于共同犯罪行为。那么对于张某某而言,他在共同犯罪过程中,多为站脚助威或为孙某某出主意,应该属于帮助犯,因此不应该成为特殊防卫的对象。对于孙某某而言,其行为在性质上可谓是行凶(这一点上文中已有论述),但其侵害的强度也还没有达到严重危及人身安全的程度,因此也不应成为特殊防卫的对象,而吴某艳对其也是持刀比画逼其后退,并没有要致其性命,因此吴某艳对于孙某某的防卫行为也没有过当。而对于李某某而言,在其举锁欲砸之前,其行为方式与张某某一样,也只属于帮助犯,但在其有了举锁欲砸行为之后,其就演变成直接实施严重危及人身安全的暴力犯罪的正犯,也就应该成为特殊防卫的对象,因此,吴某艳刺其一刀,并致其死亡,是没有超过必要限度的,而法院也最终认定被告人吴某艳无罪。

【法律法规链接】

《中华人民共和国刑法》第 20 条第 1 款、第 3 款

《中华人民共和国刑事诉讼法》第 162 条第(二)项①

《中华人民共和国民法通则》第 128 条

(编写人:游　涛)

① 现行《中华人民共和国刑事诉讼法》第 195 条第(二)项。

## 6. 危险驾驶案件中，被告人明知他人报警而在现场等候，抓捕时虽无拒捕但拒绝配合有关酒精检测的，不能认定为自首

——李某危险驾驶案①

**【裁判要旨】**

自首制度设立的意义在于鼓励犯罪分子主动投案并如实供述罪行、节省国家司法资源，以便及时、有效地惩罚犯罪、保护人民。在危险驾驶案件中，被告人明知他人报警而在现场等候，抓捕时无拒捕行为，但是拒绝做有关酒精检测显然不利于节省国家司法资源，故不能就此认定为自首。

**【基本案情】**

2014 年 1 月 21 日 23 时许，被告人李某饮酒后驾驶一辆黑色小型普通客车由南向北行驶至北京市海淀区中关村东路知清路口南时，车前部与同方向张某驾驶的小型越野车后部接触，事故发生后双方均在现场等候，民警到达现场后，被告人李某拒不配合民警工作。当日，民警将被告人李某传唤到案。

次日零时 27 分许，医院人员抽取被告人李某体内静脉血并留存，后经北京市公安交通司法鉴定中心鉴定，该血液中酒精含量为 292.7mg/100ml，已达到国家人体血液酒精含量标准中规定的醉酒标准。经交通部门认定，被告人李某对此次交通事故负全部责任。案发后，被告人李某在家属的帮助下赔偿了对方相关损失。

2014 年 1 月 30 日，检察院以被告人李某涉嫌犯危险驾驶罪向法院提起公诉，被告人李某对检察院指控的事实和指控的罪名没有提出异议。

**【法院裁判】**

法院认为：被告人李某醉酒在道路上驾驶机动车，其行为已构成危险驾驶罪，应予惩处。鉴于被告人李某到案后能如实供述自己的犯罪事实，认罪态度较好，且已赔偿了事故相对方的经济损失，故依法对其从轻处罚。被告人李某醉酒驾驶机动车并发生交通事故，负事故全部责任，应对其从重处罚。依照《中华人民共和国刑法》第 133 条之一、第 67 条第 3 款、第 53 条之规定，于 2014 年 2 月 12 日以危险

① (2014)海刑初字第 440 号判决书。

驾驶罪判处被告人李某拘役5个月,罚金人民币3000元。

被告人李某在本案宣判后没有提出上诉,检察院没有提出抗诉。

## 【要点评析】

本案的事实和定性没有问题,争议焦点在于被告人李某是否构成自首。主要有两种不同的意见:第一种观点认为,被告人李某的行为可以认定为自首,原因是当发生交通事故后,被告人李某并没有逃离案发现场,而是在明知他人报警的情况下,在现场等候民警处理,在抓捕时没有抗拒抓捕的行为,到案后能如实供述自己的犯罪事实,符合法律规定自首的条件;第二种观点认为,虽然被告人李某在案发后明知他人报警而在现场等候,民警对其进行抓捕时也没有拒捕行为,但是民警到达现场后其拒不配合民警工作,不做呼气酒精含量检测,拒不配合民警抽取体内的静脉血做血液酒精含量检测,是在故意逃避、抗拒法律制裁,不符合我国法律规定自首制度的立法原意,故不宜认定为自首。

1998年4月6日最高人民法院《关于处理自首和立功具体应用法律若干问题的解释》规定的自动投案,是指犯罪事实或犯罪嫌疑人未被司法机关发觉,或者虽被发觉,但犯罪嫌疑人尚未受到讯问、未被采取强制措施时,主动、直接向公安机关、人民检察院或者人民法院投案。2010年12月22日最高人民法院《关于处理自首和立功若干具体问题的意见》进一步将明知他人报案而在现场等候,抓捕时无拒捕行为,供认犯罪事实的视为自动投案的情形。但自动投案是否应该包含"必须接受国家的审查和裁判"的条件并没有明确规定。

对于此问题在理论有不同的认识,有的学者认为:"犯罪分子自动投案后,必须听候、接受司法机关的侦查、起诉和审判,不能逃避,才能最终成立自首。犯罪分子将自己的人身置于司法机关的现实控制之下,是其悔罪的具体表现,也是国家对其从宽处理的重要根据。犯罪人归案之后,无论在刑事诉讼的侦查阶段、起诉阶段,还是审判阶段逃避司法机关现实控制的,都是不接受国家审查、裁判的行为,不能成立自首。"[①]同时还有的学者认为,"自动投案、如实供述自己的罪行,本身已经表明犯罪分子对于司法机关追究犯罪的活动所持的配合态度,基于这种态度就应当可以对犯罪分子从宽处罚。对于自动投案再附加'接受审查和裁判'的条件,实际上并无必要"。[②]

---

① 赵秉志主编:《新刑法教程》,中国人民大学出版社1997年版,第335页。转引自高铭暄、马克昌主编:《刑法学》(第5版),北京大学出版社、高等教育出版社2011年版,第272页。

② 高铭暄、马克昌主编:《刑法学》(第5版),北京大学出版社、高等教育出版社2011年版,第273页。

我们认为，自首制度设立的初衷在于激励、促使犯罪分子悔过自新、节约国家司法资源。因此，作为自首要件的自动投案也必须能够反映出此立法原意，不能一概而论，具体分为：

（1）针对普通刑事犯罪，如故意伤害罪、盗窃罪等，只要行为人能够自动投案并如实供述犯罪事实就可以认为成立自首，不要求行为人必须接受审查和裁判的条件。在这种犯罪中，行为人到案后无须立即对其做检验工作，证据已经客观的存在，公安机关只需另行固定证据即可，而行为人也能如实供述自己的罪行，配合司法机关相关的取证工作。故在这种情况下，确如学者所说再要求“必须接受国家的审查和裁判”的条件并无必要。

（2）危险驾驶罪则完全不同于上述情况，依据2013年12月18日最高人民法院、最高人民检察院、公安部《关于办理醉酒驾驶机动车刑事案件适用法律若干问题的意见》：血液酒精含量检验鉴定意见是认定犯罪嫌疑人是否醉酒的依据。犯罪嫌疑人经呼气酒精含量检验达到80毫克/100毫升以上的醉酒标准，在抽取血样之前脱逃的，可以以呼气酒精含量检验结果作为认定其醉酒的依据。可见，呼气酒精含量检验结果和血液酒精含量检验鉴定意见是认定危险驾驶的决定性证据。行为人因酒后驾驶机动车被查获后，就必须要求行为人能够充分配合公安机关的酒精含量检测取证行为，以固定证据，换句话说，这时就必须要求行为人“接受国家的审查”，否则在证据上就无法打击犯罪，更谈不上节约司法资源。一个极端的例子是，虽然行为人酒后驾驶机动车被查获，其也明知他人报警在现场等候处理，更没有拒捕行为，但其始终采用其他手段不配合检测。因从其喝酒到被查获往往间隔一段时间、后又在检测时耽误一段时间，那么，实际检测到的酒精含量可能刚好不到80毫克/100毫升，而假若在第一时间进行检测则结果可能达到此标准，行为人就可达到逃避刑事追究的目的。

综合上述意见，我们认为：危险驾驶的案件发生在交通运输过程之中，我国《道路交通安全法》要求在道路上发生交通事故，车辆驾驶人应当立即停车，保护现场。被告人在事故发生后，留在事故发生地保护现场、等候处理本是其法定义务，但是被告人明知他人报警而在现场等候民警处理，在客观上起到将自己置于公安机关控制之下同样的法律效果。但是，随着醉酒驾驶机动车的行为成为刑事犯罪行为，社会公众对“醉驾”入刑标准逐渐有所了解，多数机动车驾驶员了解呼气或血液酒精含量测试结果对认定醉驾行为的关键性作用。因此，如果行为人在公安机关对其做呼气酒精含量检测和血液酒精含量检测时，不但不配合，反而采用吵闹、抵抗、自残等抗拒的方式拒绝相关检测，就可以推断其主观上没有配合司法机关处理犯罪行为、悔过自新的意愿，客观上也没有达到节约司法资源的法律后果，本质上就是在规避法律责任、逃避法律追究。最高人民法院、最高人民检察院、公安部《关于办理醉酒驾驶机动车刑事案件适用法律若干问题的意见》第 2 条第(六)项也规定,逃避公安机关依法检查,或者拒绝、阻碍公安机关依法检查尚未构成其他犯罪的,要从重处罚。因此,在这种情形下即使行为人对自己酒后驾驶机动车的事实供认不讳,也不能认定为自首。

**【法律法规链接】**

《中华人民共和国刑法》第 53 条、第 67 条第 3 款、第 133 条之一

(编写人:张小平)

## 7. 被告人在侦查、审查起诉阶段未如实供述罪行,但在庭审阶段如实供述的,能否成立坦白

——王某辉、王某洋、王甲寻衅滋事案①

**【裁判要旨】**

2011 年 5 月 1 日施行的《刑法修正案(八)》新增了《刑法》第 67 条第 3 款,将坦白从宽的刑事政策予以立法化。坦白的立法化对于提高司法机关办案效率、弱化刑讯逼供的消极影响等具有积极意义,但同样面临司法尺度的问题。在被动到案后,行为人在侦查、起诉阶段均不如实供述罪行,而仅在审判阶段如实供述罪行的,不宜认定位坦白。但坦白不成立,当庭认罪的,亦可根据案件具体情况酌定从轻处罚。

**【基本案情】**

2012 年 2 月 2 日 15 时许,被告人王某辉、王某洋、王甲在北京市海淀区马连洼北路附近,酒后无故殴打被害人孙某某(男,48 岁),致其左季肋部软组织损伤、额部皮擦伤、牙齿缺失等伤,经鉴定,孙某某身体损伤程度为轻伤。经被害人报案,被告人王某辉、王某洋、王甲于同年 5 月 14 日被公安机关抓获归案。在本案审理过程中,经调解,被告人王某辉、王某洋、王甲与被害人孙某某就本案民事赔偿问题达

① (2012)海刑初字第 3281 号判决书,(2013)一中刑终字第 523 号裁定书。

成调解协议,赔偿被害人孙某某因伤造成的经济损失人民币55,000元(被告人王甲赔偿人民币50,000元,被告人王某辉、王某洋赔偿共计人民币5000元),被害人孙某某收取上述钱款后对被告人王某辉、王某洋、王甲的行为表示谅解,并希望法院对三名被告人从轻处罚。

【法院裁判】

庭审过程中,被告人王某辉、王某洋、王甲对殴打被害人孙某某的行为均不持异议,尽管被告人王甲在侦查阶段和审查起诉阶段否认其参与殴打被害人,但其当庭供认实施了殴打行为,且与被告人王某辉、王某洋的供述,被害人孙某某的陈述,证人杨某某等人的证言可相互印证,均证实被告人王甲参与实施了殴打行为。综合三名被告人的量刑情节,被告人王某辉、王某洋到案后及庭审过程中均能如实供述所犯罪行,在家属协助下赔偿了被害人的经济损失,取得了被害人的谅解,具有悔罪表现,故对被告人王某辉、王某洋依法从轻处罚;被告人王甲当庭自愿认罪,在家属协助下赔偿了被害人的经济损失,且赔偿数额相对较高,取得了被害人的谅解,具有悔罪表现,故对被告人王甲酌予从轻处罚。最终,法院对被告人王某辉、王某洋依照《中华人民共和国刑法》第393条第1款第(一)项、第25条第1款、第67条第3款;对被告人王甲依照《中华人民共和国刑法》第293条第1款第(一)项、第25条第1款之规定,判决被告人王某辉、王某洋、王甲犯寻衅滋事罪,各判处有期徒刑10个月。

【要点评析】

《刑法》第67条第3款在规范层面可表述为:犯罪嫌疑人虽不具有自首情节,但是如实供述自己罪行的,可以从轻处罚;因其如实供述自己罪行,避免特别严重后果发生的,可以减轻处罚。在缺乏明确司法解释的情况下,司法实践中对本条款的适用出现了过宽适用(将所有认罪情形均认定为坦白)或过窄适用(仅将司法机关未掌握相关犯罪事实、行为人如实供述同种数罪的情形认定为坦白)的极端。如何准确把握坦白的司法尺度,应当从适用阶段、如实供述的程度和效果等方面加以衡量:

(1)本条款的适用阶段为侦查阶段或审查起诉阶段,行为人在侦查阶段或审查起诉阶段如实供述主要犯罪事实,且在审判阶段如实供述自己罪行的,可以适用本条款依法从轻、减轻处罚;行为人在侦查阶段和审查起诉阶段均不供认,仅在审判阶段如实供述自己罪行的,应以当庭自愿认罪酌予从轻处罚。这是因为,在文义解释层面,本条款明确限定了"犯罪嫌疑人"的主体要件,其仅仅对应侦查阶段、审查起诉阶段，从而与审判阶段相分离；在立法目的层面，本条款旨在鼓励犯罪嫌疑人自愿认罪，从而有效降低办案成本、节约司法资源，相比之下，仅仅在审判阶段的自愿认罪对于上述立法初衷的实现已无实质意义；在立法技术层面，本条款虽然确立了如实供述自己罪行的法定从轻、减轻处罚情节，但并没有明确排除酌定从轻处罚情节的适用。对于犯罪嫌疑人、被告人在上述三个阶段可能存在的翻供反复情形，参照最高人民法院《关于处理自首和立功具体应用法律若干问题的解释》第 1 条之规定，犯罪嫌疑人、被告人在侦查阶段或审查起诉阶段如实供述自己的罪行后又翻供的，不可适用本条款；在一审判决前又能如实供述的，仍可适用本条款。本案中，被告人王甲在侦查阶段及审查起诉阶段均否认其参与殴打被害人，其在审判阶段的认罪既与犯罪嫌疑人的主体身份不符，又无益于司法资源的节约，应当明确排除适用本条款，但可酌予从轻处罚。对此，一审判决将被告人王某辉、王某洋的相关量刑情节表述为“到案后及庭审过程中均能如实供述其所犯罪行……依法从轻处罚”，对被告人王甲则表述为“当庭自愿认罪……酌予从轻处罚”，从而使本条款的适用更加严谨。

(2)行为人在侦查阶段或审查起诉阶段如实供述自己罪行，在审判阶段对犯罪构成事实提出异议的，不适用本条款；在审判阶段对犯罪构成事实之外的量刑事实、案件性质等提出异议的，不影响本条款的适用。参照最高人民法院《关于被告人对行为性质的辩解是否影响自首成立问题的批复》，被告人对行为性质的辩解不影响如实供述的认定。其中，“行为性质”即被告人对其实施的行为本身不持异议，但对主要事实之外的部分事实、案件定性等提出异议。关于因果关系的辩解是否构成对行为性质的辩解，应当结合个案情况加以区分，本案中，被告人王某辉、王某洋在庭审过程中称被害人之所以构成轻伤，重要原因在于被害人有严重的牙周炎，只要有轻微的外力损伤即可能造成严重后果，因此轻伤后果不应完全归责于被告人。被告人王某辉、王某洋对被害人伤情因果关系的质疑，本质上是针对寻衅滋事犯罪后果的严重性及相关附带民事赔偿问题，不涉及对事实构成要件的根本否定，可适用本条款对被告人依法从轻处罚。同样，被告人王甲在庭审中关于因果关系的辩解不影响对其当庭自愿认罪的认定。

(3)应当明确的是，本条款没有明确限定行为人坦白的动机，在实践中既包括行为人主动供述司法机关尚未掌握的同种数罪，也包括司法机关已经掌握行为人的犯罪线索乃至犯罪证据，以至于行为人在证据面前不得已如实供述等。基于罪刑法定原则，上述两种情形尽管在行为人如实供述的侦查价值和悔罪表现上存在一定差异，但不能因此排除坦白的认定，应当结合行为人的坦白动机在从宽处罚的程度上有所区分。

**【法律法规链接】**

《中华人民共和国刑法》第 25 条第 1 款、第 67 条第 3 款、第 393 条第 1 款第(一)项

（编写人：王启亮）

# 第二章　危害公共安全类案件

## 8. 服用含酒精药品达到醉酒标准而驾驶机动车的构成危险驾驶罪

——陈某危险驾驶案①

【裁判要旨】

“在道路上醉酒驾驶机动车”是危险驾驶罪的行为类型之一。“醉酒”通常情况下是指饮用酒精饮料而导致醉酒状态。但是,从保护公共安全的立法目的考虑,行为人明知药物含有酒精成分,服用后陷入醉酒状态而驾驶机动车的,同样应当以危险驾驶罪定罪处罚。

【基本案情】

被告人陈某因患有腰疼病,在医生建议下长期服用一种含有酒精的药物——“舒筋活络液”以治疗病症。案发当日,陈某在服用了舒筋活络液后驾驶机动车上路行驶。后不慎与马路中间的隔离带相撞。事故发生后,陈某主动报警并在现场等候处理。交警赶到现场后以简易程序处理此次事故,认定陈某负全部责任。次日零时52分,医务人员抽取被告人陈某体内静脉血并留存。经北京市公安交通司法鉴定中心鉴定,该血液中酒精含量为103.2mg/100ml,已达到国家人体血液酒精含量标准中规定的醉酒标准。后被告人陈某被传唤至公安机关。检察机关认为陈某的行为属于醉酒状态下在道路上驾驶机动车且发生交通事故,其行为已构成《刑法》第133条之一的危险驾驶罪,应予惩处,遂向法院提起公诉。法庭审理过程中,陈某对公诉机关指控的罪名提出异议,认为案发当日自己没有饮酒,只是在不知情的情况下服用了含有酒精成分的药物,无犯危险驾驶罪的主观故意,不构成犯罪。

【法院裁判】

一审法院认为:导致醉酒的原因并非只有饮酒一种方式,服用或注射含有酒精

---

① (2013)海刑初字第553号判决书,(2013)一中刑终字第1435号裁定书。

成分的物质也可以使人达到醉酒状态。本案中被告人陈某所饮用的瓶装舒筋活络液上,书面标明了酒精含量和服用方法,被告人陈某多年饮用此种药物应当知悉该药物中含有酒精成分。故被告人陈某及其辩护人称在案发当日陈某不知饮用的药物中含有酒精成分的辩护意见,法院不予采纳。关于辩护人提出的被告人陈某所造成的危害后果不大不应予以刑事处罚的辩护意见,法院认为,危害结果不是构成危险驾驶罪的必要条件,只要在道路上醉酒驾驶机动车即构成本罪,故法院对此点辩护意见不予采纳。被告人陈某虽对所涉罪名有异议,但其在事故发生后主动投案,如实供述案件事实,仍可认定为自首。故法院依法对被告人陈某从轻处罚。依据《中华人民共和国刑法》第 133 条之一、第 67 条第 1 款、第 53 条之规定,判决被告人陈某犯危险驾驶罪,判处拘役 1 个月 6 天,罚金人民币 1000 元。

陈某不服一审判决,上诉后二审法院维持原判。

**【要点评析】**

危险驾驶罪作为《刑法》第 133 条之一是列在交通肇事罪之下的,交通肇事罪属于过失犯罪。刑法对于过失犯罪的解释是“应当预见自己的行为可能发生危害社会的结果,因为疏忽大意而没有预见,或者已经预见而轻信能够避免,以致发生这种结果的,是过失犯罪。”在我国,交通法规明确规定了酒后不能驾驶机动车,刑法又规定了醉酒在道路上驾驶机动车构成危险驾驶罪。因此作为一名机动车驾驶员在驾驶机动车前对其饮用、服用的食品、药物负有应当注意是否含有酒精成分的义务(即《刑法》中确定的应当预见的范畴)。本案中被告人陈某因未尽到应当注意的义务,从而导致在道路上醉酒驾驶机动车,触犯了危险驾驶罪。

但驾驶员的这种注意义务不应超出正常范围。我们认为,该注意义务通常仅限于一般的生活常识范围内。对于驾驶员在驾驶机动车前饮用、食用了不为常人熟知也没有标注酒精含量的药品、食品而达到醉酒标准的,不应以危险驾驶罪处罚。同理,正常人在饮酒后的 48 小时内是可以将自身血液中的酒精含量降低到醉酒标准以下的,如果因某种特殊的原因发生了驾驶员在 48 小时后血液中的酒精含量仍然达到醉酒标准的情况,也不应以危险驾驶罪定罪处罚。

《刑法》第 133 条之一规定“在道路上醉酒驾驶机动车的,处拘役,并处罚金”。“醉酒”的文义解释通常为饮酒致醉。但刑法条文中的“醉酒”不仅限于因饮酒而醉酒一种形态,还可能涵盖像本案这样非因喝酒而导致的“醉酒状态”。这一点应引起全体驾驶员的警觉。当然,对于本案这种因服用含有酒精成分的药物、食物而达到醉酒标准,触犯危险驾驶罪的被告人,通常可以认为其主观恶性不大,同饮酒后触犯危险驾驶罪的被告人在量刑时有明显的区分,可以大幅度从轻处罚。

【法律法规链接】

《中华人民共和国刑法》第 53 条、第 67 条第 1 款、第 133 条之一

（编写人：王 冲）

## 9. 在城市快速路上倾倒垃圾行为的定性

——孟某财破坏交通设施案①

【裁判要旨】

危害公共安全类犯罪危险性高、造成实害结果严重，较易引起社会关注。随着社会生活的日益复杂化、精细化、某些原本不具有危险性的行为已经足以对越来越脆弱的社会造成难以挽回的危害和影响，但刑法本身所具有的滞后性又决定了刑法条文本身不可能对所有新的危险行为都一一作出规制。在这种情形下，部分新的社会危险行为因为难以在现有刑法条文中进行归类而被简单地定性为以危险方法危害公共安全罪。同时，危害公共安全罪罪状的概括性表述使得其可以作为该类犯罪的兜底性条款使用，但在面对公路上倾倒垃圾及类似的新型犯罪时，仍然需要首先考量犯罪行为是否符合这一类罪中的其他具体罪状，依照特殊优先一般的罪名适用原则，正确定性。

【基本案情】

被告人孟某财于 2011 年 9 月 22 日夜间，驾驶一辆车牌号码为"冀 E66551"的农用货车从北京市海淀区杏坛路巫山烤鱼饭馆装运装修垃圾后，行驶至海淀区健翔桥西北角辅路时，为图方便及节省渣土清理费，将车上运载的一车装修垃圾倾倒在该路段的车道上后离开，阻碍车辆正常通行，危害行车安全。经查，该路段被规划为城市快速路段，属于正在使用中的城市公路。

【法院裁判】

法院认为：被告人孟某财故意倾倒废弃物，破坏公路，足以使汽车发生倾覆、毁

① （2012）海刑初字第 2606 号判决书。

坏危险,尚未造成严重后果,其行为已构成破坏交通设施罪,应予惩处。检察院指控被告人孟某财犯有破坏交通设施罪的事实清楚,证据确实充分,指控罪名成立。被告人孟某财为了图个人方便,随意在城市道路上倾倒大量废弃物;且倾倒渣土的时间为深夜,交通视线欠佳,倾倒路段为城市快速道路,足以发生车辆倾覆、毁坏的事故,性质较为严重,应予严惩。但鉴于被告人孟某财到案后始终能如实供认自己的罪行,认罪、悔罪态度较好,对其依法从轻处罚。依照《中华人民共和国刑法》第117条、第67条第3款之规定,判决被告人孟某财犯破坏交通设施罪,判处有期徒刑3年6个月。

一审宣判后,被告人未上诉,公诉机关亦未抗诉,一审判决已经生效。

**【要点评析】**

本案的争议焦点在于被告人孟某财的倾倒垃圾行为是成立以危险方法危害公共安全罪还是破坏交通设施罪。

1. 以危险方法危害公共安全罪与破坏交通设施罪是否构成法条竞合

在本案中,倾倒垃圾的行为在罪名适用上,究竟是法条竞合还是想象竞合,或者说,两个罪名间是否存在法条竞合关系。关于这一点,理论上并没有给出一致答案,但在司法实践中,往往将不构成其他具体犯罪的行为统一认定为危险方法危害公共安全罪。上述两罪同属于危害公共安全类犯罪,同类客体均为公共安全,也即不特定多数人的生命、身体、健康或者重大公私财产的安全。虽然有意见指出,以危险方法危害公共安全罪的解读应当按照限制解释的态度,仅限定在与放火、爆炸、决水、投放危险物质等行为危险性相当的手段上,不应当与全部的类罪等量齐观。但一方面,从目的解释的角度出发,以危险方法危害公共安全罪的罪状为"以其他危险方法危害公共安全"的概括性表述,以囊括其他多种、非典型的犯罪形式与手段,实现法网严密,保持法律适用的稳定性,这一点上,使得该罪名应当作为整个类罪的兜底条款使用,而不是仅仅局限在放火等四个罪名之内;另一方面,从立法技术上,该罪属于典型的一个法条对应多条法律规范的情形,其中的多条法律规范地位是独立的,不能仅局限于放火等四个犯罪的关联上。而且,从放火、以危险方法危害公共安全罪的量刑与本章其他犯罪的量刑比较上,可以看出不同罪名之间不存在危险程度的比较。

故两者从适用关系上,属于一般与特殊的法条竞合,破坏交通设施的直接客体为交通运输安全,其犯罪对象为正在使用中的交通设施,属特殊规定;而以危险方法危害公共安全罪为公共安全类犯罪的兜底性条款,涵盖一切以具有手段相当性方法损害公共安全的行为,属一般条款。故在两者的适用中,如果同一犯罪事实同时符合两个罪名,此时应当依照特殊优于一般原则首先考虑适用破坏交通设施罪;当犯罪行为不符合破坏交通设施罪的构成时,再考虑是否符合以危险方法危害公共安全罪。

2. 城市快速路段是否属于交通设施

司法实践的思维进路往往略悖于学说顺序,在评价犯罪事实中往往需首先考察客观方面,进而评价主观故意。本罪犯罪对象为交通设施,包括轨道、桥梁、隧道、公路、机场、航道、灯塔、标志。被告人孟某财所倾倒垃圾的地点为健翔桥西北角的城市快速路段,这一点已经有规划委的提供的电子地图及回复予以佐证,属于正在使用中的交通设施无疑。

3. 倾倒垃圾的行为是否构成破坏行为

本罪为危险犯,犯罪的成立要求行为人的行为足以形成危险状态。破坏行为的评定标准或者说行为的破坏程度应当达到足以使汽车发生倾覆危险、足以危害公共安全,此种破坏行为既包括由有形行为造成交通设施的实体破坏,也包括其他一切阻碍交通设施正常发挥作用,对于公共车辆行驶造成危险状态的行为。被告人孟某财在深夜时分,交通视线欠佳的情况下,在市区内车流相对密集、车速较快的城市快速路段倾倒一车装修垃圾等固体废物,阻碍了车辆的正常通行,极易导致车辆发生倾覆、毁坏的事故,危害行车安全,对于公共安全的危险状态已经形成,其行为当属于破坏行为。综合以上两点,应当认定孟某财倾倒垃圾的行为属于破坏正在使用中的交通设施。

4. 被告人孟某财是否有破坏交通设施罪的主观故意

被告人孟某财从事垃圾运输、处理工作,在运输过程中,其为了个人方便并节省渣土清理费而将垃圾倾倒在城市快速路上,其对自己行为的性质有着清楚认识,同时作为一个从事过运输工作的正常理性人,其理应知道自己的行为可能对后续通行车辆造成不利影响,甚至发生车辆倾毁等重大安全事故,可以认定其对自己行为的性质、行为可能造成的后果存在着明确认识,但在省事、省钱的动机驱使下,其放任了该种危险状态的行程,其对于破坏交通设施的行为主观上存在故意。

综合以上几点,可以认定,被告人孟某财的行为已经构成破坏交通设施罪。

**【法律法规链接】**

《中华人民共和国刑法》第 67 条第 3 款、第 117 条

(编写人:姜　楠)

# 10. 生产作业中未熄火维修车辆致帮助人死亡如何定性

## ——肖某铁重大责任事故案[①]

**【裁判要旨】**

《刑法》第233条专门规定了过失致人死亡罪；同时，包括刑法分则第二章所规定的事故犯罪在内的其他过失犯罪也可能造成人员死亡的结果，因该类犯罪本质上仍属于过失犯罪，因此，在发生人员死亡结果时，对过失致人死亡罪与其他过失犯罪罪名的适用就存在竞合问题。上述两种罪名究竟如何选择和认定？笔者认为，基本原则是特别法优于一般法，当犯罪行为的构成要件符合具体罪名的构成要件时则不宜优先考虑过失致人死亡罪。例如，生产作业中未熄火维修车辆致帮助人死亡的，应当认定为重大责任事故罪，其根据在于建筑工程渣土车在维修时仍属于生产作业过程中，建筑工程渣土车维修时不熄火也违反相关安全管理规定。

**【基本案情】**

被告人肖某铁与被害人郭某东均为北京兰波鹏程商贸有限公司渣土车司机。2013年3月14日4时许，被告人肖某铁驾驶大型汽车（车牌号京AE6902）从北沙滩附近拉运渣土到北京市海淀区西三旗清河小营住宅楼项目工地准备回填，到工地后其所驾驶车辆主传动轴断裂拖在地上，车无法继续行使。肖某铁先把车斗支起来，渣土就往下滑，此时同单位另一名渣土司机郭某东（即本案的被害人）也开着渣土车过来，肖某铁就让郭某东帮其一块钻到车底下，准备用绳子绑住主传动轴，再把主传动轴绑到上面的部件上。此时被告人肖某铁未将车熄火，取力器还在转动。肖某铁和郭某东在主传动轴上绑好绳子后就分别从车底两边钻出来，肖某铁从车左边钻出来，郭某东拽着绳子从车右边往外退。在往外退时，郭某东被卷入汽车起升结构取力器传动轴，该公司经理的儿子兰某在现场并随即报警。救护人员到场后郭某东已经死亡。经鉴定，被害人郭某东死亡原因为因重物挤压颈部致机械性窒息合并急性大出血死亡。被告人肖某铁明知他人报警而在现场等待，于当日被羁押，其到案后如实供述了犯罪事实。

公诉机关认为，被告人肖某铁过失致人死亡，情节较轻，其行为触犯了《刑法》

① (2013)海刑初字第2399号判决书。

第233条之规定，犯罪事实清楚，证据确实充分，应当以过失致人死亡罪追究其刑事责任。

**【法院裁判】**

法院认为：被告人肖某铁在作业中违反有关安全管理的规定，因而发生重大伤亡事故，致一人死亡，其行为已构成重大责任事故罪，应予惩处。检察院指控被告人肖某铁犯罪的事实清楚，证据确实充分，但指控罪名不当。鉴于肖某铁到案后如实供述罪行，认罪态度较好，具有自首情节，且已取得被害人谅解，法院依法对其从轻处罚。辩护人的辩护意见，法院酌情采纳。法院依照《中华人民共和国刑法》第134条第1款、第67条第1款及《最高人民法院关于处理自首和立功具体应用法律若干问题的解释》第1条之规定，判决被告人肖某铁犯重大责任事故罪，判处有期徒刑1年。

一审宣判后，被告人未上诉，公诉机关亦未抗诉，一审判决已经生效。

**【要点评析】**

本案中，检察院起诉书中指控的罪名为过失致人死亡罪。而在审理过程中，辩护人对检察院起诉的罪名存在异议，认为应当按照重大责任事故罪定罪量刑。过失致人死亡罪与重大责任事故罪属于一般法和特别法的法条竞合关系，过失致人死亡实际上关于过失导致发生他人死亡结果的一般规定，重大责任事故罪则属特别法条规定的罪名，而法条竞合时法条适用的一般原则是，特别法优于一般法。《刑法》第233条中也规定，本法另有规定的，依照规定。因此只有被告人的行为在不能够满足重大责任事故罪的全部构成要件时才考虑认定过失致人死亡罪。因此，本案的关键问题在于，被告人肖某铁的行为是否构成重大责任事故罪？从这一问题出发，本案主要存在两个争议焦点：

1. 生产、作业车辆发生故障后，行为人对车辆进行临时应急处理的行为是否属于在生产、作业过程中

本案中，作为生产作业车辆的渣土车发生故障，被告人要将车中的渣土卸下，然后将车移转到不妨碍生产的地方等待维修，在这个过程中发生了事故。被告人所驾驶的汽车属于大型汽车，主要用于运输货物、在建筑工地进行填土作业，因此该项工作应当属于生产、作业活动无疑。被告人肖某铁系肇事车辆司机，该车系其进行填土作业的工具。在这种情况下，作业人对工具的操作以及工具发生故障时在现场采取的紧急措施或应急性处理应当属于生产作业过程不可分割的一部分这是因为，生产、作业活动不仅包括生产、作业活动的正常开展，也应当包括遇到突发

情况的现场紧急处理。比如机器坏了及时切断机器电源，以及诸多安全操作规程中有关于异常情况发生应对措施和操作办法的规定。[①] 本案中，肇事车辆仍处于作业现场，并由直接操作人员进行紧急临时处理，可以说，该行为仍然与生产作业活动存在不可分割的紧密关系，仍应属于生产、作业过程中。相反，如果机器、设备以及作业用车发生故障，被运往相应的专门维修场所并由专业的维修师傅进行维修，则不应当认定为属于生产、作业过程。

2. 被告人的行为是否属于"违反有关安全管理的规定"

本案中，关于被告人肖某铁驾驶大型汽车进行填土作业以及车辆故障后的维修行为是否有相关的安全管理规定对其进行规范。控辩双方存在争议。所谓有关安全管理规定，一是国家颁发的各种有关安全生产、作业的法律法规的明文规定；二是企业、事业单位及其上级管理机关所指定的规程、规则、章程等明文规定；被告人的辩护人提供了证据《北京市建筑工程施工安全操作规程》。该规程是由北京建工集团有限责任公司主编，经有关部门审查通过。北京市建设委员会批准该规程为北京市强制性标准，该标准由北京市建设委员会负责管理，由北京建工集团有限责任公司负责具体解释工作。因此该规程即属于上述第二种"有关安全管理规定"。而控方认为被告人驾驶的车辆不属于上述安全操作规程的适用范围。对此，笔者认为，被告人所驾驶的车辆为大型自卸货运卡车，其后车斗敞篷且可自动升起卸下车上的渣土，应当属于该安全操作规程中规定的"机动翻斗车"。因此被告人驾驶该大型汽车进行填土作业应当遵守上述规范。《北京市建筑工程施工安全操作规程》其中规定"在对机动翻斗车进行检修或班后刷车时，必须熄火并拉好手制动"。此外，被告人肖某铁在其供述中也称，其公司在会上进行过安全教育的培训，车辆出现故障后，应当第一时间通知公司，由公司负责处理。而本案中的被告人肖某铁在明知车辆不熄火即进入车底维修存在危险的情况下，疏忽大意未将汽车熄火，邀请被害人郭某东共同进入车底进行处置，肖某铁未将车辆熄火违反了《北京市建筑工程施工安全操作规程》，属于"违反有关安全管理的规定"。

综上，被告人肖某铁在生产作业过程中违反有关安全管理的规定，因而致使发生重大伤亡事故，致一人死亡，主观上存在过失，符合重大责任事故罪的全部构成要件，应当以重大责任事故罪定罪量刑。检察院指控被告人肖某铁犯罪的事实清楚，证据确实充分，但是指控罪名不当，故在判决中认定被告人肖某铁犯重大责任

---

① 比如：《有限空间作业安全技术规程》6.4.5 规定，通风异常时，停止作业，撤出人员。6.8.7 规定，有限空间发生事故时，监护者应及时报警并报告企业相关负责人，救援人员应做好自身防护，配备必要的呼吸器具、救援器材，严禁盲目施救，导致事故扩大。再如：《吊装工操作规程》第 17 条规定，"卷扬机……作业时突然停电，应立即拉开闸刀，并将运送物件放下"。

事故罪。

【法律法规链接】

《中华人民共和国刑法》第67条第1款、第134条第1款

《最高人民法院关于处理自首和立功具体应用法律若干问题的解释》第1条

（编写人：王雷刚　段倩倩）

# 第三章　破坏社会主义市场经济秩序类案件

## 11. 诈骗罪与销售伪劣产品罪的界分

——郭某祥等销售伪劣产品案①

**【裁判要旨】**

引入《产品质量法》归责原则的部分内容，结合刑法基本理论，确定严格责任作为销售伪劣产品罪的归责原则：在有证据证明行为人不存在过错的情况下，基于《刑法》第16条规定的犯罪行为必须存在过错这一主观要件的原则，排除犯罪，将此类行为均认定为一般违法行为；而在行为人存在过错，而这种过错又难以证明的情形下，则认定行为人可以承担销售伪劣产品罪的刑事责任；但是，在有证据证明行为人存在非法占有目的情况下，则应该考虑销售伪劣产品罪与诈骗罪的想象竞合问题，从一重罪定罪处罚。

**【基本案情】**

2008年至2009年间，被告人郭某祥、刘甲、徐某伟伙同胡某强、敬某军、李甲、秦某、郑某平(后五人均已被判决)在北京市海淀区北京东恒融信科技有限公司内，通过电话联系的方式，假冒三星、诺基亚厂家推广部及电视购物中心等名义，夸大产品功能，以次充好，向381名被害人销售劣质手机及充值卡，销售金额共计人民币894,840元。其中：被告人郭某祥涉案金额为人民币894,840元，被告人刘甲涉案金额为人民币60,920元，被告人徐某伟涉案金额为人民币27,500元。2009年3月26日，被告人刘甲、徐某伟被民警抓获。2009年12月5日，被告人郭某祥被民警抓获。案发后，被害人廖某追回赃款人民币990元，被害人吴某洲追回赃款人

① (2010)海刑初字第2474号判决书，(2010)一中刑终字第3360号裁定书；(2011)海刑初字第247号判决书，(2011)一中刑终字第4139号裁定书。

民币1250元，被害人蓝某涛追回赃款人民币1500元，被害人李乙养追回赃款人民币1500元，被害人刘某良追回赃款人民币1500元。在本案审理过程中，被告人刘甲向法院交来退赔款人民币62,930元，被告人徐某伟向法院交来退赔款人民币29,500元，现扣押在案。其余赃款未起获。

2010年6月24日，检察院以被告人郭某祥、刘甲、徐某伟犯销售伪劣产品罪，向法院提起公诉。法院于2010年9月10日作出一审判决，以销售伪劣产品罪判处被告人郭某祥有期徒刑10年，罚金人民币100万元；以销售伪劣产品罪判处被告人刘甲有期徒刑11个月，罚金人民币10万元；以销售伪劣产品罪判处被告人徐某伟有期徒刑9个月，缓刑1年，罚金人民币10万元。被告人郭某祥上诉，二审法院以一审判决认定被告人郭某祥、刘甲、徐某伟犯销售伪劣产品罪的事实不清、证据不足为由，裁定撤销(2010)海刑初字第2474号刑事判决，发回重审。

被告人郭某祥对指控罪名不持异议，但辩称指控数额过高，而且其也不是主犯。其辩护人发表的辩护意见为：被告人郭某祥并没有参与东恒融信公司的经营管理，也没有从东恒融信公司获取报酬，只是在东恒融信公司的发货问题上向敬某军提供了一些帮助，不应将郭某祥认定为主犯，提请法庭对被告人郭某祥从轻处罚。被告人刘甲、徐某伟对检察院的指控罪名和指控事实均无异议。

**【法院裁判】**①

法院生效裁判认为：被告人郭某祥、刘甲、徐某伟伙同他人以非法占有为目的，虚构事实，骗取他人财物，其中被告人郭某祥诈骗数额特别巨大，被告人刘甲、徐某伟诈骗数额较大，其行为均已构成诈骗罪，应予惩处。检察院对于被告人郭某祥、刘甲、徐某伟犯罪的指控成立，但指控罪名和指控数额均有误，法院予以纠正。关于本案的犯罪数额认定上，在公诉机关当庭一共出示了387名被害人的陈述，而综合本案其他证据，可以证明王某东、谭某林、宋某阳、陈某健购买手机所支付款已全额退还，故不宜将上述四名被害人列为本案被害人，相应款项也不应列入犯罪数额；被害人陆某帅的陈述证明的是其父陆某哲购买手机被骗的事实，公诉机关对该事实的犯罪金额存在重复计算的现象，因此不应将陆某帅列为本案被害人，重复计算的金额也应从犯罪金额中扣减；被害人李丙的陈述证明其是通过从电视上看到的购物电话购买的手机，而且手机型号与本案所涉及的手机型号明显不符，故不能认定李丙系本案的被害人，其购买手机所支付款项也应从犯罪金额中扣减。关于被告人郭某祥及其辩护人提出指控数额过高以及其不应被认定为主犯的辩护意

① 本案系发回重审案件，以下裁判内容为最终生效裁判的论述。

见,法院认为,被告人徐某伟的供述与已决犯胡某强、敬某军的供述相互印证,足以证实被告人郭某祥不仅参与了北京东恒融信科技有限公司的经营管理,而且该公司所销售的手机亦由其负责联系货源,故被告人郭某祥在共同犯罪中起主要作用,系主犯,应对所有犯罪金额承担责任,法院对上述辩护意见不予采纳。被告人刘甲、徐某伟系受雇于他人从事犯罪活动的人员,在共同犯罪中起次要、辅助作用,属于从犯,结合其二人当庭自愿认罪,退赔了其二人所参与犯罪部分的赃款,确有悔罪表现,故法院对被告人刘甲、徐某伟均依法从轻处罚,并宣告缓刑。同时,法院考虑到本案具有被害人人数众多、涉及地域广、社会影响恶劣的情况,故在对各被告人量刑时对上述因素予以体现。法院对被告人郭某祥依照《中华人民共和国刑法》第266条,第25条第1款,第26条第1款、第4款,第53条,第55条第1款,第56条第1款,第64条;对被告人刘甲、徐某伟依照《中华人民共和国刑法》第266条,第25条第1款,第27条,第67条第3款,第72条第1款、第3款,第73条第2款、第3款,第53条,第64条之规定,以被告人郭某祥犯诈骗罪,判处有期徒刑10年6个月,罚金人民币2万元,剥夺政治权利2年;以被告人刘甲犯诈骗罪,判处有期徒刑1年6个月,缓刑2年,罚金人民币3000元;以被告人徐某伟犯诈骗罪,判处有期徒刑1年,缓刑2年,罚金人民币2000元。

## 【要点评析】

本案在原一审阶段认定为销售伪劣产品罪,后被发回重审,其中销售伪劣产品罪与诈骗罪的定性界分问题系重要因素。诈骗罪与销售伪劣产品罪在客观要件上均包含有欺诈手段,实践中,对于伪劣产品应当定性为产品本身还是犯罪工具存在争议,由此导致二罪界分困难。

销售伪劣产品罪与诈骗罪相似之处诸多,如均有欺诈行为,都为故意犯罪,主观上均有获取非法财产利益的目的。理论上一般作如下界分:犯罪目的上,销售伪劣产品罪是获取非法利润,诈骗罪是非法占有财物;犯罪客体上,销售伪劣产品罪是产品质量管理秩序和企业、消费者的合法权益,诈骗罪是公私财产所有权;销售伪劣产品罪含有欺诈因素,但一般限于产品质量方面,本质上是一种经营活动、经济行为,而诈骗罪不是经济行为。[①] 审判实践也如是把握。但上述界分观点在实践中比较困难:

其一,该观点认为应根据行为人的销售行为是否具有经营性区分定性。但经营性本身就是一个欠周延的概念,行为人经营合法产品究竟需要达到怎样的程度

---

① 王作富主编:《刑法分则实务研究》(上册)(第2版),中国方正出版社2003年版,第265~266页。

方可认定其具有经营性？实务部门难以界定，特别是在网络购物环境下，销售者往往只是进行中介联络，根本难以判断这种中介作用到底是经营行为还是诈骗手段，且由于诈骗罪量刑较重，佯装具有经营性恐成为不法分子逃避刑罚的权宜之计。

其二，该观点认为应根据行为人销售的伪劣产品与市场上同类产品一般价值之间的差额比例区分定性。例如当销售的伪劣产品较市场上同类产品价值较低时，否认其产品属性，承认其纯粹的犯罪工具属性，定性应为诈骗罪。这种观点尽管便于实务操作，但由于产品种类纷繁复杂，其价值差异和波动势必给区分产品和犯罪工具造成了较大阻碍，且难以从根本上区分性质。

上述界分观点，是从二罪保护法益的本质上予以把握，固然有其合理性，然而很多诈骗本身就具有极强的交易性质，常常与市场经营行为混杂在一起，导致这种区分标准变得非常模糊，难以把握。鉴于此，笔者以为还是要探究销售伪劣产品罪的立法本源，明确其行为本质。

1. 销售伪劣产品罪的经济法本源

《中华人民共和国产品质量法》(以下简称《产品质量法》)第 50 条规定，“在产品中掺杂、掺假，以假充真，以次充好，或者以不合格产品冒充合格产品的，责令停止生产、销售，没收违法生产、销售的产品……构成犯罪的，依法追究刑事责任。”

《刑法》第 140 条规定的生产销售伪劣产品罪的罪状为：“生产者、销售者在产品中掺杂、掺假，以假充真，以次充好，或者以不合格产品冒充合格产品，销售金额五万元以上不满二十万元的，处二年以下有期徒刑或者拘役……”

《产品质量法》于 1993 年 2 月 22 日便颁布实施，现行《刑法》则在 1997 年 10 月 1 日才实施，显然刑法关于销售伪劣产品罪的立法本源于《产品质量法》。而对比上述法条，二者关于销售伪劣产品违法行为的规定完全相同，二者对行为的主观方面、客观方面、归责原则、违法性认识、行为与结果的因果关系等内容应该相同。既然如此，在理解和适用销售伪劣产品罪的法律规定时，必须紧紧围绕产品质量法关于销售伪劣产品违法行为的构成要素予以理解，同时注意把握刑法基本理论。

2. 销售伪劣产品罪归责原则的应然内容

《产品质量法》第 55 条规定：“销售者销售本法第四十九条至第五十三条规定禁止销售的产品，有充分证据证明其不知道该产品为禁止销售的产品并如实说明其进货来源的，可以从轻或者减轻处罚。”由此条推论《产品质量法》第 50 条关于销售伪劣产品违法行为的归责原则属于无过错原则。

实际上,在我国产品责任归责原则[1]的立法演进中,经历了由过错责任、过错推定责任到无过错责任的递变:过错责任以过错作为归责的最终构成要件,并以此作为行为人责任范围的重要依据[2],在举证过程中须就行为人存在过错提供相应证据。由于社会生产过程复杂、产品技术性和专业性强等特点,过错责任原则在司法实务中往往导致主观要件难以确证,从而导致产品责任的法律规制力度欠缺,并逐渐为经济法归责原则所否定。过错推定责任本质上属于过错责任,但在过错认定方式上须由加害人对其自身不具有产品责任的过错承担举证责任。过错推定责任将举证义务转移至加害人一方,有利于主观要件的确证,但仍存在加害人借故推脱,对受害人保护不足的问题。无过错责任则不以加害人有过错而归责、不以加害人无过错而免责,但这种责任并非不区分任何过错,而是依然区分有过错与无过错以及严格责任[3],从而在责任大小、法律后果上予以区别。经过了从过错责任、过错推定责任到无过错责任的递变,可以看出产品责任归责的基本趋势在于产品生产者、销售者对于产品缺陷承担了愈加严苛的责任,从而在实质上加大了产品销售者的责任承担义务。

销售伪劣产品罪与相关经济法的衔接过程中,当然已经也应该考虑到了产品缺陷的无过错责任原则。《刑法》第 140 条在规定销售伪劣产品罪时,不仅在违法行为客观表现方面与《产品质量法》规定得一模一样,而且在社会危害程度要求方面也延续了《产品质量法》,规定了销售金额 5 万元这个较高的追诉标准,完备了作为《产品质量法》补充法的任务。这一规定,完全照顾了市场规律关于无过错责任的基本要求。在市场经济条件下,统一、开放的市场环境促使生产经营者以利益为指向展开充分自由的竞争,从而使市场在资源配置中的基础性作用发挥得更加充分。可以说,相对较高的数额标准与市场的基本特征和经济活动的活跃程度息息相关。如果将销售伪劣产品罪的数额标准界定得过低,就在客观上加大了市场主体的经营风险,从而压制了市场主体参与市场交易活动的积极性,与此同时,较低数额的销售伪劣产品行为尚不足以对市场经济秩序造成应予以刑事处罚的危害。遵循和保护市场的自由性、竞争性和开放性,确定相对较高的数额标准具备现实意义。

---

① 归责是指“依据某种事实状态确定责任的归属”。参见王家福主编:《中国民法学·民法债权》,法律出版社 1991 年版,第 453 页。

② 王利明著:《民法》,中国人民大学出版社 2000 年版,第 551 页。

③ 严格责任来源于英美法系,并非指行为人无过错,而是在存在过错,而过错难以区分为故意或过失的情况下,或难以明确认定的情况下,控诉人无须证明行为人存在过错,无过错责任的举证由行为人自己承担,如果行为人无法举证无过错,则认定行为人有过错;而在行为人确无过错的情况下,也不能要求行为人承担责任。

3. 诈骗罪与销售伪劣产品罪的界分

既然诈骗罪与销售伪劣产品罪在主观方面均为故意,且均有谋取经济利益之目的,在客观方面的表现亦相同,而在保护法益方面却实质上难以区分,那么极易产生销售伪劣产品罪属于诈骗罪特殊罪名之理解,也就是销售伪劣产品罪与诈骗罪存在特殊法条与一般法条的竞合问题。其实,在很多国家都将销售伪劣产品的行为融入诈骗罪章节之中,且德日刑法理论也确实将销售伪劣产品行为存在财产损失的部分全部理解为诈骗罪了。可见,这种法条竞合关系的推定,并不违背立法和理论的基本观点。

但是,将销售伪劣产品行为均归入销售伪劣产品罪,确实大大降低了此类行为的处罚力度。以法条竞合的处理关系来考虑,如果不以特殊法适用,而以重罪适用,则由于立法上将销售金额规定得远大于诈骗罪的追诉标准,必然导致绝大多数的销售伪劣产品行为均认定为诈骗罪,这样销售伪劣产品罪的立法便失去了存在意义。而如果不将销售伪劣产品罪与诈骗罪视为特殊法条与一般法条的关系,引入销售伪劣产品罪侵犯了产品秩序这个法益来考虑,则二者存在想象竞合关系,一般也要从一重罪处罚。

出现这种立法上衔接问题,还是立法者没有从本质上考虑销售伪劣产品一般违法行为与销售产品罪的归责原则以及此罪与诈骗罪的区别与联系。首先,没有考虑产品质量法关于销售伪劣产品违法行为的归责原则为无过错责任这一较为宽泛的责任内容;而在刑法补偿时,理论界简单地认为销售伪劣产品罪的主观故意只能是故意①,从而忽视了过失行为的入罪问题。其次,没有考虑到牟利目的下销售伪劣产品罪与诈骗罪的本质属性一致的问题,从而可能放纵对部分销售伪劣产品罪的追诉,也导致二者定性难以区分。

故此,本文引入《产品质量法》归责原则的部分内容,结合刑法基本理论,对销售伪劣产品罪的归责原则做如下修正:确定严格责任作为销售伪劣产品罪的归责原则:在有证据证明行为人不存在过错的情况下,基于《刑法》第 16 条规定犯罪行为必须存在过错这一主观要件的原则,排除犯罪,将此类行为均认定为一般违法行为。而在行为人存在过错,而这种过错又难以证明的情形下,则认定行为人可以承担销售伪劣产品罪的刑事责任。但是,在有证据证明行为人存在非法占有目的情况下,则应该考虑销售伪劣产品罪与诈骗罪的想象竞合问题,从一重罪定罪处罚。

由此,定性上可以作出如下选择:

第一,一般违法行为。行为人主观上确实无过错,既无故意亦无过失。

---

① 王作富主编:《刑法分则实务研究》(上册)(第 2 版),中国方正出版社 2003 年版,第 257 页。

第二,诈骗罪。行为人主观上具有非法占有目的,客观上实施了销售伪劣产品的行为,而且在后果上,其犯罪数额也就是被害人的损失数额超过了诈骗罪的追诉标准。

第三,销售伪劣产品罪。行为人在客观上实施了销售伪劣产品行为,如果行为人主观上还具有非法占有目的,而销售产品给被害人造成的损失数额没有达到诈骗罪的追诉标准(比如行为人以棉质产品冒充羊毛产品但仍然以棉质产品的价格进行销售,此种情况下无法认定被害人存在财产损失),应该认定销售伪劣产品罪;如果行为人主观上不具有非法占有目的,而对于销售伪劣产品手段行为仅具有手段故意或过失,也应该认定为销售伪劣产品罪。

当然,这种理解在很大程度上是将销售伪劣产品手段行为中的间接故意、过失等行为扩充进入了销售伪劣产品罪中。之所以如此安排,实在是考虑到了《刑法》作为《产品质量法》的补充法,既然已经考量到了《产品质量法》的立法本意,将销售金额做出了较大幅度的规定,就应该将此部分过错归入刑法之中。而且由于在产品责任中,其实管理者的过错责任确实难以证明,往往导致管理者逃避打击的问题出现;在销售伪劣产品罪中引入了严格责任,其实是为了加强企业管理者的管理义务,杜绝如三聚氰胺牛奶之类的危害人民群众生产生活安全的劣质产品进入市场。这也是在经济法中大量存在无过错责任或严格责任的原因。

应该进一步明确的是,如果行为人具有非法占有目的,而销售伪劣产品给被害人造成的损失数额达到了诈骗罪的定罪标准,但是其销售数额又达到了销售伪劣产品罪的定罪标准的,应该考虑二者刑罚的轻重,择一重罪处罚。

另外,在双方给付的情况下,诈骗罪强调犯罪数额为财产损失数额,而如果行为人交付的物品无法作出价格鉴定时,应如何处理?我们认为,既然产品都无法进行价格鉴定,说明其没有市场流通性,缺乏产品的本质属性,不宜将其行为认定为销售伪劣产品罪,而应该以其作为犯罪工具,将其行为认定为诈骗罪。

回到本案中,对于被告人郭某等人假冒三星、诺基亚厂家推广部及电视购物中心等名义,夸大产品功能,以次充好,销售劣质手机及充值卡的行为,如果能够认定其具有非法占有的目的,而产品又无法作出价格鉴定,或作出了价格鉴定,但双方给付物品的差额超过了诈骗罪的追诉标准,可以考虑认定其构成诈骗罪。如果有非法占有目的,但双方给付物品的差额没有达到诈骗罪追诉标准,即给被害人造成财产实际损害没有达到诈骗罪的社会危害后果,则其行为不应认定为诈骗罪;如果其销售数额达到了伪劣产品罪标准,应该认定为销售伪劣产品罪。当存在诈骗罪与销售伪劣产品罪竞合的情况下,应该从一重罪处罚。

【法律法规链接】

《中华人民共和国刑法》第25条第1款，第26条第1款、第4款，第27条，第53条，第55条第1款，第56条第1款，第64条，第67条第3款，第72条第1款、第3款，第73条第2款、第3款，第266条

（编写人：游　涛）

## 12. 通过非法手段获取持卡人信息并伪造信用卡刷卡消费，持卡人和银行哪方应作为被害人

——陈甲、刘某雯信用卡诈骗案①

【裁判要旨】

当前，通过非法手段秘密窃取持卡人信息，并利用上述信息伪造他人信用卡后刷卡消费的信用卡诈骗犯罪案件频发。由于案件可能涉及对赃款的处理（发还被害人）和经济损失赔偿，因此如何确定被害人成为案件审理中的关键性问题。持卡人和银行究竟哪一方为被害人？实践部门意见不统一。有观点认为应以案发时实际受损失一方为被害人，还有观点认为应将银行作为被害人。笔者同意第二种观点，认为信用卡诈骗罪侵犯的是双重客体，鉴于当前由于信用卡本身存在技术隐患和漏洞，在持卡人没有重大过错的情况下，银行应承担相应的风险和经济损失。因此，一般应将银行视为被害人。

【基本案情】

被告人陈甲伙同被告人刘某雯于2012年6月至7月间和11月至12月间，利用被告人刘某雯在北京渔公渔婆海鲜餐饮有限公司亚运村店担任收银员期间，趁为顾客持卡消费结算之机，盗取李某魁等持卡人信息。2012年12月至2013年1月间，被告人陈甲利用使用上述信息制作的伪卡，在上海、杭州、郑州等地盗刷李某魁等人银行卡，骗取中国银行、招商银行等多家银行资金共计人民币1,668,427元，其中盗刷李某魁中国银行信用卡人民币474,525元，盗刷刘甲中国银行信用卡

① (2014)海刑初字第379号判决书。

人民币81,000元,盗刷罗某义招商银行信用卡人民币48,623元,盗刷赵某中国工商银行信用卡人民币62,034元,盗刷袁某刚中国工商银行信用卡人民币74,440元,盗刷李某飞中国工商银行信用卡人民币18,400元,盗刷胡某中国建设银行信用卡人民币6940元,盗刷朱某康中国工商银行信用卡人民币420,000元,盗刷陈某忠中国农业银行信用卡人民币54,785元,盗刷梁某文中国农业银行信用卡人民币427,680元。

经持卡人李某魁报案,广西壮族自治区南宁市公安局青秀分局刑警队于2013年1月17日在广西壮族自治区南宁市北湖路隆园酒店1004室内将被告人陈甲、刘某雯抓获,并于当日将二人移交北京市公安局经侦总队。赃款现尚未退赔。读卡器2个、手机3部、销售凭证1张、销售小票1张、标签9个、包装袋6个、iPad 41部、银行卡1张及存折1本均已依法扣押。涉案赃款人民币15,500元已扣押;人民币427,680元已冻结。

2014年1月24日,检察院以被告人陈甲、刘某雯犯信用卡诈骗罪向法院提起公诉。被告人陈甲对起诉书指控的事实和罪名均提出异议,认为其没有参与起诉书指控的所有犯罪事实。被告人刘某雯对起诉书指控的事实和罪名均提出异议,认为其没有参与起诉书指控的所有犯罪事实。刘某雯辩护人认为,现有证据不足以认定刘某雯构成犯罪。

【法院裁判】

法院认为:被告人陈甲、刘某雯使用伪造的信用卡,进行信用卡诈骗活动,数额特别巨大,其二人的行为均已构成信用卡诈骗罪,应予惩处。关于被告人陈甲、被告人刘某雯及其指定辩护人辩称其二人未参与犯罪的辩解,法院认为,尽管陈甲始终否认犯罪,但根据在案的众多证人的证言、辨认笔录、视频资料,以及笔迹鉴定结论,足以证明陈甲使用伪造的他人的信用卡刷卡消费的事实,故对其上述辩解不予采信。尽管刘某雯始终否认曾利用担任渔公渔婆亚运村店收银员的身份复制持卡人信息,但在案证据显示,起诉书中涉及的持卡人均曾在渔公渔婆亚运村店进行过刷卡消费,且当时的收银员就是刘某雯,大部分结账单或预结单上亦显示系刘某雯所开具;公安机关抓获刘某雯时,在其随身携带的包裹内当场查获的部分物品中,经查证,既有陈甲持伪造的银行卡刷卡购买的赃物,又有销售票据、标签等物,还有读卡器、包装袋,刘某雯对上述物品为何会出现在其随身携带的行李包中未给出合理解释。另外,在案证据显示,在案发时间段内,刘某雯和陈甲系情人关系且同居;陈甲、刘某雯亦共同前往杭州、郑州,与指控的多起犯罪案发时间相互吻合。综上,结合在案的其他证据材料,足以认定刘某雯伙同陈甲,利用刘某雯担任渔公渔婆亚运村店收银员的特殊身份,非法复制窃取持卡人的信息,由陈甲出面盗刷信用卡,进行信用卡诈骗活动,故对上述辩解不予采纳。

关于河南鼎鑫百货有限公司在通联支付网络服务股份有限公司河南分公司冻结的款项,法院认为,被告人陈甲持伪造的信用卡刷卡消费后,其犯罪行为已经完成,受骗方应是银行,商户并不应承担犯罪行为所造成的经济损失,故应对冻结的河南鼎鑫百货有限公司款项予以解冻。

综上,法院将依据二被告人在共同犯罪中所起的作用、前科等情况,在量刑时综合予以考虑,依照《中华人民共和国刑法》第196条第1款第(一)项、第25条第1款、第53条、第64条之规定,判决如下:被告人陈甲犯信用卡诈骗罪,判处有期徒刑13年6个月,罚金人民币40万元;被告人刘某雯犯信用卡诈骗罪,判处有期徒刑12年6个月,罚金人民币40万元;在案冻结的河南鼎鑫百货有限公司在通联支付网络服务股份有限公司河南分公司的存款人民币427,680元予以解冻,发还河南鼎鑫百货有限公司;在案扣押的人民币15,500元按比例发还各被害单位;在案扣押的三部手机、一部iPad 4平板电脑予以拍卖后折抵退赔款按比例发还各被害单位,其他物品予以没收;责令被告人陈甲、刘某雯继续共同向各被害单位退赔经济损失。

宣判后,被告人陈甲、刘某雯未提出上诉,本案已生效。

## 【要点评析】

本案中,被告人通过非法的手段秘密窃取持卡人的信息,再伪造信用卡在异地刷卡消费。本案存在以下几个值得探讨的问题:

1. 是否应以案发时实际受损失者为被害人

有观点认为,此类案件应以案发时实际受损失者作为被害人,故此案应以持卡人为被害人为宜。本案中,个别持卡人的信用卡中有持卡人自己存入的款项,如一名持卡人的信用卡透支额度为5万元,其为了方便使用,还向该信用卡内存入7万元,而被告人使用伪造的信用卡一次盗刷了7.4万余元,如按照此种观点,此案中被害人是否就是持卡人和银行?即持卡人实际损失7万元,银行实际损失0.4万余元,但这种区分方式在司法实践中不便于操作,容易引起混乱。另外,现实中,此类案件的报案人均为持卡人,鲜有银行主动向司法机关报案的情况出现。

2. 持卡人、特约商户、银行的责任分担问题

持卡人方面,持卡人使用银行卡到正规的商户刷卡消费,只要其遵守银行卡使用的相关规定,就已经尽到法律义务,并无过错。

特约商户方面,按照相关规定,特约商户在持卡人刷卡消费时应负责审核持卡

人的签名与银行卡背面所留签名是否一致,故特约商户应存在一定的管理责任,但此类案件中被告人均伪造他人信用卡,故其在伪造新卡后完全有机会在新卡后面签假名,此时特约商户没有可能亦没有条件审核此卡的真伪,故即使特约商户存在一定的管理义务,此义务亦不宜过重。

银行方面,银行作为大型具有特定经营资质的金融机构企业,有责任和义务保护银行卡内资金的安全。现有证据表明,被告人通过非法手段窃取持卡人信息后,仅使用简单的方法就可以将持卡人信息复制到新卡上,且其持该假卡可以顺利在POS机上进行刷卡消费,故可见现有银行卡存在较大的安全隐患,银行应该承担银行卡被盗刷的必要风险。

3. 刑事审判中是否有必要对持卡人、特约商户和银行之间的责任进行区分

有观点认为,持卡人、特约商户和银行之间的责任不宜在刑事判决中予以区分,且不易区分。笔者认为,此类案件中,上述三者的责任较为明显,之所以产生此类犯罪行为的核心问题在于现行的银行卡存在明显的安全隐患,容易被不法分子轻易复制并使用,故银行作为银行卡的管理者和发行者,有义务积极改进技术,并承担因银行卡被盗刷所产生的绝大部分经济损失,持卡人和特约商户即使存在责任,亦应该是次要责任。因此,只要不是持卡人或特约商户存在明显过错,就应认定银行承担主要责任,并确定银行作为被害人较为妥当。

4. 持卡人的何种行为构成重大过错

现实中,持卡人在此类案件中可能会存在一定的过错,如未保管好自己的银行卡,擅自将银行卡借予他人使用,将银行卡密码随意告知他人等,如何区分持卡人的行为是否构成重大过错?笔者认为,此类案件的核心责任主要还是信用卡的技术安全问题,有被告人供述称只要获取了持卡人银行卡的信息,即可以通过购买软件或聘请网络公司将上述信息复制到一张空白银行卡上,作案手段简单,作案成本很低,可见,如被告人在非法获取持卡人信息和密码后,无法顺利复制新的银行卡,就无法进行信用卡诈骗活动。现阶段,正是基于复制银行卡过于简单,成本较低,才会出现被告人轻而易举的复制银行卡并盗刷银行卡的情况出现。故笔者认为,对于持卡人的过错,刑事法庭在审理案件过程中应从宽把握,即只要持卡人的行为达不到存在明显过错的标准,就可以认定银行为被害人。

以下几种行为可以视为持卡人存在重大过错:

其一,持卡人明知银行卡已被盗刷,但怠于报案,未及时通知银行和公安机关,造成不必要的重大损失;

其二,持卡人对银行卡保管不善,丢失后未及时挂失,被告人获取持卡人的信息和密码,并复制后使用;

其三,持卡人将银行卡随意借予他人使用,造成银行卡被复制后盗刷。

对于上述持卡人存在重大过错的情形,笔者认为,司法机关在考量时应从严掌握,即主要还是以银行作为被害人承担经济损失为主,如持卡人确实存在不当行为,则可以通过后续的民事诉讼加以解决。

5. 被害人的后续救济途径

一旦此类案件确定持卡人为被害人,会引发一系列问题。持卡人作为被害人后,理论上可以通过申请强制执行刑事判决书中"责令退赔"部分主张其权利,但现实中此项权利的行使困难重重,即便是可以顺利立案,但绝大部分被告人并无可以实际执行的财产。有观点认为,持卡人还可以向银行提出民事诉讼,要求银行承担相应的赔偿责任,现实中,该项诉讼是否均能够获得法院立案受理尚存疑问,很可能会出现法院以生效的刑事判决书已确定赔偿问题为由拒绝受理的情况,此时持卡人的损失将无法获得保护;即使法院可以受理持卡人的诉讼,并最后支持持卡人的诉求,由银行承担经济损失,此时会出现被告人就同一犯罪行为需要同时履行两个生效判决书,向两个不同人或单位退赔款项的问题;同时,持卡人作为相对弱势一方的公民则要主动启动诉讼程序,费时费力,可能造成部分持卡人放弃诉讼的情形,出现大部分经济损失由持卡人承担的后果,有失公正。

一旦确定银行为被害人,银行作为较为强势的一方,可以向法院申请对被告人强制执行,如其认为特约商户和持卡人亦存在一定的过错,也可以由银行主动与特约商户或持卡人进行协商,协商不成还可以启动相关民事诉讼。笔者认为,由强势一方的银行承担启动相关诉讼程序,有利于保护处于相对弱势一方的持卡人的权利,使持卡人免于诉累。

综上,笔者认为,刑事判决书中明确银行作为被害人的优点如下:

其一,由银行承担犯罪行为造成的经济损失,有利于银行积极主动地改进安全技术,提升银行卡的安全水平,防止银行卡被轻易复制情形的再次出现。

其二,银行作为大型企业,强势一方,均设有独立的法务部门,有能力和精力启动执行程序和民事诉讼程序,不会给其工作带来额外的负担;相反,如由持卡人启动上述程序,则困难较多。

其三,银行作为被害人,其会主动考虑判决是否合理,是否需要持卡人和特约商户与其分担经济损失,其亦可以主动与上述人员和单位进行协商解决此事,故产生的诉讼较少;相反,如确定持卡人为被害人,在无法向被告人追回损失的情况下,会出现大量起诉银行承担责任的民事诉讼;如无法立案,还会出现更多信访事件,增加社会不稳定因素。

【法律法规链接】

《中华人民共和国刑法》第 25 条第 1 款、第 53 条、第 64 条、第 196 条第 1 款第(一)项

（编写人：于 洋）

## 13. 合法获取他人信用卡信息后非法进行网络购物行为之定性

——冯某斌信用卡诈骗案①

【裁判要旨】

在电子商务模式下，机器在一定条件下可以成为诈骗罪的对象，并非意指机器具有意思表达能力，而是指通过机器欺骗了机器背后的自然人或法人的意志。我国刑法理论传承于大陆法系，传统理论一直认同机器不能成为诈骗对象的观点，因此以往司法机关对类似案件一般都以盗窃论处。但是，随着电子商务时代的到来，我们也应该如同国外刑法理论与司法实践一样，顺应时代的发展，对传统理论予以修正、发展。虽然我国刑法没有专门规定计算机诈骗罪，但刑法所规定的诈骗犯罪的犯罪对象也未排除机器，将针对机器实施的骗取财产的行为纳入诈骗犯罪调整并不违反罪刑法定原则。

【基本案情】

被告人冯某斌曾经在受被害人王某水委托使用王某水招商银行信用卡在网上购物时，获知了该卡的卡号及交易密码。2008 年 5 月，被告人冯某斌使用该信用卡的卡号及交易密码，将被害人王某水在招商银行网站上申请信用卡时预留的手机号码、电子信箱、通信地址等认证信息修改为自己的手机号码、电子信箱、通信地址，从而方便在使用该信用卡购物时，获取购物交易随机验证码，且不被被害人王某水知晓。2008 年 5 月 21 日至 5 月 31 日间，被告人冯某斌使用被害人王某水的上述招商银行信用卡卡号和交易密码等信息资料，在招商银行网上商城购物，先后购买诺基亚 5700 型手机 4 部、诺基亚 1650 型手机 1 部、外交官商务拉杆箱组合/

① (2010)海刑初字第 676 号判决书。

16 寸公文包 1 个、美的 MC－EP1910（EH196）电磁炉 1 个、美的 MG－TD65E（TD657）电饭锅 1 个，以上物品总金额共计人民币 9379 元。2008 年 12 月 23 日，被告人冯某斌被公安机关抓获。

2010 年 2 月 4 日，检察院以冯某斌构成盗窃罪，向法院提起公诉。被告人冯某斌对起诉书指控的事实和罪名没有提出异议。

【法院裁判】

法院经审理后认为：被告人冯某斌使用他人信用卡的卡号、密码等信息，在网络上进行交易，从事诈骗活动，数额较大，其行为已构成信用卡诈骗罪，应予惩处。检察院指控被告人冯某斌犯罪的事实清楚，证据确实充分，但指控罪名有误。被告人冯某斌并没有盗窃被害人的信用卡，而是利用在受委托使用信用卡的过程中掌握的信用卡卡号和密码等信息资料，通过互联网终端进行交易，获取财物，属于冒用他人信用卡的情形。其行为不仅侵害了财产所有权，而且侵犯了国家的金融管理制度，对其行为应以信用卡诈骗罪定罪处罚。鉴于被告人冯某斌全部退赔了被害人的经济损失，认罪、悔罪态度较好，法院决定对其酌予从轻处罚。最终，法院依照《中华人民共和国刑法》第 196 条第 1 款、第 53 条之规定，认定被告人冯某斌犯信用卡诈骗罪，判处被告人冯某斌有期徒刑 1 年 6 个月，罚金人民币 6 万元。

一审宣判后，被告人未上诉，公诉机关亦未抗诉，一审判决已经生效。

【要点评析】

对本案定性，检察院与法院存在争议。检察院认为，被告人冯某斌的行为构成盗窃罪，理由有二：一是我国《刑法》第 196 条第 3 款规定："盗窃信用卡并使用的，依照本法第二百六十四条（笔者注：即盗窃罪）的规定定罪处罚。"本案中被告人冯某斌的行为即属于盗窃被害人信用卡（卡号、密码）并使用的情形；二是尽管被告人取得他人信用卡卡号和密码后实施的行为反映出信用卡诈骗犯罪的一些特征，如冒用行为，但是被告人系在电脑上实施犯罪行为，网络交易同现实交易具有较大区别，机器不能作为受骗的对象，故被告人的行为仍然不能以诈骗犯罪论处，而应构成盗窃罪。

而法院认为，被告人冯某斌的行为构成信用卡诈骗罪，其行为完全符合信用卡诈骗罪的构成要件。理由如下：

1. 被告人冯某斌行为过程分析

本案中，被告人冯某斌的整个行为过程可以分为为实施犯罪而做相应准备的先行行为和具体实施犯罪的后续行为这两大阶段。

(1)被告人冯某斌的先行行为。

盗窃罪与信用卡诈骗罪分别为刑法所规定,两罪在犯罪构成上具有明显区别,笔者不再详述。但在现实中,常会出现盗窃信用卡后使用的行为,这种行为看似存在盗窃罪和信用卡诈骗罪的区分适用问题,但我国《刑法》基于"不可罚的事后行为"的法理[①]于第 196 条第 3 款明确规定以盗窃罪定罪处罚。回顾本案,被告人冯某斌用于犯罪的被害人信用卡卡号及交易密码,是利用其曾为被害人在网上购物的机会获知的,这一特殊性使本案争议集中在被告人冯某斌先行行为的定性上,即被告人冯某斌利用为他人上网购物的机会记录他人的信用卡卡号及密码是否属于盗窃他人信用卡的行为,如果不是,对其便不能依照《刑法》第 196 条第 3 款定罪量刑。

本案中,被告人冯某斌的先行行为经历了"依授权获知密码—依授权使用密码、代理持卡人购物—购物完成、授权解除后继续持有密码"三个阶段。第一、二个阶段,尽管从广义上说,只要持有他人信用卡资料并冒用他人信用卡,即构成妨害信用卡管理秩序的行为,但这一行为如果是经过持卡人授权的则一般不作追究,这是我国金融秩序管理的惯例。在第三个阶段,代理购物行为已完成,虽然被告人冯某斌在没有合法授权的情况仍继续持有密码,但这一行为是前述授权行为的自然延续,冯某斌不可能特意去忘却密码,这种继续持有的行为当然是基于持卡人的信任不去特意改变密码而产生的,因此也不能视为非法。从上述三阶段的行为分析来看,被告人只是经授权获取、使用他人信用卡的相关信息后又自然持有该信息,该信用卡卡片始终由被害人所占有。冯某斌经合法授权获知信用卡密码的行为显然与盗窃之秘密窃取性质相去甚远。

(2)被告人冯某斌的后续行为。

本案中,被告人冯某斌的后续行为经历了"修改验证信息—冒充持卡人上网购物"两个阶段。笔者认为,该后续行为包含了诈骗与侵财的双重属性。理由如下:

第一,修改验证信息与诈骗之关系。为了确保交易安全,防止信用卡被他人冒用,发卡行通过向持卡人手机发送随机验证码进行持卡人身份验证,进而决定是否进行下一步划款操作,这是确认操作人为合法持卡人的重要手段。被告人冯某斌在先前代理购物完成后为了冒充为合法持卡人,利用其掌握的被害人信用卡信息,将被害人用以身份确认的手机号码予以修改,从而使自己顺利获取了银行据以划款的二次验证码,导致发卡行系统默认当下网络信用卡使用人系合法持卡人本人,

① 这一拟制规定是基于行为人盗窃信用卡的行为一般与其事后使用信用卡的行为具有牵连关系。

此为虚构事实;被告人冯某斌又将被害人预留的电子信箱和通信地址修改为自己的电子信箱和通信地址,从而避免被害人知晓其信用卡被冒用的事实,此为向发卡行及被害人隐瞒真相。本后续行为体现了被告人篡改信用卡信息,骗得发卡行系统为非法持卡人支付款项的事实,完全符合虚构事实、隐瞒真相之诈骗罪的客观行为特征,而不符合秘密窃取之盗窃罪的客观行为特征。

第二,本案符合三角诈骗的特征。三角诈骗,是诈骗犯罪中"受骗者(财产处分人)与被害人不是同一人(或不具有同一性)的现象"[①]。加害人通过虚构事实、隐瞒真相,使被骗人陷入认识错误,被骗人因此而处分被害人的财产,最终被害人的财产所有权受到侵犯,三角诈骗本质即为诈骗。本案中存在信用卡冒用人冯某斌、信用卡持卡人王某水、发卡行、特约商户这四方主体。第一,本案受骗人之分析。由于该信用卡真实有效且未被申请止付,特约商户在对信用卡冒用人冯某斌冒用他人信用卡的行为不知情的情况下与之完成了网络交易。对特约商户来说,无论这一过程是否存在信用卡被冒用的情况,只要其不知情,商户均可得到发卡行的给付,没有任何损失,故特约商户只是本案的被骗人而非被害人。第二,本案被害人之分析。关于本案的被害人,则涉及信用卡被冒用后的风险承担问题。一般地,在电子商务交易过程中,金融机构主要承担及时付款、及时汇账单、及时通知、妥善保管等五项义务,而作为消费者,则需承担依约存入一定现金、不能透支或过分透支、密钥妥善保管与控制、及时告知、依约交纳服务费五项义务。[②] 本案中,持卡人王某水将其持有的信用卡之卡号、密码随意交与他人,就违反了作为消费者的密钥妥善保管与控制义务,擅自将其密钥泄露给他人而造成的损失,只能由其承担,成为本类诈骗案件的被害人。金融机构(发卡行)也几乎无一例外地规定,如果信用卡没有被挂失支付,被冒用的风险由持卡人承担,即使信用卡系挂失支付后被他人冒用的,银行一般也会为自己规定一个免责期。这是由于目前实践中银行作为商业组织的强势地位和信用卡持卡人在银行面前的相对弱势决定的。但这并不否定发卡行被冒用他人的信用卡的被告人欺骗后划拨款项,其亦为信用卡诈骗犯罪的被害人的地位。综上,本案中四方主体的角色分别为:加害人冯某斌、被骗人特约商户、被害人王某水和招商银行,被害人与被骗人出现了分离,符合三角诈骗的特征。

第三,冒充持卡人上网购物与侵财之关系。被告人冯某斌从 2008 年 5 月 21 日至 5 月 31 日间,使用被害人的信用卡卡号和交易密码,在招商银行网上商城购物,购买物品总金额共计人民币 9379 元,严重侵犯了被害人的财产所有权。

---

① 张明楷:《诈骗罪与金融诈骗罪研究》,清华大学出版社 2006 年版,第 109 页。

② 参见沈睿芳、时希杰:"电子商务参与各方的法律地位分析",载《中国金融电脑》2005 年第 4 期。

2. 对本案的法律定性分析

如上所述,从被告人冯某斌先行行为和后续行为综合来看,都不符合盗窃的行为特征,相反,其行为符合诈骗犯罪虚构事实、隐瞒真相的特征,应定性为信用卡诈骗罪。下面从法律定性的角度进行论证:

(1)本案符合信用卡诈骗罪的构成要件。

信用卡诈骗罪,是指用虚构事实或者隐瞒真相的方法,利用信用卡进行诈骗,骗取财物数额较大的行为。[①] 本罪构成要件有四:第一,侵害的客体既有国家有关的金融票证管理制度,还有银行、信用卡的有关关系人的公私财物所有权;第二,客观表现为使用伪造、变造的信用卡,或者冒用他人信用卡,或者利用信用卡恶意透支,诈骗公私财物,数额较大的行为;第三,主体是一般主体;第四,主观方面为故意。本案中被告人冯某斌以其合法持有的他人信用卡信息资料,通过虚构事实、隐瞒真相的方法通过了发卡行验证,冒充持卡人的名义使用信用卡,骗取他人财物,数额较大,侵犯了国家的金融管理制度和公私财产所有权,符合信用卡诈骗罪的构成要件。

(2)"机器不能被骗"之电子商务领域再探讨。

以张明楷为代表的一种观点认为,机器不能成为诈骗罪的对象,因为机器没有思维,无法上当受骗。因此通过机器实施的财产性犯罪不能构成诈骗型犯罪:"冒用他人信用卡,只限于对自然人使用,在机器上使用他人信用卡取款的,成立盗窃罪。"[②]笔者认为,这个问题不能一概而论,特别是本案这种在电子商务领域下,最终定性要结合我国合同法对采用数据电文订立合同的相关规定和电子商务运作的具体方式而定。

第一,"机器能否被骗"之定性概况。我国对电子商务有广义、狭义两种理解。广义电子商务泛指所有以电报、电话、电子数据互换(EDI)、互联网等电子数据信息交流形式进行的交易活动;而狭义电子商务仅指以互联网为运行平台所进行的商务活动(下文讨论的主要针对狭义电子商务而言)。随着科技的不断进步,电子商务获得了空前发展,从前在传统经济活动领域犯罪也逐渐渗透到电子商务领域中。

有学者将电子商务领域的犯罪归纳成传统罪名下的电子商务犯罪、须补充新罪名的电子商务犯罪、需要修改犯罪构成的电子商务犯罪三类。[③] 由于电子商务活

① 周道鸾、张军主编:《刑法罪名精释》,人民法院出版社2007年版,第326页。
② 张明楷著:《刑法学》,法律出版社2007年版,第602页。
③ 陈金平、田文英:"电子商务犯罪及刑事法律对策研究",载《情报杂志》2004年第1期。

动对于计算机及其信息系统的高度依赖性,电子商务领域的犯罪往往也表现为计算机犯罪。我国《刑法》没有规定专门的计算机犯罪,但在《日本刑法》中,除了第246条(诈欺罪)规定的情形之外,还规定了电子计算机使用诈欺罪:"给使用于人的事务处理的电子计算机提供虚伪的情报或者不正当指令、制作与财产权的取得、丧失或者变更相关的不实的电磁记录,或者将与财产权的取得、丧失或者变更相关的虚伪的电磁记录用于人的事务处理,得到了财产上不法的利益,或者使他人得到了财产上不法的利益的人,处十年以下的惩役。"[①]《日本刑法》中的电子计算机使用诈欺罪是对该法中诈欺罪的补充,是诈欺罪在电子计算机领域的一种特殊表现形式,它将行为模式与结果限定在获取"财产上不法的利益",即"不法取得财物以外的不法财产性利益"[②]。这一规定体现了严格区分"财产性不法利益"和"财产"的思想,能够明确区分诈骗行为与盗窃行为的目的,具有一定的科学性。此外,德国、保加利亚、芬兰、瑞士、新西兰、希腊、葡萄牙等国刑法典也均明确将计算机诈骗罪作为诈骗罪的补充罪名予以规定。

第二,"机器可以被骗"之分析论证。我国《合同法》对采用数据电文订立合同的承诺生效时间采用"到达生效原则":"对于合同成立的时间,采用数据电文形式订立合同时,收件人指定特定系统接收数据电文的,该数据电文进入该特定系统的时间,视为到达时间;未指定特定系统的,该数据电文进入收件人的任何系统的首次时间,视为到达时间。"与传统信件邮递方式不同的是,除非网络或接收方服务器发生故障,电子商务中承诺的"投邮"和"到达"几乎是同一时间。因此,应当认为在电子商务中,作出承诺与合同成立的时间是一致的。目前电子商务运作模式大致有B2C、B2B、C2C、C2B、B2G[③]五种类型。无论哪种模式,在大多数的电子商务环境中,只需买方在网络上进行简单操作合同即可成立,卖方并不需要确认或审核,卖方的意愿及与产品有关的信息均被事先固化在交易平台中,卖方在合同订立的过程中的参与度越来越小,电脑上显示信息背后的电脑程序,实际上已成为卖方"代理人"的角色。即便在本案招商银行信用卡商城这种平台下,人的参与也仅限于发卡行对买方信用及支付能力的审核,而不涉及对合同的成立、生效的评价,卖方仍然是将与买方签订合同的权利"全权授予"作为"代理人"的电脑系统。此时,电脑系统已不再是简单的元件与线路的堆积,在固化的电脑程序背后,实际上是制定并使用该程序参与商业活动的人。因此,机器能否被骗的问题实际上是机器背

---

① [日]大塚仁著:《刑法概说》(各论),冯军译,中国人民大学出版社2003年版,第262页。

② 黎宏著:《日本刑法精义》,法律出版社2008年版,第440页。

③ 参见赵卫东、黄丽华著:《电子商务模式》,复旦大学出版社2006年版。

后的人能否被骗的问题,而对于这一问题的答案显然是肯定的。《最高人民法院、最高人民检察院关于办理妨害信用卡管理刑事案件具体应用法律若干问题的解释》(以下简称《解释》)在第5第2款第(三)项,也明确规定了"窃取、收买、骗取或者以其他非法方式获取他人信用卡信息资料,并通过互联网、通讯终端等使用"属于冒用他人信用卡的情形。这表明对于机器能够成为被骗的对象这一点,已为我国最高司法机关所肯定。应当说,在电子商务环境下肯定这一点,无论是解决电子商务商事纠纷,还是规制电子商务犯罪,都具有促进电子商务活动的进一步发展的积极作用。

3. 本案定性为信用卡诈骗罪符合法律规定

第一,符合刑法文义解释和整体解释的要求。我国刑法没有专门规制利用计算机实施诈骗的犯罪活动,而是在《刑法》第287条规定了"利用计算机实施金融诈骗、盗窃、贪污、挪用公款、窃取国家秘密或者其他犯罪的,依照本法有关规定定罪处罚"。可见,立法和相关司法解释已经肯定了通过计算机实施金融诈骗犯罪可以相关诈骗犯罪定性,并肯定了通过互联网、通讯终端等机器冒用他人信用卡的行为可以构成信用卡诈骗犯罪。

第二,符合相关司法解释规定。我国《刑法》第196条第1款第(三)项规定了"冒用他人信用卡"的行为,规定冒用他人信用卡进行信用卡诈骗活动,数额较大的,以信用卡诈骗罪定罪量刑。对此,《解释》第5条第2款进一步明确了属于冒用他人信用卡的四种情形。这四种情形分别是:"(一)拾得他人信用卡并使用的;(二)骗取他人信用卡并使用的;(三)窃取、收买、骗取或者以其他非法方式获取他人信用卡信息资料,并通过互联网、通讯终端等使用的;(四)其他冒用他人信用卡的情形。"该规定第(三)项中"窃取"、"收买"、"骗取"的行为方式自然不难理解,但"以其他非法方式获取"的行为缺乏明确规定。本案中被告人冯某斌的行为是否属于"以其他非法方式获取"他人的信用卡资料?回顾冯某斌的行为过程可见,其获得被害人王某水的信用卡卡号和密码是其利用曾经受被害人的委托,使用被害人的信用卡为被害人网上购物的机会记下的,该卡号和密码是被害人为其提供的,因此被告人冯某斌是以合法方式获得的被害人信用卡信息。但是被害人将信用卡卡号和密码提供给被告人使用具有特定的时空背景,该卡号及密码的使用仅限于被告人受委托为被害人进行网上购物时使用,这一委托事项结束后,被告人在被害人不知情的情况下,仍然使用该信息的行为便不再具有合法性。本案中被告人冯某斌的行为属于合法获取他人信用卡信息资料后的非法使用,其后续的修改持卡人预留信息的行为系其为信用卡诈骗犯罪掩盖的行为。本案不属于上述规定第(三)项的情形,而属于第(四)项所规定的"其他冒用他人信用卡的情形"。

综上所述，被告人冯某斌以非法占有为目的，冒用他人信用卡在网络上进行交易，从事诈骗活动，数额较大，侵害了国家的金融管理制度和公私财产所有权，应构成信用卡诈骗罪。

【法律法规链接】

《中华人民共和国刑法》第53条、第196条第1款

（编写人：游　涛　王昕伟）

## 14. 保险公司以给付被告人高额保险金为诱饵引诱被告人提高理赔款骗保的，犯罪数额如何认定

——李某生等三人保险诈骗案①

【裁判要旨】

在部分保险诈骗案件中，保险公司在已经发觉被告人存在骗保的重大嫌疑后，会出现故意大幅提高理赔款，以引诱被告人上钩的情况。此时保险公司实际上已经报警，被告人不存在犯罪既遂的可能性，而保险赔偿款的金额可能会成为对被告人量刑轻重的决定性因素。如果仅凭保险公司许诺给付的金额来认定被告人犯罪行为的危害性，则有失偏颇，故此类案件在认定犯罪数额时不应仅凭保险公司一家许诺的金额来认定，还应考虑被保险物实际的损失情况等因素。

【基本案情】

被告人李某生于2012年11月7日，酒后驾驶黑色路虎车（无车牌，发动机号为19435508PS）在河北省遵化市消防局路口东北侧路边发生交通事故。当日，被告人李某生伙同被告人卞某、苏某经共谋，由被告人苏某冒充驾驶员，向中国人寿财产保险股份有限公司北京市分公司报案申请理赔，欲骗取该公司保险理赔金。

2012年12月6日，在被告人李某生授意下，被告人卞某、苏某到位于北京市海淀区四季青金庄路的中国人寿财产保险股份有限公司北京市分公司客服分中心，签订金额为人民币135万元的理赔协议后，被民警当场抓获；2013年9月18日，被

① （2013）海刑初字第2788号判决书。

告人李某生到司法机关主动投案。

2013年11月19日,检察院以被告人李某生等三人犯保险诈骗罪向法院提起公诉。被告人李某生对起诉书指控的事实和罪名均未提出异议。被告人卞某对起诉书指控的事实和罪名均未提出异议。其辩护人认为,对被告人卞某的行为构成保险诈骗罪无异议,但应该对涉案车辆进行价格鉴定;被告人卞某具有未遂情节,希望法庭对被告人卞某减轻处罚。被告人苏某对起诉书指控的事实和罪名均未提出异议。其辩护人认为,被告人苏某系犯罪未遂,希望法庭对被告人减轻处罚。

**【法院裁判】**

法院认为:被告人李某生、卞某、苏某以非法占有为目的,对保险事故编造虚假的原因骗取保险金,数额特别巨大,其三人的行为均已构成保险诈骗罪,应予惩处。被告人李某生在案发后能够主动向公安机关投案,并如实供述犯罪事实,系自首,且其已经着手实施犯罪,由于意志以外的原因未能得逞,系犯罪未遂,法院依法对其减轻处罚,并适用缓刑;但考虑到被告人李某生在共同犯罪中系犯意的提出者,在共同犯罪中起主要作用,系主犯,故在量刑时予以体现。被告人卞某、苏某已经着手实施犯罪,由于意志以外的原因未能得逞,系犯罪未遂,且其二人到案后能够如实供述犯罪事实,认罪态度较好,法院依法对其二人减轻处罚,并适用缓刑;考虑到被告人卞某、苏某在共同犯罪中所起的作用较小,系从犯,法院在量刑时酌予体现;辩护人的相关辩护意见,法院酌予采纳。综上,判决如下:被告人李某生犯保险诈骗罪,判处有期徒刑3年,缓刑5年,罚金人民币5万元;被告人卞某犯保险诈骗罪,判处有期徒刑2年,缓刑3年,罚金人民币3万元;被告人苏某犯保险诈骗罪,判处有期徒刑2年,缓刑3年,罚金人民币3万元。

一审宣判后,被告人未上诉,公诉机关亦未抗诉,一审判决已经生效。

**【要点评析】**

本案的焦点问题在于犯罪数额如何认定?

有观点认为,应以被告人与保险公司签订的理赔协议中约定的给付金额作为犯罪数额;也有观点认为应以被告人购买保险后实际应获得的赔付金额作为犯罪数额为妥。笔者同意第二种观点,具体到本案中,被告人损毁车辆保险金额减去该车辆残值得出的金额即为犯罪数额。本案中,由于一些客观原因,侦查机关未能及时对涉案车辆的残值进行鉴定,仅是双方估价并由保险公司出具说明,这种仅靠评估得出的残值可能存在一定的误差,其合法性和可信性也存在疑问。而笔者之所以不同意第一种观点,原因在于,在司法实践中,个别保险公司为了让被告人尽快来领取理赔款，会向被告人许诺给付其明显高于正常理赔款的金额，当被告人签署了理赔协议后，就当场被警察抓获。如保险车辆实际损失价格为30万元，而保险公司与被告人签署的理赔协议金额却为50万元，笔者认为，此时司法机关在认定犯罪数额时应本着有利于被告人的原则为宜，尽量查清保险车辆实际应赔付的金额，在与签署的理赔协议上的金额对比，结合其他在案证据综合予以评定，不宜仅依据理赔协议就认定犯罪数额。

尽管本类犯罪大多数情况下都是犯罪未遂，可以对被告人减轻处罚，判处较轻的刑罚，但准确认定被告人的犯罪数额，可能会涉及被告人的行为是否达到更重的犯罪情节，涉及对其量刑的起刑点等问题，故应慎重看待。

笔者认为，较为稳妥的做法是，首先，根据被告人与保险公司签署的保险合同，结合事故中被告人的责任分担，确定应赔付给被告人的理赔金额；其次，根据受损车辆的情况，鉴定该车辆的残值，并确定车辆由哪一方处理；最后，两者相减所得的金额即为犯罪数额。

**【法律法规链接】**

《中华人民共和国刑法》第23条，第25条第1款，第26条，第27条，第53条，第67条第1款，第72条第1款、第3款，第73条第2款、第3款，第198条第1款第(二)项

（编写人：于　洋）

## 15. 诉讼欺诈之刑法规制

——郑甲保险诈骗案①

**【裁判要旨】**

诉讼欺诈表现为财产性诉讼欺诈和非财产性诉讼欺诈两大类。财产性欺诈犯罪属诈骗类犯罪，立法应为其单设诉讼诈骗罪，当前可以诈骗罪或其他特殊诈骗罪定罪处罚。非财产性诉讼欺诈属妨害司法行为，立法应扩大现有伪证罪、辩护人、诉讼代理人毁灭、伪造证据罪、帮助毁灭、伪造证据罪适用诉讼领域范围和犯罪主

① (2010)海刑初字第441号判决书。

体范围,合并罪名为伪证罪和毁灭、伪造证据罪。

【基本案情】

2006年8月3日,被告人郑甲来到北京市海淀区中关村西屋国际路口,报警谎称倒车时将一名不相识的名为郑乙(被告人郑甲的姐姐)的女性的左脚压骨折,并称正将伤者送往海淀医院看病。随后其用别人的X光片欺骗医生开具了一张假条。其拿着该假条到中关村交通队,谎称伤者正在医院治伤,骗取海淀交通支队中关村交通队开具了简易程序处理交通事故认定书。随后,其又伪造了七张郑乙的休假假条和一张工资证明、海淀医院休假证明,之后向天安保险股份有限公司北京分公司提出人民币10万元的索赔申请,但天安保险股份有限公司北京分公司未予理赔。后被告人郑甲又虚构保险事故的证明材料及诉讼当事人身份向法院提起民事诉讼,法院于2007年5月26日作出(2007)海民初字第9882号判决,认定郑甲在交通事故中负全部责任。被告人郑甲以此判决向法院提起民事诉讼,要求天安保险股份有限公司北京分公司支付其保险理赔金、利息、诉讼费等。法院于2007年7月17日作出(2007)海民初字第16466号一审判决,判处天安保险股份有限公司北京分公司支付郑甲理赔金人民币10万元及利息、诉讼费、案件受理费等。天安保险股份有限公司北京分公司不服一审判决,提出上诉。二审法院于2008年3月20日作出(2008)一中民终字第3966号终审判决,驳回天安保险股份有限公司北京分公司的上诉,维持原判。判决生效后,天安保险股份有限公司北京分公司向郑甲支付了保险金10万元及相关费用。后经天安保险股份有限公司北京分公司复勘部门的再次审核,发现郑甲具有诈骗保险金的嫌疑,于是向公安机关报案。2009年8月19日,被告人郑甲被抓获,其家属于2009年9月3日代为退赔天安保险股份有限公司北京分公司人民币108,711元(其中10万元为保险金,7239元为诉讼费,1472元为执行费),现扣押在案。

2010年1月14日,检察院以被告人郑甲构成保险诈骗罪,向法院提起公诉。被告人郑甲对指控事实和罪名无异议。

【法院裁判】

法院认为:被告人郑甲作为投保人、被保险人编造未曾发生的保险事故,骗取保险金,数额巨大,其行为已构成保险诈骗罪,应予惩处。北京市海淀区人民检察院指控被告人郑甲犯保险诈骗罪的事实清楚,证据确实充分,指控罪名成立。被告人郑甲前罪未执行完毕的罚金刑人民币2万元,应与本次刑罚并罚。被告人郑甲曾因犯票据诈骗罪被判处有期徒刑,仍不思悔改,刑满释放后5年内再次故意犯保险诈骗罪，系累犯；被告人郑甲的诈骗金额在10万元以上，同时又系诈骗再犯，依照《最高人民法院关于审理诈骗案件具体应用法律若干问题的解释》第1条第3款第（七）项之规定，属于情节特别严重，对其应依法从重处罚。鉴于被告人郑甲的家属已经替其向法院退赔天安保险股份有限公司北京分公司人民币108,711元，且被告人郑甲认罪态度较好，法院对其酌予从轻处罚。依照《中华人民共和国刑法》第198条第1款第（三）项、第53条、第64条、第65条第1款、第69条、第71条之规定，判决被告人郑甲犯保险诈骗罪，判处有期徒刑10年6个月，罚金人民币1万元；与前罪未执行完毕的罚金刑人民币3万元并罚，决定执行有期徒刑10年6个月，罚金人民币3万元。

一审宣判后，被告人未上诉，公诉机关亦未抗诉，一审判决已经生效。

## 【要点评析】

本案是一起典型的诉讼欺诈案件，被告人郑甲的行为可以分为两个阶段。第一阶段是虚构保险事故的证明材料及“受害人”身份向法院提起民事诉讼，骗取法院作出其负全责的判决结果。第二阶段是以上述判决向法院起诉保险公司，要求赔偿保险金。在第一阶段，被告人是为了获得一个看似对其不利的判决结果，并没有获得任何财产或财产性利益，但诉讼欺诈行为侵犯了司法秩序。在第二阶段，被告人以非法占有为目的，虚构保险事故，实施诉讼欺诈行为，既侵犯了司法秩序，又侵犯了财物所有权，还侵犯了保险制度。由本案可见，诉讼欺诈并不一定只侵犯只财产性权益，行为人为了获得非财产性利益，也可能实施诉讼欺诈。但无论诉讼欺诈的目的是否涉及财产或财产性利益，该行为都必然侵犯司法秩序。值得注意的是，如何认定诉讼诈骗数额？根据诉讼诈骗中的诉讼法律关系是全部虚假还是部分虚假，诉讼诈骗可以分为完全的诉讼诈骗和部分的诉讼诈骗。完全的诉讼诈骗是行为人通过伪造证据虚构了一个完全不存在的法律关系，继而通过诉讼来骗取裁判者的信任，并借助于法院的强制力取得他人财产或财产性利益。对于完全的诉讼诈骗，其诈骗数额比较好判定，非法占有的数额就是诉讼诈骗罪的数额。而部分的诉讼诈骗是行为人与被害人之间已经有某种法律关系存在，行为人在法律关系的基础上，通过变造已有证据的内容，制造一个部分虚假的法律关系，通过诉讼的形式骗取裁判者的信任，并借助于法院的强制力非法占有他人财物。对于部分的诉讼诈骗，由于行为人与被害人之间存在一个真实的法律关系，所以裁决转移财产或财产性利益的数额中可能包含有行为人应得的财产或财产性利益，因此，只有占有的财产或财产性利益减去行为人应得财产或财产性利益后剩下的部分，才是诉讼诈骗数额。

另外，诉讼诈骗是结果犯还是行为犯？尽管诉讼诈骗行为侵犯的是复杂客体，但行为目的主要还是财产或财产性利益，对司法秩序的侵犯不过是其为了实现犯罪目的所实施的手段而已。因此，诉讼诈骗应该属于结果犯，即以行为人是否已经实际占有了被害人的财产或财产性利益来判断诉讼诈骗行为是否既遂，行为人取得胜诉裁决并不意味着犯罪既遂。如果裁决者并没有受到诉讼欺诈行为的干扰，没有陷入错误认识，或者虽已陷入错误认识但并未作出财产或财产险利益处分决定，或者虽已作出处分决定但还未将被害人的财产或财产性利益转移给诈骗人或第三人占有，属于犯罪未遂。

**【法律法规链接】**

《中华人民共和国刑法》第 53 条、第 64 条、第 65 条第 1 款、第 69 条、第 71 条、第 198 条第 1 款第(三)项

（编写人：游　涛　于　洋）

## 16. 出售伪造的增值税普通发票应当依照出售非法制造的发票罪的追诉标准予以处理

——金某兰非法出售发票案①

**【裁判要旨】**

增值税普通发票与增值税专用发票在功能、所适用管理法规方面存在根本性的区别，涉及这两类发票的犯罪所造成的社会危害性也存在巨大差异，因此，增值税普通发票只能归入普通发票的范畴，而不属于增值税专用发票的序列。对于非法制造、出售非法制造的增值税普通发票的行为，达到追诉标准的，应当认定为非法制造、出售非法制造的发票罪。

**【基本案情】**

2011 年 4 月 26 日，民警在巡逻过程中发现李某君、李甲（另案处理）形迹可疑，遂对其在北京市海淀区一亩园 142 号的住处进行搜查。经查，李某君等人住处

① (2012)海刑初字第 936 号判决书。

系被告人金某兰暂住地,被告人金某兰在其暂住地贩卖发票从中牟利。民警从被告人金某兰暂住地内起获大量发票及票据打印机、印章等物。被告人金某兰被当场抓获。经鉴定,起获的361份北京市国家税务局通用机打发票和1份北京市服务业、娱乐业、文化体育业专用发票为真发票;起获的33份公路、内河货物运输业统一发票和36份北京增值税普通发票为假发票。

**【法院裁判】**

法院认为:被告人金某兰非法出售《中华人民共和国刑法》第209条第3款规定以外的其他发票,其行为已构成非法出售发票罪,应予惩处。但对于检察院有关被告人金某兰犯有出售伪造的增值税专用发票罪,并应与所犯非法出售发票罪数罪并罚的指控意见,法院认为,根据我国关于普通发票、增值税专用发票以及其他可用于出口退税、抵扣税款发票的法律法规,增值税普通发票与增值税专用发票在功能、管理法规方面具有根本性的差别。首先,根据《中华人民共和国发票管理办法》第3条的规定,发票是指在购销商品、提供或者接受服务以及从事其他经营活动中,开具、收取的收付款凭证;而根据《增值税专用发票使用规定》第2条的规定,增值税专用发票是增值税一般纳税人(以下简称一般纳税人)销售货物或者提供应税劳务开具的发票,是购买方支付增值税额并可按照增值税有关规定据以抵扣增值税进项税额的凭证。《增值税专用发票使用规定》第4条明确规定增值税专用发票的基本联次由发票联、抵扣联、记账联构成。《国家税务总局关于启用增值税普通发票有关问题的通知》(国税发明电〔2005〕34号)则规定增值税普通发票的基本联次只由发票联、记账联构成。由此可见,在通常情况下,增值税普通发票仅具有反映销货方与购货方之间收付款关系的功能,但购货方不能以该发票作为抵扣进项税额的凭证,这也正是增值税普通发票与增值税专用发票以及其他可用于骗取出口退税、抵扣税款发票之间的本质区别。其次,增值税普通发票之所以带有"增值税"的字样,是由于国家税务总局为加强对增值税一般纳税人开具普通发票的管理,全面监控一般纳税人销售额,因此将一般纳税人(不含商业零售)开具的普通发票纳入增值税防伪税控系统开具和管理,一般纳税人可以使用同套增值税防伪税控系统同时开具增值税专用发票、增值税普通发票和废旧物资发票等(此种开票方式简称"一机多票"),税务机关可以更好地达到"以票控税"的效果。增值税普通发票启用的上述背景也说明了其本质上是作为普通发票而存在,而区别于可抵扣相关税款的专用发票。再次,税务机关在日常管理中是根据《中华人民共和国发票管理办法》对增值税普通发票按照普通发票进行管理,对增值税专用发票则是根据《增值税专用发票使用规定》进行管理,《增值税专用发票使用规定》不适用于增值税普通发票。最后，根据在案证据，待售的伪造的增值税普通发票数量为 36 份，尚不够刑事立案追诉标准，对被告人金某兰的相关行为亦不能按照出售非法制造的发票罪定罪处罚。因此，公诉机关关于被告人金某兰犯有出售伪造的增值税专用发票罪的指控以及数罪并罚的意见均不能成立。鉴于被告人金某兰已着手实行犯罪，由于其意志以外的原因而未能得逞，系犯罪未遂；并结合其当庭能如实供述所犯罪行，故法院对其依法从轻处罚。

依照《中华人民共和国刑法》第 209 条第 4 款、第 2 款，第 23 条，第 67 条第 3 款、第 53 条之规定，判决如下：

被告人金某兰犯非法出售发票罪，判处有期徒刑 1 年 8 个月，罚金人民币 3 万元。

一审宣判后，被告人金某兰未提出上诉，检察院未提出抗诉，判决现已发生法律效力。

## 【要点评析】

本案的争议焦点在于：增值税普通发票能否按照增值税专用发票予以认定？如果不能，那么二者之间的实质区别是什么？

我国现行《刑法》中对于涉发票犯罪实际可归为两大类：一是以增值税专用发票等可抵扣税款发票为对象的犯罪；二是以普通发票为对象的犯罪。

在以增值税专用发票等可抵扣税款发票为对象的犯罪中，包括虚开增值税专用发票、用于骗取出口退税、抵扣税款发票罪，伪造、出售伪造的增值税专用发票罪，非法出售增值税专用发票罪，非法购买增值税专用发票、购买伪造的增值税专用发票罪，非法制造、出售非法制造的用于骗取出口退税、抵扣税款发票罪，非法出售用于骗取出口退税、抵扣税款发票罪，持有发票罪。而在以普通发票为对象的犯罪中，则包括虚开发票罪，非法制造、出售非法制造的发票罪，非法出售发票罪，持有伪造的发票罪。

结合我国《刑法》以及《最高人民检察院、公安部关于公安机关管辖的刑事案件立案追诉标准的规定（二）》及补充规定，可以看出无论是在追诉标准还是在所处刑罚上，以普通发票为对象的犯罪均有异于以增值税专用发票等可抵扣税款发票为对象的犯罪。例如：对于虚开增值税专用发票、用于骗取出口退税、抵扣税款发票罪，虚开税款数额在 1 万元以上或者致使国家税款被骗数额在 5000 元以上的，应予立案追诉，这类犯罪最高刑罚可至无期徒刑；对于虚开发票罪，虚开发票 100 份以上或者虚开金额累计在 40 万元以上的，应予立案追诉，该罪最高刑罚可至 7 年有期徒刑。对于出售伪造的增值税专用发票罪，出售 25 份以上或者票面额累计在10万元以上的,应予立案追诉,该罪最高刑罚可至无期徒刑;对于出售非法制造的用于骗取出口退税、抵扣税款发票罪,出售50份以上或者票面额累计在20万元以上的,应予立案追诉,该罪最高刑罚可至15年有期徒刑;对于出售非法制造的发票罪,非法出售100份以上或者票面额累计在40万元以上的,应予立案追诉,该罪最高刑罚可至7年有期徒刑。对于持有伪造的发票罪,持有伪造的增值税专用发票50份以上或者票面额累计在20万元以上的,应予立案追诉;持有伪造的可以用于骗取出口退税、抵扣税款的发票100份以上或者票面额累计在40万元以上的,应予立案追诉;持有伪造的普通发票200份以上或者票面额累计在80万元以上的,应予立案追诉。该罪的最高刑罚均为7年有期徒刑。

因此,从涉发票犯罪的立案追诉标准和刑罚高低而言,表明了立法机关、司法机关对该类犯罪上的统一认识:即无论是以增值税专用发票等可抵扣税款发票为对象的犯罪,还是以普通发票为对象的犯罪,都是对我国的税收征管秩序的破坏,反映了其社会危害性,但二者在社会危害性上确实存在差异。

在增值税普通发票出现以前,在增值税专用发票,可以用于出口退税、抵扣税款的发票以及普通发票的区分和如何认定上并不存在问题。但当增值税普通发票出现后,由于该发票的名称中既有"增值税"的字样,又有"普通"的字样,那么对于该发票的性质如何认定,人们的认识便不免产生了分歧。特别是当增值税普通发票进入刑事诉讼后,对该发票的性质如何认定,则直接关系到被告人的行为定性是否准确,刑罚是重还是轻,甚至是有罪还是无罪。在本案中,对于增值税普通发票的性质存在三种认识:第一种观点认为增值税普通发票就等同于增值税专用发票;第二种观点认为增值税普通发票实质上就是普通发票;第三种观点认为增值税普通发票属于可抵扣税款的发票。

在本案中,承办法官通过查找、梳理发票管理法规以及走访区、市两级国税部门等途径,为准确认定增值税普通发票的性质和作出刑事判决提供了足够的事实根据和法律依据。

首先,关于增值税普通发票的由来和启用背景。根据2004年4月国家税务总局、财政部、信息产业部、国家质量监督检验检疫总局联合发布的《关于推广应用税控收款机加强税源监控的通知》,凡具有一定规模和固定经营场所的纳税人,都要购置使用税控收款机。在2005年8月下发的《国家税务总局关于启用增值税普通发票有关问题的通知》以及2006年5月发布的《国家税务总局关于推行增值税防伪税控一机多票系统的公告》中,指出为加强对增值税一般纳税人(以下简称一般纳税人)开具普通发票的管理,全面监控一般纳税人销售额,加强增值税普通发票的税源监控,同时不增加纳税人负担,总局决定将一般纳税人(不含商业零售)开具的普通发票纳入增值税防伪税控系统开具和管理,统一推行防伪税控一机多票系统,亦即一般纳税人可以使用同套增值税防伪税控系统同时开具增值税专用发票、增值税普通发票和废旧物资发票等(此种开票方式简称“一机多票”)。由此可见,开具增值税普通发票是对一般纳税人提供非增值税应税劳务或销售非增值税应税货物经营活动的反映。而增值税专用发票则有严格的使用的范围,只有当一般纳税人提供了增值税应税劳务或销售了增值税应税货物后,才可开具增值税专用发票。因而,增值税普通发票与增值税专用发票在所反映的一般纳税人的经营活动的内容上是截然不同的。

其次,上述文件规定,增值税普通发票的格式、字体、栏次、内容与增值税专用发票完全一致,但增值税普通发票的基本联次为两联,第一联为记账联,销货方用作记账凭证;第二联为发票联,购货方用作记账凭证。而《增值税专用发票使用规定》第 4 条则明确规定增值税专用发票的基本联次由发票联、抵扣联、记账联构成。从发票的基本联次构成上,可以看出增值税普通发票不具备抵扣税款的功能。

最后,根据北京市海淀区国税局以及北京市国税局的反馈意见,两级税务机关虽没有出具增值税普通发票属于普通发票的书面结论,但相关工作人员的说法均能证实税务机关是根据《中华人民共和国发票管理办法》对增值税普通发票按照普通发票进行管理,对增值税专用发票则是根据《增值税专用发票使用规定》进行管理,《增值税专用发票使用规定》不适用于增值税普通发票。因此,从税务机关发票管理工作角度而言,增值税普通发票实质上也是归于普通发票的。

综上,法院对于增值税普通发票的性质认定是准确的。

**【法律法规链接】**

《中华人民共和国刑法》第 23 条,第 53 条,第 67 条第 3 款,第 209 条第 2 款、第 4 款

(编写人:张　鹏)

## 17. 发票份额与面额分别在衡量情节中的作用

——徐某委非法出售发票案①

### 【裁判要旨】

销售公交车票、地铁票、火车票、汽油票等真发票已经成为非法出售发票类犯罪的一种重要形式,然而我国刑法和相关司法解释对于该罪“情节严重”的标准并没有进一步的规定,鉴于该罪侵犯的客体是国家正常的发票管理秩序,实践中应将被告人非法出售的发票份额与面额相结合,作为认定“情节严重”的因素。

### 【基本案情】

2013年5月,被告人徐某委在赶集网上发布了出售发票的信息,同年5月15日晚,群众李某以人民币12,000元的价格向被告人徐某委约购票面金额20万元的北京市政交通一卡通有限公司充值专用发票,双方约定5月17日在北京市海淀区上地九街联想集团西门见面交易。同年5月17日7时,李某向公安机关举报了上述出售发票的线索,并按民警要求将交易地点改为海淀区西北旺春晖园小区,以便于抓捕。当日11时50分,被告人徐某委到达春晖园小区,在与李某交易时被民警抓获。现场起获北京市政交通一卡通有限公司充值专用发票2178份,经鉴定,上述发票均为真发票。

2013年7月19日,检察院以被告人徐某委犯非法出售发票罪向法院提起公诉。被告人徐某委对起诉书的指控事实和指控罪名没有提出异议,但辩称其此次是因受到诱导才大量出售发票。其辩护人发表的辩护意见为:被告人徐某委非以出售发票为生,主观恶性小,社会危害性不大;此次大量出售发票是因受到诱导,其行为属犯罪未遂,且系初犯、偶犯,到案后能够如实供述犯罪事实,被告人的单位也出具了请求对其从宽处理的说明,故提请法庭对被告人徐某委判处缓刑或不予追究刑事责任。

### 【法院裁判】

法院认为:被告人徐某委违反国家发票管理规定,非法出售发票,情节严重。

---

① (2013)海刑初字第1934号判决书。

被告人徐某委的行为已构成非法出售发票罪,应予惩处。关于被告人及其辩护人称因受到诱导才大量出售发票的辩解及辩护意见,法院认为,上述辩解及辩护意见缺乏事实根据,故不予采纳。被告人徐某委已经着手实行犯罪,由于意志以外的原因而未得逞,系犯罪未遂;结合其到案后及庭审过程中均能如实供述其所犯罪行,认罪态度较好,同时其所在工作单位北京金源动力信息化测评技术有限公司也出具了请求司法机关对其从轻处罚的说明,故法院对其依法减轻处罚并宣告缓刑。依照《中华人民共和国刑法》第209条第2款、第4款,第23条,第67条第3款,第53条,第72条第1款、第3款,第73条第2款、第3款之规定,于2013年9月17日以非法出售发票罪判处被告人徐某委有期徒刑1年6个月,缓刑2年,罚金人民币2万元。

一审宣判后,被告人未上诉,公诉机关亦未抗诉,一审判决已经生效。

## 【要点评析】

合议庭将被告人非法出售的发票份额与面额相结合,作为认定"情节严重"的因素,并据此对被告人徐某委减轻处罚并宣告缓刑,主要基于以下几点原因:

(1)此类犯罪多发有其社会原因。现在很多公司都要求员工通过拿发票报销的方式来获得本应得到的福利报酬,加之单位报销审查不严,极大地助长了此类行为。因此登录一些二手货交易网站、论坛可以搜索到很多求购发票和出售发票的帖子,特别是月底。过去,发票犯罪多以制造、销售假发票、空白发票为主,现在销售公交车票、地铁票、火车票、汽油票等真发票已经成为非法出售发票类犯罪的一种重要形式。据统计,2012年海淀法院受理此类案件61件,而2011年仅受理12件此类案件。另外,通过研究发现,此类案件几乎都是公安机关通过隐匿身份侦查的方式发现或是通过群众举报。

(2)就非法出售发票罪本身而言,是从《全国人民代表大会常务委员会关于惩治虚开、伪造和非法出售增值税专用发票犯罪的决定》第6条的规定吸收改为刑法的具体规定的。我国《刑法》第209条规定:"伪造、擅自制造或者出售伪造、擅自制造的可以用于骗取出口退税、抵扣税款的其他发票的,处三年以下有期徒刑、拘役或者管制,并处二万元以上二十万元以下罚金;数量巨大的,处三年以上七年以下有期徒刑,并处五万元以上五十万元以下罚金;数量特别巨大的,处七年以上有期徒刑,并处五万元以上五十万元以下罚金或者没收财产。伪造、擅自制造或者出售伪造、擅自制造的前款规定以外的其他发票的,处二年以下有期徒刑、拘役或者管制,并处或者单处一万元以上五万元以下罚金;情节严重的,处二年以上七年以下有期徒刑,并处五万元以上五十万元以下罚金。非法出售可以用于骗取出口退税、抵扣税款的其他发票的,依照第一款的规定处罚。非法出售第三款规定以外的其他发票的,依照第二款的规定处罚。"然而,对于何种情形属于"情节严重",我国《刑法》和相关司法解释没有进一步的规定,2010 年 5 月 7 日最高人民检察院、公安部《关于公安机关管辖的刑事案件立案追诉标准的规定(二)》第 68 条仅对非法出售发票的立案追诉标准做了如下规定:"非法出售普通发票 100 份以上或者票面额累计在 40 万元以上的,应予立案追诉"。

非法出售发票罪在不同地区呈现出不同的特点,有的地区被告人非法出售大量份额的发票,发票总面值并不大,而有的地区此类案件都是被告人出售 1 份至多几份大面值的发票,因此在实践中,应根据案件具体情况,综合考虑发票的面值金额与发票份数,予以判断。非法出售发票罪其侵犯的客体是国家的发票管理制度,被告人的行为危害的主要是国家财务管理制度和税收征管制度,从公安部规定的立案标准也可以看出,其实除了发票张数,发票面额也是考量的一个方面,本案被告人虽出售发票张数达到 2178 份,但总计票面额才 19.89 万元。并且其是在被约购下出售,其所有行为完全在公安机关控制下,其出售行为根本无法完成,从而大大降低了其行为的社会危害性。

(3)本案被告人徐某委是北京金源动力信心化测评技术有限公司信息安全项目经理,具有正当职业和稳定收入,其不同于以出售发票为业的某些被告人,此次出售发票确是其初犯,其主观恶性较小。其所在单位为其出具了收入证明,工作表现说明,并提出因为徐某委从事的工作涉及国有企业信息安全,其负责的项目尚未结束,业务也未交接,希望法院可以对其减轻处罚,并表示愿意接收被告人回单位,因此被告人也具备重新回到社会的条件,若对被告人宣告缓刑不会造成社会不稳定因素。

基于上述考虑,法院对被告人徐某委做出了减轻处罚并宣告缓刑的判决。

**【法律法规链接】**

《中华人民共和国刑法》第 23 条,第 53 条,第 67 条第 3 款,第 72 条第 1 款、第 3 款,第 73 条第 2 款、第 3 款,第 209 条第 2 款、第 4 款

(编写人:王丛丛)

## 18. 销售假冒注册商标的商品与销售伪劣产品罪、假冒注册商标罪的区别

——林某科销售假冒注册商标的商品案①

### 【裁判要旨】

销售假冒注册商标的商品罪与假冒注册商标罪区别较为明显，前者为“销售”，后者为“假冒”，但存在交叉的情形：即行为人假冒他人注册商标后又予以销售，区分关键点是所售商品是否其假冒，假冒后又销售该商品的，应以假冒注册商标罪定罪处罚；假冒后又销售他人假冒注册商标的商品构成犯罪的，应当实行数罪并罚。另外，销售假冒注册商标的商品罪与销售伪劣产品罪亦有交叉，即行为人为了顺利销售伪劣产品，往往假冒名牌产品的注册商标进行销售；而销售假冒注册商标的商品，也往往是将自己生产的质量差的产品冒充他人质量好的产品，对此，应择一重罪定罪处罚。

### 【基本案情】

被告人林某科伙同阮某峰、周某彪、闻某龙（均已判决）等人在北京市海淀区倒座庙合建楼1号楼3单元101室销售假冒的计算机网络产品，后于2006年5月30日被查获。执法人员当场从上述地点以及位于北京市海淀区左岸公社地下三层24号房间的库房内，起获大量假冒AMP、SYSTIMAX、D－LINK注册商标的模块、水晶头、交换机等计算机网络产品，经鉴定共计价值人民币2,683,455元。2008年10月22日，被告人林某科被抓获归案。

### 【法院裁判】

庭审过程中，公诉机关认为被告人林某科的行为触犯了《中华人民共和国刑法》第214条之规定，已构成销售假冒注册商标的商标罪；被告人及其辩护人认为，被告人只是将身份证借给阮某峰、周某彪等人开公司用，但并没有参与公司的任何经营活动，也不是公司的老板，故不构成犯罪；被告人林某科并没有雇用阮某峰等人销售假冒注册商标的商品，检察院指控的事实与林某科无关，建议法院宣告林某

① （2009）海刑初字第54号判决书。

科无罪。法院认为,被告人林某科为谋取不法利益,伙同他人销售明知是假冒注册商标的商品,销售金额数额巨大,其行为已构成销售假冒注册商标的商品罪。检察院指控被告人林某科犯有销售假冒注册商标的商品罪的基本事实清楚,主要证据确实充分,指控罪名成立。

对于被告人林某科及其辩护人所作的无罪辩解及辩护意见,法庭认为,同案犯阮某峰、周某彪在侦查期间的多次供述内容稳定,一致指认被告人林某科参与了销售假冒注册商标的商品行为,并对林某科进行了辨认;另外,同案犯闻某龙的供述亦从侧面印证了林某科的存在,故认定被告人林某科参与犯罪的主要证据较为确实充分,上述无罪辩护意见,法庭不予采纳。但是,公诉机关认定被告人林某科雇用阮某峰、周某彪、闻某龙等人实施犯罪的事实不能成立,因为阮某峰、周某彪关于林某科系公司老板的供述内容过于简单、模糊,没有涉及林某科如何招募、雇用他人,如何组织实施犯罪的具体内容,公安机关在侦查过程中也未能调取到与林某科相关的进货及销售记录,故认定被告人林某科系公司老板并雇用阮某峰等人从事犯罪活动的证据不足,法院不予支持。鉴于被告人林某科伙同他人销售假冒注册商标的商品行为因意志以外的原因而未得逞,系犯罪未遂;且涉案假货的金额系按照同类正品商品的市场销售价格进行作价,与实际销售价格必然存在较大差异;同时本着有利于被告人的原则,法院对被告人林某科依法予以较大幅度地减轻处罚。依照《中华人民共和国刑法》第 214 条、第 25 条第 1 款、第 53 条之规定,判决如下:被告人林某科犯销售假冒注册商标的商品罪,判处有期徒刑 6 个月,罚金人民币 1 万元。

一审宣判后,被告人未上诉,公诉机关亦未抗诉,一审判决已经生效。

## 【要点评析】

步入 21 世纪,知识经济发展迅速。随着社会经济文化的迅猛发展,在社会生活中,尤其是在知识产权领域,新型纷争不断涌现,这对法官的判案水平提出了更高的要求。不法分子往往采取侵犯其他经营者的合法权益的手段攫取更高的经济收益,不但给合法经营者造成经济损失,还会对经济秩序的正常运营带来危害。一般的民事侵权纠纷,当事人可以自行和解或者由法院的民事部门裁判即可,一旦这种侵权行为达到法定的严重程度,就可能触犯《刑法》,属于犯罪行为。

本案中,被告人明知是假冒的计算机网络产品仍予以销售,并且数额巨大,触犯了《刑法》第 214 条销售假冒注册商标的商品罪。本案在审理过程中主要存在以下几个焦点问题:

1. 销售假冒注册商标的商品罪与假冒注册商标罪的界定

这两种犯罪存在一定的交叉情况:即行为人假冒他人注册商标后又予以销售。如果所销售的各种假冒注册商标的产品系他人生产,认定为销售假冒注册商标的商品罪无异议;但如果其假冒注册商标后又予以销售,根据最高人民法院、最高人民检察院《关于办理侵犯知识产权刑事案件具体应用法律若干问题的解释》(2004年12月8日)第13条的规定,应当以假冒注册商标罪定罪处罚;实施假冒注册商标罪又销售明知是他人的假冒注册商标的商品构成犯罪的,应当实行数罪并罚。

另外,此二罪还有一个混淆点,即行为人粘贴商标的行为如何定性的问题:如果被告人将自己生产的冒牌微软软件予以销售,如上述分析,认定为假冒注册商标罪无异议;被告人购买假冒的微软软件后销售,认定为销售假冒注册商标的商品罪亦无异议;但如果被告人购买他人生产的软件后,仅仅是将微软商标粘贴出售,这种情况是认定为假冒注册商标罪还是销售假冒注册商标的商品罪?

如这则案例:被告人毛某自2002年至2005年11月间,伙同朱某芳、金某龙先后购进假冒的微软(中国)有限公司注册商标及盗版软件进行包装。其中,被告人毛某负责包装及销售,被告人金某龙负责销售,被告人朱某芳负责财务管理。三被告人非法经营的数额达人民币1,888,966元。同年11月29日,三被告人被抓获,同时起获尚未销售的软件2108张及假冒的微软公司注册商标的包装、标签等物品,价值人民币3,267,839.49元,经北京市版权局鉴定均系未经微软(中国)有限公司授权的复制品。上述案例中,对于被告人毛某等人将购进的盗版软件及假冒的微软注册商标进行包装后销售的行为是构成假冒注册商标罪、销售假冒注册商标的商品罪,还是构成销售侵权复制品罪存在三种不同的意见:第一种意见认为,被告人毛某等人购进假冒的微软(中国)有限公司注册商标及盗版软件进行包装后销售,其行为符合刑法关于假冒注册商标罪的构成要件,应按照假冒注册商标罪定罪量刑;第二种意见认为,被告人毛某等人并非生产盗版软件的行为人,其只是将购进的盗版产品进行包装后销售,该行为应属于销售假冒注册商标的商品罪;第三种意见认为,被告人毛某等人将购进的假冒微软(中国)有限公司的盗版软件进行包装后销售,侵犯了微软(中国)有限公司的著作权,应按照销售侵权复制品罪进行定罪处罚。

我们赞成第一种观点。被告人毛某等人的行为属于非法使用他人注册商标的行为。最高人民法院、最高人民检察院《关于办理侵犯知识产权刑事案件具体应用法律若干问题的解释》第8条第2款明确规定,《刑法》第213条规定的假冒注册商标罪中的"使用",是指将注册商标或者假冒的注册商标用于商品、商品包装或者容器以及产品说明书、商品交易文书,或者将注册商标或者假冒的注册商标用于广告宣传、展览以及其他商业活动等行为。被告人毛某等人将假冒的微软(中国)有限公司注册商标包装到盗版软件上,其行为属于非法使用他人注册商标的行为。此种情况应以假冒注册商标罪论处。同时,值得注意的是,审判实践还存在的这样的情况:犯罪行为人从他人处购入相关商品时,非法制作的注册商标标识与上述商品便已是配套的,而不是犯罪行为人自行制作或另行购入的,那么在这种情况下,为了完成假冒注册商标商品的销售行为,犯罪行为人必然会将注册商标标识粘贴于相关商品,从其主观故意而言,其仅是从商品的流通环节中予以牟利,因而对于这种特殊情况,虽可认定犯罪行为人具有在同一种商品上非法使用他人注册商标的行为,但其非法使用注册商标的行为不宜认定为生产行为,而应综合考虑其主观意图,以销售假冒注册商标的商品罪定罪处罚为宜。

2. 销售假冒注册商标的商品罪与销售伪劣产品罪的界定及其牵连问题

这两种犯罪也存在相互交叉的情况:行为人为了顺利销售伪劣产品,往往假冒名牌产品的注册商标进行销售;而销售假冒注册商标的商品,也往往是将自己生产的质量差的产品冒充他人质量号的产品,有以次充好之嫌。但是二者的区别也是很明显的,最大的区别就是犯罪对象的性质不同:销售伪劣产品罪的犯罪对象是伪劣产品,即以假充真、质量低劣不合格的产品,而销售假冒注册商标的商品罪的犯罪对象是假冒他人已注册商标的商品,从产品的性质看,可能其质量是合格的。本案中,被告人所销售的是假冒他人注册商标的计算机网络产品,侵犯了其他公司的著作权,其所售产品质量是合格的,所以应认定为销售假冒注册商标的商品罪;如果本案的被告人既销售各种假冒注册商标的计算机网络产品,并且所销售的计算机网络产品属质量低劣不合格产品,属于牵连犯,应从一重罪从重处罚。

3. 销售假冒注册商标的商品罪之定罪、量刑

罪与非罪的认定,需要从主客观两方面要件综合把握。对于本罪的主观方面,法律要求行为人须销售"明知"是假冒注册商标的商品。对于"明知",最高人民法院、最高人民检察院《关于办理侵犯知识产权刑事案件具体应用法律若干问题的解释》(2004 年 12 月 8 日)第 9 条规定,指下列情形之一:(1)知道自己销售的商品上的注册商标被涂改、调换或者覆盖的;(2)因销售假冒注册商标的商品受到过行政处罚或者承担过民事责任又销售同一种假冒注册商标的商品的;(3)伪造、涂改商标注册人授权文件或者知道文件被伪造、涂改的;(4)其他知道或者应当知道是假冒注册商标的商品的情形。本案中,被告人及被告单位明知自己销售的是假冒微软注册商标的计算机软件而仍然予以销售,符合上述"两高解释"的第一种情形,所以在符合本罪主观方面的要求;在客观方面,法律规定"销售金额数额较大",方可构成本罪。根据上述"两高司法解释"第 2 条第 1 款之规定,"数额较大"是指销售

金额在5万元以上的情形,"数额巨大"是指销售金额在25万元以上的情形。本案中,执法人员起获大量假冒AMP、SYSTIMAX、D-LINK注册商标的模块、水晶头、交换机等计算机网络产品,经鉴定共计价值人民币2,683,455元,属于"数额巨大",认定被告人林某科犯销售假冒注册商标的商品罪,并判处有期徒刑6个月,罚金人民币1万元的刑罚。

【法律法规链接】

《中华人民共和国刑法》第25条第1款、第53条、第214条

(编写人:侯孝文)

## 19. 泄露游戏源代码、架设及运营网络游戏私服网站等行为如何定性

——伍某兵等五人侵犯商业秘密、侵犯著作权案①

【裁判要旨】

商业秘密权利单位的雇员违反与单位的保密协议约定,向他人泄露作为本单位商业秘密的网络游戏源代码,给单位造成重大经济损失的,应按侵犯商业秘密罪论处。未经著作权人许可,将非法获取的他人网络游戏源代码编译成网络私服游戏软件并运营以营利,或受让经营网络游戏私服网站的,均应按侵犯著作权罪论处。商业秘密权利人损失数额难以计算的,可根据侵权人在侵权期间因侵犯商业秘密的违法所得认定。

【基本案情】

被告人伍某兵在2010年担任珠海金山软件有限公司高级开发经理期间,为换取被告人李某峰手中的其他游戏引擎,违反其与公司签订的保密合同约定,擅自将该公司享有著作权的网络游戏《剑侠世界》的程序源代码通过QQ邮箱的发送给被告人李某峰。2011年6月至10月间,被告人李某峰通过他人将上述非法获取的游戏软件源代码编译成游戏《情缘剑侠》服务器终端程序,后伙同被告人孙某天、宋某阳租用国外服务器运行该游戏,私自架设服务器(简称"私服")、制作并开设网站

① (2012)海刑初字第3240号判决书,(2012)一中刑终字第5321号裁定书。

经营网络游戏《情缘剑侠》,招揽客户注册登录该私服游戏网站成为玩家或会员,后利用游戏中的充值项目,借助第三方交易平台收取客户的充值费以营利。经鉴定,《情缘剑侠》游戏程序的代码文件与金山公司合法所有并运营的《剑侠世界》游戏程序的代码文件内容完全一致。该私服游戏注册会员达1万余人,非法经营额人民币110余万元。2011年10月,被告人孙某天、宋某阳二人将《情缘剑侠》游戏程序及私服游戏网站平台,以人民币58万元的价格整体转让给被告人袁某力、熊某成等人,并将该私服游戏全部程序文件复制转交。2011年11月至2012年2月间,被告人袁某力、熊某成等人继续经营维护该私服游戏网站,发展注册会员达4万余人,非法经营额为人民币40余万元。2012年1月11日,被告人孙某天被抓获;当天,民警在孙某天带领下将被告人宋某阳抓获;后被告人李某峰、袁某力、熊某成、伍某兵先后被抓获归案。案发后,被告人孙某天赔偿被害单位经济损失人民币50万元。被告人宋某阳退缴违法所得人民币6万元,扣押在案;另被告人李某峰银行账户内违法所得人民币113,213.58元被依法冻结在案。

2012年9月14日,检察院以被告人伍某兵涉嫌犯侵犯商业秘密罪,被告人李某峰、孙某天、宋某阳、袁某力、熊某成涉嫌犯侵犯著作权罪向法院提起公诉。被告人伍某兵、李某峰、孙某天、宋某阳、袁某力、熊某成对起诉书指控的事实和罪名均没有提出异议。辩护人认为伍某兵主观恶性较小,认罪态度较好,应对其从轻处罚;李某峰系从犯,认罪、悔罪态度较好,并具有退赃表现,应对其从轻或减轻处罚;孙某天认罪态度较好,有立功表现,并积极赔偿被害单位,应对其减轻处罚,并适用缓刑;宋某阳认罪态度较好,积极退赃,应对其从轻处罚;袁某力的行为应当认定为销售侵权复制品犯罪,不构成侵犯著作权罪;且其犯罪情节不属于特别严重,认罪态度较好,应对其从轻处罚。

**【法院裁判】**

法院认为:被告人伍某兵为获取他人手中的游戏引擎程序,违反约定及违反权利人有关保守商业秘密的要求,将其掌握的计算机源代码程序用于交换,给权利人造成重大损失,其行为已构成侵犯商业秘密罪,应予惩处;被告人李某峰、孙某天、宋某阳、袁某力、熊某成以营利为目的,未经计算机软件著作权人许可,复制其计算机软件,并在私自架设的服务器上运行,获取巨额利润,情节特别严重,其行为已构成侵犯著作权罪,应予惩处。关于被告人袁某力的辩护人提出被告人袁某力的行为应认定为销售侵权复制品犯罪,不构成侵犯著作权罪的辩护意见,法庭认为,在案证据显示,被告人袁某力、熊某成从被告人孙某天、宋某阳处购得《情缘剑侠》私服游戏,后继续经营和维护该私服游戏网站,招揽和发展玩家登录该私服游戏,收取客户充值费的行为，实质上仍是以营利为目的，通过互联网向公众提供属于权利人的网络游戏服务，系未经该游戏的正版软件《剑侠世界》著作权人许可而擅自复制发行，其行为完全符合侵犯著作权罪的犯罪构成。故对于该辩护意见，不予采信。

被告人袁某力、熊某成与袁志刚等人实施侵犯著作权犯罪的经营数额高达40余万元，私服游戏网站注册会员达4万余人，根据相关司法解释，应认定具有其他特别严重情节；在犯罪中，虽然各被告人分工不同，但均共谋实施犯罪，且相互协作、配合，应认定为共同犯罪。辩护人提出其不构成共犯以及其犯罪情节不属于特别严重的相关辩护意见，不应予以支持。

被告人李某峰不仅与被告人孙某天、宋某阳合谋实施犯罪，且其将非法获取的涉案源代码编译成盗版软件程序，为其三人顺利架设和运营私服游戏网站提供了核心基础和前提，在整个侵犯著作权的共同犯罪中地位与作用至关重要，不宜认定为从犯。故对于辩护人认为其系从犯的辩护意见，亦不予采信。

鉴于六名被告人到案后及在庭审过程中均能如实供认自己的罪行，认罪态度较好；且部分违法所得已起获并冻结在案；孙某天到案后协助公安机关抓捕同案犯，具有立功表现，并在家属配合下积极赔偿了被害单位50万元的经济损失，取得被害单位的谅解；宋某阳在其家属协助下主动退缴了部分违法所得，法院对该六人根据各自情节依法从轻处罚。辩护人的相关辩护意见，酌予采纳。但考虑到被告人李某峰蓄意将涉案程序源代码编译为私服游戏软件，对整个侵犯著作权犯罪活动起着源头性影响，作用较大，在量刑时亦应酌予体现。本案冻结及扣押在案的赃款及其孳息，系本案部分被告人的违法犯罪所得，应依法予以没收。

综上，法院依照《中华人民共和国刑法》第219条第1款第（三）项、第3款、第3款，第217条第（一）项，第25条第1款，第67条第3款，第68条，第53条，第64条之规定，作出如下判决：被告人伍某兵犯侵犯商业秘密罪，判处有期徒刑2年，罚金人民币20万元；被告人李某峰犯侵犯著作权罪，判处有期徒刑5年6个月，罚金人民币100万元；被告人宋某阳犯侵犯著作权罪，判处有期徒刑4年6个月，罚金人民币90万元；被告人孙某天犯侵犯著作权罪，判处有期徒刑3年，罚金人民币30万元；被告人袁某力犯侵犯著作权罪，判处有期徒刑3年，罚金人民币30万元；被告人熊某成犯侵犯著作权罪，判处有期徒刑3年，罚金人民币30万元；在案冻结及扣押赃款人民币173，213.58元及其孳息一并予以没收，上缴国库。

宣判后，被告人李某峰、孙某天不服一审判决，认为量刑过重提出上诉。二审审理期间，上诉人李某峰、孙某天均申请撤回上诉。二审于2012年11月15日以（2012）一中刑终字第5321号刑事裁定书作出裁定准许其二人撤回上诉，现本案已生效。

## 【要点评析】

本案系北京地区侦破及办理的首例网络私服游戏侵权犯罪案件。本案被侵权主体是金山集团知这一名企业，被侵权的《情缘剑侠》游戏属于热门网络游戏，注册会员及玩家人数众多，社会影响面较广。同时，该案作为侵犯知识产权犯罪案件，在犯罪领域、手段、情节及社会影响诸多方面均具有较强代表性，也存在一些司法难点问题。主要集中体现在以下三方面问题：

1. 被害单位内部职员擅自向他人提供公司游戏软件源代码的行为定性，以及其给单位造成的经济损失如何认定

对伍某兵的行为定性，有过三种意见。第一种意见认为伍某兵违反保密协议约定，泄露本单位商业秘密，被他人利用后给本单位造成重大经济损失，构成侵犯商业秘密罪；第二种意见认为伍某兵明知自己掌握的源代码是本单位游戏软件的“母程序”，可能会被他人利用后编译出盗版游戏软件，仍复制后通过网络向他人提供，以交换获取其他物的形式获利，其行为应构成侵犯著作权罪；第三种意见认为伍某兵的行为虽然侵犯了本单位的商业秘密，但其单位因此遭受的经济损失无法计算，无法证明其给单位造成了重大的经济损失，故其行为不构成犯罪。

我们采纳的是第一种意见。理由如下：

首先，我们应明确，伍某兵掌握的游戏源代码系本单位的商业秘密，而不是可以直接运行使用的游戏软件作品。所谓“源代码”是指用源语言编制的计算机程序。源代码是掌握并编制出游戏软件的核心信息和密令。一旦被公开，软件的核心技术即泄露，从而会失去应有的商业价值。对于依靠游戏软件营利的单位而言，源代码更是影响其生存与发展的关键性技术信息，一般都会采取一定的保密措施，属于商业秘密。而游戏软件是通过源代码编译出来的可以直接运行的程序，属于可以对外公开的计算机软件作品，公众可以通过公开渠道获得。本案中，伍某兵向李某峰提供的网络游戏源代码，属于金山公司核心技术信息，外界公众难以知悉，并被采取了员工保密协议等保护措施，具备商业秘密的全部特征，是商业秘密，而不是游戏软件。因此，在犯罪对象方面，其行为不符合侵犯著作权犯罪的特征。

其次，不宜认定伍某兵具有营利的目的。根据相关司法解释的规定，侵犯著作权犯罪中的“以营利为目的”是指通过销售、直接或间接收取各种费用等方式利用他人作品牟利的情形。伍某兵只是为了研发其他游戏程序，用手中掌握的源代码换取他人手中的游戏引擎。对其个人而言，虽实现了一定的个人意图，但也只是一般的以物换物，不属于刑法意义上的营利目的。而且，在案证据难以证实其与交换

对方具有架设运营网络私服游戏的共同犯意，即不能证明伍某兵知道交换对方被告人李某峰获取源代码的真实意图，也不能证明其与其他被告人有过共谋。因此，其行为不应认定为侵犯著作权罪。

最后，商业秘密权利人损失数额难以计算的，可以根据案件具体情况综合认定。"给权利人造成重大损失"是侵犯商业秘密罪的必要构成要件，是指权利人因商业秘密被侵害而实际已经发生损失和必然遭受的损失。但因商业秘密属于无形资产，其商业价值评估具有很强专业性和多样性，权利人的经济损失除了现实利益外，还有可能包括部分合理的可预期利益，甚至还包括市场地位或竞争力削减、客户流失等隐性利益，权利人的实际损失往往很难精确计算。而《刑法》及司法解释均未对如何计算侵犯商业秘密犯罪中的损失问题作出规定。司法实践中，一般参见《反不正当竞争法》等其他法律规定中的赔偿标准进行确定。对于实际损失数额难以计算的，大多根据侵权人在侵权期间因侵权所获的利润。由于刑事犯罪较之民事侵权有其特殊性，在权利人的损失数额和侵权人所得的实际利润均难以查实时，还需要法官根据案件的具体情况，结合立法精神作出综合认定。本案中，由于涉案的网络游戏玩家众多且具有很大不确定性，各玩家参与游戏的程度也不一，该游戏可带给权利人的现实及可预期收益难以计算和评估，权利人金山公司的实际损失难以计算。但是，伍某兵泄露游戏源代码，被李某峰等人利用架设运营私服网站已获利的情况是可以查实的。可以将李某峰等人运营私服网站的非法经营数额、转让所得等违法所得数额综合认定。伍某兵给权利人造成的损失数额已达一二百万元，远远超过 50 万元，符合造成重大损失的情形，应当以侵犯商业秘密罪论处。

2. 利用非法获取的游戏源代码编译并运营网络私服游戏的行为，如何认定

对于李某峰等人利用非法获取的游戏源代码编译出网络私服游戏程序，并通过域外服务器架设私服游戏网站运营的行为，应认定为侵犯商业秘密罪，还是侵犯著作权罪，也有过争议。

我们认为李某峰、孙某天、宋某阳实施的上述行为应认定构成侵犯著作权罪。李某峰等人利用从伍某兵处非法获取的游戏源代码编译出私服游戏软件，以及事后转让网站时把源代码也一并转移给袁某力、熊某成的行为，虽然具有侵犯他人商业秘密的性质，但他们是为了经营私服游戏网站，主要侵犯的是权利人对游戏软件享有的著作权。因为计算机程序包括源程序和目标程序。同一程序的源文本和目标文本应当视为同一作品。李某峰等人虽然是通过源代码编译出目标游戏程序，但其对他人享有著作权的程序并未做实质性修改，而是通过反编译手段复现他人的程序作品。经鉴定，二者同一。因此，应认定为未经著作权人许可，复制他人作

品，并通过私服网站传播的行为。非法获取、使用游戏源代码只是其实现上述目的必经手段。即侵犯商业秘密只是其侵犯著作权犯罪的手段行为。故根据牵连犯“择一重处”原则，李某峰等人的行为应当以侵犯著作权罪论处，并在量刑时，酌情考虑和体现李某峰在非法获取并利用他人商业秘密编译出私服游戏软件等行为中的重要地位和作用。

3. 受让经营网络游戏私服网站的行为，如何认定

被告人袁某力的辩护人认为，因为涉案的私服游戏网站是李某峰、孙某天等人事先架设运营好的，袁某力等人只是整体受让该网站，而对私服游戏的编译、网站架设及运营等情况事前均不知情，也并未参与复制他人游戏软件作品等行为，故其行为只构成销售侵权复制品罪，不构成侵犯著作权罪。

我们认为，侵犯著作权罪与销售侵权复制品罪在客观方面的一个重要区别在于，行为人实施的是“复制发行”行为，还是单纯的“销售”行为。本案中，袁某力、熊某成等人表面上只是接手了他们已经建立经营好的一个网站，并继续经营。但实际上，其实施的不是单纯的销售行为。因为，网络游戏不同于普通商品，游戏网站也不等同于普通商铺店面。网络游戏需要多个程序软件配合运行，包括客户终端程序和服务器程序，程序重复使用、互动、更新是其运行基础和条件。游戏网站是通过招揽和发展玩家登录游戏，收取相关费用以运行，通过信息网络向玩家提供游戏作品是其基本运营形式，并需要经常更新维护。因此，受让并继续经营私服游戏网站，不同于单纯的销售盗版软件，而具有擅自复制发行的行为特征，应以侵犯著作权罪论处。故对于该辩护意见，不应支持。

**【法律法规链接】**

《中华人民共和国刑法》第 25 条第 1 款，第 53 条，第 64 条，第 67 条第 3 款，第 68 条，第 217 条第（一）项，第 219 条第 1 款第（三）项、第 3 款

（编写人：覃 波）

# 20. 如何区分侵犯知识产权犯罪中的发行行为与销售行为

## ——陈某发等六人侵犯著作权罪案①

**【裁判要旨】**

我国《刑法》第217条、第218条分别设置了侵犯著作权罪与销售侵权复制品罪。在司法实践中，行为人的行为性质究竟属于复制发行还是销售，是对行为人正确定罪量刑的关键，然而，如何区分这两种行为，在实践中尚存在一定的模糊之处。笔者认为，对被告人以销售方式从事侵权行为的，应充分考虑销售的规模、方式，以及行为人的主观故意、社会危害等因素，对行为的性质加以区分。

**【基本案情】**

2009年1月，被告人陈某发投资人民币200万元，以被告人陈某亮、庞某荣(另案处理)的名义在北京市门头沟区滨河南路3号384室注册成立鹏翔宏途公司，并租用北京市海淀区四季青依斯特大厦206号房间为实际经营地，通过电话征订的方式，向全国各地的广播电视大学推销教材。被告人陈某亮任法定代表人，与被告人陈某发一同负责公司全面经营；被告人汪某红任财务部经理，负责公司财务及部分图书采购工作；被告人王某玲任业务部经理，负责图书的销售业务；被告人洪某任采购部经理，负责图书订单的汇总统计；被告人陈某志任库房主管，负责图书入库及通过物流公司向全国各地学校配送。2011年3月29日，公安机关在鹏翔宏途公司位于北京市朝阳区金盏乡皮村的仓库内查获图书122种共计151,409册。经鉴定，其中120种共计151,177册图书系非法出版物，且为侵犯中央广播电视大学出版社、中国人民大学出版社、中国财政经济出版社、外语教学与研究出版社、高等教育出版社、清华大学出版社、法律出版社七家出版社著作权和专有出版权的图书。当日，被告人陈某亮、陈某志、汪某红、洪某等人被抓获；同年4月29日，被告人陈某发在安徽省黄山市被抓获；同年5月9日，被告人王某玲向公安机关投案。

**【法院裁判】**

法院认为：被告人陈某发、陈某亮作为单位直接负责的主管人员，被告人陈某

---

① (2011)海刑初字第2921号判决书。

志、汪某红、王某玲、洪某作为单位直接责任人员，为了本单位的利益，以营利为目的，未经著作权人许可，侵犯他人享有的专有出版权，以北京鹏翔宏途图书有限公司名义，复制发行盗版图书，其行为均已构成侵犯著作权罪，情节特别严重，应予惩处。法院同时认为，被告人陈某志、汪某红、王某玲、洪某及曾为鹏翔宏途公司工作人员的多名证人均明确指认陈某亮全面负责该公司的经营管理，上述证据与陈某亮对鹏翔宏途公司相关情况的熟知程度相吻合，能够确认其在鹏翔宏途公司具有实际管理职权的事实；多名曾担任鹏翔宏途公司业务员的证人亦证实，王某玲明知公司的销售折扣低于正版图书进货价格，且该情况系公司长期、固定的经营模式，不存在其辩护人所称降价促销的情形；同时，多名业务员还证实曾有客户反映公司所销售的图书质量不好，还有客户为此退货，作为业务部经理的王某玲对此却毫无察觉显然不合常理。因此，被告人陈某亮、王某玲辩称其不知道公司销售的是盗版图书的辩解，与依法查明的事实不符，不予采纳。

关于被告人陈某发、陈某亮、陈某志、汪某红、洪某等人的辩护人提出的被告人的行为应认定为销售侵权复制品罪的辩护意见，法庭认为，首先，被告人陈某发等人系通过电话征订的方式向他人推销盗版书籍，根据相关司法解释的规定理应纳入发行的范畴；其次，鹏翔宏途公司并非根据他人的供货情况单纯进行销售，而是先征集订单确定盗版图书的需求量，再向他人进行约购，实质上已与盗版图书的制作人达成了侵权的共谋，显然已经超出了单纯销售行为的界限；最后，从各被告人的供述及其他相关证人的证言中不难看出，各被告人对公司的业务流程均是明知的，因此不应根据各被告人在共同犯罪中的不同分工而区别定性。综上，辩护人的上述辩护意见，不予采纳。

关于被告人陈某发、陈某亮、洪某等人的辩护人认为上述三名被告人系从犯的辩护意见，法庭认为，被告人陈某发系鹏翔宏途公司的实际投资人、实际控制人和实际受益人，被告人陈某亮全面负责鹏翔宏途公司的经营管理，二被告人的作用突出、地位明显；鹏翔宏途公司推销盗版图书的行为系各被告人分工协作、共同完成，洪某虽仅负责订单的汇总，但汇总工作的目的在于统计盗版图书的需求量，从而为订购环节提供支持，可见其在共同犯罪中起着承上启下作用，地位关键，故上述三名被告人均不能认定为从犯。

被告人陈某志、汪某红、洪某到案后能够如实供述自己的犯罪事实，认罪悔罪，且均系初犯，对三被告人均依法从轻处罚；被告人陈某发当庭认罪，且系初犯，对其酌予从轻处罚。同时，法庭综合考虑六被告人在共同犯罪中的职能分工、作用大小及认罪悔罪表现等情节，在量刑时对各被告人予以区分。综上，依照《中华人民共和国刑法》第 217 条第（一）项、第（二）项，第 220 条，第 25 条第 1 款，第 26 条第 1

款、第4款,第52条,第53条,第67条第3款,第64条,第61条;最高人民法院、最高人民检察院《关于办理侵犯知识产权刑事案件具体应用法律若干问题的解释》第5条第2款、第11条第2款、第12条第1款、第14条第1款、第15条;最高人民法院、最高人民检察院《关于办理侵犯知识产权刑事案件具体应用法律若干问题的解释(二)》第1条,第2条第1款、第2款,第4条,作出如下判决:被告人陈某发犯侵犯著作权罪,判处有期徒刑6年,罚金人民币300万元;被告人陈某亮犯侵犯著作权罪,判处有期徒刑5年6个月,罚金人民币150万元;被告人陈某志犯侵犯著作权罪,判处有期徒刑4年6个月,罚金人民币60万元;被告人汪某红犯侵犯著作权罪,判处有期徒刑4年6个月,罚金人民币60万元;被告人王某玲犯侵犯著作权罪,判处有期徒刑4年6个月,罚金人民币60万元;被告人洪某犯侵犯著作权罪,判处有期徒刑4年,罚金人民币30万元;继续追缴违法所得。

一审宣判后,被告人未上诉,公诉机关亦未抗诉,一审判决已经生效。

## 【要点评析】

我国《刑法》第217条规定:"以营利为目的,有下列侵犯著作权情形之一……(一)未经著作权人许可,复制发行其文字作品、音乐、电影、电视、录像作品、计算机软件及其他作品",违法所得数额较大或有其他严重情节的,构成侵犯著作权罪。同时,《刑法》第218条又设置了"销售侵权复制品罪",明确将销售侵权复制品的行为以销售侵权复制品罪定罪处罚。从上述两个法条看,行为人所从事的行为是"复制发行"还是"销售",是区分两罪的关键所在。然而,2007年4月5日,最高人民法院、最高人民检察院在《关于办理侵犯知识产权刑事案件具体应用法律若干问题的解释(二)》(以下简称《解释(二)》)中明确规定:"复制发行"包括"复制、发行或者既复制又发行的行为"。随后,最高人民法院、最高人民检察院、公安部在2011年颁布的《关于办理侵犯知识产权刑事案件适用法律若干问题的意见》(以下简称《意见》)中又规定:"发行",包括总发行、批发、零售、通过信息网络传播以及出租、展销等活动。从字面意义理解,上述司法解释及意见将批发、零售等销售行为均涵盖在发行行为中。因此,行为人销售侵权复制品的行为也可以以侵犯著作权罪定罪处罚。《刑法》第218条所规定的销售侵权复制品罪是否还有适用的余地?究竟应当如何理解侵犯知识产权犯罪中"发行"与"销售"的应有含义?

侵犯著作权罪,是指以营利为目的,侵犯他人著作权,违法所得数额较大或者有其他严重情节的行为。《刑法》第217条列举了四种可以成立侵犯著作权罪的侵权行为,即未经著作权人许可,复制发行其文字作品、音乐、电影、电视、录像作品、计算机软件及其他作品;出版他人享有专有出版权的图书;未经录音录像制作者许可,复制发行其制作的录音录像;制作、出售假冒他人署名的美术作品。司法实践中,由于对"发行"一词含义的理解不断扩大,以及销售侵权复制品罪的入罪标准高于侵犯著作权罪,因此《刑法》第 218 条即销售侵权复制品罪几乎没有适用的余地,可见正确区分两罪的关键在于对"发行"一词的合理解释。

关于"发行"的理解,理论和实践中存在三种不同的观点:

第一种观点认为,应按照日常用语的习惯解释"发行"的含义。《现代汉语词典》中"发行"一词的释义为:"发出新印刷的货币、债券或新出版的书刊、新制作的电影等。"可见,"发行"仅指首次发行、出售作品的行为。发行之后再次销售作品的行为应当认定为"销售"。

第二种观点认为,应按照《著作权法》的规定解释"发行"的含义。《著作权法》第 10 条规定:"发行权,即以出售或者赠与方式向公众提供作品的原件或者复制件的权利。"据此理解,"发行"并不限于第一次发行或者总发行,无论是第一次公开销售作品、复制品,还是他人购入作品、复制品之后再向公众销售,均属于"发行","销售"本身就是"发行"的一种方式。2011 年 1 月 10 日最高人民法院、最高人民检察院、公安部《关于办理侵犯知识产权刑事案件适用法律若干问题的意见》即采用了此观点,规定:"'发行',包括总发行、批发、零售、通过信息网络传播以及出租、展销等活动。"

第三种观点认为,由于立法的时间、背景等方面的不同,以及所属法律部门和调整社会关系等方面的差异,《刑法》与《著作权法》中的"发行"的含义不能完全等同,应参照日常用语的习惯和《著作权法》的规定,在深入探究刑法的立法本意的基础上,合理界定"发行"一词的含义。首次发行和总发行当然属于刑法意义上的"发行",日常用语习惯与《著作权法》的规定在此也并无矛盾。以批发、零售等方式进行销售的行为,应充分考虑销售的规模、方式,以及行为人的主观故意、社会危害等因素,对行为的性质加以区分。批量销售或者通过连锁经营、电话推销等方式进行大规模销售的,行为人主观上侵犯他人著作权的故意明显、客观上社会危害性较大,应当认定为刑法意义上的"发行";行为人购入侵权作品后再对外销售,规模不大,且主要目的在于赚取差价的,应当认定为刑法意义上的"销售",达到定罪标准的,应按照《刑法》第 218 条销售侵权复制品罪定罪处罚,未达定罪标准的,应由行政机关给予行政处罚。

我们认为,上述第三种观点是正确的。首先,《刑法》中对"发行"的解释与《著作权法》中的"发行权"本身即存在差异,如《著作权法》将信息网络传播权作为著作权中与发行权并列的一项权能,而 2011 年 1 月 10 日最高人民法院、最高人民检察院、公安部《关于办理侵犯知识产权刑事案件适用法律若干问题的意见》则直接将信息网络传播权归入"发行"的范畴，可见《刑法》中的"发行"并不能当然等同与《著作权法》中的发行。其次，《刑法》用前后两个条文对侵犯著作权罪(第217条)和销售侵权复制品罪(第218条)加以区分，本身即体现了区别"发行"与"销售"的立法本意，正确界定"发行"的含义，能够进一步理清侵犯著作权罪和销售侵权复制品罪之间的关系，能够解决长期以来销售侵权复制品罪在司法实践中几乎没有适用余地的尴尬。最后，宽严相济的刑事政策一直是刑事审判工作中贯彻一项基本政策，打击侵犯知识产权犯罪的重点应在源头治理，对"发行"一词含义进行限制解释恰恰与上述司法精神相契合，既能够突出重点、实现有力打击相关犯罪行为的目的，又起到了防止打击面无限扩大、轻罪重罚现象的出现，真正实现罪刑法定、罚当其罪。

**【法律法规链接】**

《中华人民共和国刑法》第25条第1款，第26条第1款、第4款，第52条，第53条，第61条，第64条，第67条第3款，第217条第(一)项、第(二)项，第220条

最高人民法院、最高人民检察院《关于办理侵犯知识产权刑事案件具体应用法律若干问题的解释》第5条第2款、第11条第2款、第12条第1款、第14条第1款、第15条

最高人民法院、最高人民检察院《关于办理侵犯知识产权刑事案件具体应用法律若干问题的解释(二)》第1条，第2条第1款、第2款，第4条

(编写人：陈　明)

## 21. 冒用他人名义骗取代收保险费的行为定性及诈骗后以伪造的支票付款以掩盖先前诈骗行为的定性

——吴某生合同诈骗案①

**【裁判要旨】**

冒用他人名义或使用假名，获得保险代理资格，骗取代收的保险费的行为，应认定为合同诈骗罪。犯罪过程中以伪造、变造、作废的票据付款以便拖延时间的行

① (2007)海法刑初字第598号，(2007)一中刑终字第1787号裁定书。

为,属于不可罚的事后行为,不构成票据诈骗罪。

【基本案情】

法院经审理查明:

(1)被告人吴某生于2006年6月18日,为获取保险代理业务,冒用北京中健安康咨询有限公司的名义,使用孙某力的假名,与永安财产保险股份有限公司北京分公司(以下简称永安公司)签订保险兼业代理合同,合同内容为被告人吴某生为永安公司代销保险业务,永安公司付给其一定比例的手续费。合同履行过程中,被告人吴某生与尚某祥合作,由尚某祥在北方汽车交易市场代销保险,吴某生给尚某祥一定比例的手续费,该部分手续费明显高于永安公司支付给吴某生的手续费。截至2006年7月27日,吴某生共获取代收的保险费计人民币300,653.5元,拒不向永安公司交付,并予以挥霍。在永安公司催款的情况下,吴某生于同年7月24日、26日,先后两次利用伪造的31万元北京银行转账支票向永安公司交付上述保险费。上述赃款现已全部退赔并发还被害单位。

(2)被告人吴某生于2006年6月,为获取保险代理业务,使用孙某力的假名,与中华联合财产保险公司北京分公司房山支公司订立口头合同,合同内容为被告人吴某生为中华联合保险公司代销保险业务,中华联合保险公司付给其一定比例的手续费。合同履行过程中,被告人吴某生采用同样方法,由尚某祥在北方汽车交易市场代销保险,吴某生给尚某祥一定比例的手续费,该部分手续费明显高于中华联合保险公司支付给吴某生的手续费。后被告人吴某生拒不向中华联合保险公司交付代收的保险费共计人民币14,391.275元。2006年7月27日21时许,被告人吴某生被抓获归案。上述赃款现已全部退赔并发还被害单位。

检察院认为被告人吴某生的行为触犯了《中华人民共和国刑法》第194条第1款第(一)项、第224条第(三)项之规定,构成票据诈骗罪、合同诈骗罪。

【法院裁判】

法院认为,被告人吴某生以非法占有为目的,冒用他人名义或使用假名,获得保险代理资格,骗取代收的保险费,数额特别巨大,其行为已构成合同诈骗罪,应予惩处。检察院据此指控被告人吴某生犯合同诈骗罪的事实清楚,证据确凿,指控罪名成立,但指控被告人吴某生犯票据诈骗罪的指控罪名不当,适用法律有误。理由如下:首先,从被告人吴某生的客观行为来看,其使用了虚构事实、隐瞒真相的手段;其次,被告人吴某生具有非法占有代收的保险费的主观故意;最后,被告人签发假支票的行为只是一种拖延的手段,而并非利用虚假金融票据骗取钱财。被害方之所以被骗,是因为吴某生的合同诈骗行为,而非给付假支票的行为,故对其行为应认定为合同诈骗罪。鉴于被告人吴某生系累犯,对其应依法从重处罚;另鉴于涉案的全部赃款均已退赔,法院酌情对其从轻处罚,判决如下:被告人吴某生犯合同诈骗罪,判处有期徒刑 11 年,罚金人民币 3 万元。

一审宣判后,被告人吴某生提出上诉。二审法院审查后认为,上诉人(原审被告人)吴某生以非法占有为目的,使用假名或冒用他人名义签订合同,获得保险代理资格,骗取代收的保险费,数额特别巨大,其行为已构成合同诈骗罪,应予惩处。一审法院作出的判决事实清楚,证据确实、充分,定罪准确,量刑适当,审判程序合法,应予维持。吴某生的辩解没有证据支持,法院不予采纳。依照《中华人民共和国刑事诉讼法》第 189 条第(一)项,裁定驳回上诉,维持原判。

**【要点评析】**

本案争议的焦点在于两个问题:第一,冒用他人名义或使用假名,获得保险代理资格,获取代收的保险费的行为是否构成合同诈骗罪;第二,犯罪过程中以伪造、变造、作废的票据付款以便拖延时间,而非骗取财物手段的行为是否构成票据诈骗罪。

1. 是否构成合同诈骗罪

是否存在诈骗行为通常属于事实认定问题,而对行为人非法占有他人财产的主观目的的判断常常要通过对证据的审查进行推论。对于本案被告人及其辩护人认为其行为只是正常的保险代理行为,只是在获取代理资格的过程中使用了虚假身份,主观上没有非法占有的目的,客观上没有诈骗行为的意见,可以从两个方面进行分析评判:

第一,从被告人吴某生的客观行为来看,其使用了虚构事实、隐瞒真相的手段。其在本案中从始至终使用的都是孙力、孙某力的假名,同时其还冒用北京中健安康咨询有限公司的名义,伪造公章与他人签订合同,其中包括与邱某吉的顺吉汽车服务部的合作协议、与永安公司的兼业代理合同。可见,在指控的第一起犯罪中,其行为属于合同诈骗罪中冒用他人名义签订合同的行为。而在指控的第二起犯罪中,其与中华联合保险公司订立口头合同过程中,使用了孙力的假名,属于合同诈骗罪中以其他方法骗取对方财物的行为。并且,在二起犯罪中,吴某生均隐瞒了其高返点、迅速敛财据为己有的真相。

第二,被告人吴某生具有非法占有代收的保险费的主观故意。吴某生从两家保险公司骗取保险代理资格后,与尚某祥合作销售保险,而其给尚某祥的返点明显高于保险公司给其的返点。因此,其销售保险不能盈利。吴某生对此辩称其是为了赚修理费，因为其和邱某吉的汽车服务部有合作关系。然而在案证据证实，吴某生与邱某吉的合作关系并不紧密，吴某生在邱某吉的汽车服务部没有做成一笔修理业务，而其在短短1个月时间里，不惜赔钱卖保险，收到大量保险费后只上交一小部分，而将其余的大部分钱予以挥霍。可见，吴的辩解并不可信，其具有非法占有代收的保险费的故意。

因此，冒用他人名义或使用假名，获得保险代理资格，获取代收的保险费的行为符合合同诈骗罪的犯罪构成。

2. 使用伪造的支票行为的定性

这是本案争议的第二个焦点。对此，一种观点认为本案行为人与保险公司之间是代理关系，行为人占有保险费后以伪造的支票履行代理合同就是骗取了保险公司应当收取的保险费，构成票据诈骗罪；另一种观点认为本案行为人将伪造的支票支付给保险公司只是拖延时间的手段，并非骗取钱款的手段，因此不构成票据诈骗罪。

笔者认为第二种观点是正确的。票据作为现代经济生活中的重要结算、支付的金融工具，在合同的签订、履行中也经常发生以虚假的票据支付合同价款骗取对方当事人财物的情况，其行为同时符合合同诈骗罪与票据诈骗罪的构成要件，这就涉及了两罪的区分问题。合同诈骗罪与票据诈骗罪都属于特殊的诈骗犯罪，具备了诈骗的本质特征，但在侵害的客体和具体的行为方式上有区别。从犯罪客体看，两罪都侵害他人财产所有权，但合同诈骗罪还侵害国家合同管理制度，票据诈骗罪则侵害了国家金融管理秩序；从客观要件看，合同诈骗罪和票据诈骗罪客观上都表现为采用虚构事实，隐瞒真相的手段，使对方当事人上当受骗，信以为真，“自愿”地交出财物。但合同诈骗罪是以签订、履行合同为欺骗手段，将他人预付定金、货款或代售的货物等财物非法占有；而票据诈骗罪则是行为人以使用虚假的金融票据作为犯罪手段非法占有他人财物的行为。在签订、履行合同过程中，以虚假票据支付合同价款诈骗对方当事人财物的，会导致两罪在行为方式上互有交叉，这种行为人实施了一个犯罪行为，却同时触犯了数个刑法规范，形式上符合数个不同的犯罪构成的情形就是法条竞合。对于法条竞合，如果两罪之间是包容关系，一般来说，其适用特别法优于一般法原则；如果两罪之间是交叉关系，则适用重法优于轻法原则。从票据诈骗罪与合同诈骗罪的法定刑来看，票据诈骗罪的法定刑重于合同诈骗罪，因此，当两罪交叉竞合时应以票据诈骗罪定罪处罚。

但本案的事实并不属于这种情形。票据诈骗罪与合同诈骗罪竞合时从一重罪即票据诈骗罪的前提是，行为人使用虚假票据与骗取钱财之间必须具有直接、必然的因果关系。而在本案中，吴某生使用欺骗手段与他人订立合同，已经获取了代收的保险费,这时其合同诈骗犯罪已经既遂,非法占有他人财产的目的已经达到。其后来签发假支票的行为只是一种拖延的手段,而并非票据诈骗罪所要求的利用虚假金融票据骗取钱财的构成要件。被害方之所以被骗,是因为吴某生的合同诈骗行为,而非给付假支票的行为,故对其行为应认定为合同诈骗罪。吴某生使用假名骗取对方信任、获取代收的保险费的行为,属于合同诈骗罪中以其他方法骗取对方财物的行为。

**【法律法规链接】**

《中华人民共和国刑法》第 194 条第 1 款第(一)项、第 224 条第(三)项

(编写人:杨晓明　李　元)

## 22. "先付款、后发货"模式下的合同诈骗罪与买卖合同民事纠纷应当如何区分

——北京佳赢汇通科技有限责任公司、李甲合同诈骗案①

**【裁判要旨】**

电子商务时代,"先付款,后发货"的交易模式是买受人获取优先购买权或低价购买资格的条件之一,此种交易模式下的合同诈骗罪与买卖合同民事纠纷往往难以区分,关键在于主客观相一致地分析行为人在签订、履行合同过程中是否明显超出了经营策略、盈利技巧的必要限度,并结合其在不同交易阶段的行为表现和利益取向,综合判定行为人是否具有合同诈骗的非法占有故意。

**【基本案情】**

2012 年 1 月 5 日,被告单位北京佳赢汇通科技有限责任公司(以下简称佳赢公司)法定代表人、被告人李甲在北京市海淀区中关村鼎好天地电子市场与被害单位北京向乐嘉信商贸有限公司(以下简称向乐公司)法定代表人莫某某签订供货合同,约定佳赢公司以每台 3250 元的价格向向乐公司提供 500 台苹果 iPad2(wifi 16G),向乐公司采取分次交易、货到付款的方式共计向佳赢公司支付货款人民币

① (2013)海刑初字第 1297 号判决书,(2013)一中刑终字第 3558 号裁定书。

162.5 万元,双方均履行合同。

同年 1 月 9 日,被告单位佳赢公司法定代表人、被告人李甲在没有实际履行能力的情况下,与向乐公司法定代表人莫某某签订供货合同,约定佳赢公司以每台 3250 元的价格向向乐公司提供 760 台苹果 iPad2(wifi 16G),向乐公司在未收到货物的情况下先行支付全部货款人民币 247 万元。被告单位佳赢公司收取向乐公司的上述货款后,以高价进货、低价出售的方式仅向向乐公司供货 460 台苹果 iPad2(价值人民币 149.5 万元),并将剩余货款 97.5 万元据为己有。同年 1 月 11 日,向乐公司法定代表人莫某某向被告人李甲索要货物时,李甲再次与莫某某签订供货合同,约定佳赢公司以每台 3250 元的价格向向乐公司提供 1000 台苹果 iPad2(wifi 16G),后双方均未履行合同。

经被害单位催促,被告人李甲于同年 1 月 11 日出具了承诺次日还清欠款或补足剩余 300 台 iPad2 的欠条;于同年 1 月 12 日出具承诺次日还清欠款的声明,但均未履行。后被告人李甲将其位于辽宁省沈阳市浑南新区某地的房屋所有权证书(李甲与李乙按份共有:李甲占 99%、李乙占 1%)交予莫某某,但该房屋未变价或办理变更登记,且处于抵押按揭贷款状态。经被害单位报案,被告人李甲于 2012 年 7 月 9 日被公安机关抓获归案。赃款未退赔。

**【法院裁判】**

庭审过程中,被告单位的诉讼代表人贾某玲和被告人李甲均辩称佳赢公司与向乐公司签订的买卖合同真实有效,合同履行中出现的问题均存在合理原因:佳赢公司并非没有履行合同的能力,未立即发货应当归结于炒货过程中价格判断失误导致的迟延履行;因 760 台和 1000 台 iPad2 供货合同中未约定供货期限,被告人李甲依法有合理的准备时间;被告人李甲因资金周转困难未能供货后,已经将房屋所有权证作为担保交给了莫某某,并出具了欠条,具有还款表现,因此,本案应当定性为买卖合同纠纷的民事法律关系。

关于本案的定性,一审法院认为,买卖合同纠纷与合同诈骗犯罪的区别在于是否以非法占有为目的,借签订、履行合同之名,行骗取对方当事人财物之实。贯穿本案的三条线索是:第一,被告单位佳赢公司及被告人李甲在履行第一份合同及部分履行第二份合同时均采用了高价进货、低价出货的方式,且根据证人崔某、殷某等人的证言,尽管中关村市场价格存在波动,但苹果 iPad2 的同期市场价格维持在 3350 元左右,被告人李甲亦供认其明知 3250 元是不可能拿到货的,上述做法势必导致公司亏损加剧、积重难返,从根本上丧失履行合同的能力,而证人崔某关于被告人李甲有货就要、不问价格的证言则印证了被告人李甲对此种经营模式具有积极追求的心理态度；第二，被告单位佳赢公司的供货方式并非大宗进货后囤货待涨，而是采用临时调货的方式，不存在因囤货而导致资金周转困难的问题，被害单位向乐公司在全额支付760台苹果iPad2的货款后，佳赢公司利用部分货款调取并提供了460台货物，未将剩余的97.5万元货款用于调货或退还向乐公司，而是将该笔可周转资金用于偿还其他债务，直接导致了佳赢公司无法继续履行合同；第三，被告单位佳赢公司与被害单位向乐公司签订的第二份买卖合同虽无明确交货期限，但被告人李甲在供货460台后，已补充承诺了剩余300台货物的交付期限，且参照双方交易习惯，其对迟延履行的抗辩缺乏法律依据，亦反映出佳赢公司无履行能力。至此，被告单位佳赢公司及被告人李甲在签订、履行合同过程中骗取对方当事人财物的主观故意和客观行为已经具备，尽管关于被告人李甲是否假借苏宁合同诱骗被害单位签订第二份合同的证据证明力较弱，其因赌博而经济困难的证据亦不足，但并不影响其以先履行小额合同和部分履行合同的方法，诱骗对方当事人继续签订和履行合同的行为认定。

关于被告人李甲向被害单位出具欠条、声明，并以房屋所有权证押给莫某某的行为，一审法院认为，还款须以资金到位或部分到位为依据，被告人李甲虽两度以打欠条的形式作出于次日交货或还款的承诺，却始终未履行；虽将房屋产权证交予莫某某保管，但该房产因贷款未还清且系李甲与他人按份共有，并不具备变价或变更过户条件，李甲亦未就提前清偿贷款、排除该房产的变价或过户障碍采取有效措施，其与莫某某就此进行的协商与还款行为存在本质差别，更不影响本案的定罪金额。

最终，法院认为，被告单位赢汇公司及被告人李甲以非法占有为目的，在签订、履行合同过程中，没有实际履行能力，以先履行小额合同和部分履行合同的方法，诱骗对方当事人继续签订和履行合同，数额特别巨大，其二者行为均已构成合同诈骗罪。依照《中华人民共和国刑法》第224条第(三)项、第30条、第31条、第231条、第55条第1款、第56条第1款、第53条、第64条之规定，作出如下判决：被告单位佳赢公司犯合同诈骗罪，判处罚金人民币50万元；被告人李甲犯合同诈骗罪，判处有期徒刑11年，罚金人民币1.1万元，剥夺政治权利2年；被告单位佳赢公司、被告人李甲共同退赔人民币975,000元，发还被害单位向乐公司。

一审宣判后，被告人李甲以事实不清、量刑过重为由提出上诉，二审法院裁定驳回上诉，维持原判。

## 【要点评析】

在“先付款、后发货”的交易模式下，买受人自愿承担了较高的合同风险，且对于出卖人延迟交货具有一定的容忍度，正因为如此，合同诈骗犯罪行为往往与买卖合同民事纠纷难以区分，问题的焦点在于如何判断行为人具有非法占有对方当事人财物的目的，而主观要件的认定又需要以客观行为表现为着眼点。法院最终认定被告人李甲具有非法占有目的，主要基于对以下三层法律关系的判断：

1. 如何区分合同诈骗罪中规定的欺骗与一般买卖合同履行中的欺诈

在正常的市场交易中，出卖人适当提高货物价格以获取更大的利润可谓司空见惯，买受人对于出卖人隐匿的价格部分虽存在认识错误，但并不违背买受人签订、履行合同的根本目的，也就是说，其中存在的欺诈成分并没有超出买受人可预见的合理范畴。反之，如果出卖人所采用的欺诈手段已经明显超出合同履行的行为模式，一旦该行为模式符合合同诈骗罪的构成要件，违约行为便转化为犯罪行为。本案中，被告人李甲的行为模式具有三个特征：一是高价进货、低价出货，其直接后果是公司经营持续亏损，合同履行能力不断削弱；二是临时调货，与囤货看涨的经营模式不同，临时调货模式属于短线投资交易，不需要大额的周转资金，经营风险较小，且具有及时履行的特点；三是将所得货款用于偿还其他债务，并未用于投资进货，从根本上丧失了履行合同的能力。上述特征从行为细节上印证了李甲将被害单位支付的货款非法占为己有的主观故意，而且该行为模式已经明显超出了被害单位支付货款所追求的合同目的。

2. 如何区分多份买卖合同之中的诈骗性质和涉案金额

纵观被告单位佳赢公司与被害单位向乐公司签订的三份买卖合同，第一份500台的买卖合同中严格约定了交货期限，并采用分次货到付款的方式完成了货物交付；第二份760台的买卖合同中，向乐公司基于对以往交易和苏宁供货合同的信任同意先付款后提货，佳赢公司在部分履行460台后未继续履行或退还货款，反而促使被害单位又签订了第三份1000台的买卖合同。其中，第一份以货到付款方式履行的合同并无法律争议，第二份和第三份合同具有接续性，均系被告人李甲以低价和第一份合同的履行能力为诱饵，骗取了被害单位给付的全部货款，形成了非法占有的主观故意。需要明确的是，公诉机关指控被告单位及被告人李甲合同诈骗的犯罪金额，仅限于第二份合同中未交付货物所对应的货款97.5万元，并不包括第二份合同中已经履行交货义务的460台苹果iPad2的货款，也不包括第一份、第三份合同所对应的货款，法院之所以确认该指控数额，除基于不告不理原则外，也充分考虑了合同诈骗与一般诈骗在市场经济环境和合同双方交易模式下的特殊性，对于符合法律规定及合同约定内容且被告人已经履行的合同义务，鉴于双方意思自治的合法性和有效性，不应纳入合同诈骗范畴。

3. 如何区分合同条款中存在的抗辩事由对犯罪性的排除,以及被告人采取补救措施对其犯罪性质和金额的影响

本案中,被告人李甲及其辩护人均以第二份合同未约定履行期限为由提出无罪抗辩。依照《合同法》第62条第(四)项的规定,当事人对合同履行期限约定不明确的,债务人可以随时履行,债权人也可以随时要求履行,但应当给对方必要的准备时间。其中,必要的准备时间应当结合交易性质、双方当事人的交易惯例及一般交易习惯加以综合判定,本案中,第一份合同于2012年1月5日生效并履行,第二份合同于同年1月9日生效并部分履行,第三份合同于同年1月11日生效但双方均未履行,可见双方当事人的履行期限具有短暂、高效的特点,而同年1月11日、1月12日被告人李甲两次出具欠条也印证了被害单位要求及时履行合同,可见被告人李甲关于履行期限约定不明的抗辩不能阻却其犯罪性。与此相关,被告人李甲虽两次出具欠条乃至将房屋所有权证交予被害单位,但欠条本身并不能直接排除本案的犯罪性,且在某些情况下,出具欠条的行为实为拖延、逃避还款的手段,关键在于考察被告人出具欠条前后,是否具有还款或筹措资金等切实行为表现。本案中,被告人李甲从出具欠条直至被抓获的6个月中始终没有筹款行为或还款表现,其所提供的房屋所有权证也不具备变价基础,可见被告人李甲关于还款行为的抗辩同样不能阻却其犯罪性。

**【法律法规链接】**

《中华人民共和国刑法》第30条、第31条、第53条、第55条第1款、第56条第1款、第64条、第224条第(三)项、第231条

(编写人:王启亮)

## 23. "三角诈骗"中的被害人应当如何认定

——第四方物流天津有限公司、马某合同诈骗案①

**【裁判要旨】**

"三角诈骗"是诈骗罪的一种特殊表现形式。在一般的诈骗罪行为结构中,被

① (2013)海刑初字第1133号判决书。

害人也就是被骗人。但是在诈骗罪的构成中,只要求被骗对象是具有处分财产权限或者处于可以处分财产地位的人即可,并不一定要求必须是财物的所有人或占有人。因此,诈骗犯罪的被害人与被骗人同一,也有可能被害人与被骗人不同一。正确认定"三角诈骗"中的被害人,不仅对查清案件事实真相具有重要意义,亦能最大限度地保护被害人的合法权益。在行为人的欺骗对象与实际遭受经济损失一方不一致的情况下,应当依据"谁丧失财物的所有权,谁即是被害人"的原则,认定诈骗类案件的被害人(单位)。

## 【基本案情】

2011 年 8 月 11 日,被告单位第四方天津公司业务经理马某以被告单位名义与被害单位大田公司签订"供应链服务框架协议",双方约定由大田公司向戴尔公司购买货物,第四方天津公司要先期支付货款总金额的 20% 的保证金给大田公司,然后大田公司向戴尔公司付款采购进货,货物存放在大田公司的仓库,第四方天津公司向大田公司支付剩余 80% 货款后到大田公司仓库提货。后马某等人自称代表大田公司与戴尔公司商定订购产品的细节,并将第四方天津公司的电话作为联系方式留给戴尔公司。2011 年 9 月 27 日,马某授意第四方天津公司的工作人员将 3 份收货地址为"北京市顺义区天竺空港工业区 A 区天柱中路 16 号大田 1 号库"(即大田公司的仓库)、货款共计 7,999,455.21 元的戴尔公司报价单传真给大田公司,大田公司在上述报价单上盖了公章并传回第四方天津公司,当天第四方天津公司向大田公司支付了 20% 的保证金共计人民币 1,599,891.04 元,2011 年 9 月 28 日大田公司向戴尔公司支付了全部货款共计人民币 7,999,455.21 元。

被告人马某为达到将货物发送至第四方天津公司仓库的目的,多次与戴尔公司联系要求变更收货地址,并利用取得的大田公司印章样本伪造大田公司印章,于 2011 年 9 月 28 日将 12 份盖有伪造大田公司印章的戴尔公司报价单发送至戴尔公司。上述 12 份报价单的订货信息与之前的 3 份报价单相同,但收货信息均被更改。其中 9 份报价单的收货地址是"北京市海淀区苏州街地震局北楼 5 号 16 层"(即第四方天津公司仓库所在地),其余 3 份报价单的收货地址是"福建中邮物流有限公司,厦门市湖里区翔云一路 288 号"。戴尔公司在大田公司支付货款后,遂按照上述 12 份报价单的地址发货。2011 年 10 月 6 日,发往"北京市海淀区苏州街地震局北楼 5 号 16 层"的 9 份报价单中的货物被签收,签收单上盖有伪造的大田公司印章。其余 3 份报价单中的货物,也被马某以伪造大田公司的货物签收授权书,授权他人签收并将货物发至第四方天津公司。后经大田公司多次催要,第四方天津公司退还大田公司价值 931,470.66 元的戴尔牌 E190S 型显示器 1000 台,并先后于2011年10月27日汇款人民币51万元,2011年11月4日汇款人民币40万元,2011年11月11日交付面值人民币100万元的银行承兑汇票1张(现已贴现)。现涉案货物已由第四方天津公司销售完毕,剩余款项人民币3,558,093.51均被第四方天津公司挪作他用,现未退赔。经被害单位报案,2012年3月7日,公安机关将被告人马某抓获归案。

**【法院裁判】**

庭审过程中,被告人马某及其辩护人提出马某的行为构成伪造公司企业印章罪而非合同诈骗罪,被告单位的诉讼代理人认为被告单位无罪。法庭经审理后认为,综合在案证据,被告人马某之所以伪造被害单位印章,其目的是为了骗取被害单位货物,因而使用上述印章在更改过收货地址的报价单上盖章并发送给戴尔公司,致使戴尔公司产生错误认识,将原本应送至被害单位的货物送至被告单位提供的收货地点。现其目的已然实现,且造成被害单位巨额损失无法弥补的严重后果。其中,马某伪造被害单位印章的行为是骗得被害单位货物的关键性原因,也是实现合同诈骗犯罪目的的核心手段,故其行为同时符合合同诈骗罪和伪造公司印章罪的犯罪构成,属于牵连犯,应按照牵连犯从一重罪处理的原则,以合同诈骗罪论处。对被告人马某及其辩护人的相关辩护意见不予采纳。并且在整个犯罪过程中,被告人马某均以被告单位的名义在签订、履行合同的过程中实施诈骗犯罪,且所骗得的货物均已由被告单位出售,所得钱款也均用于单位营业支出,应当认定为单位犯罪,故对被告单位诉讼代表人的无罪辩解不予采信。鉴于被告人马某在到案后及庭审过程中能够如实交代自己的主要犯罪事实,可其依法从轻处罚。对其辩护人的相关辩护意见法院酌予采纳。对于被害单位与戴尔公司之间的民事纠纷,可另行提起民事诉讼予以解决。

最终,法院对被告单位第四方物流(天津)有限公司依照《中华人民共和国刑法》第224条第(五)项、第30条、第31条、第53条、第64条;对被告人马某依照《中华人民共和国刑法》第224条第(五)项、第31条、第55条第1款、第56条第1款、第67条第3款、第53条之规定,判决被告单位第四方物流(天津)有限公司犯合同诈骗罪,判处罚金人民币100万元;被告人马某犯合同诈骗罪,判处有期徒刑13年,剥夺政治权利3年,罚金人民币2万元;被告单位第四方物流(天津)有限公司退赔人民币3,558,093.51元,发还被害单位天津大田供应链管理有限公司。

一审宣判后,被告人未上诉,公诉机关亦未抗诉,一审判决已经生效。

【要点评析】

本案系一起较为特殊的合同诈骗案,本案中被告人单位第四方物流(天津)有限公司及被告人马某实施的欺诈行为主要是针对戴尔公司,但最终蒙受损失的却是大田公司。这也是本案中争议的一个焦点,即本案中究竟应该将戴尔公司还是将大田公司认定为被害单位。要解决这个问题,就要先弄清楚诈骗类犯罪中三角诈骗这个概念。所谓三角诈骗,是指"诈骗中,受骗者与被害人不一致,但其具有处分被害人财产的权能或地位时,为三角诈骗"。具体来说,在诈骗类犯罪中,常见的诈骗通常是被害人直接处分自己占有的财产,处分财产的原因是行为人的欺骗行为;处分财产的结果是使自己的财产遭受损失,具体表现为将自己的财产转移为行为人或者第三者占有。而三角诈骗虽然被害人没有处分财产,也没有产生认识错误,而是由受骗人处分财产,但受骗人处分财产的原因仍然是行为人的欺骗行为,处分财产的结果是使被害人的财产遭受损失,具体表现为将被害人的财产转移为行为人或者第三者占有。

而在本案中,被告单位第四方物流(天津)有限公司及被害人马某为了骗得大田公司购买的电脑,被告人马某在取得大田公司的章样后,伪造大田公司的印章并使用上述印章在更改过收货地址的报价单上盖章并发送给戴尔公司,致使戴尔公司产生错误认识,将原本应送至被害单位的货物送至被告单位提供的收货地点,现造成大田公司巨额损失无法弥补的严重后果。由上述情况可以看出,本案中被告单位第四方物流(天津)有限公司骗得的电脑均是由大田公司出资购买,虽大田公司并没有向第四方物流(天津)有限公司发送货物,第四方物流(天津)有限公司骗得的电脑均是由戴尔公司发送的,但戴尔公司之所以会向第四方物流(天津)有限公司发送货物,正是因为第四方物流(天津)有限公司私刻大田公司印章并伪造报价单的欺骗行为导致戴尔公司将货物发送至第四方物流(天津)有限公司的仓库,最终使大田公司蒙受了巨额损失。综上,本案是一起典型的三角诈骗犯罪。关于本案被害单位的认定,应遵循谁丧失财物的所有权,谁即是被害人的原则,最终认定大田公司为本案的被害单位。

【法律法规链接】

《中华人民共和国刑法》第 30 条、第 31 条、第 53 条、第 55 条第 1 款、第 56 条第 1 款、第 64 条、第 67 条第 3 款、第 224 条第(五)项

(编写人:郭　晟)

## 24. 行为人利用政府不当行为骗取他人财物是否影响案件定罪处罚

——禹某永合同诈骗案①

**【裁判要旨】**

虚构事实、隐瞒真相作为诈骗犯罪的手段，只要在客观上是以使他人主观上产生错误认识即可，至于行为人是完全通过自己行为虚构事实、隐瞒真相，还是借助他人（包括单位行为甚至政府不当行为）而为，不影响诈骗犯罪的成立。

**【基本案情】**

2003年3月，被告人禹某永代表凯爱投资公司与梁山县政府签订《梁山凯爱国际高科技工业园区投资开发经营合同书》，约定凯爱投资公司投资人民币10亿元开发梁山高科技工业园区项目，梁山县政府出让1500亩土地给凯爱投资公司使用。同年5月，禹某永在项目及土地未获合法审批、没有落实资金来源，不符合招投标条件的情况下，以凯爱投资公司的名义发布招标公告，对梁山高科技工业园区项目进行招标。被害单位中科软股份公司为参与该项目保安监控、Internet无线网络覆盖和楼宇自动系统三个方面投标，按照凯爱投资公司的要求分别于同年5月13日、6月3日和6月6日分三次向该公司账户汇入标书款和投标保证金共计人民币52.2万元，并提交了相关技术方案。同年6月至7月，上述钱款被陆续提现。同年8月，凯爱投资公司因未在规定期限内申报年检被吊销营业执照。同年10月25日，禹某永在未履行开标、评标等程序的情况下，直接以其在同年6月注册成立的凯爱顾问公司的名义向中科软股份公司发送中标通知书，通知该公司在15日内提交工作大纲及实施细则等材料，并在30日内与凯爱顾问公司签署正式合同。因对招标主体和招标程序产生怀疑，中科软股份公司多次要求禹某永返还上述款项，禹某永则以中科软股份公司中标后未在法定期限内签署正式合同构成违约为由，告知中科软股份公司投标保证金已被依法没收。2004年9月，中科软股份公司向公安机关报案。2012年7月13日，被告人禹某永在北京市昌平区天通苑中宇修理厂被抓获归案。现赃款未退赔。

---

① (2013)海刑初字第1365号判决书，(2014)一中刑终字第303号裁定书。

【法院裁判】

一审法院认为:被告人禹某永以非法占有为目的,在签订合同过程中骗取他人财物,数额特别巨大,其行为已构成合同诈骗罪,应予惩处。法庭认为,被告人禹某永所开发的梁山高科技工业园区项目并非真实合法有效,诸多政府批复、公司文件与实际事实不符;且在所涉土地未到达七通一平的标准及相关土地手续的征收手续未能有效落实的情况下进行了项目招投标;现有证据表明禹某永及其辩护人所谓的招标、评标、定标过程也并不存在,不符合正规建设工程项目招标的基本流程。被告人禹某永明知自己及其公司并不具有相应的投资能力,仍与梁山县政府签订投资协议,假借运作梁山高科技工业园区项目为名,采用虚构项目招标的手段骗取被害单位的标书款和投标保证金非法占为己有,根据法律规定已构成犯罪,故辩护人关于被告人禹某永无罪的辩护意见,缺乏事实及法律依据,法院不予采纳。依照《中华人民共和国刑法》第224条第(五)项、第53条、第55条第1款、第56条第1款、第64条之规定,于2013年11月26日以合同诈骗罪判处被告人禹某永有期徒刑11年,罚金人民10万元,剥夺政治权利2年;退赔中科软科技股份有限公司人民币522,000元。

被告人禹某永以原判认定事实与实际情况不符,其行为不构成犯罪为由向二审法院提起上诉。二审法院认为:上诉人禹某永以非法占有为目的,在签订合同过程中骗取他人财物,数额特别巨大,其行为已构成合同诈骗罪,依法应予惩处。一审法院根据禹某永犯罪的事实所作出的判决,定罪及适用法律正确,量刑适当,审判程序合法,应予维持。据此,依照《中华人民共和国刑事诉讼法》第189条第(一)项,裁定驳回上诉,维持原判。

【要点评析】

较之一般民事主体,政府具有一定的社会公信力,本案中如何认识政府不当行为与社会公信力的关系是关键点。被告人禹某永利用政府不当行为实施骗取他人财物的行为,政府为盲目追求政绩做出一系列不当行为,实则政府已是禹某永实施诈骗的工具,这也是虚构事实的一种方式和表现;政府公信力被利用,成为诈骗行为的掩护,故认定为禹某永构成合同诈骗罪。理由如下:

1. 政府不当行为是受欺骗而为

禹某永明知自己及其公司并不具有相应的投资能力,仍与梁山县政府签订投资协议,利用政府盲目追求政绩的软肋,使政府作出了一系列的不当行为,故政府不当行为系受被告人欺骗而为。第一,根据禹某永与梁山县政府签订的合作协议,梁山县政府向禹某永出让1500亩土地,包括土地出让金在内的各种税、费等全部征用资金先由县政府财力负责解决,工业园进入经营纳税期后用政府应当向禹某永返还的税费冲抵,不足部分再由禹某永用现金补齐。第二,为了禹某永的融资需要,梁山县政府违规给禹某永开具了收到土地出让金等相关费用1.4亿元的收据,越权为禹某永办理了1500土地的国有土地使用证,配合禹某永办理了虚假的建设用地规划许可证、建设工程规划许可证、建设工程开工证等证件,并以县政府名义出具了多个批复文件。

2. 政府不当行为并不对应真实的项目建设

本案中辩方一致认为此房地产开发项目真实存在且合法有效,但结合在案证据显示:被告人禹某永代表凯爰投资公司与梁山县政府签订的投资协议未能真正落实,梁山县政府及其下属部门的相关批复及有关证件不是梁山高科技工业园区项目运行情况的真实反映。第一,梁山县政府仅出具了用地批复及相关证明,但并未实际着手办理用地手续,亦未开展土地征收等具体工作;禹某永虽声称进行了五六百万元的前期投入,但其关于支付设计费的辩解均被有关单位否认,有关大额钱款均使用现金支付且未索取收据的辩解更是有悖常理。第二,多份政府批复文件对土地手续办理情况的表述与事实不符,国有土地使用证书没有真实的档案且签发机关不具有相应职权,建设用地规划许可证、建设工程规划许可证和建设工程开工证等均与正规样本有较大差距,给凯爰顾问公司的关于对外发售标书价目表的批复甚至在凯爰顾问公司成立之前,关于组建招投标小组的通知更是存在两份时间不同、内容一样的文件,上述情节均证实禹某永所谓的全套审批手续均非真实合法有效。第三,辩护人当庭出示的多份凯爰投资公司文件的编号与时间颠倒,部分文件的内容雷同,报批总体规划方案的报告时间与辩护人作为证据使用的总体规划方案及施工图设计上记载的形成时间明显矛盾,虽然上述公司文件与前述政府文件材料一一对应,但经过禹某永的一系列运作,梁山高科技工业园区项目仍旧为一片荒地,文件内容与工程进度的巨大反差直接证实了梁山高科技工业园区项目仅限于纸面运作的客观事实。第四,在梁山高科技工业园区项目纸面运作过程中,梁山经济开发区管委会违规开具的行政事业性收费收据和越权办理的国有土地使用证最终被禹某永以个人资产的名义用于公司增资,从而使其原出资50万元的凯爰置业公司获得了上亿元的注册资本。

3. 政府不当行为导致的后续项目招标本身不具备法定条件

根据《招标投标法》及《工程建设项目施工招标投标办法》的有关规定,在禹某永以凯爰投资公司名义就梁山高科技工业园区项目发布招标公告、要求被害单位支付标书款和投标保证金时,该项目并没有达到法定的招标条件。第一,房地产开发项目即对土地和地上建筑物进行的投资开发建设项目，土地既是开发的直接对象又是项目的重要载体，而在禹某永招标当时，梁山高科技工业园区项目所对应的土地不但未达到七通一平的标准，连相关土地的征收手续都未能有效落实，可见该项目根本不具备进一步开发的基础。第二，禹某永虽声称已通过多种形式落实资金来源，但其个人及公司名下的资产总额远达不到其承诺的投资数额，其所称的联合开发、基金投资和信托公司等投资形式也均语焉不详、无从核实，在相关土地手续并未真正落实的情况下，其凭借土地使用权向银行申请综合授信或抵押贷款的融资方式更是不存在实现的可能。第三，暂且不论辩护人提交的两份梁山高科技工业园区总体规划方案真实性如何，单就该两份材料标明的制作时间来看，均在禹某永以凯爱投资公司名义进行招标之后，虽然辩护人关于中标结果最终依据上述规划方案确定的解释看似符合事件发生的时间顺序，却无法回避招标当时招标所需的设计图纸及技术资料这一最基本的招标条件缺位的客观事实。因此，禹某永及其辩护人关于梁山高科技工业园区项目已符合招标条件的辩解及辩护意见于法无据。

4. 现有证据表明政府不当行为之后的项目招标、评标、定标环节并不存在

正规的建设工程项目招标一般分为报建、审批、招标、投标、开标、评标、决标等多个基本流程，上述流程相互串联、缺一不可。而综合本案控辩双方当庭出示的证据，禹某永所谓的梁山高科技工业园区项目公开招标不仅欠缺招标的基本条件，在具体流程上也敷衍了事、漏洞百出。第一，辩护人当庭出示的委托招标协议、资格预审公告和凯爱顾问公司备案报告等证据仅能证实中招国际招标公司进行了资格预审代理，辩护人关于中招国际招标公司参与后续招标的推论和禹某永关于全程委托该公司招标的当庭辩解不但无证据佐证，更与禹某永此前在侦查阶段的供述矛盾，因此证人曹社成关于经实地考察发现禹某永不靠谱后中止与其合作的证言内容具有较强的可信性。第二，根据辩护人提供的凯爱顾问公司备案报告记载，涉案招标公告的发布媒介仅为凯爱顾问公司网站，中国建设报社也明确否认刊登过涉及梁山高科技工业园区项目的招标公告，因此无论是刊登于凯爱置业公司网站还是辩护人当庭提供的冠以中国建设报报头的招标公告均系假借中国建设报名义发布，具有较强的欺骗性和迷惑性。第三，禹某永及其辩护人虽坚称依法履行了招标程序，却无法提供凯爱顾问公司的标书、无法列举参与投标的其他单位、无法指出投标开标的具体时间、无法说明评标委员会的具体成员及评标决标的具体过程；辩护人所谓的被害单位的投标文件不但不具备投标文件的基本格式，更不具备投标文件所应当具有的关键要素，有关该文件系投标文件一部分的解释也与其出示的凯爱顾问公司备案报告的附件内容矛盾。第四，凯爱顾

问公司备案报告对投标开标的时间、地点含糊其辞，对评标定标的意见、过程有意回避，对合同主要条款的列举过于原则、没有实质内容，辩护人虽然提供了备案报告中的投标文件、中标通知书等附件材料，却唯独不能提供重要附件《评标委员会的组成和评标报告原件》，结合发送中标通知书的快递单据原件尚能完整保存的事实，上述诸多情节均从不同侧面佐证了同一个事实，即禹某永及其辩护人所谓的招标、评标、定标过程并不存在。梁山经济开发区管委会在不同时间、两次下发内容相同的组建招投标领导小组通知，而相关成员却对招标一事并不知情的情节也对上述事实进行了印证。因此，禹某永及其辩护人的相关辩解和辩护意见均不予采纳。

综上，被告人禹某永明知自己及其公司并不具有相应的投资能力，利用了政府盲目追求政绩的心理，与梁山县政府签订投资协议，让政府作出了一系列不当行为。其正是政府公信力被利用，政府批文被沦为诈骗的掩护，使政府成为禹某永实施诈骗的工具，亦属于虚构事实的一种方式和表现；后假借运作梁山高科技工业园区项目为名，采用虚构项目招标的手段骗取被害单位的标书款和投标保证金非法占为已有，其行为完全符合合同诈骗罪的犯罪构成。

**【法律法规链接】**

《中华人民共和国刑法》第53条、第55条第1款、第56条第1款、第64条、第224条第(五)项

（编写人：陈　文）

## 25. 利用POS机为信用卡持卡人“套现”、“养卡”的行为如何定性

——胡某等人非法经营案①

**【裁判要旨】**

司法解释明确将使用POS机以虚构交易等手段向持卡人直接支付现金，情节严重的行为作为非法经营罪定罪处罚。但是，行为人不直接向持卡人支付现金，而是先为持卡人代偿信用卡欠款，再由持卡人在行为人控制的POS机上刷卡从而将

① (2012)海刑初字第625号判决书。

上述垫款刷回的所谓“养卡”行为能否无论是直接向持卡人支付现金还是以代还款方式为持卡人“养卡”,其行为的本质都是行为人与持卡人共谋,在没有真实交易发生的情况下通过虚构交易的方式套取发卡银行资金。因此,同样应当以非法经营罪定罪处罚。

## 【基本案情】

2008 年 9 月至 2011 年 1 月,被告人胡某单独或伙同他人,以自行注册成立的空壳公司或借用其他公司名义,从银行骗领销售点终端机(POS 机),先后租用北京市海淀区复兴路 23 号院 70 号楼百乐宾馆 201 室、202 室、313 室和 316 室,海淀区复兴路 83 号甲一号楼平 10 号,石景山区石景山路 23 号院中础大厦 617 室和 627 室等地,采用虚构交易的方式非法进行刷卡套现、为持卡人垫还信用卡欠钱等活动,并收取持卡人刷卡金额 1% 至 2% 的手续费。经查,胡某先后使用以北京天润鼎盛房地产经纪有限公司等 13 家公司名义向建设银行、工商银行等申请 POS 机共计 19 台,并在明知他人从事非法套现活动的情况下,将其中的多台 POS 机以出借或出租的方式提供给他人使用。经审计,上述 19 台 POS 机共刷卡25,221笔、刷卡金额人民币 3.55 亿余元。其间,胡某于 2010 年 9 月底,将自己经营的复兴路 83 号甲一号楼平 10 号和中础大厦 617、627 室两个非法刷卡套现网点转让给他人,非法获利人民币 30 万元;于 2011 年 1 月初,将百乐宾馆 313、316 室的非法刷卡套现网点转让给他人,非法获利人民币 20 万元。2011 年 1 月 13 日,胡某等人在百乐宾馆 313 室被抓获。

## 【法院裁判】

法院认为:被告人胡某等人单独或相互结伙,违反国家规定,使用销售点终端机具(POS 机),以虚构交易的方式向信用卡持卡人直接支付现金,情节特别严重,其行为均已构成非法经营罪,应予惩处。被告人胡某一方面组建非法刷卡套现网点,伙同他人从事非法刷卡套现活动,赚取手续费;另一方面在明知他人从事非法刷卡套现活动的情况下,将 POS 机租借给他人,赚取租金。前一行为是胡某刷卡套现团伙的共同犯罪行为,其他团伙成员均应对其各自参与的犯罪数额承担相应的刑事责任;后一行为显然已经超出了其他团伙成员共同的犯罪故意,应视为胡某的个人行为,其他团伙成员不应对此负责。同时,被告人胡某组织雇佣他人共同实施非法套现活动在共同犯罪中起主要作用,系主犯,应按照其参与或者组织的全部犯罪对其定罪处罚。被告人胡某不但非法经营持续时间长、涉案金额大、影响范围广,还通过转手刷卡套现网点、出租出借 POS 机等方式谋得了巨额利益,严重扰乱了银行的信用卡管理秩序和正常的社会经济交易秩序;其明知他人非法从事信用卡刷卡套现活动,仍将自己控制使用的多台 POS 机分别出租或出借给多人,并从中谋取非法利益,主观上具有支持他人从事犯罪行为的故意、客观上导致了违法行为进一步扩大的结果,此种行为同样具有严重的社会危害性。依照《中华人民共和国刑法》第 225 条第(三)项、第 25 条第 1 款,第 26 条第 1 款、第 4 款,第 27 条,第 67 条第 3 款,第 53 条,第 55 条第 1 款,第 56 条第 1 款,第 58 条,第 64 条及《最高人民法院、最高人民检察院关于办理妨害信用卡管理刑事案件具体应用法律若干问题的解释》(以下简称《解释》)第 7 条第 1 款、第 2 款之规定,作出判决:被告人胡某犯非法经营罪,判处有期徒刑 14 年,罚金人民币 350 万元,剥夺政治权利 4 年;其他被告人根据各自的犯罪情节被分别处以 2 年 6 个月至 10 年不等有期徒刑。

一审宣判后,被告人未上诉,公诉机关亦未抗诉,一审判决已经生效。

## 【要点评析】

本案中,各相关被告人及辩护人虽均未对代还卡行为是否属于《解释》第 7 条所规定的非法套现行为提出异议,但多名被告人在公安机关的供述均明确供称公司的业务分为直接返还客户现金和替客户还款两种方式,刑法理论界对这两种行为如何定性也存在较大争议。因此,分别厘清这两种行为,尤其是对先为持卡人垫还信用卡欠款后刷卡抵偿的"养卡"行为定性问题的研究,对今后处理类似案件具有重要意义。

一种观点认为,只有同时具备向持卡人"直接"支付现金并且支付的是"现金"的,才符合《解释》要求的信用卡套现①。该观点认为,文理解释是刑法解释的基础,任何对刑法条文的理解,必须首先从刑法法条本身所具有的意义出发。《解释》第 7 条明确将"向持卡人直接现金"作为信用卡套现的行为要件之一,而养卡行为从行为表现上看缺乏这一要件,因此,从罪刑法定的角度出发,只能将"养卡"行为排除出《解释》第 7 条所认定的信用卡套现行为之外。

另一种观点认为,代还卡虽然在操作行为上有别于直接利用 POS 机套现,但其在代还的过程中仍具备虚构交易并用 POS 机刷卡取现的本质特征,符合《解释》第 7 条所规定的非法经营罪的行为特征②。

笔者认为,上述第二种观点是正确的。《解释》第 7 条所规定的行为本质特征

① 何荣功:"'养卡'行为的刑法定性初探",载《中国刑事法杂志》2011 年第 8 期。

② 陈巧玲:"非法使用 POS 机进行信用卡套现、代还款的定罪",载《人民司法 · 案例》2012 年第 2 期。

是“虚构交易、虚开价格、现金退货”,而非“直接支付现金”。这是因为,第一,是否虚构交易是判断刷卡行为是否合法的根本标准。信用卡刷卡行为是一个由发卡行、收单行、特约商户及持卡人四方参与的复杂法律关系综合体。其中,发卡行与持卡人所形成的消费信贷法律关系、特约商户与持卡人形成的买卖合同法律关系在整个交易过程中占主要地位。就前者而言,信用卡刷卡的实质是发卡行向持卡人提供一笔信贷资金,在此过程中,为控制风险,发卡行通过签订《信用卡领用协议》等的方式要求持卡人承诺对该笔信贷只能用于特定的消费目的。这一对贷款的用途管制,对发卡行有效控制信贷规模、准确评估持卡人还款能力,从而降低发卡风险起着基础性作用,因此,“只能用于特定消费领域”,既是信用卡有别于其他金融工具的主要特征,也是持卡人应履行的首要义务。正常的刷卡交易中,持卡人与商户间存在真实的商品或服务买卖关系,符合发卡行对持卡人发放贷款的用途管制,刷卡行为合法。但在套现行为中,无论是直接向持卡人支付现金还是代还款,持卡人的刷卡行为都没有真实的商品交易基础,其行为从根本上违反了“信用卡只能用于特定消费领域”的约定,使得发卡行无从判断持卡人对信贷资金的真实用途及还款能力,大大加剧了发卡行的信贷风险。就这一点而言,是否具有真实的交易基础,是发卡行关注的首要问题,从而也是判断刷卡行为是否合法的关键。

第二,虚构交易处于整个非法刷卡过程中的关键环节。无论是直接套现还是代还款,虚构交易都是非法刷卡过程中无法加以回避的环节。可以说,虚构交易是直接套现或代还款的必要前提,套现或代还款是虚构交易的必然结果。只有实施了虚构交易的行为,行为人才可能筹集到资金用于直接支付给刷卡人或替刷卡人还款。同时,只要行为人实施了虚构交易的行为,就必然会产生以现金或代还款方式向持卡人转移资金的结果。至于究竟采取哪种方式,仅由持卡人以其自身当时当地的需求而定。现实中,持卡人可能因为需要现金而将虚构交易的对价设置为现金给付,也可能因为需要还卡而将这一交易的对价设置为代还卡债。这种选择,实际上存在相当大的不确定性。

综上,尽管《解释》第 7 条对非法套现行为同时设置了“虚构交易”、“支付现金”等多个客观要件,但从司法实践来看,“虚构交易”才是非法套现行为的本质性、必然性特征。如果忽视虚构交易在整个信用卡套现行为中的关键地位,僵化理解“向信用卡持卡人直接支付现金”,就会陷入行为人的行为是否构成犯罪偶然性的取决于刷卡人的个别特征,从而造成定罪量刑失衡的问题。例如,同样采用虚构交易方式为持卡人提供非法刷卡服务,有的行为人可能因为持卡人要求现金结账而构成本罪,有的行为人则仅仅因为持卡人要求代还卡而不构成本罪,这样的结果无疑是荒唐的。此外,将代还款行为包括在《解释》第 7 条所规制的非法套现行为,也并未超出社会大众的一般预期。例如,在本案中,被告人虽然意识到“代还款”与直接支付现金属于两种业务类型,但在收取手续费、财务处理甚至发布广告等方面都未对这两种“业务”进行区分,被告人对自身所进行的行为都属于利用 POS 机进行非法套现具有明确且一致的违法性认识。如果僵化的理解《解释》第 7 条所规定的行为特征,将现实生活中实际上密不可分的两种行为人为设置不同的判断标准,则既违反了社会大众的一般预期,又不利于打击犯罪。因此,法院在审理胡某等人非法经营一案中,将“养卡”行为亦认定为《解释》第 7 条所规定的非法套现,依照非法经营罪定罪处罚。

**【法律法规链接】**

《中华人民共和国刑法》第 25 条第 1 款,第 26 条第 1 款、第 4 款,第 27 条,第 53 条,第 55 条第 1 款,第 56 条第 1 款,第 58 条,第 64 条,第 67 条第 3 款,第 225 条第(三)项

《最高人民法院、最高人民检察院关于办理妨害信用卡管理刑事案件具体应用法律若干问题的解释》第 7 条第 1 款、第 2 款

(编写人:陈　明)

## 26. 伪劣产品尚未销售时的定罪量刑

——阴某兵、张某军非法经营案①

**【裁判要旨】**

销售伪劣烟草专卖品的行为,同时构成销售伪劣产品罪和非法经营罪、侵犯知识产权罪等犯罪的,依照处罚较重的规定追究刑事责任。

**【基本案情】**

被告人阴某兵、张某军于2002 年12 月以来,以营利为目的,长期从事销售假冒伪劣香烟活动。2003 年 3 月 12 日,二被告人再次贩卖假烟时被抓获,起获假烟 24 种,1333 条,货值金额人民币 14, 1576. 2 元。

① (2003)海刑初字第 1530 号判决书。

2003年7月21日，检察院以被告人阴某兵、张某军犯非法经营罪向法院提起公诉。被告人阴某兵、张某军对起诉书指控内容没有异议。

**【法院裁判】**

法院认为，被告人阴某兵、张某军以非法牟利为目的，长期销售假冒伪劣香烟，其行为已构成非法经营罪，应予惩处。依照《中华人民共和国刑法》第225条，第25条第1款，第72条，第73条第2款、第3款的规定，判决被告人阴某兵犯非法经营罪，判处有期徒刑2年，缓刑2年，罚金人民币5万元；被告人张某军犯非法经营罪，判处有期徒刑1年，缓刑1年，罚金人民币2万元。

一审宣判后，检察院没有抗诉，被告人阴某兵、张某军没有上诉。

**【要点评析】**

关于本案的定性，曾经出现过两种意见：一是认为二被告人不构成犯罪，二是认为二被告人构成非法经营罪。

1. 烟草属于法定的专卖品，无烟草专卖许可证销售烟草专卖品，经营数额在5万元以上，或违法所得数额在1万元以上的，应当以非法经营罪定罪量刑

烟草属于法定的专卖品，必须持有烟草专卖许可证才能进行销售经营。《中华人民共和国烟草专卖法》第3条规定，国家对烟草专卖品的生产、销售、进出口依法实行专卖管理，并实行烟草专卖许可证制度。烟草专卖品包括哪些范围呢？根据《中华人民共和国烟草专卖法》第2条规定，烟草专卖品是指卷烟、雪茄烟、烟丝、复烤烟叶、烟叶、卷烟纸、滤嘴棒、烟用丝束、烟草专用机械。那么何为烟草专卖呢？《中华人民共和国烟草专卖法实施条例》第2条规定，烟草专卖是指国家对烟草专卖品的生产、销售和进出口业务实行垄断经营、统一管理的制度。第6条规定，从事烟草专卖品的生产、批发、零售业务，以及经营烟草专卖品进出口业务和经营外国烟草制品购销业务的，必须依照《烟草专卖法》和该条例的规定，申请领取烟草专卖许可证。而烟草专卖许可证分为烟草专卖生产企业许可证、烟草专卖批发企业许可证、烟草专卖零售许可证、特种烟草专卖经营企业许可证。其中，取得烟草专卖零售许可证，应当具备下列条件：(1)有与经营烟草制品零售业务相适应的资金；(2)有固定的经营场所；(3)符合烟草制品零售点合理布局的要求；(4)国务院烟草专卖行政主管部门规定的其他条件。

根据《中华人民共和国刑法》第225条第(一)项规定，违反国家规定，未经许可经营法律、行政法规规定的专营、专卖物品或其他限制买卖的物品，扰乱市场秩序，情节严重的行为，构成非法经营罪。因此，未依《中华人民共和国烟草专卖法》

和《中华人民共和国烟草专卖法实施条例》规定取得烟草专卖零售许可证而非法销售烟草专卖品，情节严重的行为，就构成非法经营罪。而根据2001年4月最高人民检察院、公安部《关于经济犯罪案件追诉标准的规定》第70条规定，从事其他非法经营活动，个人非法经营数额在5万元以上，或者违法所得数额在1万元以上的，应予追诉。未取得烟草专卖零售许可证而非法销售烟草专卖品的行为，就属于"从事其他非法经营活动"，其追诉标准也即为"个人非法经营数额在5万元以上，或者违法所得数额在1万元以上"。

2. 销售伪劣烟草专卖品的行为，同时构成销售伪劣产品罪和非法经营罪、侵犯知识产权罪等犯罪的，依照处罚较重的规定追究刑事责任

未取得烟草专卖零售许可证而非法销售烟草专卖品的行为，其侵犯的客体是国家对烟草专卖品的专卖制度。而本案中，行为人销售的不仅是香烟，而且是假冒且伪劣的香烟，那么其销售假冒且伪劣的香烟行为，就不仅侵犯了国家对烟草专卖品的专卖制度，而且还侵犯了国家产品质量管理秩序和广大用户、消费者的合法权益，同时还侵犯了他人的商标权等知识产权。因此，就二被告人的行为性质而言，其不仅属于非法经营行为，而且属于销售伪劣产品行为，也属于侵犯知识产权行为，其中侵犯知识产权罪中最接近本案案情的为销售假冒注册商标的商品行为。如果这三种犯罪都成立，那么该如何适用法律定罪量刑呢？有观点认为这里有法条竞合的关系，应该按特别法优于普通法的原则进行处理；有的观点认为这里有牵连犯或想象竞合的关系，应该从一重处断。[①] 笔者赞同存在牵连犯或想象竞合犯的关系这种观点。所谓想象竞合，是指一行为触犯数法条，构成不同犯罪的情况。所谓牵连犯，是指行为人基于一个犯罪目的，而实施数个独立的犯罪行为，数犯罪行为之间存在手段与目的或目的与结果之间的牵连关系的犯罪形态。而所谓法条竞合是指刑法分则数个条文之间存在构成要件规定的包容、交叉关系。而就非法经营罪与销售伪劣产品罪或销售假冒注册商标的商品罪而言，其侵犯的直接客体相互之间并没有包容或重合的地方，因此并不因为立法规定的自身问题而存在竞合关系的问题。但由于行为人行为复杂性的原因而出现触犯数个罪名的想象竞合情况，或产生手段行为与目的行为的、原因行为与结果行为的牵连问题，则完全有可能。而在本案中，二被告人仅有一个行为，而不存在两个或两个以上的行为，因此不存在牵连犯的问题，而只存在想象竞合的问题。依照想象竞合犯的处理原则，应从一重罪处罚。上述处理方法得到了立法对类似问题处理方法的肯定。最高人民法院、最高人民检察院《关于办理生产、销售伪劣商品刑事案件具体应用法律若

① 王作富主编：《刑法分则实务研究（上）》（第2版），中国方正出版社2003年版，第266~267页。

干问题的解释》第 10 条规定，实施生产、销售伪劣商品犯罪，同时构成侵犯知识产权、非法经营等其他犯罪的，依照处罚较重的规定定罪处罚。而最高人民检察院《关于办理非法经营食盐刑事案件具体应用法律若干问题的解释》第 4 条规定，以非碘盐充当碘盐或者以工业用盐等非食盐充当食盐进行非法经营，同时构成非法经营罪和生产、销售伪劣产品罪、生产、销售不符合卫生标准的食品罪、生产、销售有毒、有害食品罪等其他犯罪的，依照处罚较重的规定追究刑事责任。烟草专卖品与食盐同属于国家规定的专卖品，非法销售假冒伪劣烟草专卖品和非法销售假冒伪劣食盐的行为性质因此具有极大的相似性，其基本刑法理论相同，因此笔者以为对于非法销售假冒伪劣烟草专卖品的行为，可以比照法律关于处理非法销售假冒伪劣食盐行为的规定进行处理：销售伪劣烟草专卖品的行为，同时构成销售伪劣产品罪和非法经营罪、侵犯知识产权罪等犯罪的，依照处罚较重的规定追究刑事责任。

3. 若不存在想象竞合的情况，则只能认定为非法经营罪

适用想象竞合的处理原则，要求该行为分别可以构成不同的犯罪。而本案被告人的行为，因其没有达到追诉标准并不构成销售伪劣产品罪或销售假冒注册商标的商品罪，故并不存在想象竞合的适用问题。本案中，起诉书指控的犯罪数额是二被告人尚未销售的假冒伪劣香烟的货值金额，而非销售金额。而刑法关于销售伪劣产品罪和销售假冒注册商标的商品罪的定罪标准都要求是销售金额较大。此销售金额，依最高人民法院、最高人民检察院《关于办理生产、销售伪劣商品刑事案件具体应用法律若干问题的解释》第 2 条第 1 款规定，是指生产者、销售者出售伪劣产品后所得和应得的全部违法收入。是指生产者、销售者出售伪劣产品后所得和应得的全部违法收入。对于销售伪劣产品行为而言，则要看尚未销售的货值金额的数量。最高人民法院、最高人民检察院《关于办理生产、销售伪劣商品刑事案件具体应用法律若干问题的解释》第 2 条第 2 款规定，伪劣产品尚未销售，货值金额达到《刑法》第 140 条规定的销售金额 3 倍以上的，以生产、销售伪劣产品罪（未遂）定罪处罚。而刑法关于生产、销售伪劣产品罪的最低销售数额要求是 5 万元以上。而本案起获的假冒伪劣香烟的货值金额为 14 万余元，尚未达到 15 万元以上，因此不能以销售伪劣产品罪（未遂）定罪量刑。

那么是否达到了非法经营罪的追诉标准呢？如前所述，2001 年 4 月最高人民检察院、公安部《关于经济犯罪案件追诉标准的规定》的追诉标准对个人而言要求为非法经营数额在 5 万元以上。虽然非法经营罪是情节犯，法律要求情节严重的才予以定罪处罚，犯罪数额并非定罪量刑的唯一标准，但犯罪情节的轻重与数额的大小有着直接的关系。何为“经营数额”？显然它既不同于销售数额，也不同于违

法所得。而所谓“经营”,包括生产、流通领域的收购、加工、批发、零售等各个领域的活动。因此,经营数额应该包括行为人在生产、流通领域的收购、加工、批发、零售等各个领域的活动中所发生的商品成本数额、购买数额或销售数额等,而不局限于销售数额或销售利润。因此非法经营罪的经营数额,应该包括尚未销售的待售商品数额。本案中起获的尚未销售的假冒伪劣香烟的货值金额,应该包括在非法经营数额内,14 万元已经达到了追诉标准,所以法院以非法经营罪对二被告人阴某兵、张某军定罪量刑是正确的。本案一审判决后,二被告人没有上诉,检察院亦没有抗诉,判决书已经生效。

4. 如果本案中行为人尚未销售的货值金额超过了 15 万元,该如何定罪量刑

笔者认为,对此依照上文所述想象竞合关系从一重处罚。就非法经营罪与销售伪劣产品罪两个罪而言,具体如何操作呢?

这里首先需要解决的是如何理解销售伪劣产品罪的量刑问题。《最高人民法院、最高人民检察院关于办理生产、销售伪劣商品刑事案件具体应用法律若干问题的解释》第 2 条第 2 款规定,伪劣产品尚未销售,货值金额达到刑法第 140 条规定的销售金额 3 倍以上的,以生产、销售伪劣产品罪(未遂)定罪处罚。而刑法第 23 条规定,对于未遂犯,可以比照既遂犯从轻或减轻处罚。生产、销售伪劣产品罪根据不同的销售金额,共有四个不同的量刑幅度。那么对于尚未销售的部分,如何比照既遂犯处罚呢?是无论货值金额有多大,只要超过 15 万元就比照生产、销售伪劣产品罪的最低幅度量刑呢,还是根据尚未销售的货值金额全部销售后所处的销售金额,来判定既遂犯的量刑幅度?或以货值金额的三分之一数额作为既遂犯的销售数额,来判定既遂犯的量刑幅度?笔者赞同第三种观点。理由如下:第一,如果无论尚未销售伪劣商品的货值金额 15 万元还是 1500 万元,都仅比照生产、销售伪劣产品罪的最低幅度量刑来量刑,那么就会存在罪刑不相适应的问题。毕竟尚未销售的伪劣商品的货值金额为 15 万元与 1500 万元,其社会危害性是有很大差别的。货值金额 15 万元的待售伪劣香烟对市场的危害程度,显然要比货值金额 1500 万元的待售伪劣香烟的危害程度要小得多。同时待售伪劣产品的货值金额的多少,也从一定程度上反映了行为人销售伪劣产品的规模,从而反映其主观恶性的大小。因此,从罪刑相适应的角度考虑,应区分不同的货值金额比照不同的销售金额所在的量刑幅度定罪量刑。第二,如果根据尚未销售的货值金额全部销售后所处的销售金额,来判定既遂犯的量刑幅度,那么尚未销售的货值金额只要达到 5 万元,由于其销售后的价值一般会高于 5 万元,那么就可以销售伪劣产品罪的未遂犯处理。这显然与货值金额须达到销售金额的 3 倍以上的立法要求,是明显不符的。第三,在司法实践中,追诉

部门能够查实的大部分也只是能够起获的尚未销售的部分，对于已经销售的部分很难查清楚。但并不能因为销售部分难以查清楚就放纵了对行为人的处罚，因此，前述司法解释对存在尚未销售的伪劣商品的情况依然定罪处罚。但同时考虑到，伪劣产品尚未销售出去给社会造成的社会危害性显然要比已经销售出去要小得多，因此追诉数额标准要求以货值金额达到销售金额的3倍以上，并以未遂犯来定罪处罚。依据此司法解释的规定，只有尚未销售的伪劣产品的货值金额达到15万元以上，才能以销售伪劣产品罪定罪，而货值金额小于15万元的，是不够销售伪劣产品罪定罪数额标准的。由此可以看出，尚未销售的伪劣产品的货值金额达到15万元这个追诉最低要求，就相当于销售金额达到了5万元这个既遂犯的最低追诉标准，对尚未销售的伪劣产品的货值金额达到15万元进行量刑时的既遂犯参照幅度，应该是销售金额为5万元所处的法定刑幅度。因此，既然司法解释确定了货值金额与销售金额3∶1这个比例关系，那么以货值金额的三分之一数额作为既遂犯的销售数额，来判定既遂犯的量刑幅度，就比较符合司法解释的目的。这样对于存在尚未销售的伪劣产品的情况，根据其货值金额的多少，其定罪量刑情况为：(1)货值金额不满15万元的，不以销售伪劣产品罪定罪量刑；(2)货值金额在15万元以上不满60万元的，比照销售金额5万元以上不满20万元的量刑幅度量刑(主刑为二年以下有期徒刑或拘役)；(3)货值金额在60万元以上不满150万元的，比照销售金额20万元以上不满50万元的量刑幅度量刑(主刑为有期徒刑二至七年)；(4)货值金额在150万元以上不满600万元的，比照销售金额50万元以上不满200万元的量刑幅度量刑(主刑为七年以上有期徒刑)；(5)货值金额在600万元以上的，比照销售金额200万元以上的量刑幅度量刑(主刑为有期徒刑十五年或无期徒刑)。

司法解释对于非法经营罪的追诉标准只规定了起刑点个人非法经营额为5万元，而量刑幅度有两个，一个主刑为5年有期徒刑或者拘役，一个主刑为5年以上有期徒刑。对于第二个量刑幅度要求情节特别严重，而何为情节特别严重没有司法解释。因此，司法实践中，一般以非法经营罪的第一个量刑幅度，与销售伪劣产品罪的四个量刑幅度进行比较。很显然，尚未销售的伪劣产品的货值金额在60万元以下的，销售伪劣产品罪的法定最高刑要小于非法经营罪，因而应该以非法经营罪定罪处罚，而且是既遂犯。而尚未销售的伪劣产品的货值金额在60万元以上的，销售伪劣产品罪的法定最高刑要大于非法经营罪，因而应该以销售伪劣产品罪定罪处罚，而且是未遂犯。

【法律法规链接】

《中华人民共和国刑法》第 25 条第 1 款，第 72 条，第 73 条第 2 款、第 3 款，第 225 条

（编写人：游　涛）

## 27. 网络游戏“外挂”的刑法规制

——被告人谈某明等人非法经营案①

【裁判要旨】

不同类型的网络游戏外挂，其行为特征、社会危害性以及侵害客体，具有较为明显的差异。根据现有的刑法规范，选择非法经营罪对外挂定性，存在保护客体片面和打击面过宽的缺陷。对于非法外挂行为的犯罪化，需要兼顾其必要性和充分性。应以宽容和理性的态度，给予外挂合法的生存空间，并首先以民事和行政的途径解决纠纷。应以刑法为补充法，根据刑事政策的需要，仅对非官方营利性恶性作弊类外挂中的提供“破坏技术保护措施”的服务行为进行刑法规制，以侵犯著作权类犯罪作为选择定性。

【基本案情】

《恶魔的幻影》（又名《传奇三代》，又称传奇 3G 或传奇 3）是经新闻出版总署审查批准引进，由中国大百科全书出版社出版，中国广州光通通信发展有限公司（以下简称光通公司）运营的网络游戏出版物。光通公司是中国大陆地区《恶魔的幻影》游戏的唯一合法运营商。《恶魔的幻影》软件由服务器端程序和客户端程序组成，其软件部分和动画形象部分分别属于我国《著作权法》所保护的计算机软件作品和美术作品。2004 年 6 月起，被告人谈某明未经授权或许可，组织他人与其共同使用跟踪软件动态跟踪《恶魔的幻影》客户端运行，又用 IDA 软件静态分析该客户端，最终用反汇编语言将客户端程序全部反汇编，从而获悉《恶魔的幻影》软件的数据结构，在破译《恶魔的幻影》游戏服务器端与客户端之间经过加密的用于通信

① （2006）海法刑初字第 1750 号，（2007）一中刑终字第 1277 号判决书。

和交换数据的特定通信协议的基础上，研发出“007 传奇 3 外挂”计算机软件（以下简称 007 外挂软件）。后被告人谈某明等人设立“007 智能外挂网”网站（www.wg1818.com）和“闪电外挂门户”网站（www.wgdoor.com），上载 007 外挂软件和《恶魔的幻影》动画形象，向游戏消费者进行宣传并提供下载服务，并向游戏消费者零售和向零售商批发销售 007 外挂软件点卡。游戏消费者及零售商向其网站上公布的在北京市海淀区、昌平区等银行开设的名为“王亿梅”的账户汇入相应价款后，即可获得点卡。被告人刘某利负责外挂软件销售，被告人沈某忠负责网站日常维护。2005 年 1 月，北京市版权局强行关闭上述网站并将网络服务器查扣之后，被告人谈某明、刘某利、沈某忠另行租用网络服务器，在恢复开通“闪电外挂门户”网站的基础上，先后设立“零零发：传奇 3 智能外挂”网站（www.wg0008.com）和“超人外挂”网站（www.wg8888.com），继续宣传其陆续研发的“008 传奇 3 外挂”计算机软件（以下简称 008 外挂软件）、“超人传奇 3 外挂”计算机软件（以下简称超人外挂软件），提供上述软件的下载服务，并使用恢复开通的“闪电外挂门户”网站销售上述两种外挂软件的点卡，销售收入仍汇入名为“王亿梅”的账户。至 2005 年 9 月，被告人谈某明、刘某利、沈某忠通过信息网络等方式经营上述外挂软件的金额达人民币 2,817,187.5 元。

网络游戏消费者要使用《恶魔的幻影》，在正常情况下，只需通过下载客户端程序后，在互联网上与服务器端连接即可运行游戏；若使用 007 外挂软件、008 外挂软件，则不仅要下载《恶魔的幻影》软件客户端程序，而且要输入《恶魔的幻影》和 007 外挂软件、008 外挂软件所要求的用户名和密码，这样才能最终与《恶魔的幻影》服务器端连接；而若使用超人外挂软件，则无须下载《恶魔的幻影》网络游戏软件客户端程序，就能直接与《恶魔的幻影》服务器端连接，但也必须输入《恶魔的幻影》和超人外挂软件所要求的用户名和密码。使用涉案外挂软件运行《恶魔的幻影》的消费者，要同时向运营商光通公司和外挂经营者谈某明等人付费。

涉案上述系列外挂软件使用了《恶魔的幻影》的地图场景名称等名词；超人外挂程序目录中存在一个与《恶魔的幻影》软件目录相同反映服务器端 IP 地址的配置文件。《恶魔的幻影》客户端程序在内存中的动态表现形式只有以非加密的形式存在，才能被执行。涉案 007 外挂软件、008 外挂软件在运行时，利用上述条件，能绕过客户端程序经加密的静态文件，直接对《恶魔的幻影》客户端程序在内存中的动态表现形式进行修改，并调用《恶魔的幻影》所使用的大量函数，使 007 外挂软件、008 外挂软件功能能添加到《恶魔的幻影》运行过程之中。加载了 007 或 008 外挂软件的《恶魔的幻影》客户端，所发送的对原游戏功能作出修改的数据也可被《恶魔的幻影》服务器端接收和反馈。而使用超人外挂软件的游戏消费者在启动

《恶魔的幻影》网络游戏软件后，即使消费者不再亲自操控游戏，该外挂软件也能使处于在线状态的游戏一直进行下去。上述外挂软件的运行，改变了《恶魔的幻影》网络游戏软件设定的游戏规则，使用外挂软件的消费者较之未使用外挂软件的消费者在游戏能力上取得了明显的优势地位，通过外挂软件设置的功能可以更容易和更快地升级或过关，从而造成游戏消费者之间游戏能力明显不平等的局面。

2005年9月7日，被告人谈某明、刘某利、沈某忠被抓获归案。作案工具亦被起获，涉案27个银行账号已被冻结，赃款人民币51,700元扣押在案。

2006年5月25日，检察院以被告人谈某明、刘某利、沈某忠构成侵犯著作权罪，向一审法院提起公诉。

被告人谈某明对起诉书指控的事实和罪名不持异议，但辩称007、008外挂程序中没有包含传奇3G的函数，是玩家在运行外挂程序之后，外挂程序将传奇3G客户端中的函数调用出来；超人外挂程序是其自己重新编写的，但要符合通信协议要求的特定格式；外挂程序中与传奇3G游戏中名称相同的数据并非是传奇3G游戏所专有，不是复制；调用也不能认为是复制。其辩护人认为，经比对发现的相同名称是通用的，而不是被害单位专有的，而且这些名称也并不是外挂程序的核心部分；控方没有证据证明外挂程序与传奇3G游戏程序之间达到相同或相似的程度，不能认为是复制。被告人刘某利辩称其实际销售的传奇3G网络游戏外挂点卡的金额低于起诉书认定的指控金额，起诉书认定的经营数额不仅包括了外挂点卡的销售收入，还包括了传奇3G网络游戏点卡或者正版游戏点卡的收入。被告人沈某忠辩称其没有参与共同策划，而是后来加入的，且在实际工作中处于被谈某明领导的地位；调用与复制是不一样的，其行为不是复制。其辩护人认为被告人沈某忠等人的行为不构成侵犯著作权罪，涉案外挂软件具有技术上的独创性，并非复制传奇3G游戏软件而来；且即使构成犯罪，被告人沈某忠也属于从犯。

**【法院裁判】**

一审法院认为，被告人谈某明、刘某利、沈某忠以营利为目的，未经批准，开展经营性互联网信息服务，违反国家出版管理规定，利用互联网站开展非法互联网出版活动，出版发行非法互联网出版物，侵害著作权人、出版机构以及游戏消费者的合法权益，扰乱互联网游戏出版经营的正常秩序，情节特别严重，其行为均已构成非法经营罪，应予惩处。检察院指控被告人谈某明、刘某利、沈某忠犯罪的事实清楚，证据确实充分，但指控罪名有误，故予以纠正。

经庭审质证，被告人谈某明辩称没有证据证明光通公司的巨额经济损失是其造成的。谈某明的辩护人认为审核报告是单方行为，被害单位提供的收入数据不具客观性。被告人刘某利质证意见同其辩护意见。被告人沈某忠辩称市面上还有其他人制作开发的传奇游戏外挂软件，被害单位的经济损失不能都算在其头上。沈某忠的辩护人认为被害单位提交的审核报告所证明的损失数额与本案没有关联性。北京市版权局的著作权鉴定书存在以下瑕疵：一是北京市版权局不具备鉴定机构资质；二是没有体现鉴定人的意见；三是鉴定程序不合法；四是无法确定鉴定结论是否向被告人送达；五是不应含有对案件事实定性的意见。而且，被告人谈某明、沈某忠及其辩护人均认为北京市版权局的鉴定结论只能证明外挂软件存在二次开发的情况，而不能得出部分复制的结论。

对上述质证意见，法庭认为：(1)现有证据无法充分证明涉案外挂计算机程序"部分复制"了《恶魔的幻影》游戏软件。首先，控方证明"部分复制"的主要证据是北京市版权局的鉴定结论，该鉴定存在逻辑证明过程不完整瑕疵。从依据上看，该鉴定既没有将《恶魔的幻影》的源代码与涉案系列外挂软件的源代码进行比对，也没有对执行程序全部反编译后加以比对，无从证明涉案外挂软件与《恶魔的幻影》软件相同的程序究竟有多少、外挂软件的源代码究竟在多大程度上与网络游戏的源代码存在同一性。从内容上看，该鉴定只有结论，缺乏对鉴定过程和鉴定依据的论证，没有说明"结构、功能、算法"一致的计算机程序具体是哪些以及为何认定这些一致的计算机程序是外挂软件的核心程序，没有说明凭借"结构、功能、算法"一致这一事实判断出部分复制这一结论的依据。其次，与该鉴定紧密相关的北京市版权局的《007 外挂举证报告》及其附件，只分析了 007 外挂软件，没有分析 008 外挂软件和超人外挂软件，且内容仅仅涉及 007 外挂软件在运行过程中突破了《恶魔的幻影》游戏软件技术保护措施、修改了数据和调用了函数，虽然此内容经过控辩双方当庭认可，但此事实并不能得出涉案系列外挂软件系部分复制《恶魔的幻影》游戏软件的结论。再者，虽然光通公司技术人员反编译涉案外挂程序后得出的内容及其证言内容，控辩双方无异议，但该证言和相关资料只能证明涉案外挂软件使用了《恶魔的幻影》游戏软件的一些数据名称和一个配置文档，以及在动态运行状态下调用了《恶魔的幻影》游戏软件的函数，不能证明上述专有名称或配置设置文件的存在就构成外挂软件与《恶魔的幻影》游戏软件内容的实质性相似；同时"调用"与"复制"在行为方式和表现形态上亦有较大区别，二者不可混同。故上述北京市版权局的鉴定结论、《007 外挂举证报告》及其附件、证人董某华的证言及相关举证资料不能证明涉案外挂软件构成对《恶魔的幻影》游戏软件的复制。(2)现有证据能够充分证明被告人谈某明等人经营涉案外挂软件的数额为人民币 2, 817, 187. 5元。公诉机关当庭宣读并出示的电子数据司法鉴定结论、物证检验报告、数额认定说明与北京市版权局出具的关于涉案外挂软件非法收入的计算方法的补充说明等证据之间相互印证，数据吻合，计算方法合理，足以证明被告人谈某明、刘某利、沈某忠三人销售系列外挂点卡所得收入为人民币2,817,187.5元。故法庭对被告人及其辩护人的上述相关质证意见不予采信。(3)现有证据无法确定广州光通通信有限公司举证的经济损失。光通公司的经济损失需要双方当事人共同委托审计单位审计或者采取其他方式予以确定，而不能仅凭自己一方当事人的审核报告予以证明。故法庭对被告人及其辩护人的上述相关质证意见予以采信。

公诉机关出示的上述其他证据形式来源合法，可以作为定案依据使用。控方指控被告人谈某明等人构成侵犯著作权罪，主要理由涉及外挂软件部分复制《恶魔的幻影》游戏软件、外挂网站上载《恶魔的幻影》美术图片和网站利用外挂软件挂接运营《恶魔的幻影》游戏软件三个方面。

外挂软件是否部分复制了《恶魔的幻影》游戏软件这一事实，如前质证认证所述，控方现有证据只能证明涉案外挂软件在运行过程中突破了《恶魔的幻影》游戏软件的技术保护措施并修改数据和调用函数，这一结论并不等同于“复制发行”。

外挂网站上载了《恶魔的幻影》动画形象这一事实，虽然存在，但被告人的上述行为仅仅为网站宣传，并无经营或销售这些美术作品的目的，且复制数量没有证据证明，经营数额也无法核算，以此事实来认定被告人构成侵犯著作权罪，缺乏证据和法律依据。

被告人谈某明等人利用外挂软件挂接运营《恶魔的幻影》游戏软件这一事实，虽然也存在，但以此事实来认定被告人的行为性质属于“复制发行”，目前尚无法律依据。控方观点的主要法律依据是《最高人民法院、最高人民检察院关于办理侵犯知识产权刑事案件具体应用法律若干问题的解释》，该解释第11条第3款规定，通过信息网络向公众传播他人作品的行为，应当视为《刑法》第217条规定的“复制发行”。该解释主要是针对在网络环境下复制和发行盗版软件日益猖獗问题做出的规定，是将在信息网络上向公众提供软件这一涉及著作权人信息网络传播权的行为，直接解释为应当视为“复制发行”，而其实质内容依然离不开软件被制作成一份或者多份向公众进行提供这一复制和发行的基本内涵。但本案所涉《恶魔的幻影》网游游戏是运营商通过自己的服务器进行开放性经营的，被告人谈某明等人并没有另行将《恶魔的幻影》上载在其他服务器上通过互联网传播，或采取其他方式复制发行《恶魔的幻影》游戏软件。外挂软件也需要依附于《恶魔的幻影》游戏软件运行，离不开《恶魔的幻影》服务端程序的支持，这与另行将《恶魔的幻影》上载在其他服务器进行网络传播明显不同。另外，外挂软件的实质功能在于为游戏消费者提供超出《恶魔的幻影》游戏规则范围的额外帮助，起游戏辅助工具的效用，而被告人的行为目的也是为游戏消费者提供突破技术保护措施的技术服务从而获利。综上,无论从《恶魔的幻影》游戏的传播特点、外挂软件的运行特征,还是从被告人的行为目的以及外挂软件的实质功能来看,被告人谈某明等人利用外挂软件挂接运营《恶魔的幻影》游戏软件的行为,与上述司法解释所规范的在网络环境下复制和发行盗版软件行为均存在一定差异。法院认为,从遵循罪刑法定这一基本原则的角度出发,对刑法条文应做严格解释,而不能进行类推或随意的扩大解释,在充分考虑利用外挂软件挂接运营他人游戏软件行为特点的基础上,在缺乏相应的法律支持的情况下,难以认定被告人谈某明等人利用外挂软件挂接运营《恶魔的幻影》游戏软件的行为属于上述司法解释所认定的"复制发行"行为。

综上,在案证据不足以证明涉案外挂软件是对《恶魔的幻影》游戏软件的复制发行,被告人谈某明等人的行为不构成侵犯著作权罪,故法院对于三名被告人及其辩护人相关辩护意见,予以采纳。但是,被告人谈某明等人利用外挂软件挂接运营《恶魔的幻影》游戏软件的行为,依然具备犯罪的社会危害性、刑事违法性和应受刑罚惩罚性,已触犯相关的刑事法律,对三名被告人应依法追究刑事责任。

利用外挂软件挂接运营《恶魔的幻影》游戏软件的行为社会危害严重。从《恶魔的幻影》的著作权人、运营商和消费者的角度来讲,外挂软件在运行中突破《恶魔的幻影》游戏软件的技术保护措施、修改数据,不仅侵犯了著作权人合法权益,而且给运行商服务器增加负担,使游戏消费者无法正常游戏。使用外挂软件会获得超越游戏规则的额外帮助,能够更快升级,这会破坏游戏规则,扰乱游戏运行的公平环境,使游戏消费者失去兴趣,放弃继续使用《恶魔的幻影》,给运行商造成经济损失。从网络游戏产业发展和市场经济秩序的角度考虑,网络游戏是一种网络与文化相结合的新兴产业,但近几年来,外挂等违法行为的出现,严重侵害了著作权人、出版机构以及游戏消费者的合法权益,扰乱了互联网游戏出版经营的正常秩序,破坏了网络游戏产业的良性发展,给国家、企业和消费者造成了巨大经济损失,在社会上产生了恶劣影响。正是考虑到外挂的社会危害性,新闻出版署、信息产业部、国家工商行政管理总局、国家版权局、全国扫黄打非工作小组办公室于 2003 年 12 月 23 日专门联合发出关于开展对外挂专项治理的通知,要求加大对外挂的打击力度,以保护知识产权,维护著作权人、出版机构及游戏消费者的合法权益,维护互联网游戏出版的正常秩序。

刑法处罚利用外挂软件挂接运营《恶魔的幻影》游戏软件的行为于法有据。《最高人民法院关于审理非法出版物刑事案件具体应用法律若干问题的解释》第 15 条规定,非法从事出版物的出版、印刷、复制、发行业务,严重扰乱市场秩序,情节特别严重,构成犯罪的,可以依照《刑法》第 225 条规定,以非法经营罪定罪处罚。依据我国现行有关法律法规规定,从事经营性互联网信息服务需要经过行政许可,从事互联网出版业务必须经过省级新闻出版行政部门审核同意后,报新闻出版总署审批。被告人谈某明等人经营互联网信息服务未经国家许可,从事外挂软件的出版发行也未经国家审批。其利用互联网站,使用合法网络游戏出版物《恶魔的幻影》的动画形象,制作并销售外挂软件,挂接运营《恶魔的幻影》,属于非法互联网出版活动。其在不具备出版单位资质的情况下出版发行的涉案网络游戏外挂软件,属于出版程序性违法的非法互联网出版物。被告人谈某明等人的行为既违反了我国关于互联网信息服务的管理规定,又违反了我国对于出版活动的管理规定,同时又侵害了著作权人的合法利益,严重扰乱了市场秩序,经营数额高达人民币280余万元,属于情节特别严重,依照上述司法解释规定,应该以非法经营罪定罪处罚。

一审法院依照《中华人民共和国刑法》第225条第(四)项,第25条第1款,第53条,第72条,第73条第2款、第3款,最高人民法院《关于审理非法出版物刑事案件具体应用法律若干问题的解释》第15条之规定,判决被告人谈某明犯非法经营罪,判处有期徒刑2年6个月,罚金人民币5万元;被告人刘某利犯非法经营罪,判处有期徒刑2年,缓刑3年,罚金人民币3万元;被告人沈某忠犯非法经营罪,判处有期徒刑1年6个月,罚金人民币3万元。

一审宣判后,检察院提起抗诉,抗诉称:

原审判决认定事实不当,定性错误。原审判决认为,现有证据无法充分证明涉案外挂计算机程序"部分复制"了涉案的《恶魔的幻影》游戏软件,上述认定事实不当,导致定性错误。首先本案的鉴定结论能够证实外挂程序复制了《恶魔的幻影》软件,其次原审判决对本案涉案外挂软件不构成"复制发行"不当。综上,原审被告人谈某明等三人复制发行了《恶魔的幻影》软件,非法经营额2,817,187.5元,依据《中华人民共和国刑法》第217条第1款、《关于办理侵犯知识产权刑事案件具体应用法律若干问题的解释》第5条、第11条、第12条的规定,构成侵犯著作权罪。

原判决适用法律不当,量刑畸轻。三名原审被告人的行为构成侵犯著作权罪,其非法经营数额达2,817,187.5万元,依法应判处3年以上7年以下有期徒刑,并处罚金。即便按照法院判决,否认控方对原审被告人侵犯著作权的"复制发行"要件的认定,并排除侵犯著作权罪的适用,原审判决也同样适用法律不当并造成量刑畸轻。三名被原审被告人构成非法经营罪,情节特别严重,依法应判处5年以上有期徒刑,并处违法所得1倍以上5倍以下罚金或者没收财产。本案涉案外挂程序软件没有经过相关部门的审批—程序违法,其内容扰乱社会秩序并侵犯他人著作权—内容违法,原审判决仅将该软件认定为出版程序性违法的出版物,而没有认定为最高人民法院《关于审理非法出版物刑事案件具体应用法律若干问题的解释》第

11 条规定的其他严重危害社会秩序和扰乱市场秩序的非法出版物，显然定性错误。该解释第 15 条的规定，针对的是没有出版单位资质仍进行出版物的出版、印刷、复制、发行业务的处罚，此条司法解释所规定的出版物只能是合法出版物，本条的处罚不适用于非法出版物。对非法出版物的处罚只能适用于上述司法解释第 1 条至第 14 条，结合本案，在认定外挂软件系非法出版物的基础上，只能适用于第 2 条认定其构成侵犯著作权罪，或者适用于第 11 条认定其构成非法经营罪，而不能按照第 15 条规定认定其构成非法经营罪。因此，原审判决既将外挂软件认定为非法出版物的同时，又适用了只能处罚合法出版物犯罪的上述司法解释第 15 条，系适用法律不当。

原审被告人谈某明辩称他所研制的外挂软件不属非法出版物，他所作的电子产品研发，在立法上是滞后的。其辩护人的辩护意见：外挂软件不属非法出版物，不应适用《最高人民法院关于审理非法出版物刑事案件具体应用法律若干问题的解释》第 11 条的规定。原审被告人刘某利、沈某忠无辩护意见。

二审法院认为：原审被告人谈某明、刘某利、沈某忠违反国家规定，利用互联网站出版发行非法出版物，严重危害社会秩序和扰乱市场秩序，经营额达 280 余万元，其行为均已构成非法经营罪，且犯罪情节特别严重，依法应予惩处。原审被告人谈某明为共同犯罪的起意人及主要行为人，在共同犯罪中起主要作用，系主犯。原审被告人刘某利、沈某忠为销售及网络维护人员，在共同犯罪中起次要作用，系从犯，可对二人依法减轻处罚并宣告缓刑。一审法院根据原审被告人谈某明、刘某利、沈某忠犯罪的事实、性质所做判决定罪准确，但适用法律有误、量刑不当，故予以纠正。对北京市海淀区人民检察院及北京市人民检察院第一分院关于原判适用法律不当的抗诉意见，予以采纳。

北京市海淀区人民检察院及北京市人民检察院第一分院关于本案涉案外挂程序软件没有经过相关部门的审批为程序违法，其内容扰乱社会秩序并侵犯他人著作权为内容违法，应认定为《最高人民法院关于审理非法出版物刑事案件具体应用法律若干问题的解释》第 11 条规定的其他严重危害社会秩序和扰乱市场秩序的非法出版物的意见，经查，原审被告人谈某明、刘某利、沈某忠等人研制、经营的 007 外挂软件、008 外挂软件及超人外挂软件在运行中突破了《恶魔的幻影》游戏软件的技术保护措施、修改数据，侵犯了著作权人的合法权益，同时在运行过程中给游戏的运营商造成经济损失，破坏了消费者的公平游戏环境。2003 年 12 月 23 日，新闻出版署、信息产业部、国家工商行政管理总局、国家版权局、全国扫黄打非工作小组办公室发布了“关于开展对私服、外挂专项治理的通知”，新闻出版署于 2005 年 5 月就本案做了相关批复，根据涉案外挂软件的研发、运行情况，结合有关法律、法规的规定，认定：007 智能传奇 3G 外挂和闪电外挂门户网站经营“传奇 3 智能外挂”的经营活动属于非法互联网出版活动。007 智能传奇 3G 外挂和闪电外挂门户网站经营的“传奇 3 智能外挂”等网络游戏外挂软件，属于非法互联网出版物。由此可见，涉案的外挂软件不仅存在出版发行的程序违法问题，其内容也被有关规定所禁止，属于《最高人民法院关于审理非法出版物刑事案件具体应用法律若干问题的解释》第 11 条所规定的严重危害社会秩序和扰乱市场秩序的非法出版物。因此，对北京市海淀区人民检察院及北京市人民检察院第一分院的此项抗诉意见，予以采纳。对原审被告人谈某明及其辩护人关于涉案的外挂软件不属非法出版物的辩解及辩护意见，不予采纳。

二审法院依照《中华人民共和国刑法》第 225 条第（4）项，第 25 条第 1 款，第 26 条第 1 款、第 4 款，第 27 条，第 72 条，第 73 条第 2 款、第 3 款；《最高人民法院关于审理非法出版物刑事案件具体应用法律若干问题的解释》第 11 条、第 12 条第 2 款之规定，判决原审被告人谈某明犯非法经营罪，判处有期徒刑 6 年，罚金人民币 50 万元；原审被告人刘某利犯非法经营罪，判处有期徒刑 3 年，缓刑 4 年，罚金人民币 10 万元；原审被告人沈某忠判处有期徒刑 2 年，缓刑 3 年，罚金人民币 10 万元。

## 【要点评析】

如何认定网络游戏外挂的行为性质是本案争议焦点。

1. 外挂的行为特征

外挂的功能和实现技术[①]在不同游戏中有不同的表现形式，但总体而言不外乎以下两类：

一类是将游戏中大量重复的动作利用模拟鼠标、键盘技术自动完成。比如“按键精灵”，可以代替玩家由程序自动点击鼠标。其具体实现方法是，使用脚本文件并指定一个操作序列，这个操作序列由鼠标的移动位置和点击动作组成。此技术不用理解数据结构，只是将玩家手工操作的动作运用计算机程序自动完成，不修改对通讯数据包，不会超出客户端对玩家的限制。为此，需要对游戏反编译，发现和分析游戏场景中攻击对象的位置和分布情况等。

另一类是利用封包技术对游戏服务器产生欺骗性数据包。比如传奇系列外挂中的免蜡功能，能够实现在游戏没有点蜡的情况下让玩家看清周围的事物。具体实现方法是，外挂在将客户端发送给服务器端的数据包拦截后，根据需要修改数据包的内容，然后生成符合通讯格式的新数据包；或自动产生新数据包，再将这些数

① 周毅：“游戏外挂设计技术探讨”，载 http://www.yesky.com/454/11739954.shtml。

据包发送到服务器端,使服务器认可。为此,需要对游戏反编译,全面了解通信数据的结构、内容以及加密算法、函数功能、参数以及地址等等。外挂设计者为了减轻工作量,有时会直接调用客户端保存在客户单机中的部分功能函数。

实际上,很多外挂是综合了上述两种功能和实现方式,比如针对传奇3G的007外挂。当然,实践中也大量存在只具备某一种功能的外挂。

综合以上分析,结合外挂的运行方式,可以总结外挂行为的特殊性主要表现在以下两个方面:

一是外挂的开发性及非复制性。外挂是一种新开发的计算机程序,与游戏软件差别巨大。它是为玩家提供一些游戏不具备的功能;研发者为此需要进行大量反编译工作,要针对游戏的程序特点、游戏规则及玩家需要等方面,运用比较复杂的计算机技术。在制作和运行中,外挂可能会利用游戏软件的一些函数或地址数据,但不像"私服"①一样需要复制游戏程序,一般不存在复制的问题。

二是外挂的依附性。外挂需要挂接于网络游戏运行,才能实现功能。有些外挂虽然取代了客户端程序,但也必须与服务器端连接,才能运行。因此,营利性外挂是依附于游戏并利用游戏资源来获益,而不是像"私服"或传统的盗版软件一样抛开游戏本身独自运营,与传统的复制发行等侵权行为差别明显。

2. 不同种类的外挂行为表现出不同程度的社会危害性

没有犯罪的社会危害性,就谈不上刑事违法性和应受刑罚惩罚性。实际上,不同种类的外挂行为,其社会危害程度是不一样的。

第一,当前所有类型的外挂都破坏了出版管理秩序。我国对出版单位采取行政许可方式进行管理。外挂作为一种计算机软件,由于我国有关行政管理部门对外挂持坚决打击态度,因此不管是官方外挂还是非官方外挂,其目前在市场上都尚未有通过合法出版机构经过合法程序出版,所以制作并运营外挂软件的行为,均属于破坏我国出版管理秩序的非法互联网出版活动。

第二,非官方外挂侵犯著作权人的合法权益,而官方外挂则没有此危害性。对于官方外挂而言,由于此种外挂是由游戏开发商、运营商或代理商提供或授权提供的外挂,因此不存在对游戏著作权人合法权益的侵害。侵害游戏著作权的只有非官方外挂。非官方外挂对著作权的侵犯主要表现在以下方面:

---

① 私服是私设服务器的简称,指私服程序的提供者未经网络游戏软件著作权人的授权或许可,擅自复制、修改、翻译正版游戏软件源程序(一般是网络游戏软件的服务器安装程序),并将经复制、修改及翻译的程序提供给私服运营商,私服运营商则私架服务器,通过销售游戏点卡等方式经营非法获取的游戏程序软件,运营私服游戏,以获取巨额利润。目前,对于私服以侵犯著作权罪来认定,已基本取得法律界的一致认可。苏敏华:"网络游戏'私服'刑事责任探析",载《人民司法》2007年第2期。

一是运行非官方恶性作弊类外挂，会破坏技术保护措施。著作权法所称的技术保护措施，“一类是控制访问的技术措施；另一类是控制作品使用的技术措施。”①“网络游戏在运营过程中，客户端与服务器端不断进行数据交换，为了确保这些数据在网络环境下的安全性，客户端程序和服务器端程序分别设置有加密、封包函数，这些函数是程序的组成部分。每一次数据交换，都由这些程序先对数据进行加密、封包，然后再进行交换。这种加密、封包技术是为了保障在网络环境下数据交换的正常进行。”②这种加密措施就是著作权人为保护其权利不被侵犯而采取的控制作品使用的技术措施。使用封包技术外挂的核心功能，就在于能够规避这种加密技术，实现修改数据进而改变游戏规则。

二是运行非官方外挂是对作品的修改，对作品完整性的破坏。外挂介入游戏，相当于在游戏中凭空插入了新的应用程序。辅助性外挂，使得原本要求人工进行的鼠标、键盘操作变成程序自动操作。恶性作弊类外挂，修改数据，增加欺骗性数据，改变游戏规则。

同时，非官方外挂介入网络游戏计算机信息系统，会增加一些游戏软件所不具有的功能或修改、干扰网络游戏计算机信息系统的固有功能。其中恶性作弊类外挂，还会增加或修改客户端或服务器端存储或交互的数据。其直接后果，是增加计算机信息系统的数据处理负担，造成玩家上线困难。

第三，从主观恶性来分析，在非官方外挂中，营利性外挂行为人的主观恶性显然要大于非营利性外挂的主观恶性。

第四，在非官方外挂中，恶性作弊类外挂对玩家、游戏运营商和网络产业发展危害要高于辅助性外挂。恶性作弊类外挂对玩家、游戏运营商和网络游戏产业发展的危害主要表现为：一是危害玩家权益。在此类外挂的参与下，游戏规则被改变，游戏平衡性遭到破坏，游戏乐趣因而减小。没有使用外挂的玩家难以与使用了外挂的玩家公平竞争，很可能在游戏中迅速死亡，升级也变得缓慢，在升级过程中所需的时间和金钱也就会增加。二是给网络游戏运营商带来巨大经济损失。这不仅体现在因玩家交费减少、游戏寿命减少造成的损失上，还体现在打击外挂过程中因玩家数量减少带来的损失上。三是严重阻碍民族游戏产业的发展。此类外挂使得网络游戏产业链中的开发、出版、运营、销售企业都深受其害，其危害远不止对几个企业经济上的打击，更为深远的是对中国民族网络游戏产业的扼杀。

而辅助性外挂的危害比恶性作弊类外挂小得多。辅助性外挂只是将游戏中一

---

① 蒋志培：“人民法院对网络环境下著作权的司法保护”，载《中国版权》2004年第2期。

② 赵红仕：“网络游戏软件著作权保护的执法实践及若干问题研究”，载《中国版权》2005年第4期。

些重复性内容由程序自动完成，不仅不会削弱游戏的趣味性，而且还减轻了玩家因游戏不合理性带来的痛苦，让一些因工作、学习繁忙的玩家也有时间玩游戏，从而增加运营商的收益。其功能都在游戏规则允许范围内，不会减少玩家的上线时间，很难缩短游戏寿命，对著作权的侵害也有限。绝大多数玩家对辅助性外挂持赞同态度。①

综合考虑不同外挂的危害性，可以得出这样的结论：外挂的非法性主要表现在破坏出版管理秩序、侵犯著作权、破坏计算机信息系统、危害玩家、游戏运营商、网络游戏产业等方面。但尽管如此，对不同类型的外挂的危害程度，应该区分是否为官方、是否以营利为目的、是否是恶性作弊类做出不同的评判，而不应不加区别地对待。

3. 现行刑法对外挂行为的定性选择及其缺憾

根据外挂的行为特征、危害后果和侵害客体，一般认为可以寻求的定性选择有三个：破坏计算机信息系统罪、侵犯著作权罪和非法经营罪。

破坏计算机信息系统罪要求“后果严重”，目前司法解释对此未予明确，难以认定。同时，计算机安全问题不能涵盖著作权和出版管理秩序等内容。而官方外挂并不存在破坏计算机信息系统的问题。

而以侵犯著作权罪来定性，认定“复制”难度较大。首先，开发外挂不存在复制。外挂有可能调用客户端内存函数或复制内存地址、服务器地址数据等。但数据并不等于程序，这种复制仅仅“涉嫌抄袭了源代码中的部分内容，但该部分内容不能构成相对完整的作品，这种抄袭虽然属于侵犯软件作品著作权的行为，但不属于侵犯著作权罪的实行行为‘复制’他人作品的行为”。② 其次，运营外挂不存在复制。《最高人民法院、最高人民检察院关于办理侵犯知识产权刑事案件具体应用法律若干问题的解释》将利用信息网络向公众传播他人作品的行为解释为“复制发行”，针对的是在信息网络上向公众提供软件的行为，③一般是指将他人作品上载到互联网传播，或将他人本已在某个网址上的作品，转移到其他网址上传播。外挂虽然挂接网络游戏运营，但并没有上述行为。而且，游戏依然在运营商的控制下，玩家依然要向运营商支付费用。因此运营外挂，也不属于利用互联网传播他人作品。同时官方外挂不存在侵犯著作权的问题。

认定制作并运营外挂构成非法经营罪，法律依据比较充分。依据《最高人民法

① 赵福军：“评论：网络游戏需要辅助性外挂？”，载 http://www. wanglei. com/Article - Show. asp? ArticleID = 729。

② 赵永红：“制作游戏外挂并出售牟利应如何处理”，载《人民检察》2006 年第 12 期。

③ 张军主编：《解读最高人民法院司法解释》（刑事卷），人民法院出版社 2006 年版，第 329 页。

院关于审理非法出版物刑事案件具体应用法律若干问题的解释》第15条规定，制作并运营外挂这种程序性非法出版活动，达到“情节特别严重”的，可以认定为非法经营罪。但是，以非法经营罪依然有以下不足：

一是不能全面反映侵害客体。以非法经营罪定性，是将制作并销售外挂中涉及违反国家出版管理制度这一行政管理制度的行为定罪处罚，而没有将制作和运行外挂中破坏计算机信息系统、侵犯著作权等作为犯罪处理，忽视了对著作权利人合法权益的保护。

二是打击面过宽。官方外挂如果没有经过合法出版机构出版，也是非法出版物。如果对其刑事打击，则没有考虑到这种外挂不会对相关著作权人造成任何危害，反而会增加他们的收益这一点。盲目地将这种外挂予以刑事打击，而不考虑上述因素，不使用其他方式调整，过于武断和严厉。同时，不加区分对辅助性外挂和恶性作弊类外挂一律加以刑事打击，也显然忽视了市场对辅助性外挂的强烈需求，忽视了辅助性外挂对于促进游戏发展的良性意义。当前司法实践中既有的两个案例对此并没有区别对待，应该引起反思。

4. 关于外挂行为犯罪化的思辨

一些学者认为，如果在今后的刑事立法中对外挂行为作出特别规定，选择侵犯著作权罪定性较为适当①。诚然，此罪能较为全面地反映外挂的行为特征、社会危害性，兼顾市场管理秩序、著作权人合法权益以及计算机安全等方面。但这涉及将“破坏技术保护措施、侵犯作品修改权和完整权”等侵犯著作权的外挂行为或部分行为犯罪化的问题②。对此，必须充分思考其必要性和充分性。

第一，必要性。非官方营利性外挂的制作者和经营者具有一定程度的主观恶性。行为人的主观恶性大小，是判断一种行为是否是犯罪，以及是否有必要犯罪化的另一个重要依据。非官方营利性外挂的制作者和经营者在未经许可或授权，无偿利用他人资源，损害他人财产权益的基础上营利，是典型的损人利己行为。非官方营利性外挂行为犯罪化，符合TRIPs中关于知识产权侵权行为犯罪化的一般要求。《与贸易有关的知识产权协议》（即TRIPs）第6条规定，“成员可规定将刑事程序及刑事惩罚适用于侵犯知识产权的其他情况，尤其是有意侵权并且以商业规模侵权的情况。”③可见，以商业规模的有意侵权，是判断某种侵犯知识产权的行为是否可以犯罪化的标准。当前，外挂已形成“以上游的外挂开发商、中游的外挂运营

---

① 刘军：“当前办理著作权犯罪案件适用法律中存在的问题与对策”，载《人民检察》2006年第15期。

② 为论述方便，本文此项内容均简称“非法外挂行为犯罪化”。

③ 《关税总协定与世界贸易组织中的知识产权协议》，郑成思译，学习出版社1994年版，第43页。

商、外挂渠道，以及下游的外挂网吧等组成的‘产业生态’”①。在传奇系列外挂案中，犯罪人短短几个月的经营额就在280余万元以上。按照TRIPs，经营非法外挂的行为完全可以被作为侵犯知识产权犯罪处理。国内外有关法律法规已将提供破坏技术保护措施服务的行为犯罪化。制作者和运营者向玩家提供恶性作弊类外挂，实质上是提供一种能够破坏网络游戏技术保护措施的技术服务。根据我国《信息网络传播权保护条例》第19条第(一)项规定，故意为他人避开或者破坏技术措施提供技术服务，构成犯罪的，依法追究刑事责任。《中华人民共和国著作权法》、《计算机软件保护条例》也有类似规定。法国在《信息社会中的著作权及邻接权法》第22条规定："为研究以外的目的，有意通过译码、编码和其他旨在绕开、抵消或取消一项保护和控制设置的个人介入行为以改变一项作品……的保护，从而对有效技术措施实施侵害，并且该侵害是通过使用第二等级列举……的方式而实现的。"②第二等级列举的方式包括"对实现这一目的而提供某项服务的"。③ 上述国内外立法实践，反映了将"提供破坏技术保护措施服务行为"犯罪化的普遍的社会需求，我国刑事立法对此理应吸收。

第二，充分性。就像大谷实先生警告的那样："犯罪化，仅具有必要性是不够的，还应具有立足于刑法的补充性、不完全性、宽容性即'谦抑主义'精神的正当根据。"④将外挂行为犯罪化，还需考虑以下问题：

一是外挂具有技术创新性，经过合理规范，可以与网络游戏相互促进，共同发展。二是外挂具有一定的市场需求，只要这种需求可以在法律范围内得到一定程度的满足，就不应彻底地封杀。国家有必要从民事、经济、行政等多个立法层面，以及社会政策、技术规制、道德舆论等多个方面共同规范，一方面满足著作权人的诉求，另一方面也满足广大玩家的需要，这才是理性的选择。三是立足于我国国情。一般来说，发展中国家对知识产权保护应以国际公约所规定的最低保护标准为依据，注意从本国的经济、科技发展现状出发，而不宜照搬发达国家的现成规定。我国对知识产权的保护也应保持中间地位，达到TRIPs最低标准即可，不必要在司法上苛求提前接轨，更不能要求有违国内经济、技术发展水平的超标准保护。⑤

---

① "网游外挂形成完整产业链　制作者月收入200万"，载 http://www.chinabyte.com/homepage/219001842711920640/20031225/1756703.shtml。

② 任军民："法国信息网络刑事保护对我国有关立法的启示"，载《知识产权》2006年第5期。

③ 任军民："法国信息网络刑事保护对我国有关立法的启示"，载《知识产权》2006年第5期。

④ [日]大谷实著：《刑事政策学》，黎宏译，法律出版社2000年版。

⑤ 陈东升："TRIPS与我国知识产权保护的刑事立法完善"，载《政法论丛》2003年第1期。

5. 我国刑法的理性选择

综上所述,笔者认为,就外挂行为犯罪化问题,应该确立的指导思想是:以促进科技创新为目标,立足于我国国情,遵循国际准则的基本要求,合理吸收国内外法律法规的立法实践,在社会权利与社会秩序之间寻求平衡,促进和谐社会的构建。据此,笔者就网络游戏外挂的刑法规制提出如下建议:

(1)对外挂持开放性态度,并首先以民事、行政法律加以规范。

首先,外挂可以成为合法出版物,对外挂应持开放性态度。《新闻出版署、信息产业部、国家工商行政管理总局、国家版权局、全国扫黄打非工作小组办公室关于开展对"私服"、"外挂"专项治理的通知》就外挂做出了如下定义:"'私服'、'外挂'违法行为,是指未经许可或授权,破坏合法出版、他人享有著作权的互联网游戏作品的技术保护措施、修改作品数据、私自架设服务器、制作游戏充值卡(点卡),运营或挂接运营合法出版、他人享有著作权的互联网游戏作品,从而谋取利益、侵害他人利益。'私服'、'外挂'违法行为属于非法互联网出版活动。"官方外挂没有"未经许可或授权"的特点,非营利性外挂没有"谋取利益"并且进行"运营"的特点,辅助性外挂没有"破坏技术保护措施、修改作品数据"的特点,它们都是现实存在的外挂形式,上述定义对此未予涵盖。有鉴于此,笔者根据前文分析,将外挂定义为:针对网络游戏设计的能够提供网络游戏不具备的功能的计算机程序。尽管如此,上述官方定义还是明确了以下内容:外挂可以是一种出版物,外挂行为可以是一种互联网出版活动。官方外挂、非营利性外挂和辅助性外挂不是打击对象,只有非官方营利性恶性作弊类外挂才被作为外挂予以打击。既然外挂可以是出版物,就应该将其全部纳入我国出版物管理制度予以规范,给予其合法化的途径和相应的发展空间。

其次,考虑以民事、行政法律作为优先规范。以民事、行政法律法规对外挂进行规范,应是首先考虑的思路,我国现有法律法规也完全具备了条件。非官方外挂存在对著作权的侵犯,而官方外挂就不存在此问题。只要网络游戏的开发商和运营商根据市场的需求,与外挂开发者达成协议,所有形式的外挂就都有了存在的可能性,都属于官方外挂。这一点,现有的民事法律法规没有限制性规定,可以实现。在此基础上,国家可以根据电子出版物的管理规定,要求营利性外挂作为电子出版物,必须经过合法的出版机构出版,并向版权部门备案。这一点,现有的出版管理法律法规也完全可以实现。这样,对于非官方外挂,网络游戏著作权人可以通过民事诉讼,依据民法和著作权法等相关法律法规追究外挂开发者或运营者、使用者的民事责任。对于包括官方外挂在内的没有经过合法出版的经营性外挂,行政机关可以通过依据出版管理法律法规予以行政处罚。

(2)对于情节严重或后果严重的非法外挂,可以侵犯著作权类犯罪予以定罪处罚。

后果严重或情节严重是我国刑法对犯罪行为危害性在质和量上的普遍要求。对非法外挂行为是否达到犯罪标准,也应从后果严重或情节严重上把握。

第一,玩家不应成为犯罪主体,却可以承担民事责任。上文提及的 TRIPs 要求缔约国打击的重点是故意以商业规模实施的侵权行为,营利性是故意以商业规模的基本特征。玩家的行为没有营利性,不应成为犯罪的主体。实际上,玩家的行为完全可以通过民事途径予以解决。玩家使用外挂,如果存在破坏技术保护措施、修改作品、破坏作品的完整性等问题,可以依据著作权法相关规定要求停止侵权。同时,在运营商声明玩家不得使用外挂的情形下,如果玩家使用了外挂,显然是破坏了玩家与运营商之间的协议,应该承担违约责任。

第二,对非营利性外挂不应犯罪化,但可以通过民事途径解决。我国著作权法对于出版的要求之一是要有发行行为,而发行一般指批发或零售的销售行为。非营利性外挂,不存在发行问题,版权部门对其不能依据出版管理规定予以行政处罚,刑事法律当然也不能以非法经营罪追究刑事责任。但是,如果这种非营利性外挂不是官方外挂,就涉及对著作权的侵犯,可以通过民事途径解决。当然,这种行为不是有意以商业规模出现,不必将其纳入侵犯著作权类犯罪处理。

第三,对官方营利性外挂不必犯罪化。营利性外挂如果属于官方外挂,不存在侵犯著作权的问题,在这种情况下如果进行犯罪化处理,只能以非法经营罪追究刑事责任。但这种官方外挂,由于没有侵犯著作权,其社会危害性只体现在破坏国家出版管理秩序上。就危害性而言,由于官方并不把这种外挂作为外挂来认定,可见并没有达到可以犯罪化的危害程度,因此对这种外挂也不必犯罪化。

第四,对于非官方的营利性辅助性外挂,不必进行犯罪化;即使要犯罪化,也仅应针对未经合法出版的营利性辅助性外挂,且以非法经营罪处理,而不必以侵犯著作权类犯罪追究。对于这种外挂,笔者首先认为不必进行犯罪化。官方并未将此类外挂作为外挂予以打击,其危害性较恶性作弊类外挂要小得多,也不存在破坏技术保护措施和修改数据的问题,只有修改作品和破坏作品完整性的侵权内容,而我国《著作权法》等相关法律法规均未将这种侵权内容认定为犯罪,国外一些法治发达国家和有关国际条约也未要求必须将此种侵权行为犯罪化。因此,立足发展中国家的具体国情,我们不应采取对知识产权保护的过高标准,不必将此种侵权行为犯罪化。[①] 当然,如

---

① 在犯罪化问题上,对于辅助性外挂应区别于恶性作弊类外挂对待,为很多法律界同人所认可,比如赵福军:“评论:网络游戏需要辅助性外挂?”,载 http://www. wanglei. com/Article – Show. asp? ArticleID = 729。

果刑事政策考虑到这种外挂在一定程度上侵犯了著作权，破坏了出版管理秩序，需要犯罪化，笔者建议也仅对其中未经合法出版的外挂犯罪化，且以非法经营罪处理，而不必以侵犯著作权类犯罪追究，且以出版程序性违法，而不以出版内容性违法来认定，要求达到情节特别严重的标准时，才能定罪。

第五，建议对非官方营利性恶性作弊类外挂中的提供"破坏技术保护措施"的服务行为犯罪化。非官方营利性恶性作弊类外挂严重侵犯了著作权，其侵权内容涉及"破坏技术保护措施"，程度较为严重，是现存市场上危害性最大的外挂类型，也是官方明确予以严厉打击的对象。我国《著作权法》等相关法律法规已经将此种行为规定为犯罪，国外一些法治发达国家也有立法例。因此，如果刑事政策需要，立法机关可以将这种外挂行为中的提供"破坏技术保护措施"服务行为犯罪化，并根据此行为侵犯了著作权这一客体，将此类外挂以侵犯著作权罪追究刑事责任。此时存在一个想象竞合的问题，即此类外挂行为侵犯了两个犯罪客体，一个是著作权，另一个是出版管理秩序；从而触犯了两个罪名，一个是侵犯著作权罪，另一个是非法经营罪。对此虽然可以从一重罪处罚。但笔者认为，如果以非法经营罪定罪处罚，还是应该以出版程序性违法来认定。理由如下：

首先，这种外挂具有很强的技术创新性，其内容的危害性不能与传统的内容性违法出版物相比。考察出版物的内容性违法，应根据国务院 1997 年 1 月颁行的《出版管理条例》第 25 条的规定。该条规定列举了出版物不得含有的 8 项内容。适用《最高人民法院关于审理非法出版物刑事案件具体应用法律若干问题的解释》第 11 条规定的出版物，其内容对社会秩序的危害性，必须达到相当于上述 8 项内容的程度。而这种外挂的内容并不属于上述 8 项内容之一，其危害性比与之相近的盗版行为要小。因此，不宜对内容性违法的出版物作扩大性解释，不应考虑对此种外挂的内容性违法上升到刑事处罚的程度。

其次，《最高人民法院关于审理非法出版物刑事案件具体应用法律若干问题的解释》的第 1 条至第 10 条，均根据非法出版物的内容不同，规定了不同罪名。对与此种外挂最类似的非法复制行为，也特别规定为侵犯著作权类犯罪。我国刑法关于侵犯著作权罪的最高量刑为 7 年有期徒刑，如果认定此种外挂属于内容性违法出版物，以非法经营罪量刑时，就有可能最高量刑达到 15 年，在依据想象竞合予以选择时，极可能考虑非法经营罪，从而产生比侵犯著作权罪高得多的刑罚。从外挂的社会危害性较之传统盗版行为要小这一点考虑，会出现罪刑不相当的问题。

**【法律法规链接】**

《中华人民共和国刑法》第 25 条第 1 款，第 26 条第 1 款、第 4 款，第 27 条，第

72 条，第 73 条第 2 款、第 3 款，第 225 条第（四）项

《最高人民法院关于审理非法出版物刑事案件具体应用法律若干问题的解释》第 11 条、第 12 条第 2 款

（编写人：石金平　游　涛）

## 28. 经营者设置陷阱并以辱骂、殴打方式强迫交易完成的行为，构成寻衅滋事罪还是强迫交易罪

——李甲等强迫交易案①

### 【裁判要旨】

随着电子市场租金上涨、电子商务盛行，一些市场的经营者不惜采取欺诈、恐吓手段经营，常见的是一些经营者在互联网上发布低价商品信息吸引顾客到店，让顾客先付货款后，交付低端产品或缺少零部件产品，并在顾客拒绝交易后以威胁、辱骂方式强迫交易完成。对于上述行为，市场投诉部门或者公安机关多以经济纠纷调解处理。但上述行为同样侵犯了相对人的平等、自愿交易权及财产权，扰乱了市场经济秩序，对于情节严重的行为，应认定为强迫交易罪。

### 【基本案情】

被告人李甲于 2010 年成立北京市利和信沅科技有限公司后，在北京市海淀区中关村大街 11 号北科置业大厦（中关村亿世界财富中心）C 座六层租赁 655、642A、641A 房间经营相机等电子产品业务，并雇用被告人张某飞、张某忠、高某才、郑某荣、赵某海及祁某玲（李甲之母，另案处理）等人，长期采用在互联网上发布低价产品信息吸引顾客到店，以先交钱后提货为由要求顾客先付货款，后向顾客交付低端产品或缺少零部件产品的方式经营，并在顾客拒绝交易后对顾客进行辱骂、恐吓。2011 年 7 月 13 日，被告人张某忠在前述 655 房间向顾客张某丽售卖相机的过程中，要求张某丽先行交付货款，后张某忠将缺少配件的相机交付张某丽并要求张某丽补交货款，但遭到张某丽拒绝，被告人张某飞遂对张某丽进行辱骂，后张某丽被迫携带缺少配件的相机离开。2011 年 7 月 14 日 15 时许，张某丽与朋友被害人

① （2012）海刑初字第 1801 号判决书，（2012）一中刑终字第 5326 号裁定书。

刘某峰、吴某逸及刘乙、杨丙到前述655房间就相机交易问题进行交涉，要求退货，被告人张某飞、张某忠拒绝退货，双方发生冲突。被告人张某忠使用拳头击打被害人吴某逸头部，祁某玲使用相机三脚架击伤刘乙头部（刘乙身体损伤程度经鉴定为轻伤）。被告人张某忠、张某飞因伤离开后，被告人李甲闻讯后又指使被告人高某才、郑某荣、赵某海等人，对被害人刘某峰、吴某逸进行殴打，致刘某峰头皮裂伤、右前臂软组织损伤、肾挫伤、脑外伤后神经反应、腰部软组织损伤，致吴某逸右桡骨远端骨折、右尺骨茎突骨折。其间，被告人李甲为阻止被害人张某丽使用手机拍摄冲突现场，砸毁张某丽诺基亚N97mini手机1部。经鉴定，吴某逸身体所受损伤程度为轻伤，被砸毁的诺基亚N97mini手机价值人民币1227.5元。2011年7月23日至10月31日，六被告人相继到案。

公诉机关指控被告人李甲、高某才、赵某海、郑某荣、张某飞、张某忠无故滋事，随意殴打他人，构成寻衅滋事罪。

**【法院裁判】**

法院认为：被告人李甲、高某才、郑某荣、赵某海、张某飞、张某忠以暴力、威胁手段，强买强卖商品，致人轻伤，情节严重，已构成强迫交易罪。公诉机关指控被告人李甲、高某才、郑某荣、赵某海、张某飞、张某忠犯有寻衅滋事罪的事实清楚，证据确实充分，但指控罪名不当，应予更正。一审法院认为：首先，交易的本质是在交易主体平等的前提下，本着自愿、公平、等价有偿、诚实信用的基础，建立互利性的经济活动。为了使交易在正常的市场秩序下进行，刑法保护交易相对人的平等、自愿交易权。本案被告人李甲等人长期采用让顾客先付货款，后交付低端产品或缺少零部件产品，并在顾客拒绝交易后对顾客进行辱骂、威胁、恐吓的方式经营。本案顾客购买商品及先行交付货款的初始行为虽为自愿，但这种自愿性系因被告人违背诚实信用原则的先行欺诈行为所致；被告人收到货款后交付低端产品或缺少配件的商品时，交易尚未完成。因此，被告人在顾客发觉被骗拒绝交易后，以威胁、辱骂方式强迫交易完成的行为，侵犯了相对人的平等、自愿交易权及财产权，扰乱了市场经济秩序，属于强迫交易行为。就本案指控事实来看，张某飞、张某忠强迫张某丽购买少配件的相机，拒绝退货并进行辱骂、威胁的行为属于强迫交易行为。虽然被告人李甲、高某才、郑某荣、赵某海未直接参与交易行为，但从其长期的经营方式看，其均明知张某飞、张某忠进行了强迫交易，并参与施行暴力。因此，被告人李甲、高某才、郑某荣、赵某海在明知事情起因的情况下，对被害人进行殴打，主观上更多是为了保证强迫交易，继续谋取非法经济利益，其行为应当看作交易行为的组成部分，认定为强迫交易行为更为合适。其次，被告人李甲等人殴打被害人，造成吴某逸轻伤,刘某峰身体多处软组织损伤的后果,应认定为情节严重。综上,被告人李甲等六人的行为构成强迫交易罪。

被告人李甲纠集多人,长期以强迫交易的方式经营,扰乱正常经济秩序,造成较坏的影响,本情节在量刑时酌予考虑。鉴于被告人高某才、郑某荣、张某飞到案后如实供述犯罪事实,认罪态度较好;被告人李甲、张某忠、赵某海犯罪后主动向公安机关投案,到案后如实供述犯罪事实,系自首,可依法从轻处罚。被告人李甲、高某才、郑某荣在其家属的帮助下交纳可供执行的赔偿款的情节,在量刑时亦酌予考虑。根据被告人犯罪的事实、性质、情节及对于社会的危害程度,以及被告人赔偿的具体情况,一审法院于2012年9月19日作出(2012)海刑初字第1801号刑事判决,认定被告人李甲等六人犯强迫交易罪,分别判处1年6个月至2年6个月的有期徒刑。宣判后,部分被告人提出上诉,二审法院于2012年11月27日作出驳回上诉,维持原判的终审裁定,现判决已发生法律效力。

## 【要点评析】

本案系因认定被告人李甲等人随意殴打他人构成寻衅滋事罪而被提起公诉,对被告人长期进行的经营行为未作评价。但法院认为,认定为寻衅滋事罪并不恰当。寻衅滋事罪客观表现为无事生非,起哄捣乱,进行破坏骚扰的行为。本案中,首先,被告人李甲、高某才、郑某荣、赵某海四人殴打他人事出有因,主观上更多是为了保证强迫交易,继续谋取非法经济利益。其次,被告人张某飞、张某忠并未参与后阶段的殴打,其二人前一阶段与刘某峰等被害人发生争吵后进行撕扯,但并无伤害后果。

从事件发生的整个过程进行考虑,认定被告人李甲等人的行为构成强迫交易罪更为准确。强迫交易罪的客观方面表现之一为“以暴力、威胁手段,强买强卖商品”。强买强卖表现为行为人以不合理价格或者即使合理价格向他人出售商品,他人不愿交易而强迫其交易的行为。实践中的判例多表现为酒吧强迫他人进行高价酒水消费,工地强迫建筑工人购买水泥、沙子等建筑材料,商户强迫他人购买以抽奖形式所中奖品等行为。这些判例的特点表现为在交易之初,被交易人即不想在强迫者处购买商品或接受服务。而本案的特点在于被交易人本想在强迫者处购买商品,并达成交易意向,只是在被交易人付款后并且交易尚未完成时,强迫者欺诈,交付低端产品,导致交易失去公平,在交易人拒绝继续交易后,强迫交易人强迫其完成交易。此种行为同样侵犯了相对人的平等、自愿交易权及财产权,扰乱了市场经济秩序,因此应认定为是强迫交易行为。

本案的强迫交易行为现为电子市场一些商家惯用的手段,李甲等人经营的店面在半年的经营期间内就有30余次报警记录。而且根据证人反映，近年来，随着中关村市场租金上涨、电子商务的盛行、产品价格的透明化，中关村市场的竞争日趋恶化，为此，一些商户不惜采取欺诈、恐吓手段强迫顾客交易，行走在犯罪的边缘。对于本案被告人惯用的此种交易方式，市场投诉部门或者管辖派出所多以经济纠纷调解处理，从未作为犯罪处理，致使类似商户的经营行为肆无忌惮，顾客的消费权益得不到有效保护。因此，本案的意义在于，通过丰富强迫交易罪的客观表现，发挥司法示范效应，对电子市场非法经营行为形成法律威慑，净化市场交易环境，推动经济健康发展。

**【法律法规链接】**

《中华人民共和国刑法》第25条第1款，第53条，第67条第1款、第3款，第226条第(一)项

《中华人民共和国民法通则》第119条

（编写人：樊　强）

# 第四章　侵犯公民人身权利、民主权利案件

## 29. 故意杀人罪中的“情节较轻”应如何认定

——黄某丽故意杀人案①

【裁判要旨】

故意杀人罪所侵犯的是刑法保护的最重要的法益——公民的生命权，因此刑法对该罪的刑罚规定也尤为严苛。但同时，社会生活的复杂性也决定了故意杀人行为类型的多样化，对所有的故意杀人行为一律处以重刑不符合罪刑相适应的刑法原则。因此，按照刑法的立法精神，在该罪名中设定故意杀人罪“情节较轻”这一量刑情节有助于维护司法的公正与统一。但目前我国刑法中尚未规定故意杀人罪“情节较轻”的具体标准，也没有相关的司法解释对“情节较轻”的类型进行梳理。由于缺乏对“情节较轻”的明确化规定，司法实践中也没有统一的适用基准，因而导致了量刑畸重畸轻以及“同案不同判”的情况。笔者认为认定故意杀人罪的“情节较轻”应同时具备以下几个条件：一是行为人必须具有法定减轻情节；二是行为人实施杀人的手段不是特别残忍；三是行为人是基于可宽恕的动机实施杀人行为；四是从行为人的认罪及悔罪态度上分析可以得出再犯可能性较小；五是从法律效果的角度考量，从轻处罚可以达到法律效果与社会效果的统一。

【基本案情】

2010 年 4 月初，被告人黄某丽因怀疑其丈夫沈某波（男，32 岁）有外遇遂起意欲杀害被害人沈某波。2010 年 4 月 6 日，被告人黄某丽购买安眠药地西泮片后使用事先偷配的钥匙进入被害人沈某波位于北京市海淀区中关村南一街甲 4 号的暂住地，向屋内的酒瓶内投放地西泮片后藏匿在屋内阁楼中，欲待沈某波熟睡后将他

---

① （2012）海刑初字第 553 号判决书，（2012）一中刑终字第 4099 号裁定书。

杀害,后因被告人黄某丽思想很矛盾遂未动手。同年4月7日22时许,被告人黄某丽再次进入被害人沈某波的住处并将电闸关闭后藏匿,待沈某波回家开门时黄某丽持事先准备好的水果刀猛扑上前刺向沈某波,被沈某波发觉后将其制服,并拨打电话报警。当日,被告人黄某丽被公安机关抓获。经查,被害人沈某波在制服黄某丽时被黄某丽所持水果刀划伤手部,经鉴定其身体所受损伤程度为轻微伤。被告人黄某丽经鉴定精神状态为应激相关障碍,属限制刑事责任能力。在案件审理过程中,被害人沈某波提交谅解书,对被告人黄某丽的行为表示谅解。

**【法院裁判】**

庭审过程中,被告人黄某丽对公诉机关指控的事实未提出异议,但辩称其并没有想杀死其丈夫,只是想吓唬他一下。其辩护人发表的辩护意见为,被告人黄某丽的主观恶性较小,系犯罪未遂,且系限制行为能力人,现已得到被害人的谅解,建议法庭对被告人黄某丽从轻处罚。法院经审理后认为,被告人黄某丽因家庭纠纷意图杀害被害人,其行为已构成故意杀人罪,应予惩处。检察院指控被告人黄某丽犯有故意杀人罪的事实清楚,证据确凿,指控罪名成立。但控方认为被告人黄某丽的杀人行为属于情节较轻的意见不能成立。鉴于被告人黄某丽如实供述其犯罪事实,且其犯罪行为系已经着手实施犯罪,由于其意志以外的原因而未能得逞,系犯罪未遂;同时考虑到经鉴定其在案发时的精神状态为应激相关障碍,属限制刑事责任能力,现被害人亦表示谅解被告人的行为,不要求追究被告人的责任,故可依法对其减轻处罚。依照《中华人民共和国刑法》第232条、第23条、第18条第3款、第67条第3款之规定,判处被告人黄某丽犯故意杀人罪,判处有期徒刑3年。一审宣判后被告人黄某丽在法定期限内提起上诉,后一中院裁定驳回上诉,维持原判。

**【要点评析】**

本案争议的关键点在于是否认定公诉机关指控的故意杀人罪中的情节较轻这一情节。目前的实际情况是,我国刑法虽然明确规定了故意杀人罪中有"情节较轻"的情形,但是至今仍然没有统一的司法解释或者相关的法律文件对何种情况属于"情节较轻"进行明确规定,不同学者对于什么样的情形方可认定为"情节较轻"也有不同的观点。有学者认为,"情节较轻"一般指义愤杀人、防卫过当杀人、因受被害人长期迫害而杀人、帮助自杀、受嘱托杀人等情况。有学者认为,情节较轻的故意杀人主要有当场基于义愤的杀人、因受被害人长期迫害的杀人、基于被害人请求的杀人以及"大义灭亲"的杀人等。有学者认为,情节较轻的杀人包括当场基于义愤的杀人、因受被害人长期迫害的杀人、基于被害人同意甚至请求的杀人、防卫过当的杀人、大义灭亲的杀人等。也有学者认为,情节较轻的故意杀人,主要包括当场基于义愤杀人、受被害人嘱托杀人、受被害人长期迫害或者虐待而激愤杀人、“大义灭亲”杀人、父母为掩饰羞耻或因家庭困难而溺婴等。概括来看,笔者认定情节较轻应同时具备如下几个条件:(1)行为人必须具有法定减轻的情节;(2)行为人实施杀人的手段不是特别残忍;(3)行为人是基于可宽恕的动机实施杀人行为;(4)从行为人的认罪以及悔罪态度上分析可以得出再犯可能性较小;(5)从法律效果的角度考量,从轻处罚可以达到法律效果与社会效果的统一。

而具体到本案中,虽本案被告人给被害人造成的身体损伤相对轻微,但被告人黄某丽因家庭纠纷而起意杀害被害人,并事先准备好刀具潜伏在被害人住所,若非被及时制服,后果不堪设想。可见被告人黄某丽的行为已对被害人的人身安全造成严重威胁,社会危害性较大;且被告人黄某丽的杀人动机系因丈夫有外遇而心怀不满,虽该情节确实给被告人带来了一定伤害,但此类伤害与上文提及之出于义愤杀人、遭受长期迫害杀人等仍存在明显区别,故对被告人黄某丽的杀人行为不应认定为情节较轻。

**【法律法规链接】**

《中华人民共和国刑法》第18条第3款、第23条、第67条第3款、第232条

(编写人:郭　晟)

## 30. 互殴过程中将对方推入机动车快行道后导致死亡的行为,应如何定性

——郭某某故意杀人案①

**【裁判要旨】**

临时起意的暴力行为一旦造成被害人伤亡的结果,行为人主观心态一般无法通过事前行为进行准确判断,往往需要通过对行为人案发时的暴力行为方式、程度以及致死伤的性质、位置等推断主观故意。行为人的主观故意与客观结果应相互

① (2009)海刑初字第1938号判决书,(2010)一中刑终字第2722号刑事裁定书。

统一,对于故意实施暴力行为,且行为人明知可能造成死亡后果,而仍导致被害人死亡的,应以故意杀人罪定罪处罚。

【基本案情】

被告人郭某某与同乡李某某、周某某(女)、蔡某某均在京工作。2007 年 10 月 24 日晚,四人聚会,席间均大量饮酒。后四人共同乘坐被害人王某某驾驶的出租车,车辆行驶过程中,郭某某在车内醉酒呕吐。当车行至北京市海淀区北四环中关村 1 号桥西向东辅路时,因被告人郭某某系福建人,口音较重,加之酒后语言含混,王某某无法听清路线,提出让四人下车,并将车停在北四环辅路边。郭某某对王某某提出下车的要求十分不满,双方发生口角。因郭某某坐在车辆后座中间位置,其首先抓住王某某的衣领,王某某遂回首打了郭某某一拳后挣脱郭某某的拉拽,并迅速下车。郭某某认为其吃亏,开始下车追打王某某。此时,同车的蔡某某因醉酒在路边呕吐,周某某在蔡某某旁边照顾。李某某跟随郭某某,并对郭某某进行拉拽、劝阻。郭某某在追打王某某过程中,二人的位置已接近北四环辅路机动车道旁,郭某某在发现有机动车驶来时,双手将王某某推倒在机动车车道内,因与车辆距离过近,王某某被机动车碾轧胸部及左小腿,导致创伤失血性休克死亡。后郭某某逃离现场。

【法院裁判】

针对本案,公诉机关最初认为被告人郭某某因琐事与他人发生纠纷后,在机动车道内追打他人,造成他人被车辆碾轧致死的结果,其行为应当以过失致人死亡罪追究其刑事责任。郭某某及其辩护人对指控的事实及罪名均未提出异议。但经审理发现,郭某某行为不属于过失,有证据证明郭某某系在明确发现有机动车驶来时故意推搡被害人王某某,公诉机关指控的罪名有误。审理期间,公诉机关变更起诉,指控郭某某犯故意杀人罪。对此,郭某某当庭辩称其没有推搡王某某,本意是要拉他,但是没有拉住,被害人自行摔倒。本案经合议庭评议,一致认为郭某某采用暴力手段,非法剥夺他人生命,其行为已构成故意杀人罪。一审法院以故意杀人罪判处郭某某有期徒刑 15 年,剥夺政治权利 5 年。

一审宣判后,被告人郭某某不服,提出上诉,二审法院裁定驳回上诉,维持原判。

【要点评析】

我们认为,本案被告人郭某某的行为属于间接故意杀人,具体理由如下:

1. 过失致人死亡的行为人主观上对死亡的结果持否定态度，而郭某某的行为明显具有主观上放任的故意

在我国刑法理论上，把过失犯罪区分为过于自信的过失和疏忽大意的过失两种类型。过于自信过失的行为人是预见到自己的行为可能发生危害社会的结果，但轻信能够避免，以致发生危害结果。疏忽大意的行为人应当预见到自己的行为可能发生危害社会的结果，因为疏忽大意而没有预见，以致发生危害结果。① 从行为人的主观心态上分析，过失犯罪行为，无论是过于自信还是疏忽大意，主观上对危害结果的发生均持否定态度。以典型的过失犯罪——交通肇事为例，行为人虽然违反交通法规，但主观上并不愿意造成致人死亡、重伤或者财产损失的重大交通事故。其虽然故意违规，但心存侥幸，认为能够安全驾驶。可见，对于过失犯罪的行为人，往往对于其实施的行为本身并不存在明显恶意，即使在过于自信的过失犯罪中，行为虽然也预见到了危害结果发生的可能性，但由于其主观上的错误认识，认为可能不会转化为现实。因此，在危害结果发生后，过失犯罪的行为人主观心态与客观后果实际是不一致的。而在本案中，郭某某在下车追打王某某时，其自称认为“吃亏了”，在王某某已逃离出租车的情况下，仍心存报复，主动追打王某某，其主观上明显存在恶意，亦对于其追打王某某的行为可能造成危害后果具有统一认识，郭某某的行为与过失犯罪存在本质的区别。

2. 突发性犯罪，行为人不计后果，实施侵害后放任更为严重的结果发生，属于间接故意犯罪

生命权是最重要的人身权利；而杀人行为是严重侵犯公民生命权利的暴力犯罪。因此，对故意杀人罪的认定一贯采取严格证据标准。在本案中，行为人郭某某本人并没有直接造成被害人王某某的死亡，王某某系在被郭某某推倒后，被机动车道内正常行驶的机动车碾压致死。其行为认定为间接故意犯罪的重要证据是机动车驾驶人所作的证言，该证人明确证实“其发现辅路上有一个人正在追打另一人，二人边打边向主路靠近，其便放慢车速，在离二人打架约 1 米距离时，打人者看了其驾驶的车一眼后，用双手将被打者推倒，其急忙刹车，但因距离太近，车前轮压过倒地男子。”根据该证人证言，郭某某在追打王某某时，已发现在机动车道内有驶来的车辆，并确认了车距，后实施了推倒王某某的行为。这一证据有力证明了郭某某行为性质的变化，即其系在明知有机动车驶过的情况下，故意将王某某推倒在机动车道内。可见，其对机动车可能造成王某某受伤或者死亡的后果是明知的，而对于

---

① 参见高铭暄、马克昌主编：《刑法学》(第 5 版)，北京大学出版社、高等教育出版社 2011 年版，第 113 ~116 页。

机动车碾压王某某致死的结果而言,郭某某虽然预见到了可能性,但从其酒后泄愤的动机看,其不是持希望发生的态度,而是放任死亡后果发生的心态。因此,从郭某某的行为上分析,其属于间接故意犯罪。

3. 没有预谋的暴力行为,如暴力程度或者手段明显可致被害人死亡的,应以故意杀人罪论

审判实践中,对于突发性或者临时起意的侵害行为,往往不能通过事前行为明确判断行为人的主观故意。对此,一般应当根据行为人具体实施的暴力行为推定其案发时的主观故意。伤害行为明显可以致被害人死亡的,并且确实造成了死亡的后果,例如持刀扎向被害人颈部、心脏等要害部位造成被害人死亡的,完全可以认定行为人构成故意杀人罪。同时,在法医学中有条件致命伤和绝对致命伤两个概念。条件致命伤是在一定条件下,如延误抢救、医疗水平差、被害人患有疾病等致人死亡的损伤;绝对致命伤是对于任何人、无论任何条件,在现有医疗水平下都会致人死亡的损伤。在主观故意无法查明的情况下,绝对致命伤即是评价主观故意与客观结果之间是否相互呼应、统一的重要标准之一。[①] 机动车碾轧伤对于人身造成的伤害明显属于绝对致命伤。在本案中,被告人郭某某在追打被害人王某某时,王某某已被逼跑至北四环辅路机动车道旁,郭某某在发现已有机动车驶到王某某身边时,其将追打行为突然改为推搡动作,故意将王某某推到机动车道内,其行为的明显改变,也能说明其主观故意从追打王某某发展为故意让王某某遭受机动车碰撞、碾轧,其作为思维正常的成年人必然明知机动车碾轧他人可能导致死亡的后果,其仍故意为之,无视王某某的死活。其主观上放任死亡结果的心态与客观上造成死亡的实际后果是一致的。因此,郭某某的行为应当认定构成故意杀人罪。

**【法律法规链接】**

《中华人民共和国刑法》第 36 条第 1 款、第 55 条第 1 款、第 56 条第 1 款、第 232 条

《中华人民共和国民法通则》第 119 条

(编写人:秦 硕)

---

① 殷永军:"从法医学视角把握(间接)故意杀人罪与故意伤害(致死)罪的判断标准",载《人民检察》2008 年第 3 期。

# 31. 义愤杀人与杀人焚尸、抛尸作为同一案件量刑情节对量刑的影响

## ——被告人龚某义等人故意杀人、包庇案①

### 【裁判要旨】

将“义愤杀人”等被害人有重大过错的情形考虑为故意杀人罪的“情节较轻”，既是理论界的普遍观点，也是司法实践部门的基本态度。在故意杀人罪中，对被害人尸体的处分所反映的主观恶性，要比“义愤杀人”所反映的主观恶性轻，不能用“抛尸、焚尸”的情节来否定“义愤杀人”中被害人过错所导致的“情节较轻”的认定。

### 【基本案情】

被告人龚某义系北京市海淀区苏家坨乡前沙涧百汇居饭店（以下简称“百汇居”）店主，被告人胡某青、解某兵、吴某利、张某红均系“百汇居”服务员。2001年6月以来，被害人冯某刚（男，1963年3月26日出生，人称“二哥”）经常来该饭店肆意滋事，在此就餐从不付钱，且殴打饭店服务员，驱赶其他就餐人员，致该店生意冷淡。此外冯某刚还多次强令被告人龚某义为其寻觅“三陪小姐”。因慑服于冯某刚的淫威，被告人龚某义未敢报案，反而对冯某刚好言好语、好菜好酒相待，有时龚某义在给冯某刚钱后，冯某刚才肯罢休。期间，2001年6月，冯某刚因在该饭店找一名女服务员遇到阻挠后，便对服务员董某芝及其他服务员进行殴打；2001年9月，冯某刚在该饭店内无故将服务员强力殴打致伤，伤口缝合20余针；2001年10月，冯某刚在该饭店内无故殴打服务员张某荣致伤，后将张某荣强奸，张某荣恐再遭侵害而离开该店。

2001年12月26日晚18时许，被害人冯某刚又再次至“百汇居”。被告人龚某义小心陪侍其酒足饭饱后，冯某刚让龚某义为其找“三陪小姐”，龚某义拒绝其无理要求并给其人民币300元让其离去，后回到饭店宿舍看服务员玩麻将。不料冯某刚追至宿舍继续无理取闹，见到服务员付某月，执意让付某月跟其走，在付某月称其来例假后，冯某刚即对其进行殴打，并赶走旁人令付脱裤子让其检查，付某月受辱后哭离房间。此时饭馆大厅有客人到来，冯某刚出去将客人赶走，后闯进被告

---

① （2002）海刑初字第2775号判决书。

人龚某义的房间内,见到龚某义的女友被告人张某红,即指着张某红称“你丫歇×,这店你明天给我关张,你有女人睡我没有,今天就是她了”,龚说“二哥,这是我媳妇”,冯某刚便说“什么他妈×的媳妇不媳妇的,今儿就她陪我”,龚某义说“二哥,这生意没法做了,这店我给你,人也在这儿,她愿意跟你就跟你”,说完龚某义便要离开。冯某刚强阻龚某义离开,将房内电视机掀翻在地,并将张某红手机摔碎。龚某义还要离开,冯某刚便将龚某义拽回按倒在床上挥拳猛打。被告人胡某青闻讯赶来见状,即持铁管对冯某刚头部猛击一下,将冯某刚打倒在地,被告人龚某义起身后对躺在地上的冯某刚语:“二哥,今天对不起你了,是你把兄弟逼到绝路上来了。”随后亦持铁管击打冯某刚的头部,并与胡某青一同用铁丝勒冯某刚颈部,致冯某刚死亡。龚某义、胡某青二人于当晚伙同被告人解某兵、吴某利用车将冯某刚的尸体运离餐厅焚烧后抛于上庄乡上庄水库附近河中。被告人张某红目击了被告人龚某义等人作案的全过程,并在龚某义等人离开餐厅抛尸时打扫作案现场,清扫血迹,帮助掩盖罪行。2002年3月9日,被害人冯某刚尸体被人发现;后被告人龚某义、胡某青、解某兵、张某红相继被公安机关抓获归案,被告人吴某利主动到公安机关投案自首。在本案审理期间,民事赔偿部分已经调解解决。

2002年11月22日,检察院以被告人龚某义、胡某青构成故意杀人罪,被告人解某兵、吴某利、张某红构成包庇罪,向法院提起公诉。被告人龚某义、胡某青、解某兵、吴某利、张某红对起诉书指控的内容没有提出异议。被告人龚某义的辩护人认为:本案不是一件简单和普通的故意杀人和包庇杀人的案件,本案是被告人冯某刚正在对龚某义实施不法侵害行为时,胡某青为了制止冯某刚对龚某义的侵害及龚某义在胡某青的帮助下脱险后,龚某义和胡某青为避免冯某刚的继续侵害激于义愤所为,符合《中华人民共和国刑法》第20条的规定,属于正当防卫行为。死者冯某刚在2001年3月才因寻衅滋事罪刑满释放,但仍不思悔过,继续称霸一方,欺压他人,结果丢掉性命,有着明显的过错和激化矛盾的直接责任,对无过错一方予以从轻处罚符合我国刑事立法的原则精神,应对被告人龚某义予以从轻处罚。从公安机关出具的抓获经过来看,龚某义是在公安机关当时并没有掌握证据,只是认为其有嫌疑的情况下经教育而主动交代全部犯罪事实的,根据最高法院有关认定自首立功的司法解释,龚某义的行为应该视为自首。公安机关的抓获经过证实,在龚某义的交代下,办案人员将涉嫌作案的人员抓获,因此,应对龚某义认定为有立功表现。被告人龚某义一贯表现较好,系初犯,其亲属也愿对死者亲属予以适当赔偿。检察院答辩认为,正当防卫要求发生在不法侵害行为已经开始并且尚未结束之时,本案中在其他服务员已将被害人冯某刚制服后,龚某义对冯某刚继续实施加害行为,不属于正当防卫。公安机关是在掌握了龚某义有重大犯罪嫌疑的证据后才将其带至公安机关进行讯问的,不应认定龚某义有自首情节。作为犯罪嫌疑人,龚某义有如实向公安机关交代同案犯的义务,而其没有带领民警去抓同案犯的客观立功表现,不能认定为立功。

**【法院裁判】**

法院认为,被告人龚某义在遭受被害人冯某刚殴打时,被告人胡某青持铁管猛击冯某刚头部将其打倒,被告人龚某义在冯某刚已无实际侵害能力的情况下,仍持铁管连续击打冯某刚的头部,后又与被告人胡某青使用铁丝勒冯某刚的颈部,致冯某刚死亡,二被告人的行为均已构成故意杀人罪,应予惩处。被告人解某兵、吴某利、张某红目睹被告人龚某义、胡某青杀人行为后,解某兵、吴某利帮助被告人龚某义、胡某青焚尸、抛尸,张某红帮助打扫血迹、清理现场,此三被告人的行为均已构成包庇罪,应予惩处。检察院指控被告人龚某义、胡某青犯有故意杀人罪,被告人解某兵、吴某利、张某红犯有包庇罪,事实清楚,证据确凿,指控罪名成立。

法律的正义性、严肃性在于维护法制,维护公民的人身权利及其他合法权益,惩恶扬善。被告人龚某义、胡某青弑人夺命,自难辞其咎。但法律是公平的,以教育与挽救的本意为出发点,刑法本有极大的宽容度,能够充分考虑犯罪行为的具体情节。纵观全案,被害人冯某刚于2001年6月与被告人龚某义结识后,在长达半年的时间里,经常出入“百汇居”白吃白喝,寻衅滋事;更为甚者,被害人冯某刚在“百汇居”还恣意殴打服务员,多次致人伤害,还对数名女服务员凌辱,甚至强奸。被告人龚某义及其饭店服务员怵于冯某刚暴戾恣睢,皆忍辱含垢。案发当天,被害人冯某刚毫无廉耻竟要检查对其不从的女服务员是否来了例假,其流氓本质展露无遗;在其淫欲之心未得满足的情况下,向龚某义提出让龚某义的女友陪其过夜,在龚某义欲一走了之的情况下,被害人冯某刚却不依不饶,摔电视机、砸手机,更是将龚某义按倒在床上扼颈挥拳进行殴打。冰冻三尺,非一日之寒,被告人龚某义面对冯某刚的多次欺凌,均委曲求全,予以忍让,此次,在用尽好话亦不能制止冯某刚暴行的情况下,自觉长此以往无有尽头,虽知饮鸩止渴难结此事,仍无视国法的存在,弑人生命,被害人冯某刚实属有极大过错,被告人龚某义、胡某青的行为确系义愤杀人。

根据犯罪的事实、犯罪的性质、情节和对于社会的危害程度来决定犯罪分子的刑罚,是我国刑法规定的量刑原则。最高人民法院《全国法院维护农村稳定刑事审判工作座谈会纪要》明确阐述,对于因民间矛盾激化引发的故意杀人犯罪,对于被害方有明显过错或对矛盾激化负有直接责任的故意杀人案件,在量刑上应当与发生在社会上的严重危害社会治安的其他故意杀人犯罪案件有所区别。而刑法理论认为,故意杀人罪的情节较轻,主要是指防卫过当杀人、出于义愤杀人、因受被害人长期迫害而杀人，等等。根据上述我国刑法理论和刑事立法的精神，被告人龚某义、胡某青系受被害人长期迫害，而出于义愤杀人，且被害人冯某刚有极大过错，二被告人故意杀人的行为属于情节较轻，对其二人量刑过重，将有失法律的公平。对被告人龚某义的辩护人关于被告人属于义愤杀人以及被害人有明显过错和激化矛盾的直接责任之辩护意见，应予采纳。

被告人胡某青第一次击打冯某刚后，冯某刚实际已经丧失反抗能力，冯某刚的不法侵害行为已经停止，但被告人龚某义、胡某青却继续对冯某刚进行侵害直至被害人死亡，其行为目的已经不再是防卫被害而是故意侵害，辩护人关于认定被告人龚某义的行为属于正当防卫的辩护意见，曲解了正当防卫的法律本意，亦忽视了被告人的主观故意，不应采纳。被告人龚某义因重大嫌疑在受到公安机关讯问后，供认所有犯罪事实，只属坦白，而非自首；其仅交代同案犯，但并未实施协助公安机关抓获同案犯之客观行为，不属立功，对辩护人关于应认定被告人龚某义自首、立功情节之辩护意见，不应采纳。被告人龚某义、胡某青归案后坦白所有犯罪事实，且被告人龚某义积极退赔，认罪悔罪态度较好，结合被告人犯罪前一贯表现较好的情节，对二被告人可酌予从轻处罚。被告人吴某利主动投案如实供述所有犯罪事实，系自首，依法可从轻处罚。

法院对被告人龚某义、胡某青依照《中华人民共和国刑法》第 232 条、第 25 条第 1 款；对被告人解某兵、张某红依照《中华人民共和国刑法》第 310 条第 1 款、第 25 条第 1 款；对被告人吴某利依照《中华人民共和国刑法》第 310 条第 1 款、第 25 条第 1 款、第 67 条第 1 款之规定，以故意杀人罪判处被告人龚某义有期徒刑 5 年，被告人胡某青有期徒刑 5 年；以包庇罪判处被告人解某兵有期徒刑 7 个月，被告人吴某利有期徒刑 6 个月，被告人张某红有期徒刑 6 个月。

一审宣判后，检察院未抗诉，五名被告人均未上诉。

**【要点评析】**

我国《刑法》第 232 条对故意杀人罪量刑问题的规定，有一个明显的特点，即首先规定处死刑、无期徒刑或者 10 年以上有期徒刑，然后才规定属于“情节较轻”的，处 3 年以上 10 年以下有期徒刑的刑罚。此外我国《刑法》第 233 条也是先将重刑规定为对一般情节的刑罚选择考虑，后规定情节较轻的量刑问题。而我国刑法对其他犯罪都是首先规定成立犯罪的刑罚选择，然后规定情节严重或后果严重的刑罚选择。对故意杀人罪和过失致人死亡罪量刑问题的这种特别规定，反映了我国刑法对公民生命权的重视。同时，这一规定也为司法实践中如何对故意杀人罪量处刑罚，提供了指导。即对于普通的故意杀人罪，首先考虑死刑、无期徒刑或 10 年以上有期徒刑。只有对于情节较轻的故意杀人罪,才考虑选择3年以上10年以下有期徒刑。

然而,我国刑法或相关司法解释,并没有对"情节较轻"作出规定,这为司法实践带来了困难。本案中,影响着量刑的两个重要情节是"义愤杀人"和"抛尸、焚尸"。这两个情节,虽然都不是法定情节,但都不同程度地反映了各不相同的社会危害性和犯罪人的主观恶性,都是重要的酌定情节。对于这两个情节同时并存时,我们量刑时如何把握,是司法实践中必须处理好的重要问题,也是本案对犯罪人处5年有期徒刑而受到争议的关键点。本案承办法官在量刑时,主要从以下两个方面进行了考虑:

1. 将"义愤杀人"等被害人有重大过错的情形考虑为故意杀人罪的"情节较轻",既是理论界的普遍观点,也是司法实践部门的基本态度

虽然我国刑法或司法解释没有具体规定故意杀人罪情节较轻如何认定,但是刑法理论界都将被害人过错作为其中应该考虑的重要因素。例如在实务部门比较有代表性的观点认为,故意杀人罪的"情节较轻,司法实践中一般是指防卫过当致人死亡的,出于义愤杀人的,因受被害人的长期迫害而杀人的,溺婴的等情形。"[①]在理论界比较有代表性的观点也认为故意杀人罪的情节较轻,"主要指:当场基于义愤杀人,受被害人嘱托,受被害人长期迫害而激愤杀人,'大义灭亲'杀人等"。上述观点,均将义愤杀人等被害人有重大过错的情形,作为故意杀人罪的情节较轻进行认定。[②] 同时,上述观点,均未将"抛尸、焚尸"作为不认定情节较轻的阻截条件。虽然上述理论观点不具有法律效力,但是在一定程度上反映了司法实践部门和刑法学界的基本态度。

实际上,将被害人存有重大过错作为故意杀人罪的"情节较轻"来考虑,是有比较充分的理论基础的。这主要是因为,被害人对危害行为的发生存在过错及其过错程度,直接影响到了犯罪人的主观恶性及其人身危险性的认定,并在一定程度上影响到行为因果关系的进程。犯罪行为的社会危害性是主客观的统一,包括犯罪行为造成的客观实害和行为人本身体现出的主观恶性。量刑应与犯罪的社会危害性相适应的量刑原则要求刑罚裁量既要与行为造成的客观危害相适应,也要与行为人的人身危险性相适应。加害型犯罪中,被害人过错的存在对加害人的罪责大小存在一定的影响。而且,从刑罚预防以及刑罚个别化原则的要求出发,针对行为人主观恶性及其人身危害性的不同,在量刑时亦应予体现。由于被害人严重过错

① 周道鸾、张军主编:《刑法罪名精释》(上),人民法院出版社2013年版,第507页。

② 王作富主编:《刑法分则实务研究》(上),中国方正出版社2003年版,第986页。

而引发犯罪的，加害人的罪过显然要轻于被害人没有过错的加害型犯罪，其改造的难易程度显然也是不同的。在存在被害人的犯罪中，如故意杀人罪的场合，被害人或加害在先，引起他人加害，或者是被害人激化矛盾，引起他人加害，在上述两种情况下，被害人都是有过错的；被害人的过错一定程度上抵消了行为人的部分责任，使行为人的责任减小。

理论界的这些观点，实际上在立法和司法实践中均有体现。比如我国刑法就规定在追究防卫过当的刑事责任时，应当减轻或者免予处罚。最高人民法院《关于审理交通肇事刑事案件具体应用法律若干问题的解释》中也明确规定，要根据肇事责任的不同，追究犯罪人的刑事责任，对于被害人有重大责任的，甚至可以考虑不定罪处罚。1999 年 10 月 27 日最高人民法院颁布的《全国法院维护农村稳定刑事审判工作座谈会纪要》规定："对故意杀人犯罪是否判处死刑，不仅要看是否造成了被害人死亡结果，还要综合考虑案件的全部情况。对于因婚姻家庭、邻里纠纷等民间矛盾激化引发的故意杀人犯罪，适用一定要十分慎重，应当与发生在社会上的严重危害社会治安的其他故意杀人犯罪案件有所区别。对于被害人一方有明显过错或对矛盾激化负有直接责任，或者被告人有法定从轻处罚情节的，一般不应判处死刑立即执行。"所有上述法律规定和司法解释，都肯定了被害人的过错对犯罪人刑事责任的大小具有重大的影响。

综上，将"义愤杀人"等被害人有重大过错的情形考虑为故意杀人罪的"情节较轻"，具有较为充分的理论根据，同时也得到了司法实践部门的基本认同。

2. 在故意杀人罪中，对被害人尸体的处分所反映的主观恶性，要比"义愤杀人"所反映的主观恶性轻，不能用"抛尸、焚尸"的情节来否定"义愤杀人"中被害人过错所导致的"情节较轻"的认定

"抛尸、焚尸"行为，实际上是对尸体的处分行为。这种行为被视为对死者的亵渎，是对我国善良民族习惯的侵犯。不仅严重伤害社会风化，而且容易引起群众之间的矛盾，具有较大的社会危害性。也因此，我国刑法专门规定了盗窃、侮辱尸体罪。但是，故意杀人后为毁灭罪证、掩盖罪迹而毁坏、抛弃尸体的，其行为已为故意杀人行为所吸收，仍只认定故意杀人一个罪。也因如此，故意杀人中的"抛尸、焚尸"行为，应该作为量刑时的一个重要的酌定情节予以考虑。

但是，在我国刑法理论界和司法解释以及刑事政策里，都均未将"抛尸、焚尸"行为作为阻截条件，来否定将"义愤杀人"作为情节较轻来考虑。其实，这也是有一定道理的。

首先，"义愤杀人"所体现的被害人重大过错，是引起犯罪产生的重要原因。而"抛尸、焚尸"则不是，而是犯罪人的事后行为。被害人的过错很大程度上决定了犯

罪人杀人行为的发生,是对故意杀人罪本身的成立发生影响。而“抛尸、焚尸”对犯罪成立不产生影响。从一定程度上说,“义愤杀人”所体现的被害人过错对故意杀人行为的产生起着决定作用,对故意杀人罪的成立起着决定作用,而“抛尸、焚尸”则对杀人行为的产生和犯罪的成立没有任何作用。如果用“抛尸、焚尸”行为来否定对故意杀人情节较轻的认定,实际上是用决定性因素否定非决定性因素,这显然不合理,也不应该。

其次,“义愤杀人”所体现的是对人生命权的剥夺,而“抛尸、焚尸”是对尸体的处分。二者一个是针对人的生命权,另一个是针对社会风化良俗。因此二者反映的犯罪人主观恶性也不一样。“义愤杀人”反映的主观恶性要大于“抛尸、焚尸”行为。也正因如此,对于“义愤杀人”要以故意杀人来处罚,而对于“抛尸、焚尸”行为则作为事后行为被先前行为所吸收。用一个反映犯罪人主观恶性小的“抛尸、焚尸”行为,来否定反映犯罪人主观恶性大的“义愤杀人”行为的量刑情节,显然也不合理。“抛尸、焚尸”行为,只能被作为“义愤杀人”行为的事后行为来考虑,不能阻截“义愤杀人”所体现的主观恶性的成立及其属于“情节较轻”的认定。

综上,在同时存在“义愤杀人”和“抛尸、焚尸”两个情节的情况下,应首先考虑认定“义愤杀人”属于故意杀人罪中的“情节较轻”情形,而后再考虑“抛尸、焚尸”对量刑的影响,较为恰当。

**【法律法规链接】**

《中华人民共和国刑法》第 25 条第 1 款,第 67 条第 1 款,第 232 条,第 310 条第 1 款

(编写人:徐子强　游　涛)

## 32. 故意伤害致死案件中比照故意杀人案件“情节较轻”情节的合理运用

——李尚某、李素某故意伤害案[①]

**【裁判要旨】**

在故意伤害致死案中,考虑到犯罪人没有杀人的主观故意,只有伤害的故意,

① (2004)海法刑初字第 1838 号判决书。

其主观恶性较故意杀人罪更轻这一点,结合故意杀人罪“情节较轻”认定的理论观点,对于“义愤伤害致死”、“受被害人的长期迫害而故意伤害致死”的故意伤害罪的量刑,宜考虑在3~10年有期徒刑之间量刑。

## 【基本案情】

被告人李素某与被害人张某柱离婚后同住于北京市海淀区清河永泰北路23号院3号楼2门231室。张某柱因不满法院对于房屋产权的判决结果,多次在该住处对被告人李素某和李尚某(系李素某的姐姐)等人滋事,并曾因涉嫌放火烧该住处而于2002年被北京市公安局海淀分局采取强制措施。2004年1月21日凌晨2时许,张某柱持木柄铁锤击打睡在客厅的李尚某的儿子孟某宝,孟被击伤(经鉴定为轻伤)。在北屋睡觉的李尚某、李素某及李素某之子张某(男,15岁)听见孟某宝的叫喊声后,冲出门与张某柱搏斗,抢下铁锤。后李尚某看见张某柱手中握有打火机且地上有汽油流淌,遂将打火机打掉在地,三人合力将张某柱按倒在地上。适时,李尚某见儿子孟某宝头部大量流血,情急间持木柄铁锤击打仍在地上挣扎的张某柱后脑一下,并随即与张某一同送孟某宝去医院。此时张某柱躺在地上已经一动不动。被告人李素某持木柄铁锤继续击打张某柱的腿部、膝盖、胳膊、手部、肩部等部位。后李素某报警,警察来到现场,将张某柱送往医院,并将李素某抓获归案。被害人张某柱因失血性休克合并闭合性脑损伤于2004年1月21日上午抢救无效死亡。当日,被告人李尚某在北京市清河急救中心被抓获归案。

2004年9月3日,检察院以被告人李尚某、李素某构成故意伤害罪,向法院提起公诉。公诉机关认为被告人李尚某系防卫过当,应当减轻处罚;被告人李素某有自首情节,可以从轻或者减轻处罚。被告人李尚某对起诉书指控的内容没有异议。其辩护人徐某满认为李尚某的行为属于具有无限防卫权类型的正当防卫行为,没有超过必要限度,不应受到定罪处罚。被告人李素某对起诉书指控的内容没有异议。其辩护人赵某斌对指控内容亦无异议,但建议法庭结合被告人李素某有自首情节,以及本案的起因和被害人的过错等具体情节,对被告人李素某减轻处罚。

## 【法院裁判】

法院认为:被告人李尚某为了使本人和他人的人身、财产权利免受被害人张某柱正在进行的不法侵害,而与被告人李素某等人合力反抗,并使用铁锤击打张某柱头部,此行为与李素某的后期继续击打行为,合并造成张某柱死亡后果,其行为虽有正当防卫之性质,但明显超过必要限度,已构成故意伤害罪,应予惩罚。被告人李素某在张某柱已经失去侵害能力的情况下,继续持械殴打,并与李尚某的前期击打行为合并造成张某柱死亡后果,其行为已构成故意伤害罪,应予惩罚。被告人李尚某持铁锤击打张某柱的时间,系在其与李素某等人已经将张某柱按倒在地之时,此时张某柱虽有继续侵害的能力,但其危险性已经不足以严重危及他人人身安全,辩护人徐某满认为李尚某的行为系无限防卫权类型的正当防卫行为之辩解,夸大了张某柱被按倒在地后实施继续侵害行为的危险性,对其相应辩护意见不应采纳。被告人李尚某正当防卫明显超过必要限度,结合其在归案后及在庭审过程中,认罪、悔罪,态度较好等具体情节,依法应当减轻处罚,并依法宣告缓刑。被告人李素某犯罪以后自动投案,如实供述自己的犯罪事实,是自首,结合本案被害人侵害行为在先并具有较大过错等具体情节,依法可减轻处罚,并依法宣告缓刑,其辩护人的相关辩护意见,法院予以采纳。依照《中华人民共和国刑法》第234条第2款,第20条第1款、第2款,第72条第1款,第73条第2款、第3款,以故意伤害罪判处被告人李尚某有期徒刑1年,缓刑1年;依照《中华人民共和国刑法》第234条第2款,第67条,第72条第1款,第73条第2款、第3款之规定,以故意伤害罪判处被告人李素某有期徒刑3年,缓刑3年。

一审宣判后,检察院未抗诉,两名被告人均未上诉。

## 【要点评析】

我国《刑法》第234条对故意伤害致死的犯罪行为,规定的量刑幅度是10年以上有期徒刑、无期徒刑或者死刑。但本案却对两名被告人大幅减轻到3年以下有期徒刑,并都适用了缓刑。这在司法实践中比较少见。本案被告人李尚某、李素某均具有法定的从宽情节,李尚某的犯罪行为属于防卫过当,李素某具有自首情节,根据这两个情节,本案最终对李尚某和李素某均在3年以下有期徒刑、拘役量刑,并适用缓刑。为何减刑幅度这么大,为何要适用缓刑?其原因,在于对被害人具有重大过错这一酌定情节和缓刑适用条件的正确把握。

1. 被害人有重大过错,是影响量刑的重要情节

我国刑法或司法解释没有将被害人的过错规定为法定的从宽情节,但是刑法理论界都将被害人过错作为其中应该考虑的重要因素。例如实务部门一般认为故意杀人罪的"情节较轻,司法实践中一般是指防卫过当致人死亡的,出于义愤杀人的,因受被害人的长期迫害而杀人的,溺婴的等情形。"①理论界也一般认为故意杀人罪的情节较轻,"主要指:当场基于义愤杀人,受被害人嘱托,受被害人长期迫害

① 周道鸾、张军主编:《刑法罪名精释》(上),人民法院出版社2013年版,第507页。

而激愤杀人,'大义灭亲'杀人等"。[①] 上述观点,均将义愤杀人等被害人有重大过错的情形,作为故意杀人罪的情节较轻进行认定。

本案被告人李素某原系被害人张某柱的妻子,二人在婚姻存续期间,李素某长期遭受张某柱的暴力欺凌。后二人因此离婚,但由于李素某没有其他居所,法院判决双方仍然共用一个房屋。这导致张某柱有机会继续对李素某骚扰寻衅。鉴于安全得不到保障,李素某让其姐姐李尚某和侄子孟某宝与其同住。案发当日,张某柱酒后携带汽油回家,将汽油泼洒到地上,后持铁锤将熟睡中的孟某宝击伤。从被害人张某柱的这一系列行为来讲,其目的显然是要纵火并至少是要伤害孟某宝、李素某、李尚某等人。李尚某正是基于以上事实,才夺走张某柱手中的铁锤,在三人合力将张某柱按倒在地上后,李尚某见儿子孟某宝头部大量流血,情急间持木柄铁锤击打仍在地上挣扎的张某柱后脑一下。从案情发生的具体时间、情形和紧迫程度来看,李尚某等人击打张某柱,确系为了防卫张某柱进一步侵害行为的继续,李尚某的击打行为应该是在面对侵害,且见儿子头部已经流血的情形下,出于激情和义愤而为。

上述刑法理论中关于故意杀人罪"情节较轻"的认定,明确了"义愤杀人"、"受被害人的长期迫害而杀人"等情节都可以考虑为"情节较轻"。虽然我国《刑法》第234条并没有规定"情节较轻"的情节,只按照伤害的后果规定了相应的量刑幅度。但是,如果不考虑上述情节的存在,那么在上述情况下,就极有可能出现义愤杀人的故意杀人罪在3年以上10年以下量刑的情况,而义愤伤害的故意伤害致死案中却在10年有期徒刑以上量刑的结果,这显然会造成量刑的不均衡。因此,在故意伤害致死案中,考虑到犯罪人没有杀人的主观故意,只有伤害的故意,其主观恶性较故意杀人罪更轻这一点,结合上述关于故意杀人罪"情节较轻"认定的理论观点,对于"义愤伤害致死"、"受被害人的长期迫害而故意伤害致死"的故意伤害罪的量刑,也应该考虑在3~10年有期徒刑。本案即属这种情形。

将被害人存有重大过错作为量刑时的重要情节来考虑,具有充分的理论基础。这主要是因为,被害人对危害行为的发生存在过错及其过错程度,直接影响到了犯罪人的主观恶性及其人身危险性的认定,并在一定程度上影响到行为因果关系的进程。犯罪行为的社会危害性是主客观的统一,包括犯罪行为造成的客观实害和行为人本身体现出的主观恶性。量刑应与犯罪的社会危害性相适应的量刑原则要求刑罚裁量既要与行为造成的客观危害相适应,也要与行为人的人身危险性相适应。加害型犯罪中,被害人过错的存在对加害人的罪责大小存在一定的影响。而

---

① 王作富主编:《刑法分则实务研究》(上),中国方正出版社2003年版,第986页。

且,从刑罚预防以及刑罚个别化原则的要求出发,针对行为人主观恶性及其人身危害性的不同,在量刑时亦应予体现。由于被害人严重过错而引发犯罪的,加害人的罪过显然要轻于被害人没有过错的加害型犯罪,其改造的难易程度显然也是不同的。在存在被害人的犯罪中,如故意伤害罪的场合,被害人或加害在先,引起他人加害,或者是被害人激化矛盾,引起他人加害,在上述两种情况下,被害人都是有过错的;被害人的过错一定程度上抵消了行为人的部分责任,使行为人的责任减小。

理论界的这些观点,实际上在立法和司法实践中均有体现。比如我国刑法就规定在追究防卫过当的刑事责任时,应当减轻或者免予处罚。最高人民法院《关于审理交通肇事刑事案件具体应用法律若干问题的解释》中也明确规定,要根据肇事责任的不同,追究犯罪人的刑事责任,对于被害人有重大责任的,甚至可以考虑不定罪处罚。1999 年 10 月 27 日最高人民法院颁布的《全国法院维护农村稳定刑事审判工作座谈会纪要》规定:"对故意杀人犯罪是否判处死刑,不仅要看是否造成了被害人死亡结果,还要综合考虑案件的全部情况。对于因婚姻家庭、邻里纠纷等民间矛盾激化引发的故意杀人犯罪,适用一定要十分慎重,应当与发生在社会上的严重危害社会治安的其他故意杀人犯罪案件有所区别。对于被害人一方有明显过错或对矛盾激化负有直接责任,或者被告人有法定从轻处罚情节的,一般不应判处死刑立即执行。"所有上述法律规定和司法解释,都肯定了被害人的过错对犯罪人刑事责任的大小具有重大的影响。

综上所述,本案在量刑时,综合考虑被害人的重大过错以及防卫过当或自首等从宽情节,大幅度对二名被告人减轻处罚,是较为适当的。

2. 二名被告人的人身危险性不大

我国《刑法》第 72 条规定了缓刑的适用条件,即"被判处拘役、三年以下有期徒刑的犯罪分子,根据犯罪分子的犯罪情节和悔罪表现,适用缓刑确实不致再危害社会"。其前提性条件是"三年以下有期徒刑、拘役"这一刑种条件,其实质性条件是"不致再危害社会"。实质性条件的判断依据是"犯罪情节和悔罪表现"。对被告人适用缓刑是否会导致犯罪人再危害社会,实质上是考察犯罪人的再犯可能性,也就是犯罪人的主观恶性有多深。应该说,对犯罪人人身危险性的判断,是考虑是否适用缓刑的关键。

从上述规定可以看出,判断犯罪人的人身危险性,是依据犯罪情节和犯罪人的悔罪表现。这是我国刑法的既有规定。实际上,这一规定并不全面。在很多国家,考察犯罪人的人身危险性,都需要进行社会调查,综合考虑犯罪人犯罪前的具体表现,然后再由法院结合犯罪人的具体犯罪情节和犯罪后的悔罪表现,一并决定是否适用缓刑。

本案二名犯罪人,在案发前均无前科劣迹,且据群众介绍,都是安分守己的善良公民,本次犯罪,实属因被害人的长期迫害和案发当日的恶意侵害引发。这一点,从二人在犯罪过程中的具体表现也可以看出。李尚某在儿子遭受伤害后,击打了被害人张某柱一锤,就没有继续伤害张某柱,而是领着儿子去医院检查。而被告人李素某在持铁锤继续击打张某柱时,击打的部位是腿部、膝盖、胳膊、手部、肩部等非致死部位。在法庭问其为何继续击打张某柱,为何这样连续性击打时,她回答是因为回忆起张某柱以往对其实施的种种恶行,在一种充满怨愤和悲伤的情况下不自觉而为。在其头脑清醒后,才意识到了事情的严重性,所以就立即报警,并等待警察来处理。二名被告人在案发后,均未逃跑,而是自觉地接受警察处理,并对罪行供认不讳。由此可以看出,二被告人对于犯罪,既无预谋,也无逃避罪责的想法,而是在一种情绪激愤的状况下临时起意伤害他人,并自觉接受法律的处理。二被告人的这种主观恶性,显然与那种蓄意伤人、事后逃避法律制裁的犯罪人,有着明显的差别。

也正因如此,法院最终综合考虑二名被告人犯罪前的表现,犯罪时的具体情节和悔罪表现,以及被害人具有重大过错,被告人李尚某具有防卫过当情节,被告人李素某具有自首情节等,认定二名被告人的主观恶性不深,人身危险性较小。所以,本案最终对二被告人适用缓刑,也是适当的。

**【法律法规链接】**

《中华人民共和国刑法》第 20 条第 1 款、第 2 款,第 67 条,第 72 条第 1 款,第 73 条第 2 款、第 3 款,第 234 条第 2 款

（编写人:徐子强　游　涛）

## 33. 发生交通事故后逃逸又将阻拦其逃逸的被害人碾压致死的行为如何认定

——张某甫故意伤害致人死亡案①

**【裁判要旨】**

违反交通运输管理法规,因而发生重大事故,致人重伤、死亡的,一般应认定为交通肇事罪无疑,但在部分案件中,被害人事实上并非直接因交通事故而导致死亡

① (2012)海刑初字第 1807 号,(2013)一中刑终字第 712 号裁定书。

或重伤，这就存在着成立故意伤害罪、故意杀人罪的余地。例如，发生交通事故后逃逸，又将阻拦其逃逸的被害人碾压致死的行为该如何正确评析，关键在于考察整个事故过程中是否存在着二次行为，死亡结果是由交通事故本身带来的，还是由于交通事故后行为人的犯罪故意而导致的。

【基本案情】

被告人张某甫于2000年5月28日19时许，驾驶一辆农用车（车牌号：河北冀32873）行至北京市海淀区八达岭高速公路辅路清河路口时，与被害人张某春（男，殁年31岁）驾驶的夏利车（车牌号：京B85100）发生剐蹭。后被告人张某甫未及时停车，被害人张某春遂下车追赶被告人张某甫，并用手抓住张某甫驾驶的农用车车厢左侧厢板。被告人张某甫从车后视镜看到后，加速向前行驶，后被害人张某春被卷入被告人张某甫驾驶的农用车下碾轧致死。经法医鉴定，被害人张某春尸体胸腹部偏右侧可见轮胎花纹样印痕，出现局部可触及颅骨骨折等多处损伤，符合颅脑损伤并合创伤失血性休克死亡。事发后被告人张某甫驾车逃逸。北京市公安局公安交通管理局海淀交通支队出具交通事故认定书认定：张某甫负事故全部责任；张某春不负事故责任。民警接现场群众报案后立即赶至现场，经多方追查发现张某甫已潜逃，去向不明，后被告人张某甫被列为网上逃犯；2011年8月25日21时许，在张家口市公安机关配合下，被告人张某甫在张家口市塞北管理区三牛点奶牛养殖小区被民警抓获。其到案后，如实供认了上述事实。

检察院指控，被告人张某甫已构成交通肇事罪，提请法院依法惩处。被害人张某春的家属对检察院指控的罪名提出异议，认为被告人张某甫是在故意碾压被害人，其行为应构成故意伤害罪，不属于交通肇事犯罪。被告人张某甫对检察院指控事实与罪名不持异议，认为自己没有伤害被害人的故意，其辩护人王某新发表的辩护意见为，被告人张某甫没有故意伤害被害人的行为和故意，不宜认定为故意伤害罪；被害人在事故发生后应采取合法合理措施，不应扒爬被告人的车辆，对案发存在重大过错；同时，被告人张某甫不存在事后逃逸行为，且其到案后认罪、悔罪态度较好，提请法庭对其从宽处罚。

【法院裁判】

一审法院认为：被告人张某甫故意伤害他人身体，致人死亡，其行为已构成故意伤害罪，应予惩处。检察院指控被告人张某甫犯罪的事实清楚，证据确实、充分，但指控罪名不当，依法予以变更。理由如下：在案证据显示，事发时，被告人张某甫从后视镜已经看到被害人抓住其左侧车厢厢板，且车辆在行进中，其作为有经验的驾驶员，明知其继续行驶会造成被害人身体受伤的危害后果，仍加速向前行驶，并逃离现场，放任该结果发生，应当认定其具有伤害被害人的主观故意，并应对其行为直接造成的被害人死亡后果负责，故其行为不是简单的交通肇事过失行为，而是故意犯罪，应以故意伤害罪论处。被害方提出的诉讼意见，酌予采信。对于辩方提出被害人在事发过程中存在过错的相关辩护意见，缺乏相应证据支持，不予采信。被告人张某甫犯罪后逃逸的事实，不仅其本人供认不讳，且有在场多名目击证人的证言予以证实，足以认定。辩护人认为其不具有逃逸行为的辩护意见，背离客观事实，法院亦不予采信。鉴于被告人张某甫到案后能如实供认自己的基本罪行，认罪态度较好，对其依法从轻处罚。但考虑到其犯罪后潜逃多年，给被害方家庭生活造成巨大伤害无法弥补，法院在量刑时酌予体现。综上，依照《中华人民共和国刑法》第234条第2款、第67条第3款、第36条第1款，《中华人民共和国民法通则》第119条、第130条之规定，判决被告人张某甫犯故意伤害罪，判处有期徒刑10年。

一审宣判后，被告人张某甫提起上诉，二审法院裁定驳回上诉，维持原判。

**【要点评析】**

本案的争议焦点是如何评判被告人张某甫的加速行驶导致被害人张某春被碾压致死的行为。在讨论过程中，曾经出现过交通肇事、故意伤害致人死亡、故意杀人三种意见，结合全案证据，我们最终认定被告人张某甫的行为构成故意伤害（致人死亡）最为适宜。

1. 交通肇事还是故意伤害

本案的客观方面是相对清晰的，在案的被告人张某甫的供述、相关证人证言等言词证据与死亡证明、鉴定、勘验笔录等证据材料已经形成完整的证据锁链，证明被害人张某春因夏利车与被告人张某甫的农用车发生剐蹭，张某甫未停车，张某春下车追赶张某甫，并用手抓住农用车厢板，后张某甫加速行驶，被害人张某春被卷入车下遭碾压致死；碾压后，张某甫驾车逃逸。对于被害人张某春的死亡原因，可以清楚的认定为遭张某甫驾车碾压死亡。

在此基础上，笔者认为，判断被告人张某甫的行为是交通肇事还是故意伤害致人死亡的核心在于，如何正确评价"被害人张某春被卷入车下遭碾压致死"这一客观事实，该事实究竟属于交通事故本身还是发生交通事故后的二次行为；而要正确回答这一问题，首先必须考察被告人张某甫对上述事实及所造成的致被害人死亡这一客观结果的主观心态。这是因为，交通肇事罪是一种过失犯罪，在发生死亡结果时是由违法交通规范违规驾驶本身造成的，强调行为人虽然明知自己的行为是违反交通规范的，但是没有预料到会发生致人死亡的结果，或者虽然预料到了有死亡结果发生的可能性但轻信可以避免;故意伤害罪是一种故意犯罪,行为人明知其行为会发生致他人伤害的结果,希望或放任该种伤害发生,结果发生不违背其意愿。

本案中,死亡结果是由于后续的加速行驶行为造成的,而不是由于第一次的剐蹭事故。张某甫在从后视镜看到张某春抓住了农用车的左侧厢板,且车辆在行进中,依然选择加速行驶。以一般社会人的认知水平和理性客观标准,结合张某甫本身从事驾驶多年的主观认知水平,其应当预见加速驾驶行为可能造成他人受伤的后果;且在案证据显示,当时的外在情形没有任何有利的客观条件可以让张某甫认定该种伤害结果不会发生,应当认定张某甫明知可能会发生危害后果。结合被告人张某甫在剐蹭事故发生后明知被害人扒爬其车辆仍然一意加速驾车离开的事实,不难推断,其主观目的就是要摆脱被害人的追赶阻拦,因此,只有在事实上对被害人的人身产生某种现实威胁乃至实际伤害,其才可能顺利达到上述目的,因此可以认定,伤害结果的发生并不违背其意志。故被告人张某甫加速驾驶致人被碾压死亡的行为,存在着伤害他人的间接故意,应当以故意伤害罪认定。

2. 故意伤害致人死亡还是故意杀人

在确定了被告人张某甫对于加速行驶致人被碾压行为存在故意后,还需考察其对于死亡这一结果的出现是何种心态,以确定其行为是故意伤害致人死亡还是故意杀人。如果张某甫虽然认识到了伤害结果可能发生但并未预见死亡结果的发生,则该死亡结果应作为伤害行为基本犯的加重结果评判,其行为应整体认定为故意伤害致人死亡;如张某甫对于死亡结果存在故意,则应当直接认定故意杀人。

上文已述,张某甫的行为目的应为加速行驶摆脱被害人追赶,其对于车辆加速可能甩开、磕碰、碾压被害人的可能性认识是存在的,但结合现有证据,不足以证实在当时的情况下张某甫认识到有被告人踩踏车轮进而被卷进车内被碾压致死的可能。同时按照社会一般常理,尚不足以推断被告人张某甫有为了摆脱一般纠纷而放任他人死亡的可能性。在案证据不足以证实被告人张某甫认识到死亡结果可能发生并放任了该种结果发生,应当认为被告人张某甫在预料到其行为可能产生伤害后果的前提下,对于该死亡结果缺乏明知,对其行为及造成的后果,认定为故意伤害致人死亡为宜,也更加利于实现罪刑均衡。

**【法律法规链接】**

《中华人民共和国刑法》第 36 条第 1 款、第 67 条第 3 款、第 234 条第 2 款

《中华人民共和国民法通则》第 119 条、第 130 条

(编写人:姜　楠)

# 34. 被害人的最后表示是判断是否违背妇女意志的决定因素

——刘某强奸案[1]

**【裁判要旨】**

无论被害人与被告人是否处于恋爱关系、无论被害人是否自愿赴约与被告人见面、无论被害人是否有亲昵或过度语言，只要在双方发生性交之前被害人有明确的拒绝表示，而被告人明知这一表示仍强行与之发生性关系的，即应认定强奸罪。被害人的最后表示是判断性交行为是否违背妇女意志的关键因素。

**【基本案情】**

2009年12月19日17时许，被告人刘某(男，1989年1月26日出生)与被害人倪某(女，18岁)相约来到北京市海淀区309医院家属楼20号楼2单元10号刘某家中。之后刘某违背倪某意愿，使用暴力手段强行与倪某发生性关系，后因倪某反抗未能得逞。倪某匆忙逃离时，将个人物品钱包、索爱W910型手机电池、钥匙、爱国者U盘、黑色双肩背包、上衣、黄色鸭子手偶等物遗落在刘某家中。2009年12月21日，因被害人倪某报警，被告人刘某被公安机关抓获。公安机关从刘某学校宿舍及其家中起获倪某的上述个人物品，现已发还。

在案件审理过程中，被告人刘某及其辩护人对检察院起诉书指控的事实及罪名均提出异议，否认刘某犯有强奸罪。辩护人还当庭提供了倪某与刘某案发前后的QQ聊天内容(2009年12月13日至12月20日)，以证明两人关系暧昧，双方系男女朋友。调看了两人的QQ聊天记录可见，倪某确有一些过度的语言，如“要到你家过啦”、“不要非礼我啊”等言语。另外被告人的辩护人还提供了通话记录，以证明案发当天是被害人倪某先主动呼叫的刘某；提供被告人邻居家的证言，以证明案发当天楼道内没有发生过激烈的冲突。

在侦查阶段，刘某家属赔偿被害人10万元人民币，双方自行达成和解协议。但在审查起诉阶段被害人听说刘某要回原学校复学又坚决反悔，多次要求法院严肃判处被告人刘某。法院在庭审前曾做过双方的调解工作，但被害人态度强烈，不同意和解。还聘请了代理人参加诉讼，发表了要求从严判处被告人的意见。

---

[1] (2010)海刑初字第1232号判决书，(2010)一中刑终字第3845号裁定书。

【法院裁判】

一审法院认为:被告人刘某违背妇女意志,使用暴力手段,强奸妇女,其行为已构成强奸罪,应予惩处。被告人刘某已经着手实施犯罪,由于被害人倪某的反抗而未能得逞,系犯罪未遂,可以比照既遂犯减轻处罚。被告人的辩解和辩护人的辩护意见,因事实依据不足,法院不予采纳。依据《中华人民共和国刑法》第 236 条第 1 款、第 23 条之规定,判决被告人刘某犯强奸罪,判处有期徒刑 2 年 6 个月。

一审宣判后,被告人刘某提出上诉,二审法院裁定驳回上诉,维持原判。

【要点评析】

本案是典型的约会强奸案件,与传统意义上的强奸犯罪案件在表现特征上有明显的区别。但是,无论什么情况下的强奸罪,其成立都应以违背妇女意志、强行发生性交行为为核心。本案中被告人刘某的年龄不大,在意识上将被害人确定为其恋人,存在被告人对法律认识偏差导致犯罪的因素,主观恶性和社会危害性较小。但经评议,合议庭认为被告人刘某在预审阶段的供述稳定,被告人口供中对案发时双方言语、被害人如何反抗及其右脸抓伤等情节都与被害人陈述基本相符,虽然从 QQ 聊天记录看,二人确实比较熟,也有过度语言,被害人曾和被告人约定到刘某家相会,但 QQ 记录中没有倪某表示过愿意和刘某发生性关系的内容。当日在刘某家案发时,被害人倪某反抗意志坚定、表现强烈,抓伤刘某右脸,足以表明其不愿与刘某发生性关系的态度。这一点是全案定罪的关键依据。另外,被害人倪某慌乱中将钱包、背包、上衣、U 盘、钥匙等物遗落在刘某家中;到医院向他人求救以摆脱刘某跟随等情况,足以表明其精神紧张、匆忙逃离的事实。全案证据可以证明被告人刘某违反被害人倪某的意志对倪某实施强奸行为。强奸一词的重点在于一个“强”字,即强行、强迫之意。无论被害人与被告人是否处于恋爱关系、无论被害人是否自愿赴约与被告人见面、无论被害人是否有亲昵或过度语言,只要在双方发生性交之前被害人有明确的拒绝表示,而被告人明知这一表示仍强行与之发生性关系,即可构成强奸罪。

综上,合议庭最后认定本案被告人刘某构成强奸罪。

【法律法规链接】

《中华人民共和国刑法》第 23 条、第 236 条第 1 款

(编写人:王　冲)

# 35. 轮奸之共同犯罪人既未遂的区分

——王某某等四人强奸案①

## 【裁判要旨】

轮奸作为一种复杂的共同犯罪形式,各行为人之间的共同犯意来自各自满足性欲望,而非共同完成某一单纯合意的目标。因此,各行为人之间可能存在对单独性侵行为的不同完成形态。我国刑法并未规定轮奸单独成罪,由于轮奸行为对被害人的身心伤害更大,有着更为严重的社会危害性,刑法将其作为强奸罪的一项加重情节,归入强奸罪,且属于情节加重犯。这就使得在行为人达成强行轮流与被害人发生性关系的共同犯意后,只要均着手实施侵害行为即构具备轮奸这一加重情节,而并不必然需要各自完成强奸行为。在实践中,一些轮奸案件,存在部分行为人因意志以外的原因而未能完成强奸行为情况,此类犯罪应在认定构成轮奸加重情节的基础上,区别认定各行为人的犯罪既未遂形态。

## 【基本案情】

本案被告人王某、王某某、孙某某、张某某为同所大学的在校大学生。被害人高某与被告人张某某的女友谷某某系网友关系。2012 年 5 月某日,高某到北京找谷某某玩,谷某某答应高某为其安排住宿。期间,高某通过谷某某结识张某某。次日晚 22 时许,张某某带着高某和谷某某到北京市海淀区五道口某酒吧玩,并将高某介绍给同在酒吧喝酒的同学王某。后四人一起喝酒聊天。次日凌晨 1 时许,同在酒吧喝酒的王某某、孙某某先后从别桌加入。后高某因饮酒过量昏睡,王某、王某某、孙某某、张某某和谷某某随即将高某抬出酒吧,打车前往北京市海淀区上地某快捷酒店,并登记入住两间客房。孙某某等人将高某送至其中一间客房,谷某某为高某擦洗安排妥当后,四被告人及谷某某均回到另一客房。凌晨 3 时许,王某趁高某醉酒无意识之机,首先进入高某单独休息的客房内与之发生性关系,后王某某、孙某某、张某某先后轮流进入高某所在客房欲与高某发生性关系,但均因客观条件不利,而未完成奸入。当日 11 时许,高某醒来发现自己手机丢失,经查看房间走廊的监控录像,发现王某、王某某、孙某某、张某某先后进出过其休息的房间,并

① (2013)海刑初字第 1483 号判决书,(2014)一中刑终字第 1671 号裁定书。

意识到可能遭到侵犯。后高某向公安机关报案。经检验,在高某内裤上提取到可疑精斑与高某、张某某的 DNA 混合产生的结果相符。

【法院裁判】

对于本案,公诉机关最初以四被告人犯强奸罪,且系轮奸,提起公诉。在开庭审理后,公诉机关认为四被告人的行为属于犯罪未遂,遂变更起诉。

被告人王某、王某某、孙某某、张某某在开庭时均辩称没有与被害人高某发生性关系,进入高某的客房都是出于关心和照顾。王某的辩护人认为四被告人之间没有事先预谋,只是普通强奸行为,不属于轮奸行为,且系犯罪未遂。王某某、张某某的辩护人认为本案属于普通强奸行为,不属于轮奸行为,且王某某、张某某属于犯罪中止。孙某某的辩护人认为本案证据疑点之处,应做有利于被告人处理。

合议庭经评议认为,本案构成强奸罪,且系轮奸,被告人王某属于犯罪既遂,被告人王某某、孙某某、张某某属于犯罪未遂。依照《中华人民共和国刑法》第 236 条第 3 款第(四)项、第 23 条、第 25 条第 1 款、第 55 条第 1 款、第 56 条第 1 款、第 61 条之规定,判决如下:被告人王某犯强奸罪,分别判处有期徒刑 10 年,剥夺政治权利 2 年;被告人王某某、孙某某、张某某犯强奸罪,判处有期徒刑 8 年,剥夺政治权利 1 年。

一审宣判后,被告人提出上诉,二审法院裁定驳回上诉,维持原判。

【要点评析】

本案被害人因过量饮酒,在整个案发过程中完全失去意识,对四被告人行为无任何记忆,而四被告人在羁押过程中、公诉机关取保候审后以及开庭审理过程中,所作供述均出现大量矛盾之处,且均未作出过与被害人完成性关系的供述。因此,本案没有直接证据证明强奸行为的过程,法院综合全案证据认定四被告人构成强奸罪,且系轮奸,并根据各自情节,区分犯罪停止形态,理由如下:

(1)轮奸是指二人以上轮流强奸妇女的行为,该种行为更为严重地侵犯了妇女的性自主权,社会危害性远大于单独实施的强奸行为。属于强奸罪的加重处罚情形。对于本案,虽然四被告人事前未有明确的犯意联络,但四被告人均承认存在与被害人高某发生性关系的主观故意,结合首先进入高某房间的王某,在返回后向其他被告人展示其仍戴有避孕套的生殖器,并向其他被告人分发避孕套,后王某某、孙某某、张某某轮流进入被害人房间这一连贯过程,可以认定四被告人在入住案发酒店后即已形成了轮奸被害人的共同故意,并均已着手实施,且相互配合,分别实施了前后连贯的强奸犯罪行为,属于共同犯罪。轮奸作为强奸罪的加重情节,从立法角度看,既规定了被告人的主观故意及行为特征,也考虑到被害人在犯罪过程中的被害方式及身心受损后果。具体到本案,由于本案被害人处于醉酒状态,案发时完全失去自主意识、丧失反抗能力,四被告人在案发过程中对被害人形成了绝对控制权。同时,需要注意的是,案发后被害人在观看监控录像发现四被告人轮流进入其房间,长时间逗留的情况后,掌掴、指责同行女伴谷某某的剧烈情绪变化以及及时向公安机关报警等情节,可以证明四被告人的犯罪行为已经严重侵犯了被害人的人身权利,社会危害性大。因此,四被告人的行为应认定为构成强奸罪,且具有轮奸的法定加重情节。

(2)关于在轮奸过程中,共同犯罪人是否存在既未遂的问题,在理论界存在较大争议。我们认为在轮奸犯罪中,存在部分行为人的犯罪未遂状态。从本案的证据看:①被告人王某某、张某某均曾供述在被告人王某从被害人高某房间回来后,王某曾经明确表示与高某发生了性关系,并向其他被告人展示其仍戴有避孕套的生殖器;同时,根据监控录像显示,王某在高某的房间停留了12分钟左右,而此前被害人已处于醉酒昏睡状态,并已由谷某某擦洗安排妥当,结合王某明确供述其进入被害人房间系欲与被害人发生性关系的主观故意,可以认定王某趁被害人醉酒之机与其发生了性关系,系犯罪既遂。②王某某、孙某某虽然均存在与高某发生性关系的主观故意,亦均进入高某房间长时间逗留,但对于王某某的行为,王某曾明确供述,王某某在离开房间后,自述没有与高某发生性关系。同时,对于孙某某的行为,除其自述因自身原因无法实际完成强奸行为外,本案现有证据不能证明孙某某与高某某在客房内的真实情况,不能认定王某某、孙某某犯罪既遂。③本案鉴定意见证明在高某内裤上提取张某某与高某的DNA混合物,但张某某本人从未供认其与高某发生了性关系,其只承认曾戴着避孕套顶蹭过高某生殖器,其他被告人也未能证实张某某与高某是否发生了性关系。据此,由于DNA混合物不是从高某体内提取,又无其他证据证明张某某完成对高某的奸入行为,不能排除对鉴定意见的合理怀疑,现有证据不能达到确实、充分,因此不能认定张某某犯罪既遂。

按传统刑法共同犯罪的理论,一般而言,共同犯罪中既遂与未遂不能并存,应当适用“部分行为全体责任”的共同犯罪理论,即“一人既遂,全案既遂”。但轮奸犯罪作为一种复杂的共同犯罪形式,直接正犯的行为是不能互相替代的,只有一人实施强奸行为而其他人不存在独立的强奸故意,仅实施帮助行为是不能构成轮奸情节的。[1] 根据我国刑法的规定,轮奸属于强奸罪的情节加重犯而非结果加重犯,

① 参见于大伟:“轮奸共犯中既遂与未遂形态并存应如何认定”,载 http://blog.sina.com.cn/s/blog_649dd72a0100hb1m.html。

只要共同犯罪人形成了共同强奸的故意,且有行为人实施了强奸行为,所有行为人均应适用轮奸的加重条款。因此,轮奸犯罪中各行为人之间的实行行为具有相对独立的不可替代性,部分行为人未完成独立强奸行为,并不影响轮奸情节的认定。本案中,能够认定被告人王某完成了对被害人高某的强奸行为,可以独立承担犯罪既遂;被告人王某某、孙某某、张某某因不同原因均未能认定犯罪既遂,可以认定在轮奸行为中,构成犯罪未遂。

(3)关于有辩护人认为被告人王某某、孙某某、张某某的行为属于犯罪中止的辩护意见。犯罪中止应当在犯罪过程中,主观上彻底放弃犯罪意图,并自动有效防止犯罪结果的发生。根据本案现有证据,仅能证明王某某、孙某某、张某某均已进入被害人高某的房间着手与被害人发生性关系,但因高某醉酒后的状态等客观因素造成其三人各自未能得逞,王某某、孙某某、张某某并无阻止其他被告人实施侵犯行为的意图或行为,未能做到有效防止犯罪结果发生,故王某某、孙某某、张某某的行为不属于犯罪中止,而系犯罪未遂。

**【法律法规链接】**

《中华人民共和国刑法》第 23 条、第 25 条第 1 款、第 55 条第 1 款、第 56 条第 1 款、第 61 条、第 236 条第 3 款第(四)项

(编写人:秦　硕)

## 36. 所有行为人均强奸未遂的,仍可认定为轮奸

——李某某、申某某强奸案①

**【裁判要旨】**

轮奸作为一种加重处罚的量刑情节,并非独立的犯罪行为,其本身并无既遂、未遂之分。而强奸作为一种犯罪行为,根据亲手犯理论,应对不同犯罪人的犯罪形态加以区分。轮奸案件中二人强奸均未得逞的,并不妨碍轮奸情节的认定,但对强奸未得逞者,仍可认定犯罪未遂。

① (2013)海刑初字第 1146 号判决书。

## 【基本案情】

被告人李某某伙同申某某于2012年10月25日0时许，在北京市海淀区北京语言大学23号楼地下室楼道内，酒后强行抚摸被害人徐某（女，16岁）胸部。后经李某某点头示意，二被告人强行将被害人徐某抬进23号楼地下室9号（二人所住宿舍）内的床上。申某某双手按压被害人徐某双腿，李某某强行抚摸被害人徐某某胸部，欲强行与被害人徐某发生性关系，后因被群众郭晓东发现并制止而未得逞。被告人李某某、申某某于当日被公安机关抓获，到案后均如实供述了欲强行与被害人发生性关系的犯罪事实。

## 【法院裁判】

公诉机关指控二被告人均构成强奸罪，并按照轮奸情节处罚。

被告人李某某、申某某辩称二人不属于轮奸。被告人李某某辩护人的辩护意见为，对李某某不应认定轮奸情节。被告人申某某辩护人的辩护意见为，申某某不构成共同犯罪，不具备轮奸情节。

法院认为：被告人李某某、申某某违背妇女意志，欲强行与同一妇女发生性关系，其行为已构成强奸罪，应予惩处。针对李某某、申某某及其法定代理人、辩护人提出的二人不属于轮奸的辩解及辩护意见，以及申某某辩护人提出的本案不属于共同犯罪的辩护意见，经查，二被告人不顾被害人徐某的强烈挣扎反抗，共同将其抬进宿舍内，二人均欲强行与被害人徐某发生性关系，符合认定轮奸情节所需的二名以上男子基于同一故意，在共同强奸犯罪中，轮流奸淫同一妇女的条件。二被告人虽由于意志以外原因而未得逞，属强奸未遂，但不妨碍本案轮奸情节的认定。依照《中华人民共和国刑法》第236条第3款第（四）项、第25条第1款、第17条第1款、第3款、第23条、第67条第3款之规定，判决如下：被告人李某某犯强奸罪，判处有期徒刑3年6个月；被告人申某某犯强奸罪，判处有期徒刑3年。

一审宣判后，被告人未上诉，公诉机关亦未抗诉，一审判决已经生效。

## 【要点评析】

本案争议焦点主要是二人强奸均未得逞的，是否能认定轮奸情节？具备轮奸情节的强奸犯罪中，强奸未得逞者是认定既遂还是未遂？要解决上述问题，首先要厘清“轮奸”的含义，即认定轮奸是否以至少存在两人强奸既遂为前提？一人强奸既遂，其他人强奸未遂，能否认定轮奸情节？如认定轮奸情节，是否存在既遂与未遂并存的情况？

第一种观点认为,轮奸共同犯罪应当具有两个或两个以上亲自实施完成了奸淫的行为人。即轮奸认定必须以两人或两人以上强奸既遂为前提,故不存在未遂形态。如“一人强奸既遂,其他行为人强奸未遂的,不能认定为轮奸。”[①]按照这种观点,本案中,因连一人强奸既遂都不存在,故不能认定轮奸情节。

第二种观点认为,轮奸是指两个以上男子出于共同的奸淫故意,在同一时间段内,先后对同一妇女轮流实施奸淫的行为。由于各行为人均实施了奸淫行为,故首先应对各行为人以强奸罪定罪处罚并认定轮奸情节。由于轮奸是基于共同奸淫认识的共同实行行为,按照共同犯罪理论通说,只要一人强奸既遂的,对其他共犯都应按强奸既遂论。[②]

第三种观点认为,具备轮奸情节的强奸犯罪中不仅存在未遂形态,而且存在既遂与未遂并存的情况。在轮奸案件中,部分人强奸既遂,部分人强奸未遂的,不影响轮奸情节的认定,但犯罪形态的认定应加以区分,对强奸未得逞的,应认定未遂形态。

我们认为,之所以出现上述争议,在于部分学者混淆了“强奸”作为行为类型与“轮奸”作为量刑情节的本质差异,前者属于犯罪构成要素问题,而后者属于刑罚问题。在考虑轮奸犯罪是否存在既、未遂问题时,应分别考虑强奸犯罪的既、未遂形态和轮奸情节的构成。轮奸作为一种加重处罚的量刑情节,并非独立的犯罪行为,其本身并无既遂、未遂之分。[③] 既遂和未遂作为犯罪形态,只对强奸罪的犯罪形态产生影响,并不影响轮奸情节的成立。而强奸作为一种犯罪行为,根据亲手犯理论,应对不同犯罪人的犯罪形态加以区分。

轮奸是指两个以上的男子在基于同一故意,在共同强奸犯罪中,轮流奸淫同一妇女的行为。我国刑法及相关司法解释均未规定认定轮奸情形以存在数人强奸既遂为条件。因此,在轮奸犯罪中只要具备二人以上强奸的客观事实,就可以认定轮奸情节,应当在十年以上有期徒刑、无期徒刑或死刑的刑罚幅度内处罚。

亲手犯,一般是指必须由行为人亲自实施犯罪构成的实行行为才能实现的犯罪形态。所有参与者的行为都具有亲自参与性和不可替代性。强奸罪属于典型的亲手犯,参与轮奸者注重犯罪的亲自感受性和自我满足性,唯有亲自完成强奸犯罪行为,其本人的犯罪目的才能达到,而他人的犯罪体验无法代替本人的感受。因

---

① 参见林跃明强奸案,《人民法院案例选》(2005 年第 2 辑),人民法院出版社 2005 年版,第 50 页。

② 参见唐胜海等强奸案,载《刑事审判参考》(2004 年第 1 集),法律出版社 2004 年版,第 32 页;许哲虎强奸案,《人民法院案例选》(2008 年第 1 辑),人民法院出版社 2008 年版,第 31 页。

③ 如《最高人民法院关于审理抢劫、抢夺刑事案件适用法律若干问题的意见》指出,抢劫罪的八种处罚情节中除“抢劫致人重伤、死亡的”这一结果加重情节之外,其余其中处罚情节同样存在既遂、未遂问题,其中属抢劫未遂的,应当根据刑法关于加重情节的法定刑规定,结合未遂犯的处理原则量刑。

此,具备轮奸情节的强奸罪中应严格区分共同正犯的既、未遂形态,对未遂者可以在"十年以上有期徒刑、无期徒刑或死刑"的法定幅度内,比照既遂犯从轻或者减轻处罚。即在二人轮奸案件中,如一人强奸既遂,一人强奸未遂的,对强奸未遂者认定轮奸情节,适用十年以上法定刑的同时,可根据未遂情节比照既遂犯从轻或者减轻处罚。有观点认为,这种做法有悖共同犯罪理论下"部分犯罪共同责任"原则,笔者认为亲手犯理论并非对共同犯罪理论的突破,而是一种必要的补充和例外。这样就避免了认定轮奸情节后,对于强奸未逞者刑罚过于严苛的问题,符合罪责刑相适应原则。

具体到本案,李某某与申某某不顾被害人徐某的强烈挣扎反抗,共同将其抬进宿舍内,二人均意图强行与被害人徐某发生性关系,符合认定轮奸情节所需的两名以上男子基于同一故意,在共同强奸犯罪中,轮流奸淫同一妇女的条件,应认定为轮奸情节,在"十年以上有期徒刑、无期徒刑或死刑"的法定幅度内处罚。二被告人虽由于意志以外原因均未完成强奸犯罪行为,整体上仍具备轮奸的加重处罚情节,但均属于犯罪未遂,可以比照既遂犯从轻或者减轻处罚。

**【法律法规链接】**

依照《中华人民共和国刑法》第 17 条第 1 款、第 3 款,第 23 条,第 25 条第 1 款,第 67 条第 3 款,第 236 条第 3 款第(四)项

(编写人:张　莹)

## 37. 强奸未遂与强制猥亵的区分界定

——申某军强制猥亵妇女案①

**【裁判要旨】**

行为人采取强制手段对被害人采取了轻微的涉性行为,但没有发展为实质性性行为,此时该定性为强奸未遂(中止)还是强制猥亵?应当说这一问题在司法实践中是有普遍性的,在面对强奸未遂(中止)及类似的几乎每一个案例中,我们可能都需要去不断考量适用这两个罪名。认定两个罪名的关键,是以在案客观证据为

① (2010)海刑初字第 49 号判决书。

基础,推断行为人是否有强制发生性行为的主观故意,抑或者仅以猥亵行为满足自己的性刺激心理。

## 【基本案情】

被告人申某军于2008年5月27日23时许,在其为网友朱某某(女,19岁)来京所安排的暂住地北京市海淀区稻香园小区21号楼1003室内,采取摁压等强制手段,以亲吻、搂抱等方式对被害人朱某某进行猥亵。后因朱某某强烈反抗和哭喊,被告人申某军将被害人朱某某放开。被害人朱某某出门后即向公安机关报案。次日,被告人申某军被抓获归案。

公诉机关认为被告人申某军的行为已构成强奸罪,且系未遂,提请法院定罪处罚。被告人申某军对检察院指控的事实和罪名提出异议,辩称其虽亲吻了被害人,但没有想与被害人发生性关系的意图,其行为不构成强奸罪。

公诉人当庭宣读、出示了公安机关在侦查期间收集和调取的被告人供述、被害人陈述及其他相关物证、书证等证据材料。

被告人申某军的供述,称2008年5月中旬,其通过网上聊天认识朱某某,并互留电话。同年5月26日晚,朱某某给其打电话说要来北京打工,问其有没有地方住。因其在房屋中介公司上班,手里有客户的空房,就答应了。次日下午,朱某某到了北京给其打电话,让其去车站接她,因其有事走不开,就让朱某某自己过来。当日下午3点左右,其在五道口城铁站接到了朱某某,就先带朱某某到其住处放行李,并带朱某某去吃饭和上网吧。当日19时许,朱某某说自己累了,让其带她看看住处。其就把朱某某带到其公司位于稻香园小区的一个出租房屋。进屋后,两人聊了一会天,其就先去洗澡,后朱某某再去洗澡。朱某某洗完澡后就趴在床上背对着其用手机聊QQ。到了晚上23时许,其叫朱某某出去吃饭,朱某某说累了,爱答不理地对其说不想出去吃饭。其就过去拉朱某某出去吃饭,在碰到朱某某手的时候,其有了性冲动,就抓住对方的双手,把对方压倒在床上,并用胳膊压着对方的左肩部,并抱着对方的头开始亲对方的脸和嘴。当时朱某某就用右手抓其,并大声哭喊。其当时怕有人听见,就把对方放开了。朱某某坐在床边哭了一会儿后,就拿起手机和书包跑出房间。后其害怕朱某某出事,其就跟着追了出去,但没有追上。后其打对方电话,对方也不接。其就到白天上网的网吧找朱某某,没有找到。次日凌晨3时许,其就被警察在网吧抓获了。

被害人朱某某陈述,证明2008年5月27日下午15时许,其坐火车到北京后,给一个叫"申小杰"的网友打电话,说其到北京了,让对方来接自己。申小杰说不能来接,让其自己过去。其坐地铁到海淀区五道口的城铁站见到了申小杰。申小杰先领其到自己住处放了行李，并带其吃了饭后，就到一个网吧上网。当晚19时许，其坐车累了，就问申小杰住的地方能不能洗澡，申小杰就把其带到海淀区稻香园小区一座高层楼10层的一个房间。进了房间后，其与申小杰聊了一会儿后，申小杰与其先后去洗了澡。其洗完澡后，就拿着手机进房间躺在床上背对着申小杰聊天。当晚23时许，申小杰问其出不出去吃饭，其说坐车太累不想吃了。但申小杰一直问其，其也没有理对方，并说："别烦我了，我要睡了。"这时，申小杰突然扑过来，用手抓着其的手，强行将其翻转过来，并用身体将其压住，用手压着其肩膀，抱着其的头开始亲吻。其开始摇头不让亲，大声喊叫，并用手抓对方的身体，想挣脱。但申小杰还是亲其面部和嘴，想与其发生性关系，其就用力哭喊，对方才将其松开。期间，申小杰看见其哭，就对其说："哭什么，又没怎么你。"后其拿起手机和书包哭着跑出了房间，并打了"110"报警。

**【法院裁判】**

法院认为：被告人申某军为寻求性刺激，以强制手段猥亵妇女，其行为已构成强制猥亵妇女罪，应予惩处。检察院指控被告人申某军犯罪的事实清楚、证据确实充分，但指控罪名有误，依法予以更正。因为强制猥亵妇女罪与强奸罪未遂的关键区别在于，行为人主观上是否具有强行与被害妇女发生性行为的意图。在本案中，被告人申某军虽然对被害人实施了部分性侵犯行为，但该些行为仅表现在亲吻对方脸部、嘴部，并没有其他进一步的行为或表现，故其行为只是反映其欲通过亲吻异性寻求性刺激、宣泄情感的心理，而并不必然表明其有强行奸淫之故意。虽然被告人申某军在侦查阶段有过供述称自己有强奸之目的，但本案现有证据显示其没有实施任何带有奸淫趋向的实质性行为，也不能推断其行为必然会发展成为强奸行为。故本案证据不足以认定被告人申某军在行为当时具有强奸的主观故意，不应以强奸罪追究其刑事责任。被告人申某军为寻求性刺激、满足心理上的性需求，违背妇女意志，采用暴力猥亵妇女，其行为符合强制猥亵妇女罪的犯罪构成特征，应当以强制猥亵妇女罪对其定罪处罚。鉴于被告人申某军在看到被害人哭喊时，没有继续实施侵害；且在到案后能如实供述自己的犯罪事实，具有坦白情节，对其酌予从轻处罚。依照《中华人民共和国刑法》第237条第1款之规定，判决被告人申某军犯强制猥亵妇女罪，判处有期徒刑6个月。

一审宣判后，被告人未上诉，公诉机关亦未抗诉，一审判决已经生效。

**【要点评析】**

本案的争议焦点在于被告人申某军采取强制手段，亲吻、搂抱被害人朱某某的行为应被定性强奸罪还是强制猥亵妇女罪。

强奸罪(非奸淫幼女型)系以暴力、胁迫或其他方法,违背妇女性的自由意志,强行与其发生性行为;强制猥亵妇女是为了寻求性刺激、满足心理上的性需求,违背妇女意志,采用暴力、胁迫或者其他方式强制猥亵妇女的行为。强奸未遂(中止)与强制猥亵妇女的区别其一为主观故意不同,强奸未遂(中止)主观上依然意图与妇女发生性行为,只不过因意志以外因素未能得逞(自动放弃了犯罪意图),而强制猥亵妇女从主观上并没有发生性行为的故意,而是意图以亲吻、抚摸、搂抱等行为满足带来性刺激或性满足;其二,两者的犯罪客体不同,强奸侵害的是妇女性上的自由选择权,强制猥亵妇女侵害的是妇女性方面的羞耻心;其三,三者的强制程度不同,强奸是以包括暴力、胁迫或其他具有相当性的方法与妇女强制发生性行为,其暴力程度或强制程度一般应达到压制妇女的反抗,而强制猥亵妇女的暴力程度或强制程度较强奸轻微。

被告人申某军采用抓住被害人双手、将被害人压倒在床上、用胳膊压着被害人左肩部的方式,搂抱被害人的头并亲吻其脸部及嘴,后在被害人反抗及大声哭喊后,被告人申某军放弃了后续加害行为。结合以上对于强奸中止及强制猥亵妇女区别的论述,判定被告人申某军行为性质的关键在于其主观心态的认定,也即其是否有与被害人强制发生性行为的故意;而该种故意的存否,应当通过在案客观事实佐以被告人的供述综合认定。

本案中,被告人申某军虽然已经通过暴力手段压制了被害人的反抗,但其加害行为停留在亲吻其面部及嘴部,并没有其他进一步的行为或者表现,虽然其在被告人陈述中自述"有了性冲动",但性冲动驱使下的实现方式既可以是与被害人强制发生性行为也可以是强制猥亵被害人;虽然在侦查阶段被告人曾经供述其具有强奸的目的,但其在后续的陈述中推翻了以上表述,且在案证据显示其没有实施任何带有奸淫性质的行为及必然指向发生性行为的其他行为,不足以认定其具有发生性行为的故意,未能形成印证强奸行为存在的证据锁链,无法达到证实犯罪的证据标准,因为不能认定被告人申某军具有与被害人强行发生性行为的故意。在本案中,其行为仅停留在为寻求刺激、满足心理上的性需求,以暴力手段强制猥亵妇女,应以强制猥亵妇女来评价,以平衡罪责,实现罚当其罪。

**【法律法规链接】**

《中华人民共和国刑法》第 237 条第 1 款

(编写人:姜　楠)

## 38. 如何区分索债过程中的绑架罪与非法拘禁罪

——卜某刚绑架、非法拘禁案①

**【裁判要旨】**

行为人为索取债务而非法扣押、拘禁他人的，应当依照非法拘禁罪定罪处罚。但是，当行为人索要的债务超过了应有数额时，超过的部分就侵犯了被害人的财产权益。行为人在犯罪过程中，一个行为同时完成了索要债务和索要非债务钱财，分别构成非法拘禁罪和绑架罪，属于想象竞合，依照刑法基本原理，应该从一重罪、以绑架罪定罪量刑。

**【基本案情】**

被告人卜某刚于2000年4月12日下午，与董某国、任某云(已判刑)、郭某刚(在逃)等人到北京市朝阳区洼里乡九江口村附近，强行将被害人王某带出，后伙同董某国等人将王某带至朝阳区关西庄一出租屋内，以王某曾欠郭某刚亲戚人民币5000余元为借口，对被害人王某进行殴打，向王索要人民币5万元，并让王给家人打电话交钱赎人。后郭某刚等人见索要赎金无望，才将王某释放。

被告人卜某刚于2000年4月19日夜，为帮助索债，又伙同董某国、任某云、郭某刚等人到北京市海淀区西三旗一旅馆内，强行将因做生意欠董某国父亲人民币2.5万元的被害人于某广带至门头沟区王平村一出租房内，并于当天离开。后董某国等人殴打于某广，并逼迫于书写1张10万元人民币的欠条，向于的家属索要了人民币5万元。同年4月25日，被告人董某国等人收到5万元赎金后将被害人于某广释放。2003年3月9日，被告人卜某刚被公安机关抓获归案。

2003年11月7日，检察院以被告人卜某刚犯绑架罪向法院提起公诉。被告人卜某刚承认参与了绑架被害人王某的基本事实，但辩称释放王某时其不在现场，亦不知道向王某索要钱款的数额；且针对起诉书指控绑架被害人于某广的内容，辩称其只知道绑架于某广是为了索要债务，但因其并没有下车便离开，故既不知道董某国等人索要债务的数额，也没参与殴打、逼迫于写欠条，事后亦没有分赃。其辩护人认为，被告人卜某刚并没有勒索财物的目的和客观行为，仅仅参与了限制他人的

① (2003)海法刑初字第2413号判决书，(2004)一中刑终字第133号裁定书。

人身自由,故卜某刚触犯的是非法拘禁罪而非绑架罪,且卜在被害人于某广一案中,作用较小,属于从犯,并自动放弃犯罪行为,属于犯罪中止,应依法从轻、减轻或免除处罚。

【法院裁判】

法院认为,被告人卜某刚以非法占有为目的,以索债为由,伙同董某国、任某云、郭某刚等人非法拘禁并殴打他人,向被害人王某及其亲属索要明显超过债务数额的钱财,其行为已构成绑架罪,应予惩罚。被告人卜某刚为帮助他人索债,伙同董某国等人非法限制被害人于某广的人身自由,其行为已构成非法拘禁罪,应与其所犯绑架罪并罚。检察院指控被告人卜某刚参与绑架被害人王某的事实清楚,证据确实充分,指控罪名成立。而指控被告人卜某刚参与绑架被害人于某广一节,控方现有证据只能证明被告人卜某刚为帮助索债非法限制他人人身自由的事实,无法证明卜某刚明知董某国等人为索要明显超过债务数额的钱财而参与董某国等人殴打于某广并索要钱财等事实,亦无相关证据证明卜某刚具有绑架于某广并勒索财物之主观故意和客观行为,辩护人关于卜某刚有关于某广之行为构成非法拘禁罪而不构成绑架罪之辩护意见,法院予以采纳。被告人卜某刚参与实施限制于某广人身自由,非法拘禁犯罪已经完成,其中途离开仅系为返回住地,而非主动放弃犯罪行为,亦无阻止同案犯继续犯罪的任何举动,并非犯罪中止,辩护人关于卜某刚具有犯罪中止情节之辩护意见,法院不予采纳。被告人卜某刚在实施非法拘禁于某广的过程中,亲力亲为,无任何人诱导或强迫,与其他同案犯之作用并无大小之别,不属于从犯,辩护人关于卜某刚在非法拘禁犯罪中属于从犯之辩护意见,法院不予采纳。依照《中华人民共和国刑法》第239条第1款,第238条第1款、第3款,第69条,第25条第1款,第55条第1款,第56条第1款,第53条之规定,以绑架罪判处被告人卜某刚有期徒刑11年,剥夺政治权利1年,罚金人民币1万元;以非法拘禁罪,判处被告人卜某刚有期徒刑1年,决定执行有期徒刑11年6个月,剥夺政治权利1年,罚金人民币1万元。

一审判决后,被告人卜某刚以定性不准,量刑过重为由,向二审法院上诉。二审法院经审理后对一审判决裁定维持原判。

【要点评析】

在"索债型"犯罪中,索债数额是否明显超过债务数额等,是区分绑架罪与非法拘禁罪的关键点。

1. 为索要债务而非法限制他人人身自由，一般应认定为非法拘禁犯罪；但如果索要的钱财明显超过债务的范围，应认定为绑架罪

有观点认为，被告人卜某刚出于索要债务为目的限制被害人王某的人身自由，依照刑法规定，应该认定为非法拘禁罪。诚然，因为债务问题或者以索债为由非法限制他人人身自由的行为，是一种常见的犯罪形式，特别是在经济生活中经常会出现借钱不还或欠报酬不给的问题，直接导致了债权人采用非法的方法索债。这种避开公力而采用私力进行救济的方法，不符合现代法治所要求的有关财产权与人身权的保护方法和保护尺度。正是考虑到这种行为的性质和社会危害性，所以立法者一方面将此种行为规定为犯罪，另一方面又给予比较轻的处罚：依照《中华人民共和国刑法》第 238 条第 3 款之规定，为索取债务非法扣押、拘禁他人的，以非法拘禁罪定罪量刑。根据最高人民法院 2000 年 7 月《关于对为索取法律不予保护的债务，非法拘禁他人行为如何定罪问题的解释》的规定，行为人为索取高利贷、赌债等法律不予保护的债务，非法扣押、拘禁他人的，也应当依照非法拘禁罪定罪处罚。为索债而非法扣押、拘禁他人，应该认定为非法拘禁罪，但并不是说只要有了索债这个理由，就一定要认定为非法拘禁罪。当行为人索取钱财的数额明显故意超过债务数额（包括应得利息）时，行为的性质就变成绑架勒索了，应认定为绑架罪。

绑架罪与非法拘禁罪都是故意犯罪，在客观方面都直接侵犯他人的人身自由权利。但绑架罪在主观上必须是以勒索财物或其他不法利益为目的，而非法拘禁罪一般没有此目的。非法拘禁罪只是侵犯他人的人身权利，而绑架罪往往因勒索巨额赎金而给被害人财产造成巨大损失。可见非法拘禁罪与绑架罪中的绑架勒索行为的关键区别点是，行为人是否侵犯了被害人的财产权益。对于合法债务而言，欠债还钱天经地义，根据上述刑法及司法解释的规定可知，索要债务的行为并非侵犯了被害人的财产权益。即使是索要高利贷、赌债等法律不予保护的债务，由于债务的建立是当事人双方自愿达成的契约，属于一种民间传统形式的债务，一般也容易为民间百姓所接受或承认，因此刑法并不对其追加更为严厉的处罚形式。但债务都是有一定幅度的，当行为人索要的债务超过了应有幅度时，超过的部分就属于侵犯被害人的财产权益了。行为人在犯罪过程中，一个行为同时完成了索要债务和索要非债务钱财，分别构成非法拘禁罪和绑架罪，属于想象竞合，依照刑法基本原理，应该从一重罪定罪量刑，因此应该以绑架罪定罪量刑。例如被告人卜某刚等人针对被害人王某的行为，即是如此。被害人王某欠债人民币 5000 元，如果卜某刚等人仅仅索要人民币五六千元，则认定非法拘禁无疑。但卜某刚等人却索要人民币 5 万元，与 5000 元相差悬殊，显然卜某刚等人并非仅仅出于索债之目的，而要非法占有他人钱财。对于 5 万元以内的 5000 元，可以认定卜某刚非法拘禁罪，对

于超出部分则属于绑架勒索,而卜某刚等人则只是通过一个行为来完成,一个行为触犯数个罪名,属于想象竞合,故应认定被告人卜某刚绑架罪。

2. 紧紧围绕犯罪构成各要件,详细分析现有证据所能证明之犯罪事实,是区分多人共同犯罪案件各人行为性质的关键

检察院认为,被告人卜某刚针对被害人于某广的侵害行为也与侵犯被害人王某一样,构成绑架罪。诚然,在针对被害人于某广的犯罪行为中,同案犯董某国等人构成绑架罪,但这并不等于参与其中的卜某刚也构成绑架罪。从现有证据可以看到,被告人卜某刚参加了限制于某广人身自由的最初行为,且行为的目的是索要债务;但卜某刚伙同董某国等人将于某广绑至出租房后便离开了。没有证据证明卜某刚在参与犯罪过程中,对索要钱财的数额与董某国等人有共谋,或已经明知董某国等人会索要超过债务数额的钱财。因此,被告人卜某刚仅仅应对其参与的行为负责,而不应对董某国等人的后续行为负责。故综合分析卜某刚的主观故意和客观行为,只能认定其构成非法拘禁罪。检察院和法院对于被告人卜某刚针对被害人于某广的定性并不一样,由此可见要做到正确定性,特别是在共同犯罪中要做到正确定性并不容易,必须根据现有证据查明的事实分析被告人的主观故意和客观行为,特别不能因为同案犯的行为来认定被告人的行为性质。例如在针对被害人王某一案中,被告人卜某刚虽然没有参加绑架王某的最初行为,但其却参加了限制王某人身自由和索要超过债务钱财的后续行为,其全部行为完全符合绑架罪的构成,因而应该认定为绑架罪。而在针对被害人于某广一案中,被告人卜某刚虽然参加了绑架于某广的最初行为,但却没有参加索要超过债务钱财的后续行为,也没有证据证明其明知同伙会索要超过债务数额的钱财,所以不具备绑架罪的构成要件,按照其行为的性质,只符合非法拘禁罪的犯罪构成要件。法庭在审理多人共同犯罪案件中,在没有证据证明同案犯有共谋的情况下,必须根据现有证据将被告人的行为从案情中抽出来,再根据能够查明的事实来分析被告人的主观故意和客观行为,从而确定被告人的行为性质,这是审理多人合伙犯罪案件的一个非常重要的方法。

**【法律法规链接】**

《中华人民共和国刑法》第 25 条第 1 款,第 53 条,第 55 条第 1 款,第 56 条第 1 款,第 69 条,第 238 条第 1 款、第 3 款,第 239 条第 1 款

(编写人:游　涛)

# 39. 如何认定非法侵入住宅罪中的“他人住宅”

——李某某非法侵入住宅案①

## 【裁判要旨】

在司法实践中，非法侵入他人住宅往往是其他犯罪的手段或结果行为，如闯入他人住宅进行盗窃、抢劫、行凶等犯罪活动。单纯的非法侵入住宅行为认定为犯罪的并不多见。夫妻协议离婚后，原作为夫妻共同财产的房屋按照离婚协议过户给其中一方后，另一方经要求拒不退出，严重影响拥有所有权一方生活的，应当以非法侵入住宅罪定罪处罚。

## 【基本案情】

被告人李某某与被害人郑某某原系夫妻关系，2011 年 10 月 22 日双方协议离婚，约定位于交大东路×号的房屋（以下简称交大东路×号）归郑某某所有，2011 年 11 月 2 日该房屋经北京市海淀区房屋管理局所有权证书登记为郑某某单独所有。离婚后，双方口头约定在没有家庭暴力的情况下，被告人李某某可在该房屋内居住。

2012 年 5 月至 7 月 24 日间，因被害人郑某某不同意被告人李某某继续在交大东路×号房屋居住并更换了门锁。之后，被告人李某某不顾郑某某的劝阻多次采用撬锁等方式强行进入上述住宅，并将一扇盼盼牌入户型防盗门损坏（经鉴定价值人民币 1200 元）。为此，被告人郑某某多次报警。其中因被告人李某某于 2012 年 5 月 24 日用撬棍撬开防盗门进入交大东路×号房屋，公安机关接郑某某报警后将被告人李某某抓获，并对李某某处以行政拘留 10 天（自 2012 年 5 月 26 日至 2012 年 6 月 4 日），并处罚款人民币 500 元。2012 年 7 月 24 日，因被告人李某某再次撬门强行进入交大东路×号房屋，公安机关接被害人郑某某报警，将被告人李某某抓获归案。

本案审理中，被害人郑某某放弃民事赔偿要求，并请求法院对被告人依法判决。

① (2013)海刑初字第 1384 号判决书，(2013)一中刑终字第 3365 号裁定书。

## 【法院裁判】

审理过程中，控辩双方主要就是否侵入“他人住宅”进行了辩论。控方认为，被告人李某某与被害人郑某某已经离婚，婚后交大东路×号的房产已经过户到郑某某名下。此时郑某某享有对房子的所有权、使用权和处分权。在郑某某明确要求被告人搬出的情况下，被告人已经没有了居住权，房屋为“他人住宅”。被告人李某某辩称，其是交大东路×号房子的户主，其是正常回家，没有非法侵入“他人住宅”。其辩护人发表的辩护意见为：本案所称房屋所有权存在争议，该房屋为李某某父母家庭共有，没有经过合法分割，被害人是在明知侵犯他人合法权益的情况下取得产权登记，在法律上属于恶意取得，是无效的。被告人李某某没有迁出诉争房屋，其享有合法居住权，居住权先于所有权，在所有权与居住权冲突时，应当先考虑生存的需要。李某某在维护自己的生存权的情况下，以自己的私力对抗私力是不违反任何法律的。故被告人李某某无罪。

经审理，法庭认为：被告人李某某无视国法，未经住宅主人同意多次非法强行闯入他人住宅，且在住宅主人要求其退出的情况下仍拒不退出，其行为已构成非法侵入住宅罪，依法应予惩处。检察院指控被告人李某某犯非法侵入住宅罪的事实清楚，证据确实、充分，指控的罪名成立。根据被告人李某某与被害人郑某某的离婚协议及房屋所有权证书，自2011年11月2日始交大东路141号房屋的所有权人为被害人郑某某，郑某某依法享有该房屋的占有、使用、收益和处分的权利，未经被害人郑某某同意，他人无权进入该房屋。离婚后被害人郑某某虽同意李某某继续居住在交大东路141号房屋，但郑某某有权随时要求被告人李某某搬离，自2012年5月始郑某某已要求李某某搬离并通过换锁的行为进一步明确了其意思表示，故被告人李某某对该房屋不再享有任何权利。被告人李某某的辩护人虽提出该房屋所有权存在争议，但未就此提供证据。故对被告人李某某的辩解及其辩护人的辩护意见，法院均不予支持。鉴于被告人李某某对其多次强行进入他人住宅的事实能够如实供述，故法院依法对其予以从轻处罚。依照《中华人民共和国刑法》第245条第1款、第67条第3款之规定，判决被告人李某某犯非法侵入住宅罪，判处有期徒刑1年。

一审宣判后，被告人提出上诉，二审法院裁定驳回上诉，维持原判。

## 【要点评析】

本案中，因为被告人与被害人的特殊关系，即被告人系被害人的前夫，而使得本案的犯罪对象即侵入的住宅是否属于“他人住宅”具有争议。鉴于被告人李某某对其多次强行进入他人住宅的事实能够如实供述，承认多次撬门进入该住宅，本案的争议焦点集中在住宅是否为“他人住宅”。如果认定为他人住宅，则被告人构成非法侵入住宅罪，如果认定为非他人住宅，则被告人无罪。在审理过程中，产生了有罪和无罪两种观点。

认为被告人不构成非法侵入住宅罪的观点认为，被告人在离婚前就在该住宅居住生活，离婚后，虽然协议约定该房屋为郑某某单独所有，郑某某也办理了房产过户手续，但双方又口头约定在没有家庭暴力的情况下，被告人可以在该房屋居住。截至案发，被告人一直没有搬离该房屋，其生活用品都在该房屋内。被告人享有合法居住权，居住权先于所有权，在所有权与居住权冲突时，应当先考虑生存的需要。该房屋不是刑法意义上的他人住宅，被告人也有权在该住宅内居住。所以被告人进入该住宅的行为不构成非法侵入住宅罪。

认为被告人构成非法侵入住宅罪的观点认为，虽然被告人与被害人原系夫妻关系，但协议离婚后二人在法律上与其他两个陌生人没有什么区别，且该房屋已经过户到被害人名下，为被害人单独所有。二人口头约定，在没有暴力的情况下，被告人可以在该房屋居住，但被害人有权随时要求被告人搬离，在要求被告人搬离，其不搬离的情况下，被害人采取了换门锁的方式进一步明示不让被告人继续居住。这时，被告人对该房屋已经没有了居住权。在这种情况下，被告人采取撬门的方式强行进入，自然构成非法侵入住宅罪。

我们认为后一种观点是正确的。不可否认，被告人与被害人之间的关系确实不同于社会上的一般人。即使这样，被告人仍然构成非法侵入住宅罪。

首先，被害人有权拒绝被告人在该处住宅居住，要求被告人搬离该住宅。从物权法上看，我国实行不动产登记制度，房屋所有权以在房管局的正式登记为准。本案中的房屋所有权人为被害人郑某某。根据《物权法》第 39 条规定，“所有权人对自己的不动产或者动产，依法享受占有、使用、收益、处分的权利”。换言之，他人对自己的动产、不动产没有占有、使用、收益、处分的权利，除非所有权人让渡。本案中，双方口头约定，在没有暴力的情况下，被告人可以在该房屋居住，这是所有权人即被害人让渡了部分使用权，而且是无偿让渡。一方面，被害人有权随时收回让渡的权利。被害人完全有权随时要求被告人搬离。

其次，被害人实施了要求被告人搬离，拒绝被告人继续居住的行为。被害人多次要求被告人搬离该处住宅，这一点被告人、被害人都不否认。但被告人认为自己有权居住不予搬离。被害人用更换门锁的方式进一步明示了被告人必须搬离的意思。这时，被告人就丧失了对该处住宅的居住权。辩护人称该处房产有争议，被害人属于恶意取得等，没有任何证据。在这种情况下，被害人即房屋所有人的决定是合法有效的。在作出这种决定后,该处住宅相对于被告人说,已经成为了他人住宅。"他人"包括住宅所有权人、对住宅有居住或者出入权利的人,以及暂住在某处的人。换言之,只要不是行为人生活在其中的住宅,就认为是他人住宅。行为人以前在某住宅与他人共同生活过,如果后来离开了该住宅,则该住宅属于他人的住宅。①

最后,被告人实施了非法侵入的行为,且侵入后,经要求退出拒不退出。被害人郑某某不同意被告人李某某继续在交大东路 141 号房屋居住并更换了门锁。2012 年 5 月 24 日被告人李某某用撬棍撬开防盗门进入交大东路 141 号房屋,公安机关接郑某某报警后将被告人李某某抓获,并对李某某处以行政拘留 10 天,并处罚款人民币 500 元。2012 年 7 月 24 日,因被告人李某某再次撬门强行进入交大东路 141 号房屋,公安机关接被害人郑某某报警,将被告人李某某抓获归案。期间,被告人将防盗门损坏,经鉴定修复价值人民币 1200 元。被告人不仅使用暴力方式进入他人住宅,而且通过被害人报警的方式被拘留、被抓获,可见经被害人要求退出,被告人拒不退出,这也与被害人的陈述能够印证。

综上,被告人对原来有居住权的住处丧失居住权后,多次以暴力方式强行进入该住处,且经权利人要求退出拒不退出的,构成非法侵入住宅罪。

**【法律法规链接】**

《中华人民共和国刑法》第 67 条第 3 款、第 245 条第 1 款

(编写人:郑红艳　郭　照)

① 张明楷:《刑法学》,法律出版社 2007 年版,第 678 页。

# 第五章 侵犯财产类案件

## 40. 绑架罪中“情节较轻”应当如何认定

——陈某某等绑架案①

**【裁判要旨】**

《刑法》第239条规定了绑架罪的“情节较轻”情节。实践中,可将以下情形视为“情节较轻”:绑架之后,主动释放被绑架人的;绑架之后实际控制被绑架人的时间较短,被公安机关查获的;绑架之后没有对被害人进行严重殴打、虐待,甚至对被害人较为优待的;绑架之后未索得财物或者索得的财物较少的;其他的表明行为人人身危险性不大、对于被害人人身安全的侵害也不严重的情节。

**【基本案情】**

2008年春节后,被告人陈某某因与单位领导贾某发生矛盾,遂起意通过绑架贾某之妻李某某索要钱财对贾某实施报复。经与被告人张某某合谋后,被告人陈某某又以向他人要债为名将被告人葛某某拉入伙。后陈某某安排购置了五张新手机号卡、一辆二手松花江面包车、两副假车牌照、三个毛线面罩、三顶蓝色布制帽子、两把白色尼龙绳和一件蓝色戴帽羽绒服等犯罪工具,并租用了一辆捷达轿车。2008年12月9日6时许,三名被告人在北京市海淀区四季青溪山嘉园附近守候,将刚出小区的被害人李某某劫持进入车内,并用胶带将其嘴粘上,用罩套将其头套上,用绳将其头捆上。开车行驶半小时后,陈某某等人先后多次向贾某打电话索要赎金人民币100万元,或以死亡相威胁让被害人李某某向贾某打电话要赎金并让贾某不要报警。被告人葛某某通过上述情况,判断出被告人陈某某、张某某是在实施绑架而非索债后,并未退出,而是继续参与绑架活动。当日下午18时左右,被告人陈某某、张某某、葛某某等人见贾某仍然没有交钱赎人,遂在门头沟区十八盘附近将被害人李某某释放。在整个劫持过程中,被告人陈某某将被害人李某某钱包

① (2009)海刑初字第2099号判决书。

内的人民币990元钱拿走，并将被害人的诺基亚6100i手机（经鉴定价值人民币1350元）扔在了路边草丛中，现赃物未起获。三名被告人对李某某进行了言语威胁，但没有实施殴打、侮辱被害人的行为，也未造成被害人的身体伤害结果，并有为李某某寻找救心丸的行为。当晚，被告人陈某某、张某某被公安机关抓获；次日，被告人葛某某被抓获。

2009年7月28日，检察院以被告人陈某某、张某某、葛某某构成绑架罪，向法院提起公诉。被告人陈某某、张某某、葛某某对起诉书的指控事实及罪名没有提出异议。

【法院裁判】

法院认为：被告人陈某某纠集被告人张某某、葛某某以勒索财物为目的绑架他人，其行为均已构成绑架罪，应予惩处。检察院指控被告人陈某某、张某某、葛某某犯绑架罪的事实清楚，证据确实充分，指控罪名成立。理由如下：在整个绑架过程中，三名被告人均未对被害人实施殴打、侮辱等过激行为，也未造成被害人任何伤害后果，且有为被害人寻找救心丸的行为，在判断被害人家属不准备交钱赎人后，将被害人释放。综合考虑上述事实，对三名被告人的绑架行为可以认定为“情节较轻”。被告人陈某某曾因犯罪先后两次被判处有期徒刑，虽不构成累犯，但反映其人身危险性较大，对于该情节法院在量刑时将酌予考虑。被告人张某某曾因犯罪被判处有期徒刑，刑罚执行完毕后五年以内又犯应当判处有期徒刑以上刑罚之罪，系累犯，对其依法从重处罚。被告人葛某某在参与犯罪之初至劫持被害人时，主观上均为索财的故意，其是在陈某某等人授意其威胁被害人并向贾某索财的过程中，判断出被告人陈某某、张某某并非索财而是绑架，但继续实施犯罪行为，可见其主观恶性较被告人陈某某、张某某较小。对此，在量刑时将酌予体现。被告人张某某前罪未执行完毕的罚金刑人民币1.8万元，应与本次刑罚并罚。鉴于被告人陈某某、张某某、葛某某三人认罪态度较好，对其均酌予从轻处罚。对被告人陈某某依照《中华人民共和国刑法》第239条第1款、第25条第1款、第55条第1款、第56条第1款、第53条；对被告人张某某依照《中华人民共和国刑法》第239条第1款、第25条第1款、第69条、第71条、第65条第1款、第55条第1款、第56条第1款、第53条；对被告人葛某某依照《中华人民共和国刑法》第239条第1款、第25条第1款、第53条之规定，以被告人陈某某犯绑架罪，判处有期徒刑8年6个月，剥夺政治权利1年，罚金人民币1万元；以被告人张某某犯绑架罪，判处有期徒刑8年6个月，剥夺政治权利1年，罚金人民币1万元；以被告人葛某某犯绑架罪，判处有期徒刑6年，罚金人民币8000元。

一审宣判后，检察院未提出抗诉，被告人陈某某、张某某、葛某某未提出上诉，一审判决已经生效。

## 【要点评析】

在本案审理过程中，争议的焦点是如何认定绑架罪中的"情节较轻"。对于此争议，法庭认为，应从犯罪动机、犯罪手段、犯罪后果、犯罪对象、犯罪程度等方面认定行为人的绑架行为是否符合"情节较轻"。

1. 犯罪动机

在司法实践中，行为人实施绑架犯罪的动机各不相同，如有的是为满足个人私欲而绑架他人；有的是迫于生活压力实施绑架犯罪；有的属于非法拘禁索取超额债务构成绑架犯罪；有的则是出于特定的政治目的等。犯罪动机不同，体现行为人主观恶性程度的差异，也影响到社会危害性程度。

2. 犯罪手段

在司法实践中，绑架手段一般包括暴力、胁迫、麻醉、诱骗等方法。行为人采用绑架手段的不同，直接影响到该罪的社会危害性程度。一般而言，暴力的危害程度要大于胁迫，而胁迫的危害程度显然要大于诱骗，即使同为暴力，也存在程度的区别，有的暴力手段致人伤残，有的甚至特别残忍，有的则仅造成轻微伤害，这些都是考察绑架罪情节轻重的重要表征。

3. 犯罪后果

绑架罪的后果主要可以从人身损害和财产损害两个方面来考察：从人身损害方面看，绑架罪既可能造成被绑架人的重伤、死亡，也可能造成某种程度的轻微伤害，甚至可能仅造成被绑架人精神上的恐惧，在特殊情况下，被绑架人对自己被绑架的情况甚至并不知情；从财产损害方面看，行为人通过绑架犯罪获取的"赎金"在数额上存在量的差别，既可能最终获取了数额巨大的"赎金"，也可能分文未得。另外，在一些特殊的情况下，行为人还可能提出一些有悖于与法律、道德的不法要求。

4. 犯罪对象

绑架罪侵害对象的不同在一定程度上也反映了行为的社会危害性程度。如，以社会弱势群体如老人、儿童、妇女作为绑架对象，与一般的绑架罪相比，其情节就显得更为恶劣，社会危害性也就更大。此外，被绑架人特定的社会身份也会影响到绑架罪的社会危害性程度。

5. 犯罪程度

我国刑法规定，绑架罪属于行为犯，即只要完成了绑架行为就属于犯罪既遂。虽然绑架行为实施程度对是否构成犯罪没有实质影响，但其对绑架罪社会危害性的大小有着直接的影响。实践中，有的行为人绑架他人后提出了勒赎要求并得逞，有的行为人绑架他人后尚未提出勒赎要求即被警方抓获，有的行为人将他人绑架后又幡然悔悟主动释放了被绑架人。

综上，根据行为人实施绑架时的犯罪动机等因素综合考虑，可以将绑架罪“情节较轻”的情形分为以下几类：（1）绑架之后，主动释放被绑架人的；（2）绑架之后实际控制被绑架人的时间较短，被公安机关查获的；（3）绑架之后没有对被害人进行严重殴打、虐待，甚至对被害人较为优待的；（4）绑架之后未索得财物或者索得的财物较少的；（5）其他的表明行为人人身危险性不大、对于被害人人身安全的侵害也不严重的情节。

在司法实践中，在判断行为人的绑架行为是否符合“情节较轻”的时候，往往需要综合考虑上述量刑情节，由法庭结合案件的具体情况综合作出判断。

**【法律法规链接】**

《中华人民共和国刑法》第25条第1款、第53条、第55条第1款、第56条第1款、第65条第1款、第69条、第71条、第239条第1款

（编写人：游　涛　于　洋）

## 41. 劫取与自己存在经济纠纷的被害人财物的行为如何定性

——果某等三人抢劫案①

**【裁判要旨】**

抢劫罪所侵犯的财产权，在法理上一般理解为所有人依法对财物享有占有、使用、收益和处分的权利，而对于为追讨债务所采用的限制人身自由、暴力等行为，一般根据行为方式以及暴力程度认定为非法拘禁罪、敲诈勒索罪或者故意伤害罪。但如果以经济纠纷为名，使用暴力、拘禁等方式强索明显超出纠纷数额的财物，行为人则已明显存在非法占有他人享有财产权的财物的主观故意，应以抢劫罪论处。

① （2010）海刑初字第1198号判决书，（2011）一中刑终字第74号裁定书。

## 【基本案情】

被害人马某某在夜总会上班时，认识了被告人万某某，并通过万某某认识了另一被告人果某。她们拍杂志、广告，并兼职高价卖淫。卖淫主要有三种方式：一是在拍广告的时候留下客户电话，然后客户直接打电话联系谈价格；二是客户让其帮忙找一些演员，或者其他有身价的女子，谈好价钱后发生性关系；三是自己出去玩的时候认识的客人，对方提出要求，要么自己卖淫，要么介绍给朋友。介绍给别的人，要提嫖资50%到60%的介绍费。2008年3月、4月间，有客人打电话给果某说想找一个个子高、皮肤白的女孩子。果某说认识这样的女孩子，嫖资要5万元。后把客人介绍给了马某某，并说好事成之后给其3.5万元的介绍费。后果某与马某某因介绍费发生纠纷。果某将此事告诉了万某某。万某某称马某某也骗过她。于是二人商量找几个人把马某某骗出来教训一下，把钱要回来。2008年6月某日夜，果某、万某某伙同另一被告人王某某（男，果某男友）等多人将马某某骗至北京市海淀区某酒店房间内，对马某某进行殴打。后果某、王某某、万某某等人将马某某带离该酒店。途中，果某、万某某等人向马某某索要其银行卡密码，并从提款机上取走马某某银行卡内人民币3.1万元。后果某、王某某、万某某等人将马某某转移至北京市朝阳区一酒店内，并让马某某通过其家属给果某的银行卡内转账人民币12万元，给万某某的银行卡内转账人民币5万元。后果某、王某某、万某某离开现场，并将马某某的3部手机（经鉴定价值共计人民币1972.5元）拿走。后经马某某报案，果某、王某某先后被公安机关抓获，万某某向公安机关投案。

## 【法院裁判】

公诉机关指控被告人果某、王某某、万某某使用暴力手段抢劫公私财物，数额巨大，其行为均应当以抢劫罪追究刑事责任。万某某在共同犯罪中起辅助作用，是从犯，依法应当从轻或减轻处罚；且其案发后自动投案，如实供述犯罪事实，有自首情节，依法可以从轻或者减轻处罚。

本案审理过程中，被告人果某对指控的事实均提出了异议。果某认为其只是要回欠款，其他钱是马某某自愿多赔偿的；其辩护人发表的主要辩护意见为果某以欠款为借口，借机敲诈马某某钱财，对马某某的行为也只是为了解恨和报复，其行为不构成抢劫罪。

被告人王某某对起诉书指控的事实提出异议，辩称其没有与果某等人事先预谋，只是帮果某去要欠款，并不知道抢劫的事情。其辩护人发表的主要辩护意见为，三被告人因气愤对被害人进行殴打，后以所谓欠款等理由，威胁被害人在天亮后向家人要钱，并汇到果某和万某某的账户，被告人取得财物的时间与实施暴力相威胁的行为不具有同步性，被告人的行为不构成抢劫罪；王某某在本次共同犯罪中没有参与预谋，并对让被害人脱光衣服拍摄视频的行为进行了制止；且其没有参与取钱、要钱的过程，也没有获得任何赃款，应认定为从犯。

被告人万某某对起诉书指控的事实及罪名没有提出异议。

法院认为：被告人果某虽然与被害人马某某之间可能存在纠纷，但其从被害人处强行索要的钱款数额远远高于双方的约定金额；而被告人万某某、王某某与马某某之间并不存在经济纠纷，果某、万某某、王某某等人非法占有被害人财物的主观故意明显。果某、万某某、王某某等人在拘禁马某某期间，对被害人当场实施暴力强行索取财物的行为，符合抢劫罪的构成要件。同时，万某某、王某某均为抢劫行为的实行犯，不构成从犯。对被告人果某、王某某依照《中华人民共和国刑法》第263条第（四）项、第25条第1款、第53条、第55条第1款、第56条第1款、第64条；对被告人万某某依照《中华人民共和国刑法》第263条第（四）项、第25条第1款、第53条、第64条、第67条第1款之规定，判决如下：被告人果某犯抢劫罪，判处有期徒刑13年，剥夺政治权利3年，罚金人民币2.6万元。被告人王某某犯抢劫罪，判处有期徒刑11年，剥夺政治权利2年，罚金人民币2.2万元。被告人万某某犯抢劫罪，判处有期徒刑7年，剥夺政治权利1年，罚金人民币1.4万元。

一审宣判后，被告人提出上诉，二审法院裁定驳回上诉，维持原判。

## 【要点评析】

我们认为，本案被告人果某、万某某、王某某的行为构成抢劫罪，且三被告人在共同犯罪中的作用无明显差异，不宜在被告人均积极参与犯罪行为的情况下，认定部分被告人构成从犯，具体理由如下：

1. 本案中，行为人对所劫取财产的性质存在一定争议

被告人果某认为其所要财物属于为被害人马某某介绍“生意”的中介费。经果某供认，其所称中介费是为马某某介绍卖淫嫖娼活动的中介费，且按照“行内规则”对于中介费的数额应为嫖资的50%～60%。但马某某对此并不认可，其称当时虽按照约定与嫖客见面，但未进行卖淫活动，也没有收取约定好的5万元嫖资。因此，其不应支付3.5万元的中介费。被告人万某某、王某某均与马某某不存在经济纠纷。虽然果某、马某某对二人从事卖淫嫖娼活动的陈述相互吻合，但侦查机关并未调取相关嫖客支付嫖资金额的证言。因此，根据现有证据并不能认定果某与马某某之间存在经济纠纷。即使双方确实存在经济纠纷，果某只有强行扣留与被害人所欠债务等同的财物，才能排除其具有非法占有他人财物的主观故

意。需要注意的是,对于本案,所谓中介费系由介绍卖淫的违法行为所产生,与正常生产生活所产生的经济纠纷存在区别,属于非法财产。对此,我国刑法并未做出具体规定。但最高人民法院的《关于审理抢劫、抢夺刑事案件适用法律若干问题的意见》第7条,针对非法财产——赌资及赃款赃物,进行了规定:“抢劫赌资、犯罪所得的赃款赃物,一般以抢劫罪论处,但行为人仅以其所输赌资或所赢赌债作为抢劫对象,一般不以抢劫罪定罪处罚,构成其他犯罪的,依照刑法的相关规定处罚。”综上,对合法经济纠纷的保护与非法财产处置的规定,即使能够认定果某索要的中介费成立,果某对该中介费也不具有原始所有权,其仍具有非法占有的主观故意。

2. 抢劫罪的暴力行为与获取财物之间存在紧密的联系

本案中,有辩护人认为被告人的行为构成敲诈勒索罪。抢劫罪与敲诈勒索罪均为侵犯财产型犯罪,均对被害人实施一定程度的暴力、威胁,但敲诈勒索主要以被害人的隐私或者家人安全等为要挟,而抢劫的暴力则直接针对被害人的生命健康。在本案中,被告人果某、万某某、王某某纠集四人在将被害人马某某骗至约定地点后,直接施以暴力,通过人多势众、拳脚殴打、拍摄裸照的方式完全控制马某某。马某某作为一年轻单身女性,在这种情况下,已经完全丧失反抗能力,不能自愿进行意思表示。其在三被告人的看管下,分别通过自动提款机取现和让家人汇款的方式,即时支付人民币20.1万元,后三被告人还拿走了马某某三部手机。本案中的暴力行为直接围绕劫取财物展开,在最大限度提取现金后,又逼迫马某某让家人汇款达人民币17万元。在实际获取财物后,果某、万某某、王某某迅速抛下马某某离开。三被告人当场实施暴力,且其暴力程度足以造成对被害人的精神及人身强制,使其不能反抗,被迫当场交出财物。三被告人暴力行为的方式和程度均远远高于敲诈勒索罪所规定“威胁、胁迫”的暴力程度,并在时限上具有即时性,没有稍缓或回旋的余地。因此,本案三被告人的行为构成抢劫罪,而非敲诈勒索罪。

3. 共同犯罪中的抢劫行为,其主从犯的区分不以是否获取赃物为必要条件

本案中,被告人果某、万某某、王某某共同预谋对被害人马某某实施抢劫的情节,三被告人均有所供认,且均承认对马某某实施了暴力行为,但由于果某与王某某当时系情侣关系,王某某事后并未获得赃款。辩护人以此作为区分主从犯的依据,明显欠妥。在共同犯罪中,果某、万某某、王某某均直接参与事前预谋,达成了共同抢劫被害人的犯罪故意,且王某某不仅参与纠集他人,直接实施对被害人的殴打行为,并始终留在犯罪现场为果某助阵,在共同犯罪中的作用明显;万某某不仅为抢劫被害人纠集多人助阵,且直接使用暴力对马某某进行殴打,后主动向马某某

索取所谓"精神损失费",从中获利。其积极参与了犯罪活动的各个环节,在共同犯罪中的作用明显。综上,万某某、王某某均为抢劫行为的积极参与者,属于共同正犯;三被告人之间没有明确、具体的分工,作用亦无大小之分。对于事后分赃,只是行为人在犯罪行为完成后对所得赃款的处置行为,与其在共同犯罪实行行为中的作用大小无关,且不能单从其没有分得赃款而认定其为从犯。因此,不应以分赃情况作为认定从犯的理由。

【法律法规链接】

《中华人民共和国刑法》第25条第1款、第53条、第55条第1款、第56条第1款、第64条、第67条第1款、第263条第(四)项

(编写人:秦　硕)

## 42. 当场以客户人身安全相威胁劫取金融机构财物的行为应认定为抢劫罪

——黎某抢劫案①

【裁判要旨】

暴力胁迫对象与劫取财物对象的同一性并非抢劫罪的必要要件。当场以客户人身安全相威胁劫取金融机构财物的行为,其暴力胁迫对象与劫取财物对象虽不具有同一性,但暴力、胁迫行为和取得财物行为具有同一性,符合抢劫罪"两个当场"特征,应认定为抢劫罪。

【基本案情】

被告人黎某于2009年7月12日12时许,携带事先准备的字条、水果刀、塑料袋、乙醚瓶等物品,到北京市海淀区中国银行股份有限公司北京科大支行内。黎某将事先写有"我包里有一根复合雷管,足以让这里夷为平地。我需要十万!别摁报警钮,否则……"的字条交给银行营业员,并向柜台内扔进一个塑料袋,以炸毁银行相威胁,向该银行索要人民币10万元。在营业员摁响报警钮后,黎某又持刀挟持

① (2010)海刑初字第318号判决书。

被害人张某(女,26 岁)及被害人宋某某(男,26 岁),催促银行营业员给钱,并致被害人张某右下颌皮肤裂伤及被害人宋某某左前臂皮肤裂伤。黎某当场从银行劫得人民币 10 万元,并用随身携带的乙醚瓶谎称硫酸,威胁在场人员,后携款逃离银行。

被告人黎某于当日 17 时许被公安机关抓获。案发后,赃款人民币 99,757.5 元已起获发还。另有人民币 242.5 元被黎某用于购买物品,后被告人黎某家属退赔中国银行股份有限公司北京科大支行人民币 242.5 元。

**【法院裁判】**

公诉机关认为:黎某的行为符合绑架罪以勒索财物为目的,绑架他人的行为方式,应以绑架罪定罪处罚。

被告人黎某对起诉书指控的事实和罪名均无异议。被告人黎某辩护人的辩护意见为被告人黎某的行为应定性为绑架罪,且属犯罪情节较轻。

法院认为:被告人黎某以非法占有为目的,在银行营业厅内,以炸毁银行和持刀对银行顾客实施暴力相威胁,当场劫取银行经营资金,数额巨大,其行为已构成抢劫罪。依照《中华人民共和国刑法》第 263 条第(三)项、第(四)项,第 18 条第 3 款,第 53 条,第 55 条第 1 款,第 56 条第 1 款之规定,判决被告人黎某犯抢劫罪,判处有期徒刑 10 年,剥夺政治权利 1 年,罚金人民币 2 万元。

一审宣判后,被告人未上诉,公诉机关亦未抗诉,一审判决已经生效。

**【要点评析】**

本案争议焦点在于当场以客户人身安全相威胁劫取金融机构财物的行为应如何定性。

公诉机关认为,黎某以劫持人质的方式获取银行钱款,受其暴力胁迫的对象与劫取财物的对象不具有同一性,不符合抢劫罪的特征,但其行为符合绑架罪以勒索财物为目的,绑架他人的行为方式,应以绑架罪定罪处罚。

笔者认为,被告人黎某的行为应认定为抢劫罪。黎某事先预谋抢银行,抢劫的犯罪故意十分明确,并且为此准备了恐吓纸条等作案工具,其在实施抢劫的过程中,通过给银行营业员递纸条的方法,以扬言炸毁银行相威胁,胁迫银行营业员支付人民币 10 万元,在发现营业员按响警报后,又先后采取了持刀挟持两名银行客户的暴力胁迫手段,当场劫取银行经营资金人民币 10 万元。其挟持人质的行为属于在实施抢劫的过程中,索钱受阻后,采取的暴力胁迫手段,与扬言炸毁银行一样,都是为达到抢劫银行的目的而实施的一种暴力、胁迫手段,该行为未超出抢劫罪的犯罪构成,仍从属于抢劫行为,可以被抢劫罪所吸收,不宜单独定罪,也不是转化为绑架罪。若认定其构成绑架罪,则其扬言炸毁银行相威胁的行为无法周延进去,而该行为的危害性不亚于其实施的挟持人质的行为,应在定罪量刑时予以考虑,定绑架罪是不恰当的。

勒索型的绑架罪与抢劫罪都是以非法占有他人财物为目的,在客观上都表现为采取暴力、胁迫或其他强制手段,都同时侵犯了公民的人身权利和财产权利,两者在司法实践中容易混淆。本案中黎某以绑架罪被起诉,法院判决书认定黎某的行为构成抢劫罪,对黎某当场以客户人身安全相威胁向金融机构劫取财物行为性质的认定,是本案的关键。

1. 暴力胁迫对象和劫取财物对象是否具有同一性,不是区分抢劫罪与勒索型绑架罪的关键

公诉机关认为,黎某以劫持人质的方式获取银行钱款,受其暴力胁迫的对象与劫取财物的对象不具有同一性,不符合抢劫罪的特征,但其行为符合绑架罪以勒索财物为目的,绑架他人的行为方式,应以绑架罪定罪处罚。

笔者认为,抢劫行为并不要求暴力、胁迫行为指向的对象与劫财行为指向的对象具有同一性,即使二者不具有同一性,只要在一般人看来,暴力、胁迫行为指向的对象的安危能够使财物占有人产生恐惧心理,从而抑制反抗行为,仍然属于抢劫罪中的"胁迫方法",从而构成抢劫罪。例如,行为人在路上拦住一对母子,强行将孩子拉到自己怀中,以立即对儿子实施暴力相威胁,胁迫母亲交出财物,是以当场立即对第三方使用暴力相威胁,胁迫关心第三方安危的他人不敢反抗,交出财物,亦属于抢劫行为。黎某虽然实施了持刀以伤害在场客户相威胁的行为,但这一行为是在其向银行提出索财要求后,为加强其暴力、胁迫的程度而实施的行为,仅是其抢劫行为中暴力、胁迫手段的一种表现方式,仍从属于抢劫行为。

2. 暴力、胁迫行为和取得财物是否具有同一性(当场性),是区分抢劫罪与勒索型绑架罪的关键

《最高人民法院关于审理抢劫、抢夺刑事案件适用法律若干问题的意见》第9条第3款规定"抢劫罪表现为行为人劫取财物一般应在同一时间、同一地点,具有当场性;绑架罪表现为行为人以杀害、伤害等方式向被绑架人的亲属或其他人或单位发出威胁,索取赎金或提出其他非法要求,劫取财物一般不具有当场性。"

以勒索财物为目的的绑架,在客观方面由两部分构成:控制人质和勒索赎金,控制人质是手段行为,勒索赎金是结果行为,二者有先后顺序性和时空的不一致性。本案中,黎某先以递纸条方式向银行索要巨额现金,并以扬言炸毁银行相威胁,其后才以伤害客户相威胁,不符合绑架罪先控制人质,后提出非法要求的顺序。

黎某经事先预谋抢劫银行，并准备了恐吓字条、装钱的塑料袋等作案工具，采用扬言炸毁银行的暴力手段，意图当场劫取银行经营资金，又以持刀伤害在场顾客相威胁，最终当场从银行劫得人民币10万元，符合抢劫罪“两个当场”的特征，应当以抢劫罪定罪处罚。

**【法律法规链接】**

《中华人民共和国刑法》第18条第3款，第53条，第55条第1款，第56条第1款，第263条第（三）项、第（四）项

（编写人：张　莹）

## 43. 转化型抢劫罪是否存在未遂状态

——高某某抢劫案①

**【裁判要旨】**

转化型抢劫作为法律拟制的抢劫罪，应存在既未遂形态，这既是基于法律拟制基本理论的结果，也是罪刑相适应原则的要求。转化型抢劫的犯罪形态认定标准应与普通抢劫罪犯罪形态的认定标准一致，对具备劫取财物或者造成他人轻伤以上后果两者之一的，均可以认定为转化型抢劫罪的既遂。

**【基本案情】**

2011年4月10日16时许，被告人高某某在北京市海淀区逸城东苑小区北门附近，盗窃被害人姚某某、韩某某电动自行车电瓶各1块。在逃跑途中，被告人高某某为逃避巡防队员抓捕，使用撬棍进行反抗，致使巡防队员刘某某左前臂软组织损伤伴皮划伤，后被告人高某某被制伏。经鉴定，2块被盗电瓶价值共计人民币600.4元，刘某某身体所受损伤为轻微伤。现赃物已起获发还。

公诉机关指控高某某的行为构成抢劫罪，系犯罪既遂，向法院提起公诉。

① （2011）海刑初字第3019号判决书。

【法院裁判】

法院经审理认为：被告人高某某以非法占有为目的，窃取他人财物后为抗拒抓捕而当场使用暴力，其行为已构成抢劫罪，依法应予惩处。被告人高某某已经着手实施犯罪，由于其意志以外的原因而未能得逞，系犯罪未遂，且认罪态度较好，依法对其减轻处罚。据此，法院以抢劫罪判处被告人高某某有期徒刑2年，罚金人民币4000元。一审宣判后，被告人高某某未上诉，现判决已生效。

【要点评析】

本案在对被告人高某某的行为定性上没有争议，焦点问题在于：转化型抢劫犯罪是否存在既未遂形态？如果存在既未遂，认定既未遂的标准是什么？

对此存在三种意见：一是转化型抢劫不存在既未遂形态，转化型抢劫从犯罪构成看应属于行为犯，即是以行为的实行或者完成作为既遂的标准，只要行为人实施了刑法条文所规定的实行行为，无论是否产生了犯罪后果，均应认定为既遂。二是转化型抢劫存在未遂，但既未遂标准应以前一犯罪行为的既未遂作为判断标准。三是转化型抢劫存在未遂，但既未遂的认定应与普通抢劫罪的标准一致。

一审判决同意第三种意见，即转化型抢劫罪存在既未遂形态，既未遂标准应与普通抢劫罪的认定标准一致。理由在于以下三个方面：

(1)从转化型抢劫罪的主客观构成要件分析，转化型抢劫与一般抢劫并无实质区别。从犯罪客体上看，转化型抢劫罪与普通抢劫罪都侵犯了财产权利和人身权利；从客观方面来看，在犯罪实施过程中都具有暴力或以暴力相威胁的行为；从主观方面来看，二者都是直接故意。诚然，二者存在一定区别：即在客观层面上，一般抢劫罪是手段行为在先，目的行为居后，即通过使用暴力、胁迫等方法，达到抑制被害人反抗的状态后劫取财物，而转化型抢劫却是取财行为在前，暴力行为在后；在主观层面上，一般抢劫罪必须以非法占有他人财物为目的而实施暴力、胁迫等行为，而在转化型抢劫罪中，暴力、胁迫行为是以窝藏赃物、抗拒抓捕或者毁灭罪证为目的。但是，上述差异并未使二者在犯罪构成上存在实质区别。

(2)从罪刑相适应原则方面来考量，转化型抢劫的主观恶性、社会危害性与普通抢劫罪相比，相对较轻。因行为人在犯罪性质转化前，主观上具有的是盗窃等犯罪的故意，并非一开始就具有侵犯人身权利的故意。如果对转化型抢劫犯罪不论结果如何均认定为既遂，将导致转化型抢劫的处罚比普通抢劫更重，显然与罪刑相适应原则相悖。

(3)从量刑角度来看，最高人民法院《关于审理抢劫、抢夺刑事案件适用法律若干问题的意见》(以下简称《意见》)对刑法第263条抢劫罪的既遂、未遂认定,表明普通抢劫罪尽管存在各种形式,如入户抢劫、公共交通工具上抢劫、持枪抢劫等,但犯罪形态的既遂与未遂标准仍是一致的。因此,转化型抢劫罪也是抢劫罪中的一种,其犯罪形态的既未遂认定标准,应当适用《意见》第10条的规定。

应该指出的是,劫取财物的判断标准较难把握。在抢劫罪中对劫取财物的判断标准主要采用"失控说",即只要财物脱离所有人或者保管人的控制,那么抢劫行为就为既遂。但在转化型抢劫罪中没有严格意义上的劫取这一行为,如果只是以所有人或者保管人是否对财物失去控制为判断标准,则会有忽视了转化型抢劫罪的暴力性的嫌疑。所以应该结合三种具体转化行为并区分不同的情况予以把握:

(1)窝藏赃物行为。对于窝藏赃物行为,只有在窝藏赃物成功,使赃物完全脱离所有人或者保管人的控制的情况时,才能认定转化型抢劫既遂。需要注意的是,行为人基于先前的行为非法占有了财物,但后来未能继续维持非法占有的状态,最终未能非法占有财物的情况,应认定为转化型抢劫的未遂,因转化型抢劫的犯罪过程并未终了。

(2)抗拒抓捕行为。抗拒抓捕行为存在两种情况:一是行为人放弃所取得的财物,为了抗拒抓捕而实施暴力或者暴力胁迫的行为;二是行为人携带所取得的财物而实施暴力性抗拒抓捕行为。前一种行为中,如果行为人未造成伤害后果,不会构成抢劫罪的既遂。后一种情况中,应考虑抗拒抓捕的行为是否成功,若不成功被当场抓获,应认定为未遂。

(3)毁灭罪证行为。如果行为人毁灭了赃物,虽然行为人没有实际取得财物,但财物的使用功能已经灭失,可以认定权利人对财物失去了控制。这种情况下,可以认定行为人取得了财物,构成了转化型抢劫罪的既遂。

结合本案,被告人高某某盗窃电瓶后被巡防队员发现,虽盗窃行为构成既遂;但在逃跑过程中,使用撬棍进行反抗,并当场被抓获,电瓶被当场起获。根据《意见》第10条"既未劫取财物,又未造成他人人身伤害后果的,属抢劫未遂"的规定,高某某的行为不属于劫得财物或者造成他人轻伤以上后果之一的情形,不符合抢劫既遂的特征,因此,对被告人高某某的行为应认定为抢劫罪(未遂)。

**【法律法规链接】**

《中华人民共和国刑法》第23条、第53条、第67条第3款、第263条、第269条

(编写人:樊 强)

## 44. 盗窃股民交易信息、破译股票交易密码并盗卖盗买他人股票的行为如何定性

——王某某盗窃案①

**【裁判要旨】**

股票,作为一种有价证券,可以通过计算机交易系统即刻进行买卖。被告人窃取他人的股票交易信息,并破译了交易密码,在客观上已经拥有了合法股民处置股票所要求的所有条件。被告人在合法股民不知晓的状态下,指令股票交易代理人处分他人账户股票或资金,高买低卖,而自己则低买高卖,从中赚取差价,这实质上就是采取秘密手段对他人股票所有权的侵犯。虽然被告人在实际操作中并不是直接占有他人股票,而只是通过股票交易赚取非法利润,但是这种利润的取得却是在其一手操纵下完成的,这实际上是其先期盗窃他人股票交易信息和破译交易密码行为的延续性结果。这种窃取他人股票交易信息,破译交易密码,进行盗买盗卖他人股票的行为,与采用秘密窃取的手段获取他人财产的行为本质上一致,符合盗窃罪的构成要件,应认定为盗窃罪。

**【基本案情】**

被告人王某某于1995年12月间在北京华夏证券公司中关村营业部实习时,操作计算机非法进入该营业部中心数据库,窃得股民孙某某、常某、余某等人的股票交易账号、名称、资金情况等交易信息,并破译了上述股民的交易密码。被告人王某某于1996年3月13日,利用其窃取的股民孙某某的股票交易信息和破译的密码,电话委托华夏证券公司中关村营业部从孙某某的账户上以5.5元/股的价格高价买进深深宝A股10万股。同时,王某某又从自己开立的股票交易账户上抛出深深宝A股18,000股,企图让孙某某高价买进,从中获利。致使孙某某以4.9元/股的高价买进深深宝A股10万股,损失人民币131,000元,而由于通信线路的故障王某某未能如愿高价抛出深深宝股票赚取其预期利润。被告人王某某于1996年5月6日,利用窃取的股民常某的股票交易信息和破译的密码,电话委托华夏证券公司中关村营业部以0.41元/股的价格,从常某账户上低价卖出湘中意A股40

---

① (1997)海刑初字第341号判决书。

万股。同时,王某某又从自己开立的账户上收购湘中意A股12万股,欲从中获利。致使常某以2.57元/股的成交价卖出湘中意A股40万股,损失人民币236,000元,而由于操作时间上的差异,王未能如愿买入该股票赚取其预期利润。被告人王某某于1996年5月13日,利用窃取的股民余某的股票交易信息和破译的密码,电话委托华夏证券公司中关村营业部以0.38元/股的价格从余某账户上低价卖出琼海虹A股50万股。同时,王某某又从自己开立的账户上低价买进琼海虹A股156,000股,欲从中获利。由于事主及时发现交易异常并向深圳证券交易所报告,使该笔交易被冻结,避免了事主人民币1,015,000余元的经济损失。1996年5月21日,被告人王某某到北京大学保卫部投案自首。案发后,50万股琼海虹A股票已由深圳证券交易所返还股民余某。

检察院以被告人王某某犯诈骗罪,向法院提起公诉。被告人王某某对起诉书指控的内容没有提出异议;其辩护人认为,王某某的行为应认定为侵占罪,而非诈骗罪;且王某某能投案自首,第三起犯罪又系未遂,建议法院对其依法从轻或减轻处罚。

**【法院裁判】**

法院认为:被告人王某某为满足个人私欲,利用计算机窃取他人的股票交易信息,采取盗买、盗卖他人股票的方法非法占有他人财产,数额特别巨大,其行为已构成盗窃罪,应予惩处。在本案中,被告人王某某未对事主采取虚构事实或隐瞒真相的方法,令事主自动交出财物,其行为不符合诈骗罪的构成要件,故检察院指控被告人王某某犯有诈骗罪的定性有误;被告人王某某利用其所掌握的专业知识和技能获取他人股票交易信息,非法占有他人财物,不属于职务行为,故辩护人关于对被告人王某某的行为应认定为侵占罪的意见亦不能成立。被告人王某某的犯罪行为给两名事主造成巨大经济损失,应酌予从重判处。念其能主动投案自首,如实供述犯罪事实,且其部分犯罪系未遂,可依法对其减轻处罚,辩护人关于被告人自首和部分犯罪未遂的辩护意见,法院予以采纳。为严申国法,保护公民私人所有财产不受侵犯,依照《中华人民共和国刑法》第264条、第287条、第12条第1款、第67条第1款、第23条、第53条、第64条之规定,以盗窃罪判处被告人王某某有期徒刑7年,罚金人民币2万元。

一审宣判后,检察院没有抗诉,被告人王某某亦未上诉,判决已生效。

**【要点评析】**

本案争议焦点为盗取股民交易信息,破译交易密码,操纵股票买卖,企图赚取差价的行为应该如何定性？被告人王某某在本案中均未获益，系既遂还是未遂？另，行为究竟如何定性，控辩审三方各持己见，法院审理过程中也曾经出现了第四种意见，但本案最终裁定为盗窃罪，且认定被告人第三次行为系未遂。

1. 被告人王某某的行为不构成诈骗罪

控方起诉被告人构成诈骗罪的主要理由为：被告人利用其所窃取的股民交易信息，冒充合法股民，指令股民股票资金的保管人即证券公司营业部执行委托买卖股票，对股票资金的保管人虚构了事实，隐瞒了真相，致使证券公司营业部在虚假指令下执行股票交易，给合法股民财产造成巨大损失。被告人以非法牟利为目的，隐瞒真相、虚构事实，致使他人自愿处置财产，其行为完全符合诈骗罪的构成要件，应认定为诈骗罪。

法院认为，被告人王某某未对事主采取虚构事实或隐瞒真相的方法，令事主自动交出财物，其行为不符合诈骗罪的构成要件。所谓诈骗罪是指行为人以非法占有为目的，虚构事实、隐瞒真相骗取数额较大公私财物的行为。其基本特征就是虚构事实，隐瞒真相，从而使被害人信以为真，自愿交出财物。应该说被告人与股票账户户主没有任何接触，不存在对被害人本人虚构事实、隐瞒真相，令其自愿交出财物的问题；但被告人确实冒充了被害人的名义，对股票交易代理人隐瞒了真相、虚构了事实，致使代理人错误处分了被害人的财产。但是我们在判断被告人的行为时，不能将被告人的整个犯罪过程割裂开来进行分析。代理人执行被告人指令处分被害人财产，是以被告人提供的股票交易信息和交易密码完全真实为前提，如果没有完全正确的股票交易信息和交易密码，即使是真正的户主指令，代理人也不会执行。因此，代理人在此只是相当于一个依照正确交易信息和密码执行指令的工具。被告人实现其犯罪目的之主要行为的完成，在于获取股票账户户主的交易信息和密码。而被告人获取股票交易信息的手段是秘密窃取，这一点无法否认。被告人窃取交易信息，破译交易密码后，虽然还没有实际控制户主的股票或交易资金，但已经可以随意交易股票账户户头的股票和交易资金，而后其指令代理人进行股票买卖，不过是为了转移财产实际所有权，最终获益。虽然王某某的行为不是刑法理论中的牵连犯，因为其盗窃他人股票交易信息和破译交易密码的行为并不能称其为盗窃犯罪，但是被告人盗窃股票交易信息和破译交易密码的行为，与其后来冒名指令代理人买卖股票非法获益的行为，却存在牵连关系。这种牵连关系与因盗窃银行支票而去冒名提取款物中隐含的牵连犯关系其实质一致，盗窃行为是原因行为，是主行为，而诈骗行为是结果行为，是从行为。因此被告人的行为不能认定为诈骗罪而应认定为盗窃罪。

2. 被告人王某某的行为不构成职务侵占罪

辩方认为被告人构成职务侵占罪的主要理由为：被告人受其导师推荐在华夏证券公司实习，参与华夏证券公司进行的股市投资理论与技术分析研究课题研究，被安排在华夏公司下属的中关村营业部大户室，以从该营业部计算机终端获取股市即时行情及有关技术指标等资料，应视为该公司的工作人员。被告人正是利用了这种职务上的便利条件，使用大户室的终端设备非法进入营业部中心数据库，窃得股民的交易信息，最终得以进行非法股票交易。被告人这种利用工作之便窃取他人股票交易信息，非法获利的行为，符合职务侵占罪的构成要件，应认定为职务侵占罪。

法院认为，被告人王某某利用其所掌握的专业知识和技能获取他人股票交易信息，非法占有他人财物，不属于职务行为。所谓职务侵占罪，是指公司、企业或者其他单位的人员，利用职务上的便利，将本单位的财物非法占为己有，且数额较大的行为。其构成有三个主要特征：一是主体必须是公司、企业或者其他单位的人员；二是利用职务上的便利；三是其侵害的客体是本单位的财物。被告人王某某是一名高校的研究生，作为该校与华夏证券公司的合作研究项目的研究人员，其以实习生的身份进入华夏证券公司下属中关村营业部大户N室工作，并不因此而成为华夏证券公司的职员，因此被告人不具有职务侵占罪的主体身份。被告人在大户N室工作，并不是必然就能够轻而易举地得到股民的交易信息和密码，而必须利用其专业知识才能调出交易信息、破译交易密码，这些对专业知识的利用，与其职务没有关系。因此被告人的窃取行为，不构成职务侵占罪，而是盗窃罪。

3. 被告人王某某的行为不构成操纵证券交易价格罪

主张成立操纵证券交易价格罪的主要理由为：股票交易信息和密码本身无具体价值可言，被告人通过计算机终端进入数据库窃取股民交易信息并破译密码的行为，只是其为犯罪行为所作的必要的准备，因为这些股票交易信息和密码是股票交易所必需的，如果此时被告人没有下一步的行为，则无法对其定罪量刑。因此被告人行为的性质主要由其后期行为决定。股票是一种有价证券，代表股东权益的大小，股票的合法持有者才是股票的合法权利人。本案被告人虽然掌握了股票交易的信息和密码，但并没有实际持有该股票，没有实际占有他人的财产，而只是指令券商在他人户头上高价买入或者低价卖出，而自己则低价卖入或者高价卖出，从而获取差价利润，这种情况下他人户头上的股票份数有可能增加而不是减少，但实际价值则出现亏损。因而被告人的行为实质上是采用操纵股票交易价格获取非法利益的行为，符合操纵证券交易价格罪的构成要件，应认定为操纵证券交易价格罪。

法院裁判最终没有采用这种观点。所谓操纵证券交易价格罪，是指行为人以法律明令禁止的各种操纵证券价格的行为，获取不正当利益或者转嫁风险，情节严重的行为。[①] 此罪侵犯的客体是证券市场的公平竞争机制；犯罪的主体为一般主体；犯罪的主观方面表现为故意，即行为人明知他自己的行为会使证券交易价格发生非正常变化，危害证券市场的公平竞争，但却希望这种结果的发生的心理态度。此罪的客观方面根据《刑法》第182条规定，主要有四种形式，一是单独或合谋，集中资金优势，持股优势或者利用信息优势联合或者连续买卖，操纵证券交易价格；二是与他人串通，以事先约定的时间、价格和方式相互进行证券交易或者相互买卖并不持有的证券，影响证券交易价格和证券交易量；三是以自己为交易对象，进行不转移所有权的自买自卖，影响证券交易价格或者证券交易量；四是以其他方法操纵交易价格。以操纵证券交易价格罪的犯罪构成来看，犯罪人行为的目的是要控制某只股票的交易价格或者交易量。诚然被告人的行为确实影响了股票交易的正常竞争机制，但是被告人盗买盗卖的行为却不足以影响到股票交易的价格和交易量，而且其行为也不是要抬高或者压低整只股票的交易价格，达到操纵股票价格的目的，而是要控制某个股民股票交易，以乘机与该股民进行交易，从中赚取差价利润。因而从被告人的行为动机和结果来看，其行为都不构成操纵证券交易价格罪。

4. 被告人王某某的行为构成盗窃罪，而且存在部分未遂

本案所涉股票，作为一种有价证券，可以通过计算机交易系统即刻进行买卖。被告人窃取他人的股票交易信息，并破译了交易密码，在客观上已经拥有了合法股民处置股票所要求的所有条件。被告人在合法股民不知晓的状态下，指令股票交易代理人处分他人账户股票或资金，高买低卖，而自己则低买高卖，从中赚取差价，这实质上就是采取秘密手段对他人股票所有权的侵犯。虽然被告人在实际操作中并不是直接占有他人股票，而只是通过股票交易赚取非法利润，但是这种利润的取得却是在其一手操纵下完成的，这实际上是其先期盗窃他人股票交易信息和破译交易密码行为的延续性结果。这种窃取他人股票交易信息，破译交易密码，进行盗买盗卖他人股票的行为，与采用秘密窃取的手段获取他人财产的行为本质上一致，符合盗窃罪的构成要件，应认定为盗窃罪。

根据刑法理论和司法解释，盗窃罪的既遂与未遂的界定，采取失控说，认为应以财物的所有人或保管人是否丧失对财物的控制为标准，即实施盗窃行为，已使财物所有人或保管人实际丧失对财物控制的是既遂，而财物尚未脱离所有人或保管人控制的是未遂。本案被告人获取他人股票交易信息和密码后，实际已经可以随

---

① 周道鸾、张军主编：《刑法罪名精释》，人民法院出版社1998年版，第290页。

意支配他人股票账户的股票和资金，但这并不等于实际占有这些股票和资金，这些股票和资金实际上仍然处于户主的占有之下，并没有完全脱离户主的控制，因而此时被告人的盗窃行为并没有既遂。在第一次和第二次，被告人冒名指令交易后，虽然其自己因为时间差没能实现犯罪目的，但是被害人的资金和股票实际已经脱离被害人的控制，因而被告人盗窃行为既遂。但是第三次被告人冒名指定交易后，虽然交易实际完成，但由于深交所及时发现被公安机关予以冻结，此时被害人的股票仍然没有脱离被害人的控制，因而被告人盗窃行为实际上未遂。

**【法律法规链接】**

《中华人民共和国刑法》第 12 条第 1 款、第 23 条、第 53 条、第 64 条、第 67 条第 1 款、第 264 条、第 287 条

（编写人：朱　军　游　涛）

## 45. 行为人的身份对认定非法占有财物行为性质的影响

——丁某某盗窃案①

**【裁判要旨】**

公司职员对于本单位财物的非法占有，并非一定需要利用职务上的便利。对于"职务"的界定是指行为人对于所侵占的本单位财产具有合法持有、控制、管理、支配的工作和业务职责，而这种职责来自单位的委派和授权。如果单位财物并不在行为人负有的"单位职责"范围内，而只是利用工作的优势条件，在更易获得单位财物的情况下而窃之，则应按照普通盗窃罪处理。职务侵占罪对主体进行了特别规定，界定为"具有职责的本单位职员"，同时利用职责对本单位财物的侵占行为，是区分职务侵占罪与盗窃罪的主要依据。

**【基本案情】**

被告人丁某某系北京某冷冻食品有限公司搬运工。2011 年 1 月某日，其与公司司机尹某某一同为某餐馆送货，按照公司规定，尹某某负责开车和结货款，其负

① (2012)海刑初字第 107 号判决书，(2012)一中刑终字第 4604 号刑事裁定书。

责搬货。但当天送货时，由于车辆出现故障，尹某某因查看车况，在送货后由丁某某与餐馆方签字、结款。二人在返回途中，所结货款现金2万余元被放置在货车仪表盘前，后尹某某将车开至一汽修厂更换电瓶，丁某某随即趁尹某某上厕所之机，将货款拿走，并逃跑。经被害人报案，丁某某被公安机关抓获归案。

**【法院裁判】**

对于本案，公诉机关以盗窃罪提起公诉。在审理过程中，丁某某对事实并未提出异议。其辩护人认为丁某某代理尹某某与收货方结账并签署收款收据，其属于合法取得财物，属于代为持有和保管关系，从犯罪构成上分析其行为属于普通侵占罪。

一审法院经审理后认为：被告人丁某某秘密窃取他人财物，其行为已构成盗窃罪。依照《中华人民共和国刑法》第264条、第53条、第64条之规定，判决如下：被告人丁某某犯盗窃罪，判处有期徒刑3年6个月，罚金人民币4000元。被告人丁某某退赔人民币20万元，发还北京某冷冻食品有限公司。

一审宣判后，被告人丁某某提出上诉，二审法院裁定驳回上诉，维持原判。

**【要点评析】**

本案中，被告人丁某某与司机尹某某的职务划分清晰，但实际并未按公司规定履行职务，丁某某的行为不具有职务上的便利条件；丁某某虽代为收取货款，但其亦不具有代为保管的义务，其行为应构成盗窃罪，理由如下：

(1)侵占罪的主体必须具有代为保管他人财物的义务，或者拾得他人的遗忘物，或者发掘出他人的埋藏物，而非法占有。这种"占有"，是一种由合法占有变为非法占有的行为。侵占行为人须将已经形成"占有事实"的财物占为己有，即原财物所有人、占有人已经失去对该财物的控制权。① 本案中，涉案财产系在被害单位的车辆内被丁某某拿走，且司机尹某某明确证实了货款放置的位置，因此涉案钱财不属于遗忘物，更不属于埋藏物。而丁某某是否具有代为保管的义务，且其是否已经实际占有了涉案货款，则需要根据涉案货款的实际保管方式来判断。虽然现有证据不能证明丁某某在结算货款后，是否将货款交由尹某某，但丁某某的供述及尹某某的证言，均证实涉案货款在返回途中，已放置在车辆仪表盘前，只是二人谁将货款放置在仪表盘前存在分歧。但这并不影响对涉案货款已实际脱离了丁某某有效控制的认定。此时，涉案货款已在尹某某的监管之下，丁某某已不再独自占有涉

① 李俊杰："论盗窃罪与侵占罪的区别"，载 http://www.chinalawedu.com/new/21605a11300aa2011/201187qinlu145057.shtml。

案货款。而尹某某在离开车辆时亦未要求丁某某保管涉案货款。根据单位的相关规定,尹某某负有收结及保管货款的义务,其在没有明示要求他人代为保管的情况下,丁某某不能当然取得“合法占有”货款的保管权。因此,丁某某不具有代为保管他人财物的义务,其非法占有的行为不构成侵占罪。

(2)职务侵占罪的主体按照我国刑法的规定为“公司、企业或者其他单位的人员”,利用职务上的便利,非法占有本单位的财物的,构成职务侵占罪。本罪的主体属于特殊主体,“利用职务上的便利”,是区别于其他犯罪最主要的特点。同一单位的职员对于公司的财物在不同程度上具有“工作上的便利条件”,但“职务上的便利条件”则是在工作基础上有单位直接赋予的权力。本案中丁某某确为涉案财物单位的职员,但根据单位规定其并不具有收结货款的职权。但需要注意,因特殊原因,本案中负有结账职责的尹某某并未履行职务,实际结款人为丁某某。但在此情况下,丁某某并未当然取得保管职务,只能算是货款的“经手人”。而当其将货款交出后,其“经手人”的角色也已完成,尹某某作为负有保管货款职责的公司员工,当涉案财产转移到货车仪表盘后,其已具备了监管职责及条件,丁某某对于单位财物的临时实际控制权也随之消失了。而根据公司规定,司机尹某某此时才是负有保管货款职责的公司职员,而货款在其实际控制的车辆内存放,其对于货款的保管义务也并未发生变化。因此,丁某某不具有职务侵占的特殊主体身份,故其行为不构成职务侵占罪。

(3)盗窃罪的基本行为是使用通过秘密窃取的方式占有他人手中的财物。而无论是职务侵占罪还是侵占罪,其行为并不限定在秘密窃取的范围。本案中,涉案货款放置在货车仪表盘前,位置相对隐蔽,不宜为外人发现,且只有被告人丁某某与司机尹某某知道涉案货款的存放位置。在正常情况下,货款不会脱离尹某某的控制。但丁某某正是趁尹某某毫无防备的情况下,趁尹某某不备,秘密窃取货款后逃跑。丁某某非法占有他人持有财物的主观故意明显;且其窃取货款后直接改变了涉案财产的实际占有权,其行为具有积极的作为性质,明显有别于侵占罪所要求的行为人具有拒不退还的不作为行为,符合盗窃罪的行为特征。同时,丁某某虽对涉案财产存在一定意义上的“工作关系”,但并非职务侵占罪中界定的对于涉案财产具有职务上的管理职责,其只是普通主体实施的盗窃行为。

**【法律法规链接】**

《中华人民共和国刑法》第53条、第64条、第264条

(编写人:秦 硕)

## 46. 绑架罪、抢劫罪和敲诈勒索罪在暴力取财的对象、时间、空间上的区别

——陈某等人抢劫、敲诈勒索案①

### 【裁判要旨】

以勒索财物为目的的绑架罪,其客观方面表现为使用暴力、胁迫或其他方法挟持他人或使他人处于自己的实力控制之下,以便以杀害、伤害或者以其他方式侵害被绑架人为要挟,向被绑架人的亲属或其他利害关系人或单位发出威胁,迫使第三人交出赎金;抢劫罪则表现为行为人对财物的所有人或者管理者使用暴力、胁迫或者其他手段,当场劫取财物;敲诈勒索罪对财物的所有人或保管人,以日后的侵害行为相威胁,当场或者日后占有财物,或者当场实施暴力或者以当场实施暴力相威胁,迫使被害人日后交付财物。

### 【基本案情】

被告人陈某、姜某某和张某(在逃)、郑某(在逃)等人于2005年2月26日5时许,在北京市海淀区半壁店后街一饭馆内,以蒋某某强奸张某女友陶某为由,将蒋某某带至张某的暂住地实施殴打并持砍刀等物相威胁,逼迫蒋某某交付赔偿费。蒋某某被迫编造驾车撞人需要就医资金的虚假理由,通过电话向其亲属求救。后被告人陈某和张某挟持蒋某某回到蒋某某的住处,劫取现金人民币2700元。当日14时许,被告人陈某、姜某某和张某挟持蒋某某至北京市海淀区武警总医院门口,准备从蒋某某亲属手中接收现金时因故未果,遂携带蒋某某的汽车钥匙、行驶证、驾驶证等物逃离现场。

后被告人陈某、姜某某及张某等人多次电话联系蒋某某,向其索要现金人民币1万元,扬言不给钱就继续殴打他,并将继续留置其汽车钥匙、行驶证、驾驶证等物。2005年3月15日23时许,被告人陈某和张某等人在北京市海淀区金玉歌厅门口遇到蒋某某,遂继续向其索要现金人民币2000元,未果后对蒋某某进行殴打,致蒋某某右手无名指第一节指骨骨折、右小指指骨可疑骨裂,经鉴定为轻微伤(偏重)。2005年7月26日,被告人陈某、姜某某被抓获。

① (2006)海法刑初字第1344号判决书。

2006年4月14日,检察院以被告人陈某、姜某某犯绑架罪、敲诈勒索罪向法院提起公诉。被告人陈某、姜某某对指控事实没有异议,但认为自己的行为不是绑架。被告人姜某某的辩护人认为被告人姜某某的行为不构成绑架罪,是敲诈勒索;且被告人姜某某系从犯,犯罪未遂,提请法庭对被告人姜某某减轻处罚。

【法院裁判】

法院认为:被告人陈某、姜某某以非法占有为目的,使用限制人身自由、暴力殴打、持刀威胁等手段劫取他人钱财,数额巨大,其行为均已构成抢劫罪;被告人陈某、姜某某以非法占有为目的,采用胁迫、要挟等手段,向他人索要数额较大的钱财,其行为亦构成敲诈勒索罪,应与其二人所犯的抢劫罪并罚。被告人陈某、姜某某虽以索要钱财为目的,使用了限制人身自由的手段,但是被害人蒋某某向其家属借钱时,家属并不知道被害人被他人绑架的事实,因此被告人陈某、姜某某等人的行为不属于绑架人质向其亲友勒索赎金。被害人蒋某某人身自由被限制只是被告人陈某、姜某某等人当场劫取财物手段行为的持续,符合抢劫罪的构成要件,应以抢劫罪定罪处罚。被告人姜某某虽然对陈某等人挟持被害人回家取钱的事实并不知晓,但其参与了殴打被害人并索要钱财的前期行为,同时也参与了挟持被害人到约定地点取款的后期行为,因此姜某某这一阶段的行为性质亦属于当场实施暴力并劫取财物,符合抢劫罪的构成要件,法院对其辩护人关于姜某某的行为属于敲诈勒索罪的辩护意见不予采纳。但考虑到被告人姜某某对陈某等人单独挟持被害人回家劫取人民币2700元的行为在事前事后均不知情,法院就此情节,在对被告人姜某某所犯抢劫罪量刑时酌情考虑。被告人姜某某参与实施了抢劫、敲诈勒索被害人蒋某某的大部分犯罪行为,并非作用较小,不是从犯,法院对被告人姜某某的辩护人关于姜某某系从犯的意见不予采纳。被告人陈某、姜某某已着手实施抢劫他人数额巨大钱财的行为,但因意志以外的原因致部分犯罪未得逞,属于犯罪未遂,法院对二被告人所犯的抢劫罪,依法比照既遂犯减轻处罚。被告人陈某、姜某某已着手实施敲诈勒索他人财物的行为,由于意志以外的原因而未得逞,属于犯罪未遂,法院对二被告人所犯之敲诈勒索罪比照既遂犯从轻处罚。依据《中华人民共和国刑法》第263条第(四)项、第274条、第23条、第25条第1款、第69条、第55条第1款、第56条第1款、第53条、第64条之规定,以抢劫罪判处被告人陈某有期徒刑8年,罚金人民币1万元,剥夺政治权利1年;以敲诈勒索罪,判处被告人陈某有期徒刑1年;决定执行有期徒刑8年6个月,罚金人民币1万元,剥夺政治权利1年。以抢劫罪判处被告人姜某某有期徒刑7年,罚金人民币5000元,剥夺政治权利1年;以敲诈勒索罪,判处被告人姜某某有期徒刑10个月;决定执行有期徒刑7

年6个月,罚金人民币5000元,剥夺政治权利1年。

后二被告人均未上诉,检察院亦未提起抗诉,判决已生效。

## 【要点评析】

本案涉及绑架罪、抢劫罪及敲诈勒索罪的界限问题,案件的焦点有二:其一,行为人陈某、姜某某使用暴力手段挟持被害人并限制人身自由非法获取钱财的行为构成绑架罪还是抢劫罪;其二,姜某某并不知晓到被害人家中劫取钱财的事实,其行为构成抢劫罪还是敲诈勒索罪。

我们分析一下行为人陈某、姜某某行为的性质。公诉机关认为行为人以勒索财物为目的挟持他人的行为构成绑架罪,而法院经审理认为行为人的行为更符合抢劫罪的构成要件,双方就行为人的行为性质发生争议。以勒索财物为目的的绑架罪与抢劫罪确有诸多相似之处:主观上,二者均以非法占有他人财物为目的;客观上,行为人大多实施了暴力、胁迫等致被害人不能反抗、不敢反抗或不知反抗的强制手段,并实施或意欲实施向被害人索取财物的行为;在侵害的法益方面,二者都同时侵犯了公民的人身权利和财产权利。但二者有着本质的区别,绑架罪的客观方面表现为使用暴力、胁迫或其他方法挟持他人或使他人处于自己的实力控制之下,以便以杀害、伤害或者以其他方式侵害被绑架人为要挟,向被绑架人的亲属或其他有利害关系人或单位发出威胁,迫使第三人交出赎金;而抢劫罪则表现为行为人对财物的所有人或者管理者使用暴力、胁迫或者其他手段,当场劫取财物。可见,抢劫罪中,暴力、胁迫行为与取得财物行为所针对的对象具有同一性,强制手段与取财行为具有同时性、当场性。而绑架罪中,暴力、胁迫行为只是劫持他人的手段;劫持的对象与勒索的对象不具有同一性,被勒索的对象一般是被绑架人以外的第三人;而且,获取财物与绑架行为存在时间和空间上的间隔。

就本案而言,行为人在不能确定被害人为强奸实施者之后,殴打被害人并持刀威胁对方的目的在于从被害人处非法取得财物,并非劫持被害人,限制人身自由只是其非法取得财物的手段。被告人供述、被害人陈述及证人证言显示,犯罪人在不能确定蒋某是强奸陶某的人之后便以要求支付损失费为由勒索财物,在得知蒋某暂住地有现金后"陪同"蒋某取钱,并在蒋某与家人约定取款地点后一同前往收取现金,且在与蒋某家属发生争吵后即拿着蒋某的相关证件离开。而且,行为人在殴打并持刀威胁被害人后是向其本人提出索财要求,并非向被害人以外的第三人以非法剥夺人身自由的方式勒索财物;而且,被害人蒋某在向家属借钱时也并未提及自己被胁迫之事,家属并不知道其被绑架的事实。依据主客观相一致的原则可知,犯罪人的所有行为均旨在从被害人处取得钱财,而非以蒋某作为人质勒索赎金。

此外,本案行为人从使用暴力手段威胁被害人到最终取得财物离开被害人的时间较短,并一直在为取得财物做空间的变换,且在挟持的同时取得财物,呈现出抢劫罪暴力、胁迫行为与劫取财物同时的特征。综上,法院认定被告人的行为构成抢劫罪定性准确。

姜某某的辩护人认为姜某某是为了找到强奸陶某的人而参与犯罪,且不知道陈某等人挟持被害人回家取钱的事实,因此,其行为应当构成敲诈勒索罪。敲诈勒索罪是指以非法占有为目的,对被害人以暴力或其他损害相威胁,迫使其交付数额较大的公私财物或提供财产性利益的行为。与抢劫罪当场使用暴力或以当场实施暴力相威胁或当场使用其他人身强制方法并当场占有财物相比,敲诈勒索罪对财物的所有人或保管人,以日后的侵害行为相威胁,当场或者日后占有财物;或者以当场实施暴力相威胁,迫使被害人日后交付财物。姜某某是否当场使用暴力并实施当场劫取财物的行为成为认定其行为性质的关键。姜某某供认在陶某告知其蒋某可能不是实施强奸的人后,其便与姜某某等人持刀威胁蒋某交钱,并在蒋某与家人约定交钱地点后和其他人一起带蒋某到武警医院门口取款,可见,其主观上具有与他人一道实施当场劫取财物的故意,且在该意志的支配下与他人一同实施了部分抢劫行为,其他行为人当场取得财物并没有违背其主观意志,并未超出共同犯罪的范围。尽管其并未参与去蒋某暂住地取款,但也不影响其构成抢劫罪,只能作为量刑情节予以考虑。

**【法律法规链接】**

《中华人民共和国刑法》第 23 条、第 25 条第 1 款、第 53 条、第 55 条第 1 款、第 56 条第 1 款、第 64 条、第 69 条、第 263 条第(四)项、第 274 条

(编写人:游 涛 曹晓颖)

## 47. 诈骗案件中将所谓"中间人"认定为共犯的标准

——徐某某、何某诈骗罪案①

**【裁判要旨】**

目前,在一些诈骗案件中,许多被告人均声称自己仅是"中间人",自己也被别

① (2013)海刑初字第 2479 号判决书,(2014)一中刑终字第 92 号裁定书。

人欺骗,辩称自己的行为不构成犯罪,企图以此逃脱法律的制裁。在此类案件的审理过程中,应注重考查“中间人”在整个诈骗犯罪过程中的地位、作用、身份等因素,综合全案证据分析其辩解是否合理,以准确区分罪与非罪。

**【基本案情】**

2012年10月至11月间,被告人徐某某冒充军人身份,伙同被告人何某,在北京市海淀区、昌平区,谎称认识军委领导,以为被害人董某某(女,53岁)的亲戚办理上军校需要向军委领导送礼为由,分两次骗取被害人董某某人民币30万元。被告人徐某某于案发前归还被害人董某某人民币10万元。2013年3月10日,被告人徐某某被抓获归案,2013年4月9日,被告人何某被抓获归案,剩余赃款现未退赔。

2013年10月17日,检察院以被告人徐某某、何某犯诈骗罪向法院提起公诉。被告人徐某某对起诉书指控的事实和罪名均提出异议,认为其确实收取了被害人一方给其的人民币30万元,但其行为不是诈骗,其仅是中间介绍人。其辩护人认为,被告人徐某某不存在主观上的共同犯罪故意,也没有实施诈骗行为,只是介绍被害人与何某认识,故被告人徐某某的行为不构成诈骗罪。被告人何某对起诉书指控的事实和罪名均提出异议,认为其仅替徐某某收了人民币10万元,其不知道这件事是骗人的。其辩护人认为,被告人何某的行为不构成诈骗罪。

**【法院裁判】**

法院认为:被告人何某、徐某某以非法占有为目的,虚构事实,骗取他人财物,数额巨大,其二人的行为均已构成诈骗罪,应予惩处。检察院指控被告人何某、徐某某犯诈骗罪的事实清楚,证据确实充分,指控罪名成立。关于被告人何某及其辩护人、被告人徐某某及其辩护人称其二人的行为不构成诈骗罪的辩护意见,法院认为,在案证据显示,徐某某使用假名,冒充军人身份,虚构军人家庭背景,致使被害人对其军人身份和背景深信不疑,后徐某某又与何某相互配合,谎称何某认识军委重要领导,能为被害人亲属办理上军校事宜,从被害人处骗取钱款,在请托事项无法办成之后,又故意躲避被害人,拒不退还钱款,可见其二人主观上具有明显的犯罪故意。另外,本案中,二被告人相互配合,编造事实共同欺骗被害人,具有共同的诈骗故意,具体何人获得多少诈骗款项,不影响其二人对上述诈骗款项承担共同责任。因此,法院对上述辩护意见不予采纳。但考虑到被告人徐某某在案发前向被害人退赔了人民币10万元,且其在侦查和庭审阶段,对本案的基本事实始终予以承认,仅是对其行为是否构成犯罪进行辩解,故在量刑时予以体现;同时,考虑到被告人何某曾因诈骗犯罪被判处过刑罚，虽非累犯，但在量刑时亦酌予体现。综上，依照《中华人民共和国刑法》第266条、第25条第1款、第53条、第64条之规定，对被告人何某、徐某某判决如下：被告人何某犯诈骗罪，判处有期徒刑5年，罚金人民币10万元；被告人徐某某犯诈骗罪，判处有期徒刑4年，罚金人民币8万元；责令被告人何某、徐某某共同退赔人民币20万元发还被害人董某某。

被告人何某、徐某某以原判认定的事实与实际情况不符，其行为不构成犯罪为由向二审法院提起上诉。二审法院经审理后认为，一审法院根据何某、徐某某犯罪的事实，犯罪的性质、情节和对社会的危害程度所作出的判决，定罪及适用法律正确，量刑适当，审判程序合法，应予维持。据此，裁定驳回上诉，维持原判。

## 【要点评析】

本案中，被告人徐某某虽然承认自己虚构了军人身份，但辩称其基于对被告人何某的信任，相信何某有能力为被害人办理请托事项，才会将被害人介绍给被告人何某认识，其作为“中间人”也是受害者，被何某所骗。在案证据中，何某始终否认犯罪，辩称其仅是替徐某某收款，并未分得任何好处，亦不知道徐某某涉嫌诈骗。在案证据并无显示徐某某和何某是否曾进行过共谋。

本案中，徐某某是否为“中间人”？这需要分析以下几个方面：

一是徐某某是否虚构了虚假的身份？本案中，徐某某的真实身份仅是一名做小买卖的个体户，此身份不可能让被害人相信其具有办事能力，而被害人之所以会将几十万的钱款交与其用于办理请托事项，正是基于其虚构的军官身份。另外，徐某某不仅虚构了军人身份，在与被害人接触时还使用了假名，更可见其主观上具有诈骗故意。

二是徐某某与何某如何相识？徐某某供称其是在网上聊天时认识了自称是在中央电视台工作的何某，何某又对其称认识军委领导，其就信以为真，并未进行任何核实工作，即将被害人介绍给何某认识。

三是徐某某是否分得好处费？本案中，徐某某并非无偿为被害人牵线搭桥，在被害人被骗的30万元款项中，实际上有10万元被徐某某作为好处费占有，其仅给付何某20万元。

可见，徐某某先编造虚假身份骗取被害人信任，后又将被害人介绍给何某认识，而其对何某的身份未尽到任何核实审查义务，将被害人给付的钱款置于非常危险的境地，其亦从中抽取好处费，可见其主要是为了收取好处费，而对何某是否真正有能力办理请托事项并不关心。

在司法实践中，类似的诈骗案件较多，被告人往往辩称自己是“中间人”，企图以此逃避刑责。笔者认为,判断被告人是否为“中间人”应从证据上从严掌握,在行为人实施了欺诈且又造成被害人财产损失或拒不帮助追讨被骗钱款的情形下,其对主观上没有诈骗故意应承担一定的证明责任。首先,要考查被告人是否虚构身份,虽然行为人虚构身份并不必然认定其具有诈骗的犯罪故意,但这是考量行为人主观上是否具有诈骗故意的重要条件;其次,要考查“中间人”与同案犯的相识过程,并且行为人要承担较大的核实责任,根据常理,是否能够认定同案犯具有办事能力,如仅是网络聊天相识、朋友介绍认识等,并未进行任何核实,则不能构成刑事免责的条件;最后,要考查行为人是否收取好处费,好处费可以是当时收取,也可以是事成后再收取。

综上,现阶段很多人以介绍办事的名义从中赚取好处费,此种情况为社会不正之风,不应鼓励和纵容,对于此种情况应重点考察“中间人”是否尽到了一定的核实审查义务,如其确实尽到了一定的核实审查义务,且其本人并未虚构身份和未实际获利,则可以确定其“中间人”身份,不必承担刑事责任;相反,如行为人客观上未尽到相关审查义务,致使被害人的钱款最终被骗,则要结合其是否虚构身份和是否实际获取利益,对其是否构成诈骗罪进行全面分析判断。

**【法律法规链接】**

《中华人民共和国刑法》第 25 条第 1 款、第 53 条、第 64 条、第 266 条

(编写人:于　洋)

## 48. 电信诈骗案中“情节严重”的认定及从犯责任范围的确定

——戴某某等诈骗案①

**【裁判要旨】**

犯罪分子利用发送短信、拨打电话、互联网等电信技术手段,编造虚假信息,设置骗局,对被害人实施远程、非接触式诈骗,诱使被害人向其指定的银行账户内汇款,给人民群众造成了巨额损失。对于电信诈骗未遂但以数额巨大的财物作为诈骗目标的,或者具有其他严重情节的,应当定罪处罚。对于诈骗数额难以查证的,

① (2012)海刑初字第 3496 号判决书,(2013)一中刑终字第 4523 号裁定书。

应当综合考虑发送诈骗信息数量、拨打诈骗电话次数以及诈骗手段恶劣程度、危害严重程度等因素,认定情节是否严重。

【基本案情】

2011年8月底,被告人戴某某等3人受雇佣参加他人组织的针对中国大陆公民的电信诈骗团伙,并持旅游签证出境到老挝人民民主共和国,在位于万象市西沙达腊彭巴报村24组的一栋别墅内从事电信诈骗活动。该团伙冒充公安局、检察院和法院等司法机关工作人员,通过电信技术手段对中国大陆地区不特定多数人进行语音群呼,虚构被害人信用卡被恶意透支、身份信息可能被犯罪分子盗用、需要对其银行账户进行调查等事由,诱导被害人向指定账户内转账或汇款,从而骗取被害人钱财。戴某某等三人主要负责接听被害人回拨的电话,并按月领取工资及提成。

2011年8月底至9月初,被告人黄某某等29人相继受雇佣参加他人组织的针对中国大陆公民的电信诈骗团伙,并持旅游签证出境到老挝人民民主共和国,在位于万象市西沙达腊县撒潘通村19组的一栋别墅内从事电信诈骗活动。该团伙冒充公安局、检察院和法院等司法机关工作人员,通过电信技术手段对中国大陆地区不特定多数人进行语音群呼,虚构被害人信用卡被恶意透支、身份信息可能被犯罪分子盗用、需要对其银行账户进行调查等事由,诱导被害人向指定账户内转账或汇款,从而骗取被害人钱财。黄某某等29人主要负责接听被害人回拨的电话,并按月领取工资及提成。现查明,该团伙于同年9月16日从被害人马某某处成功骗取人民币409,998元。

同年9月26日,戴某某等32人被老挝国家警察局抓获,同年9月30日被移交我国公安机关。

【法院裁判】

法院认为:被告人戴某某等32人以非法占有为目的,利用拨打电话等电信技术手段对不特定多数人实施诈骗,其行为均已构成诈骗罪;其中,戴某某等3人的诈骗行为情节严重,黄某某等29人的诈骗数额巨大,上述32名被告人的行为均应依法予以惩处。公诉机关指控戴某某等32人犯诈骗罪的事实清楚,证据确实、充分,指控罪名成立;但指控戴某某等3人情节特别严重有误,依法予以纠正。戴某某等3人虽已经着手实施犯罪,但由于意志以外的原因未能得逞,系犯罪未遂;戴某某等32人在各自参与的共同犯罪中起次要作用,属于从犯,结合被告人到案后均能如实供述犯罪事实、认罪态度较好等情节,对戴某某等32人均依法从轻处罚。

依照《中华人民共和国刑法》第266条,第25条第1款,第23条,第27条,第72条第1款、第3款,第73条第2款、第3款,第53条,第64条及《最高人民法院、最高人民检察院关于办理诈骗刑事案件具体应用法律若干问题的解释》第2条第1款第(一)项、第5条第2款第(三)项之规定,判决被告人戴某某等32人2年6个月至6年不等有期徒刑并处罚金。

一审宣判后,被告人提出上诉,二审法院裁定驳回上诉,维持原判。

## 【要点评析】

1. 电信诈骗情节严重的认定

最高人民法院、最高人民检察院《关于办理诈骗刑事案件具体应用法律若干问题的解释》第5条对电信诈骗未遂情节严重和情节特别严重的认定标准进行了明确规定,值得注意的是,在情节严重的认定标准中,除了发送诈骗信息条数和拨打诈骗电话次数的定量标准,还规定了手段恶劣、危害严重这一定性标准,因此,实践中在无法查清具体诈骗数额,又无证据证明发送信息或拨打电话次数的情况下,可以综合被告人的犯罪手段和社会危害作出认定。

本案中,公诉机关指控被告人戴某某等3人所涉诈骗团伙拨打电话总计19,200余次,因此认定戴某某3人属诈骗情节特别严重。法院审理后发现,公诉机关认定拨打电话次数的唯一证据系侦查机关出具的工作说明,但该说明未能详细记录存储相关数据电脑的具体编号、相关数据在电脑中存储的具体形式以及梳理相关数据的具体过程和方法,缺乏其他证据佐证。鉴于工作说明并不具有证据的基本属性,仅能作为认定案件事实的参考,而不能作为定案依据,因此法院认定公诉机关指控戴某某3人诈骗情节特别严重的依据不足。

法院同时注意到,戴某某3人的诈骗犯罪具有以下三个方面的特点:第一,社会影响广泛,戴某某等3人受雇参加诈骗团伙,利用电信技术手段对不特定多数人实施诈骗活动,严重干扰了广大人民群众的正常生活;第二,犯罪手段恶劣,该团伙冒充司法机关工作人员,分工协作实施诈骗活动,具有较强的迷惑性,严重损害司法机关的声誉及正常工作;第三,隐蔽性较强,该团伙在境外租用房屋及通信线路,组织相关人员使用旅游签证出境,实施跨国诈骗活动,具有较强的隐蔽性,极大地增加了司法机关有效打击的难度。综合上述三个方面,法院最终认定戴某某3人诈骗手段恶劣、危害严重,达到情节严重的标准,并据此作出判决。

2. 共同犯罪中从犯责任范围的确定

根据共同犯罪的基本理论,犯罪集团的首要分子对集团所犯的全部罪行承担责任,除此之外的主犯对其参与或组织、指挥的全部犯罪承担责任,而从犯仅对其参与的犯罪承担责任。本案中,戴某某等32人均是受他人雇用参与诈骗团伙,工作内容也仅限于随机接听被害人回拨的电话,引诱被害人陷入错误认识,电信诈骗过程中的语音群呼、操作转账和银行取款等关键环节均由他人完成,可见戴某某等人在犯罪中处于辅助作用,应当认定为从犯。在具体犯罪过程中,戴某某等人根据系统的分配随机接听被害人回拨的电话,每人接听的电话数量也仅占全部回拨电话的一小部分,尤其在黄某某等29人的犯罪事实中,虽然现有证据能够证明被害人马某某被骗40万余元系该诈骗团伙所为,却无法将马某某被骗与黄某某等29人建立直接联系,相反,相关证据显示黄某某等29人并未直接参与对马某某进行诈骗。此种情况下,能否认定戴某某等人对诈骗团伙实施的行为负责成为本案审判过程中一个焦点。

综合考虑戴某某等人的犯罪过程,法院注意到,电信诈骗案件具有不同于普通诈骗案件的特点,第一,参与人均具有共同的犯罪故意,戴某某等32人虽受雇于他人组织的诈骗团伙,但经过事先培训,各被告人对其所参与团伙从事的犯罪行为均已具有明确认知,因此在主观上具有参与共同犯罪的意思联络;第二,犯罪过程系各被告人相互配合,各诈骗团伙内部分工明确,一线人员随机接听回拨电话,一二三线人员相互配合共同进行诈骗活动,客观上各被告人均在各自负责的环节上实施了共同诈骗行为;第三,各被告人均实际参与了赃款分配,根据诈骗团伙的分配规则,各被告人能够获得的报酬既有固定底薪,又有自己参与的诈骗所得提成,可见各被告人均不同程度地参与了整个诈骗团伙所获赃款的分配。通过上述分析不难看出,戴某某等人虽然在犯罪团伙中处于从犯地位,但其犯罪行为与整个团伙的犯罪行为是无法截然分开的,因此法院最终根据各被告人参与期间整个团伙的整体诈骗行为对被告人作出了判决。

**【法律法规链接】**

《中华人民共和国刑法》第23条,第25条第1款,第27条,第53条,第64条,第72条第1款、第3款,第73条第2款、第3款,第266条

《最高人民法院、最高人民检察院关于办理诈骗刑事案件具体应用法律若干问题的解释》第2条第1款第(一)项、第5条第2款第(三)项

(编写人:徐 进)

## 49. 以欺骗方法占有财产后调包返还的仍属诈骗

——马某甲诈骗案①

### 【裁判要旨】

诈骗罪在客观上表现为一个特定的行为发展过程:行为人实施欺骗行为—对方产生或者继续维持认识错误—对方基于认识错误处分(或交付)财产—行为人获得或使第三者获得财产—被害人遭受财产损失。因此,判断某一行为是构成诈骗罪还是盗窃罪,应认真考量该行为是属于"用虚构事实或隐瞒真相的方法还是秘密窃取",即受骗人是否基于认识错误处分(交付)财产;同时,要严格遵守主客观相统一的原则,即行为与结果之间具有手段与目的的关系,如果行为人实施欺诈行为的目的是为了使对方陷于错误认识而为交付财产的行为,也就是说实施欺诈行为与对方陷于错误认识而交付之间具有直接的因果关系时是诈骗罪。

### 【基本案情】

被告人马某甲在了解到被害人马某乙打算以美元换取人民币后,购得180张一元面值的美元,并将两张100元面值的美元分别放在一捆包括178张一元面值美元的两面(实为378美元),使其像是一捆100元面值的美元,然后用皮筋捆好后放在上衣兜内。2007年11月28日13时许,被告人马某甲与被害人马某乙取得联系,双方开始兑换,马某乙将1.8万美元(折合人民币133,304.4元)交由马某甲清点,马某甲清点完毕后表示自己先拿着钱并将钱放进自己上衣兜内。马某乙对此表示拒绝,马某甲便将事先准备好的上述一捆378美元(折合人民币2799.39元)交给马某乙,致使马某乙误认为是刚才其交给马某甲的1.8万美元被返还,马某乙未予核实便将钱放入包内。被告人马某甲让马某乙去银行开立存折准备接收兑换的人民币,自己则逃离。后马某甲将调包所得的1.8万美元兑换成人民币,部分予以挥霍。马某乙开立存折后,发现马某甲已经不见了,并发现马某甲交还其的只有378美元,遂报警。2007年12月11日,公安机关将被告人马某甲抓获归案,并起获人民币5万元。现5万元已发还被害人马某乙,其余赃款未退赔。

2008年4月30日,检察院以被告人马某甲构成盗窃罪,向法院提起公诉。被

---

① (2008)海刑初字第1193号,(2008)一中刑终字第2086号裁定书。

告人马某甲及其辩护人对起诉书的指控事实均无异议,但辩称被告人马某甲的行为构成诈骗罪。

诈骗罪与盗窃罪的区别在于被告人是通过虚构事实或隐瞒真相骗取还是秘密窃取而非法占有财物:被告人马某甲的供述与被害人马某乙的陈述一致,证实被告人马某甲以换汇为借口使被害人马某乙信以为真,并将18,000美元交给马某甲清点,在被害人马某乙要求马某甲返还美元时,马某甲以上下各一张100美元、中间为1美元钞票的一沓美元冒充18,000美元交还马某乙,因此,被告人马某甲是通过换汇骗取马某乙的信任后,让马某乙交出财物从而占有18,000美元,后以少充多让马某乙自认为马某甲交还给其的就是18,000美元而没有清点,以致被告人马某甲编造在工商银行开户的借口而溜走最终占有财物,故被告人马某甲虚构事实、隐瞒真相是其占有马某乙财物的关键,符合诈骗罪的构成要件,而非盗窃罪。另外,被告人马某甲被抓时扣押的5万元人民币已发还被害人,盗案后认罪态度好,提请法庭对被告人马某甲从轻处罚。

**【法院裁判】**

一审法院认为:被告人马某甲以非法占有为目的,秘密窃取他人钱款,数额特别巨大,其行为已构成盗窃罪,应予惩处。检察院指控被告人马某甲犯有盗窃罪的事实清楚,证据确实充分,指控罪名成立。对被告人马某甲及其辩护人关于本案定性应为诈骗罪而非盗窃罪的意见,法庭认为,诈骗罪与盗窃罪的一个重要区别在于被害人是否是自愿将财产交付给行为人处分。被害人基于行为人的欺骗而自愿将财产交给行为人处分的,行为性质应为诈骗;被害人即使是基于行为人的欺骗而自愿将财产交给行为人,但并非将此财产交给行为人处分,而行为人却采用秘密手段占有钱款的,行为性质应为盗窃。本案被害人马某乙即是在被告人马某甲先期欺骗下误认为马某甲确有换汇意图后,将此钱款交给马某甲清点,而并非将钱款交付给马某甲处分,也因此马某乙拒绝马某甲将钱款留下保管的表示,要回钱款。而马某甲最终占有钱款,实际上是在交回钱款过程中,秘密调包,因此其取得钱款并非被害人自愿交付其处分产生,而是秘密窃取行为完成。故马某甲的行为符合盗窃案件的构成要件,并不符合诈骗罪的构成要件,应该认定为盗窃罪。法院对被告人马某甲及其辩护人的辩护意见不予采信。鉴于被告人马某甲能够自愿认罪,并如实供述犯罪事实,且已经归还部分钱款,法院对其酌予从轻处罚,对辩护人的意见酌情采纳。

一审法院依照《中华人民共和国刑法》第264条、第53条、第55条第1款、第56条第1款、第64条之规定,以盗窃罪判处被告人马某甲有期徒刑11年6个月,罚金人民币 1 万元,剥夺政治权利 2 年。

一审判决后,马某甲提起上诉。二审法院经过阅卷、讯问上诉人、核实相关证据,认为本案事实清楚不开庭审理查明:被告人马某甲在了解到被害人马某乙打算以美元换取人民币后,购得 180 张一元面值的美元,并用二张 100 元面值的美元放在其中 178 张一元面值美元的正反面,使其像是一捆 100 元面值的美元,然后用皮筋捆好后放在上衣兜内。2007 年 11 月 28 日 13 时许,马某甲与马某乙取得联系,双方开始兑换,马某乙将 1.8 万美元(折合人民币 133,304.4 元)交由马某甲清点,马某甲清点完毕后表示自己先拿着钱并将钱放进自己上衣兜内。马某乙对此表示拒绝,于是马某甲又将自己事先准备好的上述一捆 378 美元(折合人民币 2799.39 元)交给马某乙,马某乙未予核实便将钱放入包内。马某甲让马某乙去银行开立存折准备接收兑换的人民币,自己则逃离。后马某甲将此 1.8 万美元换成人民币,并挥霍部分钱款。马某乙开立完存折后,发现马某甲已经不见了,这才发现马某甲后来交给其的美元只有 378 元,于是报警。2007 年 12 月 11 日,公安机关将马某甲抓获归案,并同时起获人民币 5 万元。现上述 5 万元已发还马某乙。庭审过程中,马某甲的家属代其退赔人民币 8000 元,现扣押在案,其余赃款未退赔。

二审法院根据上述事实和证据认为:上诉人马某甲以非法占有为目的,虚构事实、隐瞒真相,骗取他人钱财,且数额巨大,其行为已构成诈骗罪,依法应予惩处。马某甲关于本案应定性为诈骗罪的上诉理由,经查,经一审庭审质证的证据已证实,马某甲主观上有利用他人兑换货币骗取钱财的故意,客观上虚构能用美元兑换人民币的事实,采用隐瞒真相的手段以低面值美元掉换被害人所有钱款的行为,符合诈骗罪的构成要件,应认定为诈骗罪。故对马某甲的上诉理由,法院予以采纳。一审法院根据马某甲犯罪的事实、犯罪的性质、情节和对于社会的危害程度所作出的判决,认定的事实清楚,证据确实、充分,审判程序合法,惟定罪与适用法律有误,应予纠正。二审法院依照《中华人民共和国刑法》第 266 条、第 55 条第 1 款、第 56 条第 1 款、第 64 条之规定,以诈骗罪判处上诉人马某甲有期徒刑 7 年,罚金人民币 1 万元,剥夺政治权利 1 年。

## 【要点评析】

本案争议的焦点在于盗窃罪与诈骗罪的界限。本案中,一审检察院和法院均认为虽然被害人马某乙受到被告人马某甲的欺骗误认为马某甲有换汇意图后将钱款交给马某甲清点,但该交付并不是将钱款交由马某甲处分,该事实通过马某乙拒绝马某甲将钱款留下保管并要回钱款亦可体现;事实上,被告人马某甲是在交回钱款过程中秘密调包而最终占有钱款,其取得钱款并非基于被害人自愿交付其处分产生，而是秘密窃取行为完成，因此，马某甲的行为符合盗窃案件的构成要件，应该认定为盗窃罪。

另一种观点即一审辩护人和二审法院则认为，马某甲主观上有利用他人兑换货币骗取钱财的故意，客观上虚构能用美元兑换人民币的事实，采用隐瞒真相的手段以低面值美元掉换被害人所有钱款的行为，符合诈骗罪的构成要件，应认定为诈骗罪。

一般而言，取得财产的犯罪分为：违反被害人意志取得财产的犯罪与基于被害人有瑕疵的意志而取得财产的犯罪，简言之，盗窃罪就是前者，诈骗罪则属于后者。诈骗罪在客观上表现为一个特定的行为发展过程：行为人实施欺骗行为—对方产生或者继续维持认识错误—对方基于认识错误处分（或交付）财产—行为人获得或使第三者获得财产—被害人遭受财产损失。因此，判断某一行为是构成诈骗罪还是盗窃罪，应认真考量该行为是属于“用虚构事实或隐瞒真相的方法还是秘密窃取”，即受骗人是否基于认识错误处分（交付）财产；同时，要严格遵守主客观相统一的原则，即行为与结果之间具有手段与目的的关系，如果行为人实施欺诈行为的目的是为了使对方陷于错误认识而交付财产，也就是说实施欺诈行为与对方陷于错误认识而交付之间具有直接的因果关系时是诈骗罪；如果行为人实施欺诈行为并不是为了实现这一目的，需结合整个案件事实分析。此外，需要注意的是，处分行为只意味着将财产转移给行为人或第三人占有，即由行为人或第三者事实上支配财产，并不要求受骗人将财物的所有权处分给行为人，不要求受骗人具有转移所有权的意思。本案中，被告人马某甲主观上具有虚构换汇的事实骗取美元之目的，客观上也实施了虚构能用美元兑换人民币的事实占有被害人财物之行为，其主观目的与手段间具有因果关系，虽然其在被害人要求返还钱款时采用调包手段以低面值美元掉换被害人所有钱款的行为，但此时被害人钱款已由其实际控制，是诈骗行为的继续，所以仍应认定为诈骗罪，而非盗窃罪。

**【法律法规链接】**

《中华人民共和国刑法》第 53 条、第 55 条第 1 款、第 56 条第 1 款、第 64 条、第 264 条、第 266 条

（编写人：游　涛　曹晓颖）

## 50. 以虚构合同关系的形式骗取他人财物的，成立诈骗罪

——吴某某诈骗案①

**【裁判要旨】**

诈骗罪与合同诈骗罪存在一般罪名与特殊罪名的法条竞合关系，二者主要区别在于，是否在签订、履行合同的过程中实施了骗取对方当事人财物的特定行为。《刑法》第224条以叙明罪状的形式规定了合同诈骗罪的犯罪构成，其中第（五）项规定了“以其他方法骗取对方当事人财物”的兜底条款。司法实践中，合同诈骗罪的罪状看似明确、周延，但兜底条款的存在一定程度上导致了不符合《刑法》第224条第（一）项至第（四）项，却因适用第（五）项而引发合同诈骗罪与诈骗罪的定罪分歧。对于以不可能履行的虚假合同形式诈骗的，应以诈骗罪定罪处罚。

**【基本案情】**

（1）2010年年初，被告人吴某某虚构日坛公园南门东侧2000平方米房地产项目，以与被害人翟某（男，38岁）合作投资为名，通过伪造协议书等方式，于2011年5月至2012年2月间分别在北京市海淀区诚品建筑1号楼1601号、海淀区世纪金源大饭店等地骗取被害人翟某人民币130万元。赃款现尚未起获。2013年3月19日，被告人吴某某向公安机关投案并如实供述了上述犯罪事实。本案审理期间，被告人吴某某的家属协助其退赔被害人翟某人民币15万元，现扣押在案；被害人翟某对其表示谅解，并希望法院对其从轻处罚。

（2）2009年8月5日，被告人吴某某虚构合资购房机会，以合资低价购买位于北京市朝阳区六里屯8号院8号楼1203号的房屋并转卖谋利为名，通过伪造协议书等方式，在朝阳区骗取被害人耿某（男，45岁）人民币140万元。赃款尚未起获。2013年5月13日，证人李某以被害人耿某被诈骗为由向公安机关报案，在此之前，被告人吴某某未供述上述犯罪事实。本案审理期间，被告人吴某某的家属协助其退赔被害人耿某人民币20万元，被害人耿某对其表示谅解，并希望法院对其从轻处罚。

---

① （2014）海刑初字第284号判决书。

【法院裁判】

针对上述事实，公诉机关认为在第1起指控事实中，被告人吴某某以非法占有为目的，骗取他人财物，数额特别巨大，其行为已构成诈骗罪；在第2起指控事实中，被告人吴某某以合资低价购买房屋为名，与被害人签订了《合资购房合同》，骗取被害人人民币140万元，系以非法占有为目的，在签订、履行合同过程中，骗取对方当事人财物，数额特别巨大，其行为已构成合同诈骗罪，应数罪并罚，提请法院依照刑法第266条、第224条第（五）项、第69条之规定，对被告人吴某某定罪处罚。庭审过程中，被告人吴某某及其辩护人对公诉机关指控的事实和罪名均未提出异议，但法庭认为公诉机关指控的第2起事实存在合同诈骗罪与诈骗罪的定罪分歧，为保障被告人及其辩护人的辩护权，法庭组织控辩双方对第2起指控事实的罪名认定进行了辩论。

最终，法院认为，被告人吴某某以非法占有为目的，虚构事实，骗取他人财物，数额特别巨大，其行为已构成诈骗罪，但第2起指控事实的罪名认定有误，被告人吴某某虽与被害人耿某签订了《合资购房协议》，但该协议本质上系被告人吴某某为实施合资诈骗而虚构的合同关系，且该合同所约定的合资购房、转卖后利润平分等事项并不体现市场秩序的同类客体，亦不体现出市场交易中的双方当事人关系，应当认定为诈骗罪的一般罪名，故依法予以纠正。依照《中华人民共和国刑法》第266条、第67条第3款、第53条、第55条第1款、第56条第1款、第64条之规定，作出如下判决：被告人吴某某犯诈骗罪，判处有期徒刑13年6个月，罚金人民币15万元，剥夺政治权利2年；被告人吴某某退赔人民币250万元，发还被害人翟某人民币130万元，在案扣押的人民币15万元折抵上述退赔款；发还被害人耿某人民币120万元。

一审宣判后，被告人未上诉，公诉机关亦未抗诉，一审判决已经生效。

【要点评析】

本案中的第2起指控事实系以虚构合同关系的形式骗取他人财物，公诉机关根据《刑法》第224条第（五）项的兜底条款提出了合同诈骗罪的指控。应当明确的是，兜底条款出于立法周延考虑，为司法裁量留出了“余地”，但这并不意味着对合同诈骗罪的适用范围可以无条件地进行扩大解释，而是应当基于合同诈骗罪的立法目的，仅针对与《刑法》第224条第（一）项至第（四）项的性质相当、社会危害性相当的情形适用兜底条款。就本案而言，合同诈骗罪与诈骗罪的定罪区分主要体现为以下两个方面：

(1)根据犯罪客体的不同,就合同诈骗罪与诈骗罪的立法目的加以区分。二者在犯罪客体上存在显著差别,前者系社会主义市场经济秩序和财产权双重客体,后者则主要为财产权单一客体,因此,合同诈骗罪中双方当事人通常均为市场经济主体,即在市场经济活动中具有相对固定的行为目的、行为方式并以获得经济利益为指向的经济有机体,因此,诸如日常生活中被害人以自用为目的购买产品(口头买卖合同)被诈骗的情形,应当认定为诈骗罪。

(2)合同诈骗罪中被害人的认识错误源于对市场经济规则和交易习惯的信任,在本条的叙明罪状中,既涉及合同签订时的缔约过失责任,也涉及合同履行时的违约责任,不论责任的具体样态如何,都预设了一个基本前提,即双方当事人在真合同的模式下确立并实施交易行为,尽管行为人采取冒用他人名义、虚假担保等诈骗手段使被害人产生认识错误,但上述诈骗手段及认识错误均围绕合同的法律要件和法定规则,也就是说,合同诈骗罪是行为人在签订、履行合同的法律行为上做文章,双方合同交易的基本关系是存在的,系被告人以非法占有为目的,虚构或篡改合同的特定要件,并由此导致了被害人合同利益的损失。司法实践中,合同诈骗罪的兜底适用主要包括以下几种情形:虚构合同标的,以虚构的合同交易事项骗取所谓的定金、预付款;采用"扎货"或先付款、后送货等模式进行"边骗边还"或"拆东墙补西墙"的合同诈骗;恶意利用合同制裁条款骗取定金、违约金或其他保证金等。

本案中,被告人吴某某虽然表面上与被害人签订了《合资购房合同》,并借此骗取了被害人的合资购房款,但一方面,双方当事人并非市场经济的商事主体,且被告人吴某某与被害人耿某约定的合资事项仅涉及买卖合同中买受人一方,并非出卖人与买受人之间的关系;另一方面,本案涉及的合同关系是被告人吴某某为实施诈骗而虚构的,所谓《合资购房合同》属于完全意义上的假合同,不具有市场经济条件下履行该合同的可行性。因此,本案中虽然存在合同,但不属于合同诈骗罪中规定的合同,应当认定为一般诈骗罪。

需要说明的是,本案涉及法院变更公诉机关的指控罪名,根据 2013 年 1 月 1 日起施行的《最高人民法院关于适用〈中华人民共和国刑事诉讼法〉的解释》(以下简称刑事诉讼法解释)第 241 条[①]的规定,法院认定的罪名与公诉机关指控的罪名不一致的,应当听取控辩双方的意见。这是修订后的刑事诉讼法解释对于变更罪名程序的新规定,在法庭辩论阶段,尽管被告人吴某某及其辩护人对于合同诈骗罪

---

① 该条规定:"对第一审公诉案件,人民法院审理后,应当按照下列情形分别作出判决、裁定:……(二)起诉指控的事实清楚,证据确实、充分,指控的罪名与审理认定的罪名不一致的,应当按照审理认定的罪名作出有罪判决……具有前款第二项规定情形的,人民法院应当在判决前听取控辩双方的意见,保障被告人、辩护人充分行使辩护权。必要时,可以重新开庭,组织控辩双方围绕被告人的行为构成何罪进行辩论。"

的指控罪名未提出异议，但法庭引导控辩双方就诈骗罪与合同诈骗罪的定罪分歧进行了辩论，依法保障了被告人、辩护人的辩护权。

**【法律法规链接】**

《中华人民共和国刑法》第 53 条、第 55 条第 1 款、第 56 条第 1 款、第 64 条、第 67 条第 3 款、第 266 条

（编写人：王启亮）

## 51. 套号出书后有针对性地“发行”的行为如何定性
——苏某甲诈骗案①

**【裁判要旨】**

审判实践中，诈骗罪与非法经营罪常常容易混淆。行为人虚假宣传，谎称替人出版书籍，并非法套号印制图书后，仅将图书寄给作者，这种行为是以出版图书为名，行诈骗钱财之实。其行为侵犯的是作者的财产权，而非图书出版行业的市场秩序，其行为应认定为诈骗罪，而非非法经营罪。

**【基本案情】**

被告人苏某甲于 2008 年至 2009 年 9 月间，雇用他人在北京市海淀区田村路 43 号 73 号楼（运通行商务大厦）206 室北京俊杰腾飞文化发展有限公司、畅茜园景宜里 3 号楼 5 单元 503 室及车公庄西路 33 号人民画报社院内 8 号楼 334、336 室，以中国文化艺术交流协会的名义，采取套用天津人民美术出版社书号，印刷《当代书画英杰》丛书的方式，联系被害人苏某乙等人并以让其作品入编《当代书画英杰》丛书为由，骗取苏某乙、杜某等人入编费共计人民币 387,800 余元。2009 年 11 月 11 日，被告人苏某甲被抓获归案，民警当场在其办公室起获《当代书画英杰》丛书 437 本、印章 3 枚。经鉴定，上述图书均系伪造、假冒出版单位或者报刊名称出版的出版物，为非法出版物。

① （2011）海刑初字第 1415 号判决书，（2011）一中刑终字第 3638 号裁定书。

【法院裁判】

被告人苏某甲以非法占有为目的,雇用他人以出版图书为名吸引作者入编,骗取钱款,数额巨大,其行为已构成诈骗罪,应予惩处。检察院指控被告人苏某甲犯有诈骗罪的事实清楚,证据确实充分,指控罪名成立。理由如下:

第一,综合全案证据,可以认定被告人苏某甲雇用他人使用假名,以不具备合法主体身份的中国文化艺术交流协会的名义,骗取作者高额入编费用,套号印制大量非法出版物后邮寄给作者,并未对外公开销售。因此,苏某甲的行为是以出版图书为名,行诈骗钱财之实。其行为侵犯的是广大作者的财产权,而非图书出版行业的市场秩序,其行为应认定为诈骗罪,而非非法经营罪。第二,辩护人所称套号印制图书系部门经理所为的说法目前并无证据佐证,且苏某甲作为法定代表人对此情况是明知的,亦应承担责任。第三,目前并无证据证实苏某甲的公司存在其他经营活动,因此苏某甲的行为不宜认定为单位犯罪。第四,公诉机关指控的 38 万余元为苏某甲的诈骗数额,经过与审核版稿涉及作家的比对,已将合法出版的部分以及没有书证佐证的部分扣除,应予认定。第五,苏某甲因同一违法事实被拘留、逮捕,系被动到案,并无主动投案及坦白其他罪行的情况,并非自首。

法院对被告人苏某甲依照《中华人民共和国刑法》第 266 条、第 52 条、第 55 条第 1 款、第 56 条第 1 款之规定,判决如下:被告人苏某甲犯诈骗罪,判处有期徒刑 7 年,剥夺政治权利 1 年,罚金人民币14,000元。责令被告人苏某甲退赔损失,发还被害人。

一审宣判后,被告人苏某甲提出上诉,二审法院裁定驳回上诉,维持原判。

【要点评析】

关于本案事实,控辩双方的争议焦点是,虚假宣传并非法套号印制图书并仅将图书寄给作者的行为是否构成犯罪,应认定为非法经营罪还是诈骗罪。

从证据上看,被告人苏某甲有虚构事实、隐瞒真相的行为。综合全案证据,可以认定被告人苏某甲虽然成立了合法公司经营图书出版业务,并与天津美术出版社就涉案图书达成了出版协议,但其行为有诸多虚假内容。首先,其雇用业务员使用假名,对外均以假名开展业务,造成事主举报、维权的困难。其次,其公司对外以不具备合法主体身份的中国文化艺术交流协会的名义,骗取作者高额入编费用。苏某甲供称,其委托代理公司在香港注册了"香港中国文化交流协会集团有限公司",2009 年 5 月,其又在北京市工商局注册了"香港中国文化交流协会集团有限公司北京代表处"。但截至案发,证据显示香港中国文化交流协会集团有限公司北京代表处并未得到审批，中国文化艺术交流协会也未在民政部登记。正是因为苏某甲及其业务员以中国文化艺术交流协会的名义虚假宣传，事主才会上当受骗。另据其供述，其在中关村科技园区找人花钱私刻了3枚印章“中国文化艺术交流协会书刊编辑委员会”、“中国文化艺术交流协会”、“《当代书画英杰》编辑部”。最后，苏某甲答应事主将他们的作品入编并发行，委托国家级的出版社出版印刷。但实际上其利用与正规出版社的出版合同，套用书号，未经审核私自大量增加图书内容，印制大量非法出版物后邮寄给作者，并未对外公开销售。

被告人苏某甲的行为侵犯的客体是广大作者的财产权，而非图书出版行业的市场秩序。依照相关司法解释，非法从事出版物的出版、印刷、复制、发行业务，严重扰乱市场秩序，情节特别严重的，以非法经营罪定罪处罚。本案中苏某甲及其业务员的行为实际上并非图书发行行为，因为其并未对外出售，只是有针对性的将图书邮寄给出钱入编的作者，因此，不具备非法经营出版物的客观特征。

因此，苏某甲的行为是以出版图书为名，行诈骗钱财之实。其行为侵犯的是广大作者的财产权，而非图书出版行业的市场秩序，其行为应认定为诈骗罪，而非非法经营罪。

**【法律法规链接】**

《中华人民共和国刑法》第52条、第55条第1款、第56条第1款、第266条

（编写人：李　元）

## 52. 冒充ADSL用户骗领网易一卡通点卡的行为如何定性

——丁某、臧某某诈骗案①

**【裁判要旨】**

网易一卡通点数卡（点卡）是网易公司为使其客户在其网站上更方便地享受付费服务而推出的储值卡，为预付费卡。点卡与虚拟货币不同，而与商场购物券、手机充值卡等功能类似，其价格应以网易公司向消费者公示的统一价格为准。冒用他人ADSL账户反复申领赠送的一卡通点卡，为冒用他人名义、隐瞒真相的行为，

① （2006）海法刑初字第2899号判决书，（2006）一中刑终字第3705号判决书。

符合诈骗罪对犯罪行为客观方面的要求。

【基本案情】

被告人丁某、臧某某于2005年9月至10月间,使用窃取所得的他人ADSL账号和密码,利用网易公司与网通公司赠送点卡活动中未对ADSL用户是否申领过点卡进行核实的程序漏洞,反复申领点卡,骗取网易公司100点一卡通点卡(价值人民币10元)约57,331张,价值共计人民币573,310元。后被告人丁某、臧某某通过网络将上述点卡卖出,共获利人民币367,939元。现部分赃款及使用赃款购买的物品扣押在案。

【法院裁判】

一审法院认为:被告人丁某、臧某某的行为已构成诈骗罪。理由如下:首先,网易一卡通点数卡(点卡)是一种商品。其价格应以网易公司向消费者公示的统一价格为准,也就是10点等于人民币1元。其次,被告人丁某、臧某某的行为符合诈骗罪的构成要件。二被告人是在发现被害单位的程序设计有漏洞后,认为有机可乘,因而利用程序漏洞套出点卡对外出售,其非法占有的主观目的非常明显。被害单位的程序设计中并没有对用户是否已经获得过点卡进行核实,因此,二被告人利用这一漏洞,盗取多个他人ADSL账户和密码后反复申领点卡,这一行为实际上是被告人冒用了他人名义、隐瞒了所用ADSL账户已经领取过点卡的真相,符合诈骗罪对犯罪行为客观方面的要求。最后,二被告人在获取点卡账号和密码的瞬间,就取得了对点卡的占有,其犯罪行为这时就已经完成,因此,对涉案的5万余张点卡,被告人的行为是犯罪既遂。被害单位屏蔽了部分点卡的行为,与犯罪行为完成形态无关。因此,犯罪数额就应按照获取的点卡价值进行计算,即指控的573,310元。一审法院依照《中华人民共和国刑法》第266条、第25条第1款、第53条、第55条第1款、第56条第1款、第64条之规定,判决如下:(1)被告人丁某犯诈骗罪,判处有期徒刑13年,罚金人民币15,000元,剥夺政治权利2年。(2)被告人臧某某犯诈骗罪,判处有期徒刑12年6个月,罚金人民币15,000元,剥夺政治权利2年。(3)责令被告人丁某、臧某某共同退赔人民币573,310元,发还广州网易计算机系统有限公司;在案扣押款物折抵退赔款。

一审宣判后,被告人丁某、臧某某不服提出上诉。上诉人(原审被告人)丁某诉称,其已将所获款项交给公安机关,能够如实供述自己的犯罪事实,一审法院对其量刑过重。其辩护人诉称:上诉人销售点卡获利款应扣除所退款项;虚拟的点卡不被充值使用,网易公司就没有失去控制和支配点卡的权利,就没有直接的财产损失;网易公司对点卡进行屏蔽的行为是合法的民事行为,因此,认定上诉人诈骗57,331张点卡的证据不足;认定点卡的价值为每张人民币10元,于法无据。因此,上诉人的行为不应认定为诈骗罪。上诉人(原审被告人)臧某某诉称,其是从犯,一审法院对其量刑过重;涉案点卡是赠品,其价值每张不到10元。其辩护人诉称:网易公司把存在漏洞的发卡程序,误认为是没有漏洞的发卡程序,这种认识错误并不是上诉人的行为导致的,亦不能认定上诉人具有非法占有的主观故意,其行为不应认定为诈骗罪。

经二审法院审理查明的事实、证据与一审相同。

二审法院认为:在案证据证明上诉人丁某、臧某某在发现被害单位赠送点卡的程序设计存在漏洞后,主动实施了盗取多个他人ADSL账户和密码来反复申领点卡的行为,该行为实际上是向被害单位隐瞒了已经申领过点卡的事实真相,致被害单位自愿交付点卡,二人以此方法骗取大量点卡从中获利,其行为性质符合刑法对诈骗罪构成要件的规定。二上诉人在获取点卡账号和密码后,其犯罪行为已经完成,犯罪数额应按照所获取的点卡价值进行计算。二上诉人将骗取的点卡分别销售给潘某某、符某某后,虽又退还给潘、符二人共计120,430元,但没有相关证据证明退给潘、符二人的款项里所涉及的点卡就是被网易公司屏蔽的点卡,故认定网易公司该部分损失没有发生,没有充分依据。因此,二审法院认为,二上诉人以非法占有为目的,隐瞒真相,骗取他人钱款,数额特别巨大,均构成诈骗罪。鉴于案发后已收缴和退赔较大部分赃款,丁某、臧某某能够如实供述犯罪事实等情节,一审法院对二上诉人的量刑偏重,因此,对本案予以改判。依照《中华人民共和国刑事诉讼法》第189条第(一)项、第(二)项[①]、《中华人民共和国刑法》第266条、第25条第1款、第26条第1款、第4款、第56条第1款、第64条之规定,判决如下:(1)维持一审法院(2006)海法刑初字第2899号刑事判决第三项,即责令被告人丁某、臧某某共同退赔人民币573,310元,发还广州网易计算机系统有限公司;在案扣押款物折抵退赔款。(2)撤销一审法院(2006)海法刑初字第2899号刑事判决第一项,即被告人丁某犯诈骗罪,判处有期徒刑13年,罚金人民币15,000元,剥夺政治权利2年;第二项,即被告人臧某某犯诈骗罪,判处有期徒刑12年6个月,罚金人民币15,000元,剥夺政治权利2年。(3)上诉人(原审被告人)丁某犯诈骗罪,判处有期徒刑11年6个月,剥夺政治权利2年,罚金人民币13,000元。(4)上诉人(原审被告人)臧某某犯诈骗罪,判处有期徒刑11年,剥夺政治权利2年,罚金人民币13,000元。

---

① 现行《中华人民共和国刑事诉讼法》第225条第1款第(一)项、第(二)项。

## 【要点评析】

二审法院以量刑不当为由对本案予以改判,但对本案的定性,二审法院与一审法院的判断是相同的。笔者仅就案件性质认定问题进行分析。

1. 涉案网易一卡通点卡的性质

案件审理过程中,对于本案的犯罪对象——网易一卡通点卡的性质,各方认识并不统一。根据网易公司的报案材料可以得知,网易一卡通点数卡(点卡)是网易公司为使其客户在其网站上更方便地享受付费服务而推出的储值卡,为预付费卡。该点卡可以通过在线购买,或在网吧、商店进行购买。购买点卡后,可以按照点卡上的账户和密码进行充值,享受网易公司网站的付费服务,如网络游戏、付费邮箱等。对于网络游戏玩家而言,点卡的作用体现为一定的在线时间。点卡与虚拟货币不同,而与商场购物券、手机充值卡等功能类似。点卡直接指向网络服务,没有点卡就享受不了特定的网络服务,这是点卡的使用价值。网络运营商对其网络产品或服务投入了大量人力、物力,其产品凝结着无差别的人类劳动,而点卡作为网络产品的不可或缺的附属产品,可用于交换,是使用价值与价值的统一体,可以说是一种特殊的商品。至于其价格,由于在流通领域各环节中点卡会有不同的价格,即使零售时其价格也可能高于、低于或等于其面值,因此,其价格应以网易公司向消费者公示的统一价格为准,也就是10点等于人民币1元。

2. 丁某、臧某某的行为符合诈骗罪的构成要件

丁某、臧某某对其行为手段、事实经过没有实质性异议。二人是在发现被害单位的程序设计有漏洞后,认为有机可乘、有利可图,利用程序漏洞套出点卡对外出售,而且被害单位不可能对1个ADSL用户赠送不限数量的点卡,因此,二人非法占有的主观目的是非常明显的。二人的供述中还提到,最后因为获得的钱款太多了,怕出事有人追究,才收手不干了,可见,二人对其行为违法性质的认识是明确的。

依照诈骗罪的犯罪构成,行为人应有虚构事实、隐瞒真相的行为,进而使得被害单位基于错误认识而自愿将自己的财产交付给行为人。本案中,被害单位的程序设计初衷是针对每个ADSL用户赠送1张100点的点卡,之后每个月系统会自动向用户再赠送1张。但程序设计中并没有对用户是否已经获得过点卡进行核实,因此,丁某、臧某某利用这一漏洞,盗取多个他人ADSL账户和密码后反复申领点卡。这一行为实际上是冒用了他人名义、隐瞒了所用ADSL账户已经领取过点卡的真相,符合诈骗罪对犯罪行为客观方面的要求。另外,由于二人始终是通过操作电脑来完成行为,因此,从表面上看,似乎没有被害人的意志因素。但实际上,电

脑操作必须依照一定程序来完成,而程序的编制反映了人的意志,行为人操作电脑时仿佛在和设计程序的人对话,程序有漏洞就像人会有失误,行为人利用了漏洞,就像利用了人的失误、利用了人的认识错误。本案中,行为人就是隐瞒了已经领取过点卡的真相,利用被害人没有对这一事实进行核实的失误,使被害人自愿交付点卡,从而非法获利。

3. 屏蔽的效力及犯罪形态的认定

网易公司利用技术手段对涉案部分点卡进行了屏蔽,但该技术手段没有法律授权,是网易公司为避免损失扩大而做出的行为,属自力救济。但不能因为可以进行屏蔽就认为网易公司没有失去对点卡的控制,进而行为人没有实际占有点卡、犯罪行为没有完成甚至没有犯罪。屏蔽是被害单位在不能通过正常途径及时挽回损失的情况下,不得已而采取的自我救助行为,而在正常情况下,其是不能采取这种措施的,因为这样会损害正常消费者的利益。行为人在获取点卡账号和密码的瞬间,就取得了对点卡的占有,点卡完全可以在这时进行充值使用进而体现它的价值,其犯罪行为这时就已经完成,至于被害人是否觉察、是否采取措施进行挽救,都是后续的事情,对犯罪行为本身的性质没有影响。因而,行为人在获取点卡账号和密码的瞬间,就取得了对点卡的占有,其犯罪行为这时就已经完成,因此,对骗取5万余张点卡的行为,应认定为犯罪既遂。被害单位屏蔽了部分点卡的行为,与犯罪行为完成形态无关。

4. 犯罪数额的确定

既然行为人获取点卡账号和密码后,犯罪行为已经完成,因此,犯罪数额就应按照获取的点卡价值进行计算,也就是指控的573,310元,量刑也应该以此为基准。行为人将骗取的点卡售出是其销赃的行为,其因此获得的钱款应依法予以追缴,发还给被害单位。至于行为人销赃给他人后,因部分点卡被屏蔽而退还给买家部分钱款的行为,由于其销赃行为是违法的,行为人不应因其退款行为而获取法律利益。屏蔽的点卡不应在犯罪数额中扣除。综上,一、二审法院对本案的定性是正确的。

**【法律法规链接】**

《中华人民共和国刑法》第25条第1款、第53条、第55条第1款、第56条第1款、第64条、第266条

(编写人:李　元)

# 53. 盗取他人手机号码服务密码后将号码转让牟利的行为，构成诈骗罪

——周某某诈骗案、韩某某诈骗案①

**【裁判要旨】**

随着计算机技术和互联网的普及使用，诸如网络背景下盗窃虚拟财产案件等新型的盗窃现象不断出现。但本案中被告人利用联通公司客服系统漏洞，获取服务密码后将手机号码转卖的犯罪行为并不多见，对于上述行为，应认定为诈骗罪。

**【基本案情】**

(1)2012年9月至10月间，被告人周某某在非法获取已修改服务密码的他人手机号码后，在北京市海淀区颐和山庄联通营业厅通过补办方式将号码为13021051111、13051562222的两个手机号码非法变更到自己名下，后将号码13021051111以自己名义出售，骗取被害人王某人民币3100元；将号码13051562222以自己名义出售，骗取被害人刘某人民币2000元。2013年7月16日，被告人周某某被公安机关抓获。赃款未退赔。

(2)2012年8月至10月间，被告人韩某某在北京市海淀区文慧桥附近，隐瞒其通过中国联合网络通信有限公司系统后台盗取他人手机号服务密码的实际情况，将其非法登记到自己名下的号码为13161978888的联通手机号转卖给被害人赵某某，骗取被害人赵某某购买号码款人民币5000元。2013年8月10日，被告人韩某某被公安机关抓获。同年10月31日，被告人韩某某家属退赔被害人赵某某人民币5300元。

**【法院裁判】**

被告人周某某、韩某某以非法占有为目的，骗取他人财物，其行为均已构成诈骗罪，应予惩处。检察院指控被告人周某某、韩某某犯诈骗罪的事实清楚，证据确凿，指控罪名成立。鉴于被告人周某某、韩某某到案后能如实供述自己的犯罪事实，认罪态度较好，法院依法对其从轻处罚。因其犯罪行为给被害人造成的经济损

① (2013)海刑初字第2951号判决书，(2013)海刑初字第2950号判决书。

失,法院责令其予以退赔。依照《中华人民共和国刑法》第266条、第67条第3款、第53条、第64条之规定,判决如下:被告人周某某犯诈骗罪,判处有期徒刑6个月,罚金人民币5000元。被告人韩某某犯诈骗罪,判处有期徒刑6个月,罚金人民币5000元。

上诉两个案件一审宣判后,被告人均未上诉,公诉机关亦未抗诉,一审判决均已生效。

【要点评析】

对于上述两名被告人的行为该如何定性,有如下三种观点:

第一,二被告人的行为均构成诈骗罪。此种观点的主要依据是被告人向被害人出售涉案号码时,虚构了其为被盗手机号码的真实所有人这一事实,隐瞒了涉案号码是非法获取的真相,从而获取了被害人的信任,使财物所有人"自愿地"交出了财物。但笔者认为,此种观点忽略了对被告人周某某获取手机号码行为本身的评价。被告人周某某利用自己是联通公司客服外包服务人员的身份,进而利用系统漏洞,强行重置客户服务密码,并将获取的手机号码低价转卖,诈骗罪的观点忽略了对该行为的评价。

第二,被告人周某某的行为构成盗窃罪,被告人韩某某的行为构成掩饰、隐瞒犯罪所得罪。此种观点认为手机号码应按照网络虚拟财产对等处理,但虚拟空间里的行为是否是刑法意义上的行为,虚拟空间里的财产是否是刑法意义上的财产,能否成为侵犯财产罪的犯罪对象,网络盗窃的数额应如何认定,这些实体和程序问题在法学界和司法实务界都有争议。但结合本案案情,本案中的手机号码对于所有者来说具有使用价值,并且可以转让,因此还具有交换价值,能体现为现实中的一定财产价值。同时,如果将周某某的行为定性为盗窃罪的话,那么,明知上述号码是非法所得并通过周某某获取,后将上述号码转卖的行为应较容易认定为掩饰、隐瞒犯罪所得罪。

第三,被告人周某某的行为构成非法获取计算机系统数据罪,被告人韩某某的行为构成掩饰、隐瞒犯罪所得罪。非法获取计算机信息系统数据罪,是指违反国家规定、侵入《刑法》第285条第1款规定以外的计算机信息系统或者采用其他技术手段,获取该计算机信息系统中存储、处理或者传输的数据,或者对该计算机信息系统实施非法控制、情节严重的行为。目前,实践中往往对盗窃Q币及游戏装备后出售的案件按照非法侵入计算机系统罪定罪处理。但笔者认为,该罪的客观方面要求进入计算机信息系统的行为是非法的,常见方式是利用他人网上认证信息进入计算机信息系统,或者在计算机系统植入木马、后门程序,获取该计算机信息系统中存储、处理或者传输的信息数据,或者对计算机信息系统实施非法控制。本案中周某某进入联通客服系统的行为是职务行为,故笔者认为周某某的行为不应认定为非法获取计算机系统数据罪。

综上所述,笔者认为宜将本案中被告人周某某的行为理解为刑法意义上的牵连犯,即周某某以实施诈骗罪为目的,其利用职务便利获取手机号码客服密码的行为又触犯职务侵占罪,故诈骗犯罪应该是牵连犯的本罪。按照牵连犯"从一重处罚"的原则,对被告人周某某应认定为诈骗罪为宜。而被告人韩某某以非法占有为目的,虚构事实,骗取他人财物,其行为也已构成诈骗罪。

**【法律法规链接】**

《中华人民共和国刑法》第53条、第64条、第67条第3款、第266条

(编写人:杨　光)

## 54. 虚拟财产及其价值认定与行为未遂问题

——易某诈骗案①

**【裁判要旨】**

虚拟财产具有有用性、稀缺性、可支配性以及非物资型人格要素等基本属性,完全符合财产的一切特征,应该将其作为财产的一种。虚拟财产为运营者所有,而使用者基于合同关系拥有使用权,具有债权物权双重属性。虚拟财产包含有使用者的人格特征,用户使用虚拟财产,实际上是基于与运营商的合同关系调用网络产品软件的某一程序,实现这种程序所具备的功能。虚拟财产是一种特殊的物,是一种电磁记录,其所有权属于运营商,而使用权属于使用者,是一种债权凭证。对于占有虚拟财产的既未遂,应该以运营商是否提供了服务为标准,而且应该区分不同类型的虚拟财产而定。

**【基本案情】**

2005年7月下旬,被告人易某在上网购买广州网易计算机系统有限公司(以

① (2007)海法刑初字第87号判决书。

下简称网易公司)发行的网易一卡通虚拟卡的过程中,发现网易公司的银行信用卡购买网易一卡通服务系统(以下简称销售系统)中存在漏洞,即用户选定购买网易点卡的种类、数量、金额及支付方式并经销售系统确认后,在网易公司的销售系统将订单信息、交费金额等数据发送给贝宝支付平台通知收款的过程中,电脑页面切换速度较慢,被告人易某利用此间歇将Internet地址栏中代表支付金额的数据予以更改导致订单信息的金额随之发生变化,贝宝平台收到错误订单信息后按照更改后的0.1元或0.01元要求易某支付费用并将付费成功的信息反馈给网易销售系统,网易销售系统依据贝宝平台的付款成功信息将相应订单的点卡的卡号和密码发送到客户的通行证账号中。可以通过此种方式以任意价格购买的网易一卡通虚拟卡包括150点虚拟数字卡(8月10日前售价13.88元/张,8月10日后售价14.22元/张)、300点虚拟数字卡(8月10日前售价26.77元/张,8月10日后售价28.44元/张)、100点虚拟在线直充卡售价10元/张、200点虚拟在线直充卡售价20元/张、500点虚拟在线直充卡售价50元/张、50点虚拟在线直充卡售价5元/张。

2005年8月1日至2005年10月12日间,被告人易某自行操作或者雇用他人操作,注册大量网易通行证账号,利用网易一卡通销售系统的漏洞,以每张0.1元或者0.01元的价格从网易公司的销售系统中购买一卡通虚拟卡共计346,418张,经鉴定价值共计人民币5,078,348.25元,其中150点虚拟数字卡335,380张,300点虚拟数字卡10,638张,50点虚拟在线直充卡100张,100点虚拟在线直充卡100张,200点虚拟在线直充卡100张,500点虚拟在线直充卡100张。后易某通过淘宝网以低于网易公司的销售价格将其购买的网易一卡通虚拟卡予以出售。2005年10月10日,网易公司发现通过贝宝支付平台售出的一卡通虚拟点数卡的数量与销售所得的款项不一致,于同年10月12日关闭了贝宝支付平台,并采取技术措施于10月18日屏蔽了未被充值到通行证账号中的网易一卡通点数卡54,625张,其中包括被告人易某购买的涉案网易一卡通虚拟数字卡46,557张,价值人民币688,256.14元。

综上,被告人易某利用网易公司一卡通销售系统漏洞购买的无法被屏蔽的各类一卡通虚拟卡共计299,861张,经鉴定价值人民币4,390,092.11元。2006年1月13日,被告人易某在福建省晋江市被抓获。现赃款人民币729,500元扣押在案。

【法院裁判】

2006年12月21日,检察院以被告人易某构成盗窃罪,向法院提起公诉。被告人易某对起诉书指控的内容没有提出异议,但辩称自己是通过交易平台有偿购买网易点卡,并非秘密窃取。其辩护人认为易某是在发现网易一卡通虚拟卡系统允许消费者以自愿选择的价格购买点卡后,通过正常的网络公开进行交易,且该交易行为已经被网易公司确认并支付价款,故易某是通过合法的交易手段获取点卡,而不是通过修改程序等非法手段秘密窃取点卡;是网易公司管理的"漏洞"造成的后果,应由网易公司自己承担;公诉方认定易某占有的数额不准确,易某等人用任意价格购买的点卡是150点虚拟数字卡和300点虚拟数字卡,没有起诉书中所列的虚拟在线直充卡。综上,被告人易某的行为不构成盗窃罪,至多是恶意占有他人财产。

法院经审理后认为,被告人易某以非法占有为目的,通过篡改数据的形式虚构事实,隐瞒真相,骗取他人财物,数额特别巨大,其行为已经构成诈骗罪,控方指控被告人易某犯盗窃罪不当。首先,被告人易某通过网络购买网易一卡通虚拟卡的行为发生在正常的商品交易过程中,是一种交易行为,体现了包括贝宝支付平台在内的各方意志,是各方意志共同作用的结果,并非凭借单方意志即可完成的盗窃行为,被告人易某利用系统漏洞更改交易金额使网易误以为贝宝收取的是足额价款而将虚拟卡的卡号和密码发至被告人易某的通行证账号,易某实质上是以"偷梁换柱"的方式在交易过程中隐瞒其实际支付价款金额的事实,使对方产生错误认识而"自愿"交付一卡通虚拟卡,客观上完全符合诈骗罪的构成要件。其次,诚然一卡通的销售过程始终由电脑完成,表面上易某是在和计算机网络系统打交道,并不存在网易公司因错误认识而"自愿"交付点卡的行为,但事实上网易销售系统按照程序人员预先设计的程序运行体现了网易公司程序设计之初的意志,网易服务器与贝宝服务器只核对订单的形式而不确认用户应当且实际交付的货款体现了网易工作人员设计销售系统时的意志,易某操作电脑购买点卡实际是和网易公司、美银宝公司进行交易,是网易公司因易某在付款环节中的"调包计"而产生易某已足额支付货款的错误认识并自愿将点卡发送至通行证账号。

关于被告人易某购买点卡的数量,法院依据"网易通行证"须由用户自行注册且唯一的原则,在对涉案通行证账号注册及购买信息进行比对、核实的基础上,依据有利于被告人的原则确定。根据被告人易某的供述、IP地址比对、注册信息比对,以hb开头的账号、创建或使用网易通行证账号时的IP地址与易某在相近时间登录淘宝网的IP地址相呼应、通行证账号基本信息与易某其他账号的注册信息基本一致的账号以及证人所证实的帮助易某购买点卡的账号可以认定是被易某用来骗购点卡的账号,上述账号内的虚拟点卡应认定为易某的犯罪数额,按照上述标准,法院认为,控方指控的点卡16,787张,价值人民币249,061.52元不能作为易某的犯罪数额。

关于被告人易某行为的违法性。法院认为,网易公司销售平台的漏洞无疑为易某篡改交易数据购买网易一卡通虚拟卡提供了条件,但销售系统本身的漏洞不能改变被告人易某行为的违法性,被告人易某明知网易一卡通虚拟卡的价值及用途,但其在发现网易公司销售系统的漏洞后认为有机可乘,自己操作或者雇用他人操作以0.1元或者0.01元的价格大量购买售价为5元、10元甚至更高的一卡通虚拟卡,并在淘宝网上以低于网易公司公示的价格出售点卡,非法获利数额特别巨大。可见,其主观上具有非法占有他人财物的目的,并对自身行为的违法性有明确的认知,与民法中的不当得利有着本质的区别。因此,被告人易某的行为属于犯罪。

依照《中华人民共和国刑法》第266条、第287条、第53条、第55条第1款、第56条第1款、第64条之规定,判决被告人易某犯诈骗罪,判处有期徒刑14年,罚金人民币4万元,剥夺政治权利3年。

一审宣判后,检察院没有提起抗诉,被告人易某没有上诉,判决已生效。

## 【要点评析】

本案值得探讨的问题有四个:一是机器能否被骗,也就是盗窃罪与诈骗罪的区分问题;二是虚拟财产能否属于财产罪的侵害对象;三是虚拟财产的价值认定问题;四是犯罪形态问题,也就是虚拟卡被屏蔽的状态能否作为诈骗未遂来认定。对于第一个问题,已在“冯某斌信用卡诈骗案”中分析,在此不再赘述。下文重点讨论后三个问题。

1. 虚拟财产属于财产

成为财产必须具有有用性、稀缺性、可支配性以及非物资型人格要素等基本属性,判断某“物”是否属于财产,应当探究其是否具有上述四个基本属性。

虚拟财产之所以被人们以“财产”称之,在于其能够满足人们的某种需求。无论是在虚拟世界,还是在现实世界,虚拟财产之间可以交易,而且可以现实货币购买,这说明虚拟财产具有交换价值。虚拟财产具有使用价值和交换价值,体现了其价值性,也就说明虚拟财产具有有用性。

虚拟财产是网络产品设计的固有内容之一,是计算机程序内容的一部分,根据产品服务的需要,网络产品的使用者(包括玩家)满足了网络产品运营者的某种条件(或支付一定的虚拟货币,或投入劳动、技术、时间等达到了一定的级别等),就可以申请得到或自动获得某种虚拟财产。而虚拟财产的获得可能性或者可出现数量的多少,都是网络产品程序设计者事先设计好的,也就是说虚拟财产的数量都是在网络产品运营者控制之下的。因此,虚拟财产在虚拟世界里,具有稀缺性,其稀缺程度在很大程度上决定了其价值的大小。

虚拟财产是网络产品设计者设计出来的,当然完全在网络产品运营者的支配之下。在网络游戏运行过程中,相对于其他玩家而言,玩家本身对于虚拟财产又具有绝对的支配权,只要这种支配符合网络游戏规则就可以。正因为虚拟财产是可支配的,其才能交换和使用,具有交换价值和使用价值。

虚拟财产当然具有非物资型人格要素特点,这一点无须赘言。综上,虚拟财产完全符合财产的一切特征,应该将其作为财产的一种。

2. 犯罪形态的认定

虚拟财产的物理属性是电磁记录,每一个正常的虚拟财产都会有明确的"出身记录",比如网络游戏虚拟装备的"出身记录"是用来说明什么时间从什么怪物身上打出来的;同时也会有唯一的 ID 识别代码,这种识别代码为一连串的数据包。如果了解了虚拟财产的技术原理,比如网络游戏的技术原理,不难看出,所谓游戏玩家对游戏道具的"支配"——包括游戏世界中的"取得"、"占有"、"使用"、"处分",都是假象,其本质是玩家要求运营商服务器程序做出某种反应,如在道具清单中删除或添加代表某种道具代码的地址,从而实现模拟的支配行为。[①] 这种反应实质上就是根据虚拟财产的电磁记录所代表的指令做出的服务。其实,做出反应的程序在服务器的游戏软件中只有一套,而玩家的虚拟财产却可以有很多,玩家可以同时发出一个指令,而服务器只有一个对应的程序做出反应,其快慢取决于带宽或计算机的计算速度。由此可以清晰地理解,虚拟财产虽然形式为"电磁记录"这种"物",而实质内容属于以服务为内容的债权凭证。

虚拟财产的这种物权和债权双重属性以及本质所体现的服务性利益,决定了其与针对现实"物"的诈骗行为在犯罪形态认定上具有较大差异。对于现实"物",一般而言,一旦控制便既遂。服务性债权凭证则不一样,占有了服务性债权凭证,不一定就享受了服务,是否享受了服务,还要由运营商提供行为来决定。而且虚拟财产的"出身记录"和"ID 识别码"决定了其具有唯一性,很容易被识别,运营商完全掌控着其生杀大权,可以直接屏蔽、删除,比如经常听说的"封号"。一旦被屏蔽,玩家就失去了享受服务的可能,运营商也就不会提供服务,服务性利益也就不会减少。因此,考察占有虚拟财产是否既遂,实际上不是以是否占有虚拟财产这一债权凭证为标志,而是以运营商是否提供了服务为标志。特别是对于虚拟网卡,一般代表一定的服务时间或一定量的虚拟货币,其消耗具有持续性。所以,并不是一旦使用了虚拟网卡,虚拟网卡所代表的所有价值都被占有,而只有运营商提供了服务,

① 寿步主编:《网络游戏法律政策研究》(2008),上海交通大学出版社 2008 年版,第 148 页。

也就是网卡消耗了时间或金钱,才说明占有了网卡的实质内容,没有消耗的,至多认定为犯罪未遂。而“屠龙刀”等装备则不一样,一旦玩家取得电磁记录,运营商实际上就提供了服务,装备就实际已经被占有,达到既遂的标准。因此,对于占有虚拟财产的既未遂,应该以运营商是否提供了服务为标准,而且应该以区分不同类型的虚拟财产而定。比如上文的易某诈骗案,网易公司的虚拟点卡是玩家玩网络游戏时消费计时用的,也可以购买虚拟装备。虚拟点卡实际消损了多少,就说明游戏运营商提供了多少服务,消损的数量就是犯罪既遂的数额,而未消损的虚拟点卡的点数,就是犯罪未遂的数额,不能认为易某骗得了虚拟点卡就应认定为犯罪既遂。下文在关于虚拟财产价值认定以及犯罪数额认定分析中,对既未遂问题还会进一步阐释。

3. 虚拟财产价值的认定

在本案中,公诉机关和审判机关均将虚拟点卡作为财产予以对待,同时在价值认定上,均采用价格鉴定中心作出的价格鉴定结论,价格鉴定结论则是按照网易公司公布的市场价格作为依据予以认定。这种价值认定方式是否可取?是否适合所有的虚拟财产?

在司法实践和理论研究中,有关虚拟财产价值的认定方法主要有以下几种:(1)根据被害人实际投入游戏的费用来计算虚拟财产的具体价值;(2)以行业交易惯例所定价格来确定虚拟财产的具体价值;(3)以运营商销售虚拟财产的自定价格来确定虚拟财产的具体价值;(4)通过社会必要劳动时间来计算虚拟财产的价值;①(5)以个案中实际交换价值或市场价值来确定虚拟财产的具体价值;②(6)建立和完善虚拟财产评估制度,根据权威机构评估虚拟财产的具体价值。③

从长远的角度看,建立和完善虚拟财产的权威机构评估制度,当然是解决虚拟财产价值认定最为理想的路径。而其他计算方法或者脱离实际,或者无法操作,或者有失公正,或者针对个案可行而在处理其他案件时就可能较为片面,这一点有关学者已经分析过,本文不再赘述。④ 本文以为,在目前虚拟财产评估制度尚难以健全的情况下,在审判实践中如何评价虚拟财产的价值,应该具体情况具体分析。

(1)运营商有销售价格时,如果虚拟财产可换取实际财产,则以运营商的销售价格来认定虚拟财产的价值,同时以虚拟财产已经成功换取了的实际财产价值为犯罪数额价值,或以已经成功享受了服务而损耗了的虚拟财产价值为犯罪数额价

① 周道鸾、张军主编:《刑法罪名精释》(第3版),人民法院出版社2007年版,第509~511页。

② 尹萍:“网络游戏虚拟财产盗窃罪的认定与思考”,中国政法大学2004届硕士学位论文。

③ 王丽霞:“论网络游戏虚拟财产权的刑法保护”,山西大学2005届硕士学位论文;寿步主编:《网络游戏法律政策研究》(2008),上海交通大学出版社2008年版,第63页。

④ 周道鸾、张军主编:《刑法罪名精释》(第3版),人民法院出版社2007年版,第509~511页。

值。因为这里的虚拟财产的价值与实际货币并无区别。

例如被告人倪某诈骗案①。2005 年 12 月间，被告人倪某在发现北京骏网在线电子商务有限公司（以下简称骏网公司）网络交易平台存在漏洞之后，为了利用该漏洞非法获利，便在对唐某隐瞒其犯罪目的的情况下，让唐某提供骏网公司名下一个名为“liujiao”的交易账号给其使用，又让唐某将该交易账号的级别升级为核心代理商，之后其采用虚报商品利润、自买自卖进行虚假交易的方式，欺骗骏网公司往“liujiao”账号内虚增人民币 8000 元等值金额的骏币，然后又将这部分骏币转至名为“nixue00”的交易账号内，并用“nixue00”这一账号与使用“cd1818”账户的何某进行交易，将其中部分骏币套现，非法获利人民币 4000 元。2006 年 3 月 4 日被告人倪某被抓获时，“nixue00”账号内尚有虚增的人民币 4000 元等值金额的骏币。后其退还赃款人民币 4000 元。本案以诈骗罪对被告人倪某定罪，其犯罪既遂数额为人民币 4000 元，而在账号中剩余的虚拟财产骏币 4000 元，作为犯罪未遂予以认定。本案中的“骏币”只是一种在骏网流通的电子货币形式，可以转换为实际货币，并可在网上购买实际商品，因此在财产价值的认定上以运营商的指定市场价格认定为宜。

（2）运营商有销售价格时，行为人大批量骗取运营商的虚拟财产后低价销售获利，如果虚拟财产不能换取实际财产，只能换取网络游戏中的装备等虚拟财产，则不能简单地以运营商的销售定价来认定虚拟财产的具体价值，而应考虑以行为人实际获利为犯罪数额，不能以运营商的销售价格来计算虚拟财产的价值从而确定运营商的实际损失来确定犯罪数额。

例如易某诈骗案中，被告人易某以欺诈方法骗取了网易公司大量虚拟卡，这些虚拟卡在网络公司均有明确售价，所有涉案网卡价格总计 400 余万元。同时易某又低价销售了部分虚拟卡，获利 200 余万元。那么网易公司是否实际损失就是 400 余万元呢？本文并不以为然。虚拟财产是一种电磁记录，可谓为“物”，但实际上是作为债权凭证，玩家可凭此电磁记录调用游戏或其他网络产品的服务程序，实现这一电磁记录所代表的功能，所以这种债权内容实际上是一种服务。这种服务作为一种财产性利益存在，值得保护，属于财产。也就是说，如果网易公司根据涉案虚拟卡所代表的内容，提供了相应的服务，所损失的是服务本应收取的利益。而网络游戏是以人气作为价值体现的重要内容，参与网络游戏的人越多，运营商的收入就越高。易某低价销售虚拟卡，实际上在某种程度上为网易公司聚集人气，而且购买虚拟卡的人越多，参与游戏的人数越多，玩家购买其他虚拟财产的可能性就越大，运营商的收益也就越大。所以实际上，易某的低价销售行为在一定程度上可能增

① 参见（2006）海法刑初字第 2329 号判决书。

加了运营商的收益。

另外,无论是何虚拟财产,只要是运营商提供的,都有出生记录和ID编码,也就是说运营商对于出售或提供的虚拟财产是很容易发现的,而且运营商掌握着虚拟产品的源程序,可以很容易就屏蔽掉任何一个虚拟财产。这也是为什么在易某案中,部分虚拟卡被网易公司屏蔽的原因。那么为什么网易公司没有屏蔽掉所有的虚拟卡呢?其原因在于玩家已经充值。这就好比手机充值卡,在没有充值前,销售商掌握着每一个卡的密码和序列号,客户买了卡如果没有充值,则销售商实际上还是可以取消该卡的实际充值功能;而如果客户已经充值,则销售商一般就无法取消充值结果。虚拟卡在充值前,当然可以被屏蔽掉,这样运营商就可以不提供服务,也不会有任何损失。而虚拟财产与手机充值卡的一个区别在于,即使玩家已经充值,实际上运营商也可以将其屏蔽掉,因为该虚拟财产的出生记录和ID编码不会因为充值而变化。但是网易公司却不会屏蔽这些虚拟卡。因为一旦屏蔽掉这些虚拟卡,由于玩家买虚拟卡一般是善意的,这种善意一旦被侵犯,将会引起强烈抗议,网易公司因此必将失掉大量人气。所以网易公司宁可让玩家享受低价取得的利益而聚拢更多人气,也不会做出得罪玩家的事情。这种取舍,虽然是网易公司不得已的选择,但毕竟也是其没有任何人强迫下自己权衡利弊的利益取舍。而一旦没有屏蔽,这些虚拟卡的所有价值就都按照销售价格来计算,归于易某的实际犯罪数额。这当然是不合情理的。因为网易公司本来可以采取屏蔽措施,不提供服务,使得被告人的行为归入犯罪未遂。网易公司在明知被害的情况下,依然选择被害,这本身就是一种被害人自愿行为,而且是明知被骗而自愿被害的情形,当然不能将其本来可以屏蔽而未予屏蔽的所有数额的法律责任完全由易某来承担,这样做显然是不公平的。至多,这些本可被屏蔽而没有屏蔽掉的数额可以作为一种从重处罚的酌定情节予以考虑,已经屏蔽的数额则可以作为犯罪未遂予以考虑。而如果选择以被告人的销售获利额为虚拟财产的价值,则避免了上述问题。同时,获利所得,也属于被告人诈骗行为目的的最终体现,与其犯罪目的一致。这样考虑,也避免了目前虚拟财产价值认定的困境。所以,上述易某案的数额认定存在错误,至多只需追缴犯罪所得发还给网易公司,而不应责令被告人继续退赔。

其实,在审判实践中,这种认定方法并不少见。比如被告人王一辉等三人利用王一辉在上海盛大网络游戏发展公司担任游戏项目运维部副经理的职务便利,盗取“热血传奇”游戏软件中的武器及装备,获利200余万元。一审二审均认可职务侵占的数额即为获利数额①。

---

① 参见(2006)浦刑初字第929号,(2007)沪一中刑终字第285号判决书。

(3)如果运营商有销售价格,客户只是骗取个别不能交易实际财产的虚拟装备等虚拟财产供自己使用,则以运营商的销售价格作为虚拟财产的具体价值。这种情况与前述第(1)种情况中针对纯虚拟财产的债权一样,应以玩家已经实际享受的服务价值作为犯罪既遂数额。如果这种虚拟财产相当于购物卡一样可以购买虚拟财产,则以其实际消耗了的财产数量为犯罪数额。而如果这种虚拟财产就相当于游戏装备本身,则以运营商对此装备本身的销售价格来作为犯罪数额,因为一旦取得,就已经使用了,也就相当于销售了运营商提供的服务。而没有消耗完的虚拟财产,则以犯罪未遂来考虑。

(4)如果运营商没有销售价格,也就是说这种虚拟财产是免费赠与的或由玩家练级获得的,则应优先考虑以市场交易平台的平均交易价作为基本依据。也就是说,这里的市场交易平均价在虚拟财产价值认定中的作用和对犯罪数额的影响,相当于运营商的销售价格。这种虚拟财产之所以会成为诈骗的对象,在于免费赠与也是有选择的,以及玩家练级本身需要付出时间、金钱、精力等成本。目前,这种交易平台正在逐渐成熟,一定程度上已经能够反映出虚拟财产的市场供需状况和价值。

(5)如果运营商没有销售价格,交易平台也没有这种虚拟财产的参考平均价,则可责令运营商将此虚拟财产予以拍卖,以拍卖价作为最终的价值依据。因为虚拟财产不同于实际财产。实际财产属于被害人所有,一般不会同意被交易给他人,所以在实践中不能以拍卖的形式定价。而虚拟财产则不一样,运营商拥有虚拟财产没有任何实际意义,只有由玩家使用,才具有价值。所以可以进行拍卖,这样如果被害人是运营商,那么对于运营商来说,反而是取得了实际收益。如果运营商出于商业需求等其他问题考虑不同意拍卖,则属于被害人自愿行为,不宜再认定虚拟财产的具体价值。而如果被害人是玩家,也可以由运营商使用技术手段或专业玩家练级生成一个同样的虚拟财产后进行拍卖。如果被害人不同意这种形式,认为这种虚拟财产稀有,不同意他人所有,这也属于被害人自愿行为,不宜再认定虚拟财产的具体价值。

**【法律法规链接】**

《中华人民共和国刑法》第53条、第55条第1款、第56条第1款、第64条、第266条、第287条

(编写人:游　涛　曹晓颖)

# 55. 以应聘职务方式骗取公司财物的，认定为职务侵占罪还是诈骗罪

——马某诈骗案[①]

**【裁判要旨】**

被告人以应聘方式获得特定职位后，利用职务便利骗取公司财物，该种行为属于职务侵占罪还是诈骗罪存在观点分歧，第一种观点以职务侵占罪的犯罪构成包括骗取手段为由，将诈骗作为手段行为，职务侵占作为目的行为，主张目的行为吸收手段行为；第二种观点以职务应聘系诈骗手段为由，将利用职务便利实施侵占作为手段行为，将诈骗作为目的行为，同样主张目的行为吸收手段行为。两种观点均具有逻辑上的合理性，究竟采用哪一种定罪逻辑，不仅取决于对两种观点的剖析，更取决于对案件事实尤其是被告人主观故意和行为方式的认定，从而有效区分职务侵占罪和诈骗罪的法条竞合关系。

**【基本案情】**

2011年4月至2011年8月，被告人马某虚构其长期和军队做项目，应聘为A公司销售经理，后以总参气象局网络升级项目招待费及相关费用报销等名义骗取公司人民币73,353元。

2011年10月至2012年2月，被告人马某虚构其可参与运作总参气象局网络升级采购项目，应聘至B公司北京分公司，后以项目招待费、费用报销等名义骗取公司价值人民币52,142.86元的款物。

2011年12月至今，被告人马某在北京市朝阳区北苑路，虚构其长期和军队做项目，应聘为C公司销售经理，后被告人马某以总参气象局网络升级项目招待费、报销等名义骗取公司人民币116,428.88元。

2012年5月至8月间，被告人马某在北京市海淀区中关村虚构其手中有一个总参气象局网络升级采购项目，应聘为D公司客户经理，后以项目招待费、报销等名义骗取公司价值人民币137,035.9元的款物。

2012年5月至9月间，被告人马某通过应聘为E公司客户经理，虚构运作总参气象局网络升级采购项目，以招待费、报销费用等名义，骗取该公司人民币

---

① (2013)海刑初字第1592号判决书。

142,804.8元。

2012年6月,被告人马某在北京市海淀区,虚构运作总参气象局网络升级采购项目,应聘为F公司客户经理,后以项目招待费、报销等名义骗取公司人民币26,120元。

2012年7月至10月间,被告人马某在北京市海淀区知春路,虚构运作总参气象局网络升级采购项目,应聘为G公司客户经理,后以招待费、报销费等名义骗取该公司人民币32,270元。

2012年7月至12月,被告人马某在北京市海淀区交大东路,虚构运作总参气象局网络升级采购项目,应聘为H公司客户经理,后以项目招待费、报销等名义骗取公司人民币76,763元。

2012年8月至10月间,被告人马某在北京市海淀区中关村南大街,虚构运作总参气象局网络升级采购项目,应聘为I公司客户经理,后以招待费、报销等名义骗取公司人民币27,225.02元。

综上,被告人马某骗取被害单位款物共计价值人民币684,143.46元。2012年10月30日,被告人马某在北京市海淀区豪景大厦被公安机关抓获归案。赃款未退赔。后侦查人员从被告人马某位于北京市朝阳区青年路甘露园中里青年汇佳园某地的住处起获现金人民币9000元、欧米茄男表1只、欧米茄女表1只、佳能单反相机EOS 50D机身1台、佳能单反相机镜头1只、相机三脚架1只、ThinkPad X220T笔记本1台、ThinkPad E40笔记本1台、DLEBOLD保险柜1台,其中现金人民币9000元现扣押在案,其余物品扣押于北京市公安局海淀分局预审603室。

**【法院裁判】**

针对上述事实,公诉机关认为被告人马某以非法占有为目的,骗取他人财物,数额特别巨大,应当以诈骗罪追究被告人马某的刑事责任。庭审中,被告人马某对公诉机关指控的事实和罪名不持异议,其辩护人提出本案应当认定为职务侵占罪的辩护意见,认为被告人马某通过正常的应聘渠道获得上述9家公司的客户经理职位后,利用为公司联系业务的职务便利,虚报了招待费、礼品费、餐费等消费项目,并通过报销上述费用的方式骗取公司财物,结合其定期领取工资的事实,应当认定为职务侵占罪。法院认为,被告人马某虽然经应聘取得了被害单位客户经理的职位,其虚报的招待费等款项亦属于利用职务便利谋取公司财物的行为,但其连续9次通过虚构掌握总参气象局网络升级采购项目而获得职务便利,并借此虚报职务费用的行为,本质上系被告人马某为达到诈骗之目的而实施的手段行为,故依法认定被告人马某构成诈骗罪。最终,法院依照《中华人民共和国刑法》第266条、

第67条第3款、第53条、第55条第1款、第56条第1款、第64条之规定,作出如下判决:被告人马某犯诈骗罪,判处有期徒刑11年,罚金人民币30万元,剥夺政治权利2年;被告人马某退赔人民币68.414346万元,发还各被害单位;在案扣押的人民币9000元折抵退赔款;扣押于北京市公安局海淀分局预审603室的欧米茄男表1只、欧米茄女表1只、佳能单反相机EOS 50D机身1台、佳能单反相机镜头1只、相机三脚架1只、ThinkPad X220T笔记本1台、ThinkPad E40笔记本1台、DLEBOLD保险柜1台予以拍卖,拍卖所得折抵退赔款。

一审宣判后,被告人未上诉,公诉机关亦未抗诉,一审判决已经生效。

## 【要点评析】

在法条竞合关系下,诈骗通常作为职务侵占的手段行为,在定罪思路上,根据目的行为吸收手段行为的原则,应当认定被告人构成职务侵占罪。但这种法条竞合的处理思路存在三点例外:

1. 目的行为系轻行为、手段行为系重行为的例外

以北京市为例,根据诈骗罪的量刑标准:以人民币5000元以上不满10万元作为数额较大的标准,对应三年以下有期徒刑、拘役或者管制的主刑区间;以人民币10万元以上不满50万元作为数额巨大的标准,对应三年以上十年以下有期徒刑的主刑区间;以人民币50万元以上作为数额特别巨大的标准,对应十年以上有期徒刑或者无期徒刑的主刑区间。根据职务侵占罪的量刑标准:以人民币1万元以上10万元以下作为数额较大的标准,对应五年以下有期徒刑或者拘役的主刑区间;以人民币10万元以上作为数额巨大的标准,对应五年以上有期徒刑的主刑区间。可见,诈骗罪与职务侵占罪孰重孰轻,在不同量刑区间存在不同的反映,即在人民币5000元以上不满1万元区间内,诈骗罪重于职务侵占罪(不构成犯罪);在人民币1万元以上不满10万元区间内,诈骗罪轻于职务侵占罪;在人民币10万元以上区间内,诈骗罪总体上重于职务侵占罪。本案中,被告人马某的犯罪数额在诈骗罪中属于数额特别巨大,在职务侵占罪中属于数额较大,因此,诈骗罪的处断重于职务侵占罪,目的行为吸收手段行为的法条竞合关系应当被重行为吸收轻行为所打破,不应以职务侵占罪定罪。

2. 特定案件事实中目的行为和手段行为吸收关系的逆转

可以假设这样一个问题:如果被告人马某的犯罪数额为人民币8万元,根据重行为吸收轻行为的原则应当认定为职务侵占罪,第一种例外的情形可以据此排除。但需要注意的是,本案为“诈骗罪通常作为职务侵占罪的手段行为”提供了明确的反证:2011年4月至2012年12月间,被告人马某虚构手中有总参气象局网络升级采购项目,以能够为公司争取该项目、获得收益为由连续应聘为9家被害单位的客

户经理,且其在8家被害单位的供职时间存在重合,与真正意义上的应聘上岗以及利用职务便利的行为方式存在显著差异;在案证据证明,被告人马某在被害单位中主要负责总参气象局网络升级采购项目,未有效参与公司其他业务,结合其以相同手段骗取公司报销款项的事实,可见其取得客户经理职位后的行为指向明确,被告人马某亦供认其应聘的目的就在于以总参气象局项目为由骗取报销款项。综上,被告人马某所谓应聘及后续职务行为反而成为了其实施诈骗犯罪的手段行为,应当由诈骗罪吸收职务侵占罪。可见,破除思维定式、综合分析被告人的客观行为和主观故意,是准确认定诈骗罪与职务侵占罪吸收关系的关键。

3. 职务侵占罪的构成要件不完全,从而认定为诈骗罪一罪

这一点例外在本案中表现得并不充分,以武某职务侵占案为例,2013年1月至3月间,被告人武某因讨薪纠纷,利用其担任A公司业务员,负责销售货物、回收货款的职务便利,分两次侵占公司货款共计人民币89,952元。2013年5月2日,被告人武某被公安机关抓获,涉案赃款已经在案发后由被告人家属全部退还被害单位。经审理查明,被告人武某已于2012年10月从A公司离职,但其向B公司隐瞒了离职的事实,并继续以A公司业务员的身份向B公司收取货款,在这种情况下,被告人武某客观上不再具备职务侵占罪的主体要件,应当根据案件事实以诈骗罪追究其刑事责任。

**【法律法规链接】**

依照《中华人民共和国刑法》第53条、第55条第1款、第56条第1款、第64条、第67条第3款、第266条

（编写人:王启亮）

## 56. 交易过程中,以试车为由骑走出卖人用于交易的自行车的行为如何定性

——李某抢夺案①

**【裁判要旨】**

盗窃罪与抢夺罪区分的关键是要正确区分秘密窃取行为与公然夺取行为的界

① (2011)海刑初字第2839号判决书,(2011)一中刑终字第5986号裁定书。

限。在实践中,要结合主客观情况综合分析,但主要是“自以为他人不会发现”与“趁人不备”之分。正常交易过程中,以试验标的物为由非法占有标的物的行为应定性为抢夺罪。

【基本案情】

2011年2月21日17时许,被告人李某在北京市海淀区公主坟新兴桥环岛附近,借购买电动自行车试车的便利,趁被害人温某(男,40岁)不备,夺取其都市风牌电动自行车1辆,经鉴定价值人民币1440元。赃物已起获并发还。

2011年2月22日,民警将被告人李某抓获。次日,公安机关做出对其行政拘留14日的行政处罚。

2011年9月2日,检察院以被告人李某犯盗窃罪向法院提起公诉,被告人李某辩称其没有非法占有的目的,不构成盗窃罪。其辩护人的意见是被告人李某的行为不构成盗窃罪,其与被害人之间系民间纠纷,且本案的鉴定结论认定的价格过高,应以双方约定的价格为准。

【法院裁判】

一审法院认为:被告人李某以非法占有为目的,趁人不备,公然夺取公民私人所有的合法财物,数额较大,其行为已构成抢夺罪,应予惩处。检察院指控被告人李某犯有盗窃罪的定性有误,应予以更正。根据本案现有证据显示,被告人李某在正常的民事交易过程中,临时起意,借试车之机,乘被害人不防备,在未经被害人同意且未支付相应对价的情况下,将电动自行车骑走,并据为己有,其行为符合抢夺罪的犯罪构成要件。针对被告人李某不构成犯罪的辩解,法庭认为,被告人李某在将电动自行车骑走后,不接被害人的来电,不回复被害人的短信息,不向被害人说明情况,具有非法占有电动自行车的主观故意。故对被告人李某的辩解不予采信。被告人李某的辩护人关于本案系民事纠纷的意见,法庭认为,民事活动是平等主体的公民之间进行的自愿、等价有偿、诚实信用的行为,而本案被告人李某的行为侵犯了公民合法的财产权利,故是依照法律应当受到刑罚处罚的犯罪行为。被告人李某辩护人关于鉴定结论不成立的意见,法庭认为,赃物估价,应以鉴定机关出具的意见为准。本案鉴定机关具有相关资质,价格鉴定依据合法,且综合考虑被盗物品的购买价格及使用年限的折旧程度,运用成本法作出估价,并无不妥。综上,一审法院对辩护人的相关辩护意见不予采纳。依照《中华人民共和国刑法》第267条第1款、第53条之规定,于2011年10月26日以抢夺罪判处被告人李某有期徒刑1年,罚金人民币2000元。

被告人李某以原判定性有误,其不构成犯罪为由向二审法院提起上诉。在二审期间,其辩护人提出被告人李某没有抢夺的故意和行为,不构成抢夺罪;李某占有被害人电动车的行为构成侵占罪,由于未达到侵占罪的追诉标准,故李某的行为不构成犯罪。二审法院经审查:上诉人李某以非法占有为目的,趁人不备,公然夺取他人财物,数额较大,其行为已构成抢夺罪,依法应予惩处。上诉人李某及其辩护人所提李某不构成抢夺罪,其行为应认定为无罪的上诉理由及辩护意见,不予采纳。一审法院根据李某犯罪的事实,犯罪的性质、情节和对社会的危害程度所作出的判决,定罪及适用法律正确,量刑适当,审判程序合法,应予维持。二审法院依照《中华人民共和国刑事诉讼法》第 189 条第(一)项[①]之规定,裁定驳回上诉,维持原判。

## 【要点评析】

就本案定性上存在三种不同的观点:控方认为本案构成盗窃罪,辩方认为应当宣告被告人无罪,一审及二审法院经审理后认为本案被告人构成抢夺罪。本案争议的焦点及定案的关键均在于被告人试车的行为是秘密窃取还是公然夺取。最后,经法院审理认为,被告人李某的行为已经超越了正常民事纠纷范畴,是一种公然夺取的行为,符合抢夺罪的犯罪构成,被告人李某的行为应构成抢夺罪。理由如下:

1. 关于是否超越正常民事纠纷范畴

所谓的民事纠纷是平等主体之间进行的等价有偿的行为,要求双方当事人在意思自治的基础上进行等价交易。在本案中,双方就交易电动自行车已经产生接触并对交易标的物进行检查、试用,其行为本身无可厚非,没有超过正常民事交易的范围。但是李某临时起意,借试车之机,趁被害人不防备,在未经被害人同意且未支付相应对价的情况下,将电动自行车骑走,并据为己有。这种行为就明显超出了正常民事交易的范畴,具有明显的非法占有的目的,并非单纯的民间纠纷。

2. 关于非法占有目的的认定情况

行为是否具有非法占有的目的,不能仅依据其本人的供述认定,而要结合全案的证据来综合判断。在本案中,被告人李某在一审中辩称自己没有非法占有的目的,但是综合全案来看,被告人李某在试骑电动车的时候,在拐弯处见自己已经脱离了被害人的视线,就将电动自行车骑走,其不但不接被害人的电话,反而加速将涉案电动车骑回家,后其也没有再接被害人的电话,没有回复被害人发给其的短

---

① 现行《中华人民共和国刑事诉讼法》第 225 条第 1 款第(一)项。

信,更没有主动联系被害人商量退还电动车的事宜,其目的就是不想和不愿意与被害人取得联系,不向被害人说明情况,不向被害人退还电动自行车进而将电动自行车占为己有。虽然被告人称自己只是想测试下车电瓶的好坏,没有非法占有的故意,但是被告人自己也知道被害人会找其,同时其也承认被害人找过其,但是其并没有理会被害人。这种在正常的民事交易过程中,借试车之机,乘被害人不防备,在未经被害人同意且未支付任何对价的情况下,将电动自行车骑走并据为己有的行为,其非法占有的故意已经非常明显。

3. 关于公然夺取和秘密窃取的区分

抢夺罪与盗窃罪均要求被告人在主观上有非法占有的目的,其区别在于客观行为上,即公然夺取与秘密窃取的区分。抢夺罪的客观行为表现在公然性上,所谓的公然夺取,是指行为人当着公私财物所有人、管理人或者其他人的面,趁其不防备,将公私财物夺了就跑,据为己有或者给第三人所有;也有的采取可以使被害人立即发现的方式,公开把财物抢走,但并不使用暴力或以暴力相威胁,这是抢夺罪区别于其他侵财犯罪的本质特征。[①] 盗窃罪在客观上表现为采用秘密的手段,即行为人采取其自以为不会被财物的所有者、保管者或者经手者发觉的方法,暗中窃取其财物的行为方式。也就是说,在主观上公然夺取要求对方发现或立即能够发现,而秘密窃取要求行为人自以为对方不能发现,至于对方是否能够发现则在所不问。这两种方式是截然不同、相互排斥的,没有交叉的可能。

在本案中,被告人李某与被害人温某系在赶集网上联系并约定在公主坟附近进行交易的。双方见面后,被告人提出要验车,就骑着被害人温某的电动自行车在前面行驶,被害人温某开始还跟在后面。后被告人明显加快了速度,到了一个转弯处后就不见了,被害人给被告人打电话、发短信被告人均不理会。从这种情况来看,被告人李某作为一个正常的人,其在主观上并没有认为自己的行为不会被对方发现,反而其觉得自己不与对方打招呼、不支付相应的对价就将电动车骑走对方肯定会发现,而且必然会找其要回电动自行车,但其想将该车占为己有,所以在客观的表现形式上,其才采用明显加速骑车、不接电话、不回短信等方式来逃避对方以便达到自己的目的。事实上也是当被告人李某加速将车骑走,被害人当即就发现事情不对,于是采取打电话等方式向被告人李某要求归还车辆。可见,无论从被告人主观认识上还是客观实际上,其均采取的是一种公然夺取的方式对被害人的财物进行占有,这与行为人采用主观上自认为不会被被害人发现的方法,暗中窃取财

① 周道鸾、张军主编:《刑法罪名精释——对最高人民法院最高人民检察院关于罪名司法解释的理解和适用》,人民法院出版社 2007 年版,第 519 页。

物的盗窃行为是明显不同的。

另外,侵占罪是以非法占有为目的,将代为保管的他人财物或者遗忘物、埋藏物占为已有,数额较大且拒不归还的行为。本案中,被害人并没有将自己的电动自行车交给被告人进行保管,而是想通过交易行为获得相应的对价。同时,该电动自行车也绝不是遗忘物、埋藏物等物品,故辩护人认为本案成立侵占罪,但没有达到犯罪数额的辩护意见也是没有依据的。

**【法律法规链接】**

《中华人民共和国刑法》第53条、第267条第1款

(编写人:张小平)

## 57. 如何判断职务侵占罪中的非法占有目的

——马某职务侵占案①

**【裁判要旨】**

如何理解刑法中的"以非法占有为目的",直接关系到罪与非罪、此罪与彼罪的界限。比如区分挪用资金罪与职务侵占罪,关键就是在于认定被告人是否具有非法占有的目的。所谓非法占有的目的,是指排除权利人,将他人的财物作为自己的所有物,并遵从财物的用法进行利用、处分的意思。行为人将单位的工程款存入自己的账户后离职,擅自对上述钱款进行处置,应认定为具有非法占有的目的,应以职务侵占罪追究其刑事责任。

**【基本案情】**

被告人马某原系被害单位大禹伟业(北京)国际科技有限公司(公司注册地为北京市海淀区西三环北路21号1号楼611房间)销售经理,其利用负责被害单位承包的国电科环集团科研生产楼工程项目的职务便利,于2011年1月25日及2012年1月17日,先后两次收取中建乐孚有限公司给付的上述项目工程款共计人民币238,000元后占为己有,后于2012年9月29日离职。经被害单位报案,被告

① (2013)海刑初字第1190号判决书。

人马某于2012年12月14日在被害单位工作人员的陪同下投案，赃款人民币238,000元已退赔被害单位。

【法院裁判】

庭审过程中，被告人马某的辩护人提出其行为构成挪用资金罪而非职务侵占罪。法院认为：挪用资金罪与职务侵占罪的区别主要在于主观目的不同，前者的目的只是暂时挪用资金，准备以后归还；而后者的目的是将财物非法占为己有，并不准备归还。具体到本案中，被告人在利用职务便利分两次代收本属于被害单位的工程款人民币238,000元后，直接将上述款项全部存入以其个人名义设立的银行账户内，并隐瞒上述情况，始终向单位谎称未收到对方支付的工程款。特别是其于2012年9月29日已与被害单位办完离职手续，为掩盖自己的侵占行为不被单位发现，继续谎称未收到该笔工程款。综合以上情况，可见被告人马某有非常明显的将单位财产占为己有的主观故意，故被告人马某的行为符合职务侵占罪的构成要件，对其辩护人的相关辩护意见不予采纳。鉴于被告人马某在犯罪后能够主动投案，并如实供述了自己的罪行，系自首；且现已退赔了被害单位的全部损失，可对其依法减轻处罚。综上，法院依照《中华人民共和国刑法》第271条第1款、第67条第1款之规定，作出如下判决：被告人马某犯职务侵占罪，判处有期徒刑3年6个月。

一审宣判后，被告人未上诉，公诉机关亦未抗诉，一审判决已经生效。

【要点评析】

本案的关键点在于如何认定被告人马某是否具有非法占有的目的。从学理上讲，非法占有（不法所有）目的，是指排除权利人、将他人的财物作为自己的所有物，并遵从财物的用法进行利用、处分的意思。具体可从以下3点来解释：（1）“以非法占有为目的”体现的是占有，非法占有目的，只要求行为人主观上具有非法占有的意图即可，并不要求其必须具备完全实现所有权的全部权能的意图。在定义中明确这一点，有利于区分占有与所有的关系。（2）排除他人占有比排除他人所有更具合理性。行为人不仅要有通过自己犯罪行为占有他人财物的意图，还要具备通过犯罪嫌疑人使得他人丧失对财物控制的意图，这里他人丧失的只是对财物的控制、支配权，其对财物的所有权并非必然丧失。（3）他人财物是指他人占有的财物。应注意的是，所谓他人占有的财物不仅包括他人拥有所有权的财物，还包括他人占有但不一定拥有所有权的财物，同样可以成为非法占有的对象。

具体到本案中，被告人马某虽未实施伪造单据、作虚假平账等财务手段，但综合全案情况，被告人马某在利用职务便利分两次代收本属于被害单位的工程款人民币238,000元后,直接将上述款项全部存入以其个人名义设立的银行账户内,并隐瞒上述情况,始终向单位谎称未收到对方支付的工程款。特别是其于2012年9月29日已与被害单位办完离职手续,为掩盖自己的侵占行为不被单位发现,继续谎称未收到该笔工程款。综合以上情况,可见被告人马某有非常明显的将单位财产占为己有的主观故意,因此应将被告人的行为认定为职务侵占罪而非挪用资金罪。

**【法律法规链接】**

《中华人民共和国刑法》第67条第1款、第271条第1款

（编写人:郭　晟）

## 58. 中介从业人员以单位名义虚构事实骗取客户财物应如何定性

——韩某飞职务侵占案①

**【裁判要旨】**

中介从业人员以单位名义虚构事实、隐瞒真相,诈骗客户财物的,在客户有理由相信行为人实施的行为系履行单位职责的情况下,构成表见代理,可选择向单位主张权利。此种情况下,行为人既构成诈骗罪,也同时构成职务侵占罪,应按照想象竞合的原则择一重罪进行处罚。

**【基本案情】**

2011年1月至4月间,被告人韩某飞在担任北京威久咨询有限公司咨询顾问期间,利用为客户办理出国留学事宜的职务便利,虚构需要收取公证费、报名费、生源保证金等费用的事实,收取东某、潘某婷、亢某、陶某静、于某共计人民币49,600元,并据为己有。2011年10月26日,民警在北京市朝阳区万达广场2号楼501号将被告人韩某飞抓获。案发后,韩某飞在其家属的协助下退赔全部赃款,现扣押在案。

2012年6月28日,检察院以被告人韩某飞涉嫌犯职务侵占罪,向法院提起公

① (2012)海刑初字第2527号判决书。

诉。被告人韩某飞对起诉书指控的事实及罪名均未提出异议。其辩护人发表的辩护意见为:被告人韩某飞的家属现已退赔全部赃款;其认罪态度较好;其所触犯的罪名应为诈骗罪;其此次犯罪为初犯。综上,希望法院对其依法从轻处罚。

**【法院裁判】**

法院认为:被告人韩某飞利用职务便利,将本单位财物非法占为己有,数额较大,其行为已构成职务侵占罪,应予惩处。关于辩护人提出的被告人韩某飞的行为应定性为诈骗罪的辩护意见,法院认为被告人韩某飞收取的各项费用虽系其虚构,且不属于公司的收费项目,但其为收取上述费用时,均是以其单位替客户办理委托事项为由,而客户向其缴纳的每一笔钱均是基于对其职务而产生的信任,以及为达成此前的委托事项而甘心付出。故在此情况下,双方之间形成的是一种表见代理关系,韩某飞的相关行为所产生的法律后果,其单位应予以承担,故其行为实际上侵害了被害单位财产的合法权益,应以职务侵占罪定罪处罚。鉴于被告人韩某飞到案后能够如实供述犯罪事实,认罪悔罪态度较好;且其积极退赔全部赃款,可依法对其从轻处罚。依照《中华人民共和国刑法》第271条第1款、第67条第3款、第64条之规定,判决被告人韩某飞犯职务侵占罪,判处有期徒刑10个月。在案扣押的赃款人民币49,600元,发还被害单位北京威久咨询有限公司。

一审宣判后,被告人未上诉,公诉机关亦未抗诉,一审判决已经生效。

**【要点评析】**

本案的争议焦点在于对被告人的行为应定性为诈骗罪还是职务侵占罪,法院最终以职务侵占罪定罪处罚,理由如下:

(1)本案中辩护人曾提出被告人韩某飞的行为应定性为诈骗,从韩某飞的行为上看,他虚构收费项目,欺骗被害人将钱款汇入其个人账户,并私自占有的行为确实符合诈骗罪的犯罪构成,但在法院的裁判理由也说明了,韩某飞在本案中的身份比较特殊,其在与被害人接触时是以单位的名义,收取费用的理由也都是基于此前被害人与其所在单位之间委托的事项,被害人有充分的理由可以相信韩某飞的行为代表了单位的意志,虽然韩某飞的行为超出了其正常工作的范畴,但他的行为在民事上形成的是一种表见代理的关系,如果本案的被害人以此为由向单位主张权利,单位应当在承担相应的民事责任后,再向韩某飞进行追偿。所以,韩某飞的行为在客观上,也同时给其单位的财产利益造成了损害,同时也构成职务侵占罪。被告人韩某飞的行为既构成诈骗罪,也构成职务侵占罪,在处断时法院择一重罪,即以职务侵占罪进行了处罚。

(2)本案以职务侵占罪定罪考虑了维护实际被害人的合法权益。在大部分案件中,单位的赔付能力明显是要强于普通被告人的,本案如以诈骗罪定罪处罚,那么涉案被骗的客户,将只能向被告人本人追索损失,虽然本案被告人的家属积极退赔了赃款,但在实践中的其他案件,能够积极退赔损失的,仅仅是很少一部分,更多的是赃款被被告人挥霍一空,家属无力或无心退赔。而认定职务侵占罪的有利之处就在于,如果行为人没有积极退赔赃款的话,客户是可以通过向单位主张民事权利获得赔偿的。

**【法律法规链接】**

《中华人民共和国刑法》第64条、第67条第3款、第271条第1款

(编写人:尹鹏展)

## 59. 如何认定挪用资金"为个人使用"

——宿某挪用资金案①

**【裁判要旨】**

对于将本单位资金供其他单位使用的,认定是否属于"以个人名义",不能只看形式,而要从实质上进行把握。对于行为人逃避财务监管,或者与使用人约定以个人名义进行,或者借款、还款都是以个人名义进行,将公款给其他单位使用的,应认定为"以个人名义"。认定"以个人名义",应把握一个基本事实,即行为人个人擅自以债权人的身份或名义,将资金出借给其他单位使用。

**【基本案情】**

被告人宿某系北京渴望仪器仪表开发公司(以下简称老渴望公司)法定代表人,该公司的经济性质系集体所有制。2002年8月,老渴望公司与深圳矽感科技公司(以下简称深圳矽感公司)签订了协议和补充协议,决定共同组建北京渴望科技发展有限责任公司(以下简称新渴望公司)。双方在协议中约定,新渴望公司注册资本为人民币100万元,其中深圳矽感公司出资70万元,占70%股份,另由深圳矽

① (2004)海法刑初字第1227号裁定书。

感公司为老渴望公司垫资人民币30万元,老渴望公司占30%股份,老渴望公司的露点仪生产专有技术在公司成立后即归新渴望公司所有,任何一方不得单独占有或单独转让。新渴望公司的首届董事会的董事长和总经理由深圳矽感公司出任,技术总监由老渴望公司出任。双方约定一年内,如老渴望公司的露点仪生产技术不能使新渴望公司盈利,或未有很好的市场前景,老渴望公司不得参与其在新渴望公司占有股权30%的分红并且退出新渴望公司,老渴望公司所占新渴望公司30%股权归深圳矽感公司所有。双方一致同意露点仪系列产品的进一步研发在老渴望公司继续进行,露点仪系列产品的批量生产委托深圳矽感公司生产,露点仪系列产品的市场推广应用及销售工作由新渴望公司负责。新渴望公司将按老渴望公司制订的研发计划支付必需的研发经费。

2002年8月16日,深圳矽感公司和老渴望公司共同委托被告人宿某,于2002年8月16日至9月30日办理新渴望公司的名称预先核准登记和企业设立(开业)登记。此后,宿某开始办理新渴望公司注册登记的一系列工作。同年9月25日,深圳矽感公司转账人民币70万元到新渴望公司验资账户,并转账人民币30万元到老渴望公司银行账户,老渴望公司亦于10月14日转账此笔人民币30万元到新渴望公司验资账户。至此,新渴望公司注册资金全部到位。同年11月5日,新渴望公司注册成立。在申请注册过程中,被告人宿某经新渴望公司董事长张甲的口头同意,以新渴望公司的总经理身份办理上述注册登记活动,并在提交给工商部门的新渴望公司董事会成员、经理、监事会成员情况表中,将自己以选举的董事和聘用的总经理等身份进行登记。

在宿某办理新渴望公司注册登记过程中,掌握了新渴望公司的公司印章和财务专用章,并于11月7日以为新渴望公司办理银行开户手续为由,向新渴望公司出纳张乙索要了法定代表人张甲的人名章。次日,新渴望公司银行账户开启。2002年11月13日,宿某来到公司开户银行商业银行白云支行,购买了两本转账支票,并填写了其中一张支票,将新渴望公司100万元注册资金中的64.9万元通过银行划转到老渴望公司的账户上。11月20日,宿某将转账支票和张甲的法人章等交还给张乙。

2002年12月9日,新渴望公司会计李丙做财务报表时发现支票少了一张,支票存根上有宿某的签字,支票去向和用途不明。经新渴望公司内部审查,钱款是宿某私自转出的,新渴望公司董事长或其他董事并不知情。经新渴望公司催要,宿某于同月13日将人民币219,916.7元从老渴望公司转账退回新渴望公司。老渴望公司财务明细账及相应票据凭证显示,上述人民币64.9万元转入老渴望公司后,小部分被用购买与露点仪研发有关的设备,大部分被用于返还老渴望公司以前的债务。2003年9月9日，被告人宿某被公安机关抓获。

2004年5月24日，检察院以被告人宿某犯挪用资金罪向法院提起公诉。被告人宿某辩称，自己是新渴望公司的总经理兼董事，有权利按照老渴望公司与深圳矽感公司的协议约定，将新渴望公司的钱挪到老渴望公司，进行露点仪系列产品的研发工作。

其辩护人黄某认为，检察院指控被告人宿某犯有挪用资金罪不成立，理由为：(1)宿某将新渴望公司的钱挪到老渴望公司，进行露点仪系列产品的研发工作，是履行老渴望公司与深圳矽感公司的协议约定。(2)工商登记表显示宿某系新渴望公司的总经理，根据公司章程规定总经理有权将新渴望公司的资金投入到老渴望公司使用。(3)涉案人民币64.9万元都用于了研发工作。(4)老渴望公司系集体所有制企业，宿某系老渴望公司的法定代表人，涉案人民币64.9万元的划转系公司与公司之间的行为，而非宿某以个人名义将公司的资金挪用到其他单位或个人使用，且宿某个人并没有获利，因此宿某的行为并不符合《最高人民法院关于如何理解刑法第272条规定的"挪用本单位资金归个人使用或借贷给他人"问题的批复》的相关规定，企业之间的拆借行为不属于犯罪行为而属于违反财经制度的行为，应该通过民事诉讼解决。

公诉人针对辩护人的辩护意见答辩如下：(1)新渴望公司并没有正式任命被告人宿某总经理的职务，宿某没有权利擅自决定将新渴望公司的资金转到老渴望公司；(2)涉案人民币64.9万元的资金并没有用于露点仪系列产品的研发工作；(3)研发经费的投入，必须经过新公司的同意，且要有研发计划并要经过批准，而宿某转款并没有经过新公司的同意或批准；(4)宿某在新渴望公司成立后不久，便在没有任何人知道的情况下将人民币64.9万元挪到老渴望公司的账上，而老渴望公司当时账上仅有人民币3万元，因此被告人宿某形式上借用了老渴望公司的名义，而实质上是以个人名义将资金借贷给其他单位。

## 【法院裁判】

检察院以被告人宿某构成挪用资金罪向法院提起公诉，在法院审理过程中，以因事实、证据发生变化为由，决定撤回起诉。法院认为：在审理期间，公诉机关以因事实、证据发生变化为由，要求撤回起诉，理由正当，故依照最高人民法院《关于执行〈中华人民共和国刑事诉讼法〉若干问题的解释》第177条的规定，裁定准许检察院撤回起诉。

## 【要点评析】

本案控辩双方对案件的基本事实没有分歧。本案的焦点在于宿某私自转款是否属于“以个人名义”进行，是否属于“挪用给个人使用”。如果属于，其行为就构成挪用资金罪，否则就不构成犯罪。

1. 认为构成挪用资金罪的主要意见

一种观点认为宿某的行为属于以个人名义挪用资金给他人使用，构成挪用资金罪，主要理由如下：

挪用资金罪侵犯客体是公司对于资金的使用权，其实质是将公司资金非法置于个人支配之下，私用资金。这种私用，不是看最终资金的使用者是单位还是个人，而是指挪用者个人非法支配、使用单位的资金，侵犯了公司对资金的正常使用权。具体到“以个人名义”的认定，可以借鉴全国人大常委会对《刑法》第384第1款挪用公款罪进行立法解释时的立法本意及背景和最高人民法院关于《全国法院审理经济犯罪案件工作座谈会纪要》的精神来理解。要从实质上把握“以个人名义”，主要看行为人是如何把公司的资金提供出去的，其提供资金的行为是不是代表公司的行为和体现的公司意志，其在划转资金的过程中是否采取了非法手段，是否规避了财务监管。本案能否认定“以个人名义”要依据证据从宿某的职权、转款手段及款的用途来分析。

（1）从其职权来看，其只是受委托以总经理的身份办理新渴望公司的注册登记事宜，而没有其他的授权。作为新渴望公司的董事，并不当然具有调动公司款项的权利。无论从哪个角度讲，证据均显示其无调动公司款项的职权。从这个意义上说，宿某划款的行为是越权的。越权的行为不被法定代表人或公司董事会追认，其行为只能是个人行为，体现的是其个人的意志。而且其动用的是公司注册资金，2002年11月5日公司才注册成立，11月13日其将大部分注册资金划出，对新渴望公司而言资金出现被转移、抽逃的风险，新渴望公司不认同宿某的行为代表公司，因此宿某的行为不属于法律意义上的单位名义。

（2）从其划款的手段上来分析，其行为不具备以单位名义转款的特征，而属于以个人名义转款给老渴望公司使用：

第一，其利用授权办理新渴望公司注册登记手续，手中握有新渴望公司公章的便利，背着新渴望公司董事会成员及会计人员，在转账支票上偷盖新渴望公司公章，这种加盖公章的行为是盗用，不体现新渴望公司的意志，不代表公司名义，而是纯粹的个人行为。

第二，其利用授权办理新渴望公司注册登记手续的身份，骗取会计人员的信任,使会计人员将新渴望公司法定代表人的名章交给其,其在转款支票上盗盖法定代表人名章。法定代表人张甲及新渴望公司对其盗用公章和骗用个人名章的行为不予认可,其这种盖章方式反映不出单位名义的特征。

第三,从支票的具体流转环节看,宿某购买两本支票后,没有将支票交给财会人员,而是自己开出一张 64.9 万元的支票,直接入到老渴望公司在北京市商业银行白云支行的账户内。该资金出自新渴望公司用于验资的注册资金。从上述支票的流转环节看,填写支票、划转支票的均为宿某个人,是其个人行为,支票的流转没有走正常的财务手续,违反了财务制度,规避了财务监管。

第四,新渴望公司无 64.9 万元流转的财务记录及附账资料。对于单位行为和单位名义的收支,通常意义上,每笔款的支出与收入都会在财务账目上有所反映。如果宿某转款的行为是单位行为,是以单位名义,即便在财务制度不健全的情况下,不能苛求记账凭证完整、支票申领手续齐全,但财务日记账上对出款数额、去向也应当有概括性记载,且转账支票存根及说明应作为附件附账。本案中,宿某划款后,将两本支票和法人代表名章交给财会人员,未告知使用支票划过款及款的去向,未提供资金使用说明,隐瞒了划款事实。致使在财会人员于 2002 年 12 月 9 日发现支票存根前,新渴望公司没有关于此款流转的任何财务记载及使用说明。这种公司董事会、法定代表人及财会人员无人知悉,公司账目无反映的转款行为,不是公司行为,不能认定为公司名义的转款。

第五,64.9 万元的转账支票,能反映出出票人是新渴望公司,但支票本身反映不出 64.9 万元是宿某以个人名义从新渴望公司转出的还是以单位名义转出的。以何名义转出与出款单位有关,影响出款单位的利益,而与用款人是单位还是个人无关。老渴望公司关于 64.9 万元的入账记载,及相关用途的票据、账目记录,只能证明款来源于新渴望公司及款在老渴望公司的去向,不能证明款是以新渴望公司的名义而非宿某个人的名义转出的。换句话说,支票证明的是老渴望公司收到了来自新渴望公司的一笔款,但这笔款是不是新渴望公司同意出借、垫付或应该划拨的,新渴望公司是否有转款的财务记录,款是不是宿某诈骗、盗窃之后通过支票的方式转出的并不能证明。也就是说,行为人使用支票转款并不当然就是以公司名义,并不当然就能代表公司。

第六,老渴望公司有关于 64.9 万元入账及使用的记载,不论款是如何流入老渴望公司的,新渴望公司都对老渴望公司拥有一个债权,这是毋庸置疑的。但债权的形成并不仅基于民法上的合同关系、侵权行为,刑事犯罪同样也可以发起一个债权,无非是债权的形成过程和具体实现债权的法律救济方式不同而已。民事债权并不当然排除刑事犯罪的存在。本案中,老渴望公司的账目记载,反映不出 64.9

万元是借贷关系、垫资关系或预付款、研发经费,新渴望公司也没有相对应的账目,其是基于宿某的个人转款行为而发生的一个债,而不是企业间的拆借或拨款,新渴望公司没有一个适当的民事诉求,很难基于民事诉讼要求债权。

(3)从款的实际去向看,在64.9万元中,除在被新渴望公司发现后,从老渴望公司追回的21余万元外,大部分款被用于偿还老渴望公司的债务,属于为老渴望公司进行营利活动。

从新老渴望公司和深圳矽感公司的关系看,新渴望公司是基于老渴望公司与深圳矽感公司合作而成立的新公司,这三家公司是独立核算的法人组织,有各自的董事会和财务体系。围绕露点仪的研发,三家公司在项目上有分工合作,但在财务关系上无异于其他的公司,基于合作协议而发生财务往来,而不是因为宿某在两个公司中同时任职必然在两个公司之间发生资金流转。宿某划款时,新老渴望公司之间仅达成了由新渴望公司向老渴望公司拨付研发露点仪费用的意向,如何拨付,何时开始拨付,尚未约定,研发计划书尚未交付董事会研究,未得到董事长批准,新老公司间的项目合作尚未启动。宿某没有转款的合理依据。

通过以上对宿某的职权、转款手段、款的去向及新老渴望公司之间的关系的分析,可以认定宿某转款的行为是个人行为,不是单位行为,是以个人名义,不是以单位名义。所以,宿某的行为构成挪用资金罪。

2. 认为宿某的行为不构成挪用资金罪的理由

《刑法》第272条对挪用资金罪进行的立法规定:"公司、企业或者其他单位的工作人员,利用职务上的便利,挪用本单位资金归个人使用或者借贷给他人,数额较大、超过三个月未还的,或者虽未超过三个月,但数额较大、进行营利活动的,或者进行非法活动的,处三年以下有期徒刑或者拘役;挪用本单位资金数额巨大的,或者数额较大不退还的,处三年以上十年以下有期徒刑。"

2000年最高人民法院《关于如何理解刑法第二百七十二条规定的"挪用本单位资金归个人使用或者借贷给他人"问题的批复》规定:"公司、企业或者其他单位的非国家工作人员,利用职务上的便利,挪用本单位资金归本人或者其他自然人使用,或者挪用人以个人名义将挪用的资金借给其他自然人和单位使用,构成犯罪的,应当依照刑法第二百七十二条第一款的规定定罪处罚。"

根据该解释,"挪用本单位资金归个人使用或者借贷给他人",实际上存在三种情况,第一种情况是挪用本单位资金归本人或者其他自然人使用,第二种情况是挪用人以个人名义将挪用的资金借给其他自然人使用,第三种情况是挪用人以个人名义将挪用的资金借给单位使用。

通过前文分析可知,涉案人民币64.9万元的使用者是老渴望公司,该老渴望公司的经济性质是集体所有制。因此涉案挪用款人民币64.9万元的使用者是单位,而非被告人宿某个人。同时也没有证据显示出,被告人宿某客观上从中谋取了个人利益,或者主观上是为了谋取个人利益。既然涉案挪用款使用人是单位而非自然人,也就排除了前述司法解释的第一种和第二种情况。那么被告人宿某的行为是否属于第三种情况,即"挪用人以个人名义将挪用资金借给单位使用"呢?

"挪用人以个人名义将资金挪用给其他单位使用",实际也需要两个要素同时具备才能构成,一个是"以个人名义",另一个是"给其他单位使用"。本案"单位使用"这一要素具备了,但是否具备"以个人名义"的要素?从现有证据看,涉案人民币64.9万元从新渴望公司划转至老渴望公司及人民币21.9万余元从老渴望划转至新渴望公司的资金往来,在老渴望公司财务明细账上均有明确的记载,从转账支票的记载来看,也是直接从新、老渴望公司之间来往,中间没有经过任何个人。因此涉案两笔资金的流转均显示为公司之间的资金流转关系,不存在被告人宿某将款项从新渴望公司划出,并以个人名义出借给老渴望公司的事实,因此,涉案资金的流动无论是在账目的记载上,还是其实际的使用情况上,都是两家公司之间的资金流转关系,不应认定被告人宿某存在"以个人名义"的情况。

定罪观点认为,被告人宿某将公司法人章和公司章控制在自己手中,采用了欺诈的手段,同时划转资金完全是其个人私自所为。此种情况应该认定为"以个人名义"。对此,不定罪的观点认为,关于如何理解"以个人名义"可以参照2003年《全国法院审理经济犯罪案件工作座谈会纪要》上的解释,即"在司法实践中,对于将公款供其他单位使用的,认定是否属于'以个人名义',不能只看形式,要从实质上把握。对于行为人逃避财务监管,或者与使用人约定以个人名义进行,或者借款、还款都是以个人名义进行,将公款给其他单位使用的,应认定为'以个人名义'。"被告人宿某的行为显然不属于该解释中的后两种情况,那么是否属于逃避财务监管?我们认为也并非如此,宿某没有回避老渴望公司的财务制度,老渴望公司的财务明细账上明确记载此笔资金的来源是新渴望公司。

同时,对"以个人名义"的理解,需要从形式和实质相统一的角度加以把握。认定"以个人名义",应把握一个基本事实,即资金使用单位到底是与谁发生债权债务关系,是与决定出借单位资金的个人还是资金所有单位。只要资金所有单位可以依据所持有的证据,如单位间的划款凭证,直接向使用单位主张债权,而使用单位又没有证明借入的款项是个人私款的抗辩依据,就是"以单位名义"而非"以个人名义"。上海市高级人民法院刑事审判庭印发的《关于挪用公款案件具体应用法律若干问题的意见》(以下简称《意见》)对"个人名义"的解释一定程度上代表了实务界的观点。在《意见》中,"以个人名义"被解释为就是行为人个人擅自以债权人个人的身份或名义,将公款出借给其他单位使用。可见该意见,并不要求行为人将资金首先据为个人控制之下然后出借这一条件,而只需行为人向收款人出借时是以债权人个人的身份或名义完成的即可。目前控方没有证据证明宿某转款时是以债权人个人的身份或名义进行的,因此也就没有证据充分证明宿某的行为是以"个人名义"进行的。

再从证据的举证责任来考虑,控方对证明被告人宿某挪用资金是以个人名义进行这一事实负有举证责任。目前控方证据在证明宿某转款行为非新渴望公司的单位行为,也就是不是以"单位名义"进行的,这一点证据相对充分一些。但是证明了不是以"单位名义",并不能推定出是以"个人名义"。如此推定,本身就有"有罪推定"之嫌。控方要证明"以个人名义"就应该有证明"以个人名义"的充分证据。那么是不是非此即彼,没有第三种情况?也不能这样认为,本案就是第三种情况。

这第三种情况,是由被告人宿某的双重身份决定的。被告人宿某既是代表老渴望公司在新渴望公司的董事,又是老渴望公司的法定代表人,正因为宿某有这样的双重身份,他将新渴望公司的款项转给老渴望公司,完全可以由其一个人操作完成。中间不需像普通的挪用资金或挪用公款到其他单位的行为一样,中间还要经过其他人,因此也就谈不上宿某还需明确以"个人名义"与老渴望公司有所约定。在这种无须约定的情况下如何认定以"个人名义"?还是应该从证据上考虑。本案没有借款合同或证人对个人名义进行证明,借款单位新渴望公司也没有财务记载证明宿某从该公司转款是给个人还是给其他单位,因此收款单位的财务账就显得非常重要。如果宿某在转款时向会计说明此笔钱款的债权人是其个人,就可以证明宿某是以"个人名义"进行,但是恰恰宿某向老渴望公司财务会计明确表明了此笔款项的来源是新渴望公司,因此对于收款人即老渴望公司来说,债权人是新渴望公司,而非宿某或其他个人,现有证据倾向于证明宿某的转款行为不是以"个人名义"进行的。正是因为宿某的双重身份决定了其转款并不是以个人名义进行,而对新渴望公司来说也不是以单位名义进行,但对老渴望公司来说则是以单位名义进行,这决定了本案的特殊性。考虑个人名义问题,更应该从收款单位的角度出发考虑,因为他们是直接与行为人进行的接触者,他们在收款时从与行为人的交流中,更加有条件了解行为人是以个人名义进行还是以单位名义进行。

综上分析,被告人宿某将新渴望公司的资金划转到老渴望公司,供老渴望公司使用的行为,不具备挪用资金罪在客观方面所要求的"挪用本单位资金归个人使用或者借贷给他人"这一要件,因此,被告人宿某的行为不构成挪用资金罪。

本案的特点在于,新、老渴望公司看似两个相互独立,自主经营的单位,但实际上却存在着密不可分的关系。按照新渴望公司成立时的股东协议,矽感公司投资成立新渴望公司,就是要研发老渴望的露点仪技术,新渴望公司成立有其总体的投资发展方向。宿某挪用新渴望公司的资金到老渴望公司,是符合新渴望公司的投资计划的,此行为的不正当性,只是产生于其挪用资金没有经过公司董事会或董事长的同意,而思想根源是宿某自认为新老渴望公司是一家。如果没有案发,新渴望公司也将会依照股东协议向老渴望公司投资,因此宿某的拨款行为只是在没有董事长审批或董事会决议的前提下,提前进行了,而提前进行转款,并不能否定股东双方相互获利的现实可能性。因此,从实质上说,只是因为案发,才未能最终实现新、老渴望公司的合作目的。老渴望公司是不是挪用资金罪中的"其他单位"?就本案而言,并不能简单地下结论,起码老渴望公司是新渴望公司在股东协议中就早已明确的固定的投资公司,老渴望公司是新渴望公司的股东之一,因此新、老渴望公司具有密不可分的关联性。有关拨款行为经过了董事长或董事会的同意就不构成犯罪,反之就构成犯罪的观点,忽视了本案的特殊性。

综上,被告人宿某虽实施了将新渴望公司资金挪入老渴望公司的行为,但通过上述对本案事实、证据、司法解释及控辩双方意见的全面分析,被告人宿某之行为不符合挪用资金罪的构成要件,故不应以挪用资金罪定罪量刑。

**【法律法规链接】**

《中华人民共和国刑法》第272条

(编写人:游 涛)

## 60. 单位员工为泄私愤破坏单位办公用计算机信息系统的应认定为破坏生产经营罪

——马某炜破坏生产经营案①

**【裁判要旨】**

破坏生产经营罪与破坏计算机信息系统罪在司法实践中较少产生定性上的争议。但是,当行为人为发泄个人私愤,实施了将软电话系统功能关闭、删除路由表

① (2012)海刑初字第3334号判决书。

等破坏单位办公内部用计算机信息系统的行为，因其客观行为与破坏计算机信息系统较相类似，定性上的困惑在所难免。我们认为，应当结合行为人的主观目的及犯罪客体性质，认定为以其他方法破坏生产经营的行为。

【基本案情】

被告人马某炜于2011年10月21日至27日，在北京海淀区闵庄路3号清华科技园玉泉慧谷1栋北京红孩子互联科技有限公司办公室内，为发泄对公司的不满，利用其工作便利与职务权限，三次通过公司网络服务器破坏公司的生产经营，于同年10月27日被抓获。具体事实如下：

(1)2011年10月21日14时许，被告人马某炜在前述办公室内，盗用同事王某晶"wangyj"的用户名登录公司服务器后台系统，在公司网站多处页面标题上修改、添加"我栗鹏工资11,000呢"、"栗鹏应该做CTO"、"栗鹏应该做总监"等字体，至当日18时40分许网站页面方恢复正常。

(2)2011年10月26日14时许，被告人马某炜在前述办公室内，利用其职务权限，登录公司网站呼叫中心系统，将软电话功能关闭，致使公司客服与该网站客户的联系运行异常长达29小时，造成天津红孩子商贸有限公司北京分公司及沈阳分公司的直接经济损失共计人民币3349.17元(已鉴定)。

(3)2011年10月27日12时许，被告人马某炜利用其职务权限，再次登录公司网站后台系统，将核心交换机上的SAP系统所使用的路由表删除，导致天津红孩子商贸有限公司所属的上海、沈阳、成都、武汉四家分公司无法进行正常的货物打包、分拣、发货等送货工作，故障持续时间长达16小时。

【法院裁判】

法院认为：被告人马某炜由于泄愤报复，以其他方法破坏生产经营，其行为已构成破坏生产经营罪，应予惩处。检察院据此指控被告人马某炜犯破坏生产经营罪的事实清楚，证据确实充分，指控罪名成立。理由如下：

第一，被告人马某炜的行为主观方面出于对公司的不满、泄愤报复，客观上实施了关闭、软电话系统功能删除路由表等类似毁坏机器破坏生产经营的行为。第二，被告人马某炜的行为侵犯的客体是公司的生产经营，而非计算机信息系统。

法院对被告人马某炜依照《中华人民共和国刑法》第276条、第67条第3款、第64条之规定，判决如下：被告人马某炜犯破坏生产经营罪，判处有期徒刑1年。在案扣押的人民币3350元，发还被害单位天津红孩子商贸有限公司北京分公司266.17元，发还被害单位天津红孩子商贸有限公司沈阳分公司3083元，余款退还被告人马某炜。

宣判后被告人未上诉，判决已生效。

## 【要点评析】

关于本案的争议焦点是行为的定性——被告人马某炜的行为构成破坏生产经营罪还是破坏计算机信息系统罪？破坏计算机信息系统罪客观方面表现为违反国家规定，对计算机信息系统功能进行删除、修改、增加、干扰，造成计算机信息系统不能正常运行，后果严重的行为；对计算机信息系统中存储、处理或者传输的数据和应用程序进行删除、修改、增加的操作，后果严重的行为；故意制作、传播计算机病毒等破坏性程序，影响计算机系统正常运行，后果严重的行为。对此，一种观点认为应认定为破坏计算机信息系统罪，认为马某炜关闭软电话功能、删除路由表的行为，影响了计算机信息系统的正常运行。对于此争议，法院认为，被告人的行为更符合破坏生产经营罪的犯罪特征。

首先，被告人马某炜的行为动机是报复泄愤，实施的手段是利用正常工作权限将自己负责的软电话系统功能关闭、删除路由表等。首先其符合破坏生产经营罪的主观构成要件即泄愤报复，发泄对公司领导的不满，而非为了谋取非法利益等其他目的。其次，客观方面其实施的行为与一般的破坏计算机信息系统罪强调利用黑客手段等技术性破坏因素有着本质的区别：第一，马某炜增加网络页面内容"我栗鹏工资 11,000"等字样的行为并未影响系统的正常运行，无法通过破坏计算机信息系统罪来评价。第二，对于其关闭软电话功能、删除路由表的行为均属其职务权限内的工作行为，这与一般的破坏计算机信息系统罪强调利用黑客手段等技术性破坏因素有着本质的区别。因此，被告人的行为可以理解为一种毁坏机器设备或与此类似的行为，都对公司的生产经营产生了直接影响。

其次，被告人马某炜的行为侵犯的客体是公司的生产经营，而非计算机信息系统。被告人关闭软电话功能、删除路由表的行为，直接影响到了公司的生产经营，且由于该路由表所在的核心交换机、SAP 系统，只是负责公司内部进货、存货、销货的工作系统，而非直接对外提供网络服务，因而也难以纳入最高人民法院、最高人民检察院《关于办理危害计算机信息系统安全刑事案件应用法律若干问题的解释》第 4 条第 1 款第（四）项对造成"为一万以上用户提供服务的计算机信息系统不能正常运行"的法律评价中来，难以用破坏计算机信息系统罪加以涵盖。其盗用同事用户名在公司网页上添加"我栗鹏工资 11,000"等字眼的行为，给公司网站造成了一定程度的混乱，直接影响了公司生产经营。其行为符合最高人民检察院、公安部《关于公安机关管辖的刑事案件立案追诉标准的规定（一）》第 34 条第（二）项的规定,即"破坏生产经营三次以上的",可以破坏生产经营罪追究其刑事责任。

最后,如果认定为破坏计算机信息系统罪,除了依据《刑法》第 286 条之外,还有《关于办理危害计算机信息系统安全刑事案件应用法律若干问题的解释》,该解释第 4 条第 2 款第(二)项关于"后果特别严重"的规定为造成"为五万以上用户提供服务的计算机信息系统不能正常运行累计一小时以上的",依法应判处 5 年以上有期徒刑。但红孩子网络公司注册用户超过 350 万,远远超过 5 万用户的"后果特别严重"的起点,只能对其处以 5 年以上有期徒刑,而可以认定马某炜造成的实际损失只有 3349 元,删除路由表后造成的打包发货延迟无法认定为经济损失,因而,危害后果与所遭受的刑事制裁之间失衡,难以做到罪责刑相适应,而破坏生产经营罪则可以处 3 年以下有期徒刑、拘役或者管制,可以较好地满足罪责刑相适应的要求。

因此,马某炜的行为是由于泄愤报复,以其他方法破坏生产经营。其行为侵犯的是公司正常的经营生产,而非计算机信息系统,其行为应认定为破坏生产经营罪,而非破坏计算机信息系统罪。

**【法律法规链接】**

《中华人民共和国刑法》第 64 条、第 67 条第 3 款、第 276 条

(编写人:李 元 王 懿)

# 第六章　妨害社会管理秩序类案件

## 61. 冒充中央领导骗取财物的行为定性及招摇撞骗情节严重的认定

——杨某泽、程某招摇撞骗、诈骗案①

### 【裁判要旨】

招摇撞骗罪与诈骗罪在犯罪手段上都是采用虚构事实、隐瞒真相的办法骗取他人信任,在犯罪目的上都可能是谋求一定的财产利益。区分两罪可以分为两个步骤:第一,考察被告人冒充国家机关工作人员谋取的非法利益是否属于财物,如果主要是情感等非财产利益,则应当认定为招摇撞骗罪;第二,如果被告人冒充国家机关工作人员的主要目的在于骗取财物,则属于想象竞合犯,应当遵循择一重处的原则,根据被告人所骗取财物的具体数额不同予以区分。对于招摇撞骗罪,应当综合考查被告人冒充国家机关工作人员的级别、时间和次数,对国家机关形象和声誉的影响程度,造成的社会影响是否恶劣,以及是否给被害人造成严重后果等多方面因素,从而判断招摇撞骗的行为是否属于情节严重。

### 【基本案情】

被告人杨某泽,化名贾某睦,谎称自己为中央领导亲属,冒充中央书记处第一组组长、中央办公厅副主任单独或伙同程某进行招摇撞骗活动。2008 年 11 月,杨某泽与程某共同出资成立河北卓源电力燃料有限公司,杨某泽任执行董事、法定代表人,程某任总经理。2009 年 10 月,杨某泽以上述虚假身份骗取了香港卫视董事局主席高某星的信任,并多次以各种理由向高某星索要财物,2010 年 5 月 31 日高某星根据杨某泽的指示向程某的银行账户内转账存入人民币 131.5 万元,2011 年 10 月高某星为杨某泽购买尼康相机 2 部(未作价)。

2010 年 7 月,杨某泽以上述虚假身份骗取了香港卫视董事局副主席欣某、江某生二人的信任,随后伙同程某谎称能够帮助香港卫视在河北省大厂县建立影视基

---

① (2013)海刑初字第 14 号判决书,(2013)一中刑终字第 4673 号裁定书。

地，并在内蒙古自治区开发项目，诱使欣某、江某生二人同意与其合作。同年 7 月 31 日，杨某泽、程某在北京市海淀区西苑饭店与欣某、江某生签署借款协议，欣某、江某生二人通过深圳市沛丰投资有限公司和深圳瑞华香江置业有限公司出资人民币 6000 万元与杨某泽、程某控制的卓源电力燃料公司共同注册成立港卓文化传播公司和蒙安能源公司，后港卓文化传播公司和蒙安能源公司又共同出资成立内蒙古陆安能源有限公司，杨某泽任上述三家公司的董事长、法定代表人。此后，杨某泽、程某二人利用对上述三家公司的管理权，先后支出部分款项用于购买汽车和日常开销。在此期间，杨某泽还多次以上述虚假身份与程某一起带领欣某、江某生到河北省大厂县，内蒙古自治区包头市、呼伦贝尔市等地进行考察，并受到当地党政机关领导的接待。2011 年 10 月 13 日，公安机关将杨某泽、程某二人抓获归案，并扣押冻结了涉案款物。

**【法院裁判】**

一审法院认为：被告人杨某泽伙同被告人程某冒充国家机关工作人员招摇撞骗，情节严重，其行为均已构成招摇撞骗罪，应予惩处；被告人杨某泽以非法占有为目的，冒充国家工作人员骗取被害人高某星的财物，数额特别巨大，其行为亦构成诈骗罪，应与其所犯招摇撞骗罪并罚。

关于被告人杨某泽辩称其没有招摇撞骗、没有诈骗的辩解，经查，首先，被告人程某的供述、被害人欣某等三人的陈述以及证人薛某华等人的证言均证实，杨某泽对外一直使用贾某睦的名字，在他人介绍其为中央书记处第一组组长、中央办公厅副主任时，予以默认；其次，被害人的陈述及多名证人的证言亦证实，杨某泽在与被害人和多名证人的接触过程中，曾多次介绍其负责办理涉省部级高官的大案要案，进一步强化了他人对其特殊身份的认知；最后，从司法鉴定机构在杨某泽手机中提取的短信内容不难看出，杨某泽曾多次以领导口吻与被害人进行交流，相关短信均客观记录了其冒充中央领导进行招摇撞骗的具体行为。

关于被告人程某辩称其不知道杨某泽的真实身份的辩解，及其辩护人认为程某无犯罪故意、不构成犯罪的辩护意见，经查，首先，杨某泽、程某长期共同生活，并共同成立卓源电力燃料公司，程某理应对杨某泽的行为方式、生活习惯以及个人情况有较为深入的了解；其次，程某本人亦曾直接供认，通过观察工作和生活上的一些细节，其发现贾某睦与杨某泽就是同一人；再次，程某在短信中对贾某睦身份提出质疑的事实，非但不能作为证明其欠缺主观故意的依据，而且与其本人的上述供述内容吻合；最后，程某在明知杨某泽对外自称贾某睦，虚构中央领导身份，谎称杨某泽与贾某睦并非同一人时，仍帮助其掩饰身份，并就贾某睦的背景、地位进行不实陈述,直接表明了其参与共同犯罪的主观故意。

被告人杨某泽冒充中央国家机关工作人员进行招摇撞骗活动,严重损害了中央国家机关的声誉;其谎称自己为中央领导亲属,大肆宣扬所谓的中央高层内幕,严重损害了党和国家领导人的形象;其以合作开发为名,欺骗被害人投入大量资金与其联合成立公司,严重损害了被害人的经济利益;其冒充中央领导身份到内蒙古等地进行考察,欺骗当地政府对其进行接待,严重损害了正常的社会管理秩序。被告人程某虽未参与组织、策划,但其帮助杨某泽掩饰虚假身份,在共同犯罪过程中起到了至关重要的作用。综上,依法认定被告人杨某泽、程某二人招摇撞骗情节严重。被告人杨某泽、程某的上述辩解及其辩护人的相关辩护意见与在案证据证明的事实不符,不予采纳。综上,一审法院依照《中华人民共和国刑法》第 266 条,第 279 条第 1 款,第 26 条第 1 款、第 4 款,第 27 条,第 55 条第 1 款,第 56 条第 1 款,第 53 条,第 69 条,第 64 条之规定,作出如下判决:被告人杨某泽犯诈骗罪,判处有期徒刑 12 年,罚金人民币 10 万元,剥夺政治权利 3 年;犯招摇撞骗罪,判处有期徒刑 10 年,剥夺政治权利 2 年;决定执行有期徒刑 20 年,罚金人民币 10 万元,剥夺政治权利 5 年。被告人程某犯招摇撞骗罪,判处有期徒刑 6 年。被告人杨某泽退赔被害人高某星人民币 1,305,000 元;被告人杨某泽、程某共同退赔被害人欣某、江某生人民币 6000 万元及同期贷款利息。在案扣押的案款人民币 191,000 元,在案冻结的河北港卓文化传播有限公司、内蒙古蒙安能源有限公司、内蒙古陆安能源有限公司和河北卓源电力燃料有限公司账户内的存款,在案扣押的车牌号为京 NEF755 和京 NPF877 的两辆奔驰牌汽车,折抵退赔款及被告人杨某泽的罚金;在案扣押的其余物品依法予以没收。

一审宣判后,被告人杨某泽、程某提出上诉,二审法院于 2013 年 11 月 20 日作出二审裁定,驳回上诉,维持原判。

## 【要点评析】

1. 招摇撞骗罪与诈骗罪的区分

招摇撞骗罪与诈骗罪在犯罪手段上都是采用虚构事实、隐瞒真相的办法骗取他人信任,在犯罪目的上都可能是谋求一定的财产利益,因此容易混淆。区分两罪可以分为两步骤:第一,考察被告人冒充国家机关工作人员谋取的非法利益是否属于财物,如果主要是情感、待遇、职位、荣誉等非财产利益,而对财物没有非法占有的主观故意,则应当认定为招摇撞骗罪;第二,如果被告人冒充国家机关工作人员的主要目的在于骗取财物,则属于想象竞合犯,应当遵循择一重处的原则,根据被告人所骗取财物的具体数额不同,又具体分为四种情况:未达到诈骗数额较大标准的,认定为招摇撞骗罪;达到诈骗数额较大标准未达到数额巨大标准的,诈骗罪和招摇撞骗罪的量刑幅度相同,认定为招摇撞骗罪;达到诈骗数额巨大标准未达到数额特别巨大标准的,如果不属于招摇撞骗情节严重,因诈骗罪处罚较重,认定为诈骗罪,属于招摇撞骗情节严重的,诈骗罪和招摇撞骗罪的量刑幅度相同,认定为招摇撞骗罪;达到诈骗数额特别巨大标准的,诈骗罪处罚较重,认定为诈骗罪。

具体到本案,被告人杨某泽采用冒充中央国家机关工作人员,骗取被害人信任,致使被害人高某星给予其数额特别巨大的财物,被害人欣某、江某生出资与其合作成立公司。对于第一起骗取高某星130万余元和两部相机的事实,现有证据证实涉案财物均系杨某泽以上述虚假身份为掩护从被害人处骗取的,130万余元钱款更是被直接转入了杨某泽控制的卓源电力燃料公司,杨某泽主观上非法占有的目的明显,属于招摇撞骗与诈骗的想象竞合,因已经达到了诈骗数额特别巨大的标准,认定诈骗罪的量刑要重于认定招摇撞骗罪,因此最终认定为诈骗罪。在第二起事实中,被害人欣某、江某生二人基于对杨某泽身份、能力的错误认识而出资6000万元与其进行合作,首先,根据双方约定,欣某一方借款4600万元给杨某泽用于注册成立公司,上述款项汇入杨某泽控制的卓源电力燃料公司后随即被转入新成立的公司,杨某泽并未予以截留;其次,欣某与江某生二人出资的6000万元中,4600万元作为杨某泽一方的出资、1400万元作为欣某与江某生一方的出资,均按照约定汇入双方合作成立的公司账户,为双方合作成立的公司实际控制使用;再次,欣某、江某生二人均在双方合作成立的公司任职,杨某泽、程某二人在动用公司资金时也确实履行了双方事先约定的审批程序,现有证据不能证实杨某泽、程某二人完全控制了公司资金,也无法证明杨某泽、程某二人具有转移、隐匿、挥霍公司资金的行为。综上,现有证据未能明确证实杨某泽、程某二人在此起事实中具有非法占有的主观目的,综合考虑主观故意、客观行为、危害后果和社会影响等因素,杨某泽、程某二人的行为更符合招摇撞骗罪的构成要件,因此最终认定为招摇撞骗罪。

2. 招摇撞骗罪情节严重的认定

目前,针对招摇撞骗罪情节严重的情形尚无明确的司法解释规定。司法实践中,主要考虑被告人冒充国家机关工作人员的级别、时间和次数,对国家机关形象和声誉的影响程度,造成的社会影响是否恶劣,以及是否给被害人造成严重后果等多方面因素,综合进行认定。具体到本案,第一,被告人杨某泽冒充国家机关工作人员长达五六年的时间,在其朋友圈内已经得到了一致认同,并且在不断扩展,从犯罪时间、次数和欺骗的人数上看,均已经达到了极为恶劣的程度;第二,被告人杨某泽冒充中央书记处、中央办公厅的正部级领导,属于中央国家机关中要害部门的重要职位,严重损害了中央国家机关的形象、威信和声誉;第三,被告人杨某泽在招摇撞骗的同时,还谎称自己为中央领导亲属,提升自己的身份和地位,具有很强的迷惑性,其在不同场合编造、宣讲所谓的中央高层内幕,严重损害了党和国家领导人的形象;第四,被害人欣某、江某生二人受被告人杨某泽迷惑,投入巨额资金与其联合成立公司,在经济利益上遭受了严重损害;第五,被告人杨某泽冒充中央领导身份到内蒙古等地进行考察,欺骗当地政府对其进行接待,严重损害了正常的社会管理秩序。综上,被告人杨某泽、程某二人招摇撞骗的行为应当认定为情节严重。

**【法律法规链接】**

《中华人民共和国刑法》第 26 条第 1 款、第 4 款,第 27 条,第 53 条,第 55 条第 1 款,第 56 条第 1 款,第 64 条,第 69 条,第 266 条,第 279 条第 1 款

（编写人:陈　文）

## 62. 买卖伪造的国家机关证件应认定为伪造还是买卖国家机关证件罪,机动车号牌是否属于国家机关证件

——徐某某买卖国家机关证件案①

**【裁判要旨】**

买卖伪造的国家机关证件的行为如何定性,司法解释明确为买卖国家机关证件罪,司法实践中出于证据方面的考量,有诸多同类案件被认定为伪造国家机关证件罪。虽然这两个罪名在法定刑的规定上并无差异,但涉及对具体行为的准确定性。对于买卖行为清楚,而在伪造行为无法证明的情况下,虽然涉案的证件均系伪造,仍应认定为买卖国家机关证件罪。民用机动车号牌是否属于国家机关证件,我国刑法没有明确规定,而刑法对于武装部队公文、证件、印章与武装部队车辆号牌进行了明确区分,认为武装部队车辆号牌是专用标志,区别于武装部队证件,并以不同的刑法条款予以规定。依此精神,民用机动车号牌与国家机关证件应当予以区分,同时根据法无明文规定不处罚的罪刑法定原则,民用机动车号牌不属于国家机关证件,买卖机动车号牌的行为不应当进行刑法处罚。

---

① (2013)海刑初字第 636 号判决书。

## 【基本案情】

被告人徐某某事先在“58 同城”网站发布了出售机动车行驶证及号牌的广告信息，相远方在看到上述广告信息后约购机动车行驶证及号牌各 9 个。2012 年 11 月 12 日 14 时许，被告人徐某某在北京市海淀区中关村大街当代商城东南侧路边，以人民币 1530 元的价格为约购人相远方提供 9 个行驶证及相对应的 9 个机动车号牌时被民警抓获。行驶证及机动车号牌均已起获扣押，经鉴定系伪造。

2013 年 2 月 4 日，公诉机关以伪造国家机关证件罪将被告人徐某某诉至法院，并认为涉案国家机关证件数量为 18 个，属于情节严重，应当在有期徒刑 3 年至10 年之间量刑。开庭审理过程中，被告人徐某某对起诉书指控的事实无异议，但对罪名表示异议，辩称其只有买卖国家机关证件的行为，没有伪造国家机关证件的行为，因此，公诉机关指控其犯伪造国家机关证件罪不当。

## 【法院裁判】

法院认为：被告人徐某某买卖国家机关证件，其行为已构成买卖国家机关证件罪，应予惩处。检察院指控被告人徐某某犯罪的事实清楚，证据确实、充分，但指控的罪名有误，应予纠正。现无证据证明徐某某实施过伪造国家机关证件的行为，只有证据证明徐某某实施了买卖国家机关证件的行为；且涉案 9 个伪造的机动车号牌，并非国家机关证件，不属于伪造或买卖国家机关证件罪的犯罪对象，指控机动车号牌构成犯罪事实，存在错误，但可作为量刑事实酌予考虑。鉴于被告人徐某某犯罪时未满成年，系初犯，案发后能如实供述犯罪事实，庭审中认罪态度较好，故依法对被告人徐某某从轻处罚，并宣告缓刑。依照《中华人民共和国刑法》第 280 条第 1 款、第 17 条第 1 款、第 3 款、第 67 条第 3 款、第 72 条第 1 款、第 73 条第 2 款、第 3 款之规定，判决被告人徐某某犯买卖国家机关证件罪，判处有期徒刑 1 年，缓刑 1 年。

一审宣判后被告人未上诉，检察机关未抗诉，判决已生效。

## 【要点评析】

本案的准确处理主要涉及以下两个问题：一是买卖伪造的国家机关证件应当认定为买卖国家机关证件罪还是伪造国家机关证件罪；二是民用机动车号牌是否属于国家机关证件。前者解决的是基本行为的定性，后者解决的是民用机动车号牌是否为刑法规制对象，本案在法定刑上是否上档的问题。针对这两个问题，详述如下：

1. 买卖伪造的国家机关证件应认定为买卖国家机关证件罪

关于买卖伪造的国家机关证件行为应当认定为买卖国家机关证件罪还是伪造国家机关证件罪，最高人民检察院研究室于1999年6月21日下发的《关于买卖伪造的国家机关证件行为是否构成犯罪的问题的答复》中明确指出："对于买卖伪造的国家机关证件的行为，依法应当追究刑事责任的，可适用刑法第二百八十条第一款的规定，以买卖国家机关证件罪追究刑事责任。"上述司法解释明确了该行为的罪名定性。

针对买卖伪造的国家机关证件的行为，根据在案证据，如果被告人买卖的行为被确定，而伪造的行为无法被证明，即使涉案的证件经鉴定系伪造，也应当以买卖国家机关证件罪定罪处罚。在本案中，被告人徐某某在买卖伪造的机动车行驶证及相应的机动车号牌的交易现场被抓获，其上家无法查证，被告人徐某某只承认自己有买卖行驶证及机动车号牌的行为，否认上述证件及号牌，亦没有相应的证据证明其有伪造的行为，因此，在司法解释有明确定性意见的情况下，一审法院将公诉机关起诉书指控的伪造国家机关证件罪更改为买卖国家机关证件罪。

2. 民用机动车号牌不属于国家机关证件

关于民用机动车号牌不属于国家机关证件的问题，从刑法、司法解释及词语含义三个方面进行分析：

(1)我国刑法并未将机动车号牌作为国家机关证件来看待。

判断一种行为能否构成犯罪进而构成何种性质的犯罪，根据罪刑法定原则，只能依据现行有效的法律来进行。从现行刑法条文中不能直接看出买卖机动车号牌的行为是否属于买卖国家机关证件，但是从维护刑法体系及概念用语的统一性的角度以及从相关条文中可看出，刑法并未将机动车号牌作为国家机关证件来看待。《刑法》第281条规定："非法生产、买卖人民警察制式服装、车辆号牌等专用标志、警械，情节严重的，处三年以下有期徒刑、拘役或者管制，并处或者单处罚金。"第375条第1款规定："伪造、变造、买卖或者盗窃、抢夺武装部队公文、证件、印章的，处三年以下有期徒刑、拘役、管制或者剥夺政治权利；情节严重的，处三年以上十年以下有期徒刑。"第2款规定："非法生产、买卖武装部队制式服装，情节严重的，处三年以下有期徒刑、拘役或者管制，并处或者单处罚金。"第3款规定："伪造、盗窃、买卖或者非法提供、使用武装部队车辆号牌等专用标志，情节严重的，处三年以下有期徒刑、拘役或者管制，并处或者单处罚金；情节特别严重的，处三年以上七年以下有期徒刑，并处罚金。"从第281条、第375条的规定可以明确看出，刑法认为武装部队车辆号牌和武装部队证件完全是两种不同的东西，两者是一种并列关系，不存在武装部队证件包含武装部队车辆号牌的问题。由此可以推出，国家机关证件不包含机动车辆号牌。再结合《刑法》第281条第1款的规定可看出,在刑法中,警用车辆号牌、武装部队车辆号牌不是作为国家机关证件,而是作为专用标志来看待。那么民用普通车辆号牌也只能作为普通车辆的标志,而不能作为国家机关证件来看待。

(2)我国现行司法解释认为机动车号牌不属于国家机关证件。

司法解释作为法律适用过程中对相关问题的解释,同样具有法律效力。根据1998年5月8日最高人民法院、最高人民检察院、公安部、国家工商行政管理局联合发布的《关于依法查处盗窃、抢劫机动车案件的规定》第7条规定:"伪造、变造、买卖机动车牌证及机动车入户、过户、验证的有关证明文件的,依照刑法第二百八十条第一款(即伪造、变造、买卖国家机关公文、证件、印章罪)的规定处罚。"该规定认为机动车牌证是国家机关证件。但是,2007年5月9日最高人民法院、最高人民检察院公布的《关于办理与盗窃、抢劫、诈骗、抢夺机动车相关刑事案件具体应用法律若干问题的解释》(以下简称《解释》)第1条规定:"明知是盗窃、抢劫、诈骗、抢夺的机动车,实施下列行为之一的,依照刑法第三百一十二条的规定,以掩饰、隐瞒犯罪所得、犯罪所得收益罪定罪……(五)提供或者出售机动车来历凭证、整车合格证、号牌以及有关机动车的其他证明和凭证的;(六)提供或者出售伪造、变造的机动车来历凭证、整车合格证、号牌以及有关机动车的其他证明和凭证的。"第2条第1款规定:"伪造、变造、买卖机动车行驶证、登记证书,累计3本以上的,依照刑法第二百八十条第一款的规定,以伪造、变造、买卖国家机关证件罪定罪"。由此可以看出,最高人民法院认为,在明知是盗窃、抢劫、诈骗、抢夺的机动车的情况下,提供、出售机动车号牌或者提供、出售伪造、变造的机动车号牌的,以掩饰、隐瞒犯罪所得、犯罪所得收益罪定罪。仅将伪造、变造、买卖机动车行驶证、登记证书的行为,以伪造、变造、买卖国家机关证件罪定罪,也就是说没有再明示机动车号牌属于国家机关证件。而最高人民法院为该《解释》撰写的"解读"文章中指出:"机动车在交易过程中,涉及各种不同的证件,包括机动车来历凭证、整车合格证、号牌、行驶证、登记证书以及有关机动车的其他证明和凭证。从证件属性看,有关机动车的证明和凭证中,只有行驶证、登记证书属于国家机关证件的范畴,其他证明和凭证不属于国家机关证件的范畴。"①这显然明确了机动车号牌不属于国家机关证件,且最高人民法院修改后的司法解释与刑法本义一致。

(3)按照词语的通常含义,机动车号牌不属于国家机关证件。

所谓证件,一般的理解,是证明某些事项的文件。《现代汉语词典》对"证件"

---

① 参见万鄂湘、张军主编:《刑事法官必备 法律司法解释解读》(上册),人民法院出版社2008年版。

的解释是:证明身份、经历等的文件,如学生证、工作证、毕业证书等。据此,国家机关证件是指:国家机关制作、颁发的证明身份、经历等的文件。普通机动车号牌只是国家机关对车辆进行编号管理的一种标志,并不能证明该车或驾驶者的身份、经历等。而武装部队的车牌,恰恰本身证明了该车及驾驶者特殊的身份,故而在刑法中对买卖武装部队车辆号牌的行为单独定罪,按照《刑法》第375条第3款的规定,应定买卖武装部队专用标志罪。

因此,在本案中,机动车号牌不属于国家机关证件,不能计算入本案涉案国家机关证件的数目中。《解释》第2条第2款规定:"伪造、变造、买卖机动车行驶证、登记证书,累计达到第一款规定数量标准5倍以上的,属于刑法第二百八十条第一款规定中的'情节严重',处3年以上10年以下有期徒刑。"根据《解释》的规定,买卖机动车行驶证3本入罪,5倍以上即为情节严重,本案中涉案数量为9本,达不到情节严重的情形,法定刑为3年以下有期徒刑、拘役、管制或者剥夺政治权利,而并非起诉书指控的处3年以上10年以下有期徒刑。

综上,一审法院将公诉机关指控的被告人徐某某涉嫌犯伪造国家机关证件罪更改为买卖国家机关证件罪,并将机动车号牌不计入犯罪数量从而对被告人徐某某降档处罚。

**【法律法规链接】**

《中华人民共和国刑法》第17条第1款、第3款、第67条第3款、第72条第1款、第73条第2款、第3款、第280条第1款

(编写人:李　静)

## 63. 聚众斗殴与寻衅滋事的区分以及聚众斗殴中"致人死亡"的解释

——杨某等聚众斗殴案①

**【裁判要旨】**

行为人因情感纠纷纠集多人与他人约架,并在追逐过程中致一名被害人跳河溺水死亡的行为,应当认定为寻衅滋事罪还是聚众斗殴罪,而被告人对被害人的死

① (2012)海刑初字第1478号判决书。

亡结果应否承担结果转化犯的责任？关于对上述行为性质的认定，首先，聚众斗殴与寻衅滋事的主要区分在于前者一般具有目的性、计划性和组织性，后者一般系临时起意，除此之外，还应当考虑故意的内容和客观行为，特别是聚众与斗殴的故意、行为是否存在，对于带有寻衅动机的聚众斗殴，认定为聚众斗殴罪更能全面反映行为的特征；其次，判断某一犯罪行为是否因加重结果的出现而构成转化犯，既要在客观上看基本行为与加重结果之间是否具有刑法意义上的因果关系，又要从主观上看行为人对加重结果的产生是否至少有转化犯所要求的主观罪过，只有同时满足这两点要求的，才能认定加重结果型转化犯的成立，如果其中有一项不成立，则不能认定为转化犯，只能将加重结果作为一个酌定的量刑情节考虑。

**【基本案情】**

2011 年 7 月 3 日，被告人杨某因女友与他人发生争执，与廖某（另案起诉）约定在北京市海淀区某中学见面解决此事。随后被告人杨某纠集本案其他三名被告人李某、张某、宋某等共计 20 多人聚集在海淀区某中学门口等待廖某等人的到来。当日 15 时许，廖某纠集被害人赵某（男，殁年 15 岁）等 8 人持弹簧刀、拳刺等凶器赶至海淀区某中学，但因见对方人多而逃至附近小区躲避。十几分钟后，廖某一方走出小区准备离开，被杨某等人发现，杨某遂带着 20 余人对廖某一方进行追赶。在被追赶约 500 米后，廖某、赵某等三人为躲避，遂翻过蓝靛厂南路与草坪间高度为 1 米左右的护栏跳进了昆玉河中，准备游到河对岸。三人跳入河后，赵某溺水，被告人杨某等人见状后，将赵某等三人拉上岸，并对溺水严重的赵某实施人工呼吸等救助措施，随后将其送往医院抢救。经医院全力抢救无效，被告人赵某死亡。经鉴定，由于赵某在快速奔跑、呼吸急促的情况下跳入河中，大量液体瞬间进入双肺，引起肺泡破裂，呼吸功能瞬间衰竭，系溺水死亡。

被告人杨某、李某、张某于 2011 年 7 月 4 日到公安机关投案，被告人宋某于 2011 年 8 月 19 日被抓获归案。公诉机关认为杨某等人为了寻求刺激，逞强争霸，纠集多人在主要交通干道上对被害人赵某等人进行追逐，情节恶劣，已严重扰乱了公共秩序，并间接导致了赵某跳水身亡的严重后果，应定性为寻衅滋事罪，因此，检察院指控被告人杨某、李某、张某、宋某犯寻衅滋事罪，于 2012 年 3 月 28 日向法院提起公诉。

**【法院裁判】**

法院认为：被告人杨某、李某、张某、宋某为琐事逞强争斗，与廖某等人互约时间和地点并各自纠集多人欲行斗殴，规模较大，虽未发生直接肢体冲突，但追逐中，一人溺水死亡，社会影响恶劣，四被告人的行为均已构成聚众斗殴罪。公诉机关指控的罪名有误，予以纠正。本案被告人的追逐行为与被害人跳水及溺水死亡的结果之间没有直接故意范畴内的因果关系，因此，被害人的死亡结果应属聚众斗殴罪的量刑因素，不适用《刑法》第 292 条第 2 款关于转化犯的规定。鉴于被告人杨某、李某、张某、宋某犯罪时均未成年，系初犯，杨某、李某、张某案发后自动投案，到案后如实供述犯罪事实，有自首情节，宋某到案后能如实供述犯罪事实，杨某、张某、宋某在被害人溺水后即实施了救助行为，案发后四被告人均能积极赔偿，得到了被害人的法定代理人的谅解，庭审中认罪态度较好，并具备帮教条件，且本案中被害人一方也存在过错，故对被告人杨某、李某依法从轻处罚并宣告缓刑，对被告人张某、宋某依法减轻处罚并宣告缓刑。依照《中华人民共和国刑法》第 292 条第 1 款第(二)项、第 17 条第 1 款、第 3 款、第 25 条第 1 款、第 67 条第 1 款、第 3 款、第 72 条第 1 款、第 73 条第 2 款、第 3 款及《最高人民法院关于处理自首和立功具体应用法律若干问题的解释》第 1 条之规定，判决：被告人杨某犯聚众斗殴罪，判处有期徒刑 3 年，缓刑 4 年；被告人李某犯聚众斗殴罪，判处有期徒刑 3 年，缓刑 3 年；被告人张某犯聚众斗殴罪，判处有期徒刑 2 年，缓刑 3 年；被告人宋某犯聚众斗殴罪，判处有期徒刑 2 年，缓刑 2 年。

一审宣判后被告人未上诉，检察机关未抗诉，判决已生效。

## 【要点评析】

本案的定性主要涉及以下两个问题点：一是被告人因情感纠纷而纠集他人与对方约架的行为应该定性为寻衅滋事罪还是聚众斗殴罪；二是被告人是否应该对被害人赵某的死亡结果负转化犯的责任。第一个问题解决的是基本行为的定性，第二个问题解决的是加重结果的责任性质。针对这两个问题，详述如下：

1. 基本行为的定性：聚众斗殴罪与寻衅滋事罪的区分

这两个罪名都规定在刑法分则第六章第一节的扰乱公共秩序罪中，即侵犯的主要法益都是公共秩序，但在主客观方面存在较大的差别。本案四被告人应认定聚众斗殴罪的理由如下：

首先从客观方面而言，本案被告人行为更符合聚众斗殴罪的特征。聚众斗殴罪一般事出有因，犯罪双方经过一定的谋划或者组织，意欲采取暴力互殴方式解决争议事项。简言之，即有一定的目的性和组织性。寻衅滋事罪的行为人并非出于某特定目的，多是因为醉酒、受精神刺激或者其他生活琐事等原因寻求情感释放，并无谋划，而是临时起意，寻衅滋事罪中的“无理取闹”或者“小题大做”的成分更大。本案因被告人杨某现女友与前女友产生纠纷而起，系事出有因，双方约定互殴的时间地点，并各自纠集人员，目标明确，是有计划、有组织的聚众斗殴行为，而非临时起意的寻衅滋事行为。另外，虽然本案被害方当场逃走，致使双方人员之间没有发生直接的肢体冲突，但双方人员按照约定已经到达现场，随后还发生了追逐行为，这些行为足以认为是聚众斗殴行为的着手行为和实施行为。正如单个斗殴行为中必然存在攻击与躲闪一样，本案中的群体性的追赶和逃跑行为，可以被认为是斗殴行为的一种表现方式。

其次从主体方面而言，本案被告人也符合聚众斗殴罪的主体特征。聚众斗殴罪属于聚众型犯罪，刑法仅对首要分子和其他积极参加者规定了刑事制裁，同时，该罪也属于典型的对向型犯罪，即存在斗殴的双方，双方都是犯罪行为的实施者，同时也可能是受害者。而寻衅滋事罪并非必然的聚众犯罪和对向型犯罪，其可以是单人实施，也可以是多人实施，可以是行为人对被害人的单方侵害，也可能是双方之间的互相侵害。本案的被告人方共有二十余人，被害方也有八人参加，属于典型的聚众型犯罪。且公诉机关在起诉时将被追赶的廖某一方以聚众斗殴罪诉至法院，为了保证法律的统一适用，将本案认定为聚众斗殴罪更为妥帖。

基于上面的分析，我们认为本案的基本犯罪行为，应该认定为聚众斗殴罪，而非寻衅滋事罪。

2. 加重结果的定责任性质：转化犯中的责任主义立场

在解决基本犯的定性问题之后，我们将面对本案的第二个重点问题，本案是否应该适用《刑法》第 292 条第 2 款“聚众斗殴，致人重伤、死亡的，依照本法第二百三十四条、第二百三十二条的规定定罪处罚”。即本案的被告人是否因被害人赵某的死亡，而负有故意杀人罪或者故意伤害罪的刑事责任。我们认为，转化犯是指某一较轻的故意犯罪（基础罪）在实施过程中或者在其造成的非法状态的持续过程中，由于特定主客观条件的出现，在整体上充足了或大体充足了另一更为严重的故意犯罪（转化罪）的构成要件，法律明文规定按照后罪定罪处罚的犯罪。从促成转化罪的动因角度而言，不仅行为人的“过限行为”可以导致转化犯的产生，而且其他的某种主客观因素，比如出现加重的犯罪结果，这类非行为要素也可以导致转化犯的产生。因过限行为而导致罪名转化的典型立法例，是《刑法》第 267 条第 2 款规定的携带凶器抢夺，依照抢劫罪定罪处罚。对于此类因过限行为而导致的转化犯比较容易认定，因为行为人是否实施了某种与基本犯的犯罪构成相异的“超过行为”，完全可以从外在表现中予以识别判定，而且除自然的条件反射行为之外，行为人必然会对行为持有某种程度的故意，所以他要对过限行为负更重的刑事责任。

与此相异，本案涉及的转化犯属于因加重结果而导致的罪名转化。在认定此类转化犯时，如何坚持刑法的责任主义立场，则具有一定的挑战性。责任主义刑法强调,将犯罪行为或者犯罪结果事实归责于行为人,必须以行为人对此等犯罪行为或犯罪结果主观上具有故意或过失等值得非难的罪过为条件。没有罪过,就没有犯罪,也没有刑罚。不仅如此,行为人亦只得就其本人值得非难的犯罪行为而被归责,与犯罪行为无关的任何其他人不得因与行为人同属特定团体而连带地被归责。因此,判断某一犯罪行为是否因加重结果的出现而构成转化犯,应综合考虑以下三个要素:首先在客观上看基本行为与加重结果之间是否具有刑法意义上的因果关系;其次从主观上看行为人对加重结果的产生是否至少有转化犯所要求的主观罪过。只有同时满足这两点要求的,才能认定加重结果型转化犯的成立,如果其中有一项不成立,则不能认定为转化犯,只能将加重结果作为一个酌定的量刑情节考虑。

首先是客观归因,即要判断基本行为与加重结果之间是否有相当因果关系。因果关系的认定,即"归因",是一个事实问题,应在犯罪论体系中的构成要件该当性要件中予以讨论,它用来判断行为人的行为与危害结果之间是否具有引起与被引起的关系,以及两者之间的关联度是否达到了需要刑法调整的程度。至于行为人在当时是否意识到该因果关系的存在,以及对此持有何种态度并非因果关系的重点,因为被告人的主观认识问题是"主观归责"要素,属于犯罪论体系中有责性要件的讨论范畴。在本案中,被告人多人对被害人进行追击,被告人的此种行为对被害人的人身安全制造了法所不容许的危险,因为该暴力追击所导致被害人的奋力逃跑行为本身就隐含着损害身体健康的具体可能性。赵某跳水的那一刻,被告人仍在追击,其行为制造的危险状态继续存在,赵某的死亡并未超过该危险状态的射程范围。虽然被害人赵某翻过护栏跳入河中的行为本身具有一定的危险,但由于被害人会游泳,该行为尚不足以造成法所不容许的危险,而且在当时情境下,赵某等三人有理由认为游到河对岸是逃避追击的最有效办法。据此,可以认为被告人的追击行为与被害人的翻越护栏,跳入河中的行为之间具有因果关系。在此基础上,又考虑到被害人赵某溺水死亡后果的发生是由于其自身猛烈奔跑,导致呼吸急促,在跳入水中的瞬间,大量河水被吸入双肺,引起肺泡破裂,呼吸功能瞬间衰竭,被害人属于剧烈运动后的呛水而死,即死亡结果与跳水行为之间间隔十分短暂。所以,最后认定被害人的追击行为与被害人赵某的溺水死亡之间存在相当因果关系。

其次是主观归责,即考察行为人是否具有转化犯所要求的主观罪过。在客观归因的基础上,行为人刑事责任的更为核心部分是主观归责问题。与古代刑法中存在的结果责任不同,现代刑法的刑事责任论是一种主观责任,即仅有因果关系还不够,必须要求行为人对自己的行为及其后果具有主观罪过,这可以是直接故意、间接故意,也可以是过失。在结果加重犯的场合,行为人对加重结果至少持有过失。在转化犯的场合,正如上文在转化犯定义中所论述,行为人实施的基本犯需是故意犯罪,而且转化犯也需是故意犯罪,因此,加重结果型转化犯的行为人对加重结果的发生只能持有故意,否则无法按照转化后的犯罪定罪。《刑法》第 292 条规定,聚众斗殴,致人重伤、死亡的,依照故意伤害或者故意杀人的规定定罪处罚。该法条已经明确规定,转化后的犯罪是故意犯罪。在本案中,要判断被告人是否具有聚众斗殴转化成故意伤害或者故意杀人的故意,焦点是被告人是否能预见到赵某的溺水死亡,并放任或希望该结果发生。即使从认识因素角度看,被告人多人沿着河道追逐被害人等三人 500 米,被告人可以认识到被害人在情急之下会翻越护栏跳入水中,游到对岸,通过这种方式逃离追击。但从意志角度看,被告人杨某等人并无致被害人死亡的动机。被告人并未预料到自己的追赶行为会导致赵某的溺水死亡,他们也不希望赵某死亡。被告人发现赵某溺水之后马上下水将三人拉上岸,对赵某进行了人工呼吸的施救措施,随后将其送至离案发地点最近的医院抢救。因此,可以认定被告人杨某等人对被害人的死亡结果并无故意,最多是过失,无法将被告人按照聚众斗殴的转化犯定性。因此,本案死亡结果只能作为聚众斗殴罪的酌定量刑情节考虑。

**【法律法规链接】**

《中华人民共和国刑法》第 17 条第 1 款、第 3 款,第 25 条第 1 款,第 67 条第 1 款、第 3 款,第 72 条第 1 款,第 73 条第 2 款、第 3 款,第 292 条第 1 款第(二)项

最高人民法院《关于处理自首和立功具体应用法律若干问题的解释》第 1 条

(编写人:李　静　吴扬传)

## 64. 抢劫罪与寻衅滋事罪的区分

——张某新寻衅滋事案①

**【裁判要旨】**

对犯罪事实的认定,特别是对危害后果与犯罪客体的关系认定,应综合且全

---

① (2003)海刑初字第 1139 号判决书,(2003)一中刑终字第 2025 号裁定书。

面，不能被表面现象或孤立要素所误导，避免出现“只见树木，不见森林”的问题；其间的联系点在于正确地确定犯罪行为与危害后果之间不断演变、发展的联系过程，把握好因果关系。在整体评价犯罪行为的基础上，抢劫罪与寻衅滋事罪的关键界分点在于抢劫罪的危害后果为使用暴力将财物据为己有，寻衅滋事罪的危害后果是对社会秩序的扰乱。

## 【基本案情】

被告人张某新于2003年4月24日16时30分许，与其朋友司某森、王某丁、郭某娟等人在北京市海淀区清河毛纺厂南小区菜市场门口炒菜摊前喝酒时，适遇事主郝某新(男，27岁，北京市京京肉食厂司机)、周某芝(女，33岁，北京市京京肉食厂合同工)开着面包车到清河毛纺厂南小区超市门口马路边卖熟食，该食品车停在张某新等人酒桌所在的马路对面。被告人张某新即上前挑选了几样熟食装在塑料袋里，并付给了周某芝一张面值100元的假币。事主周某芝辨认出是假币，便让其换一张，被告人张某新拒绝更换。周某芝见状便将该袋熟食放回车上。被告人张某新又从旁边熟食筐中拿了一根蒜肠并说：“这年头吃东西还要钱，我有‘非典’你信不信？我还有证，我刚从医院跑出来。”说完其拿着蒜肠回到自己酒桌上打开就吃。事主郝某新过去要蒜肠的钱，被告人张某新即从桌子上拿起一把削菠萝用的刀子冲其比划，仍以自己患有“非典”为由拒不付款。其间，张某新又往其吃饭的桌上扔了两包叉烧肉，拿了一根蒜肠。郝某新、周某芝见状便准备开车离去，被告人张某新上前拦住车不让走，并要将最初挑选好的一袋熟食拿走，周某芝不同意。过了几分钟，被告人张某新又上食品车拿起那袋熟食便走，周某芝跟在其身后要钱，张某新见状便再次以传染“非典”对周进行威胁。后其见周还不走，就说：“给你50元钱”，周某芝表示同意。但其又将那张100元假钞给周，周不要。张某新便又回到食品车上。其间，被告人张某新还将袋内的一只口水鸡送给一个小女孩。后周某芝将剩下的熟食放回车上，被告人张某新仍不离去，继续在车上轰走前来买东西的顾客，并阻止已购买了食品的顾客付款。当公安民警接事主郝某新报警赶到现场后，被告人张某新对民警祁某兵称：“我有‘非典’，先传染给你。”民警遂封锁了现场，并对上百名围观群众进行疏散，后将被告人张某新抓获。经医院检查，被告人张某新身体健康，无“非典”症状。北京京京肉食厂因此损失两根蒜肠，两块叉烧肉，两块牛肉，一只口水鸡，共计价值人民币69.2元。

2003年5月9日，检察院以张某新构成抢劫罪向一审法院提起公诉。被告人张某新对其假冒“非典”病人，拒不支付熟食款的基本事实没有提出异议，但辩称自己并没有持刀威胁事主郝某新，也没有实施任何暴力。其辩护人钱某阳的辩护意见为,被告人张某新在使用假币购物被当场识破后,谎称自己患有"非典",并将水果刀插在餐桌上,这些行为确实带有恐吓的意思,但其目的是为了强拿硬要他人食品,是典型的扰乱市场秩序的行为,不具备抢劫罪所凸显的使用暴力将财物据为己有的特点,故被告人张某新的行为不构成抢劫罪。

【法院裁判】

一审法院认为:被告人张某新在使用假币购买食品被卖主识破后,谎称自己患有"非典"疾病,公然强拿硬要他人食品,并无故借酒滋事,造成公共场所秩序的严重混乱,其行为已构成寻衅滋事罪,应予惩处。检察院指控被告人张某新犯罪的事实清楚,证据确实、充分,但指控罪名有误。综观全案,被告人张某新在实施了强行拿走他人熟食的行为后,并不离开现场,而是继续借酒滋事,干扰他人正常的经营活动,并用传染"非典"威胁前来制止其行为的公安人员,以致造成公共场所秩序的严重混乱。可见其主观上并非单纯以"使用暴力或者胁迫手段占有他人财物"为主要目的,而更多的是为了满足自己酒后逞强耍威、寻求精神刺激等不健康的心理需要,反映出其对社会公德和国家法纪的公然蔑视。因此,其行为侵犯的客体是社会公共秩序,而不是他人的人身及财产权利。尽管被告人张某新客观上实施了以传染"非典"、持刀比划等胁迫手段占有他人食品的行为,但从其先后支付假币搪塞事主、在取得食品后并不脱离现场、事主始终未放弃向其索要钱款等一系列客观情况看,亦说明其使用的威胁方法,尚达不到抢劫罪所要求的对他人人身安全造成现实威胁的程度,而仅仅是其强拿硬要的一种手段。因此,从主、客观相一致的原则出发,对其行为不应认定为抢劫罪,而应认定为寻衅滋事罪。其辩护人关于被告人张某新的行为不构成抢劫罪的辩护意见,法庭予以采纳。鉴于被告人张某新在国家预防、控制非典型性肺炎传染病疫情期间无故借酒滋事,强拿硬要他人财物,造成公共场所秩序严重混乱,情节严重,对其应依法从重处罚。法院依照《中华人民共和国刑法》第 293 条第(三)项、第(四)项,第 64 条及《最高人民法院、最高人民检察院关于办理妨害预防、控制突发传染病疫情等灾害的刑事案件具体应用法律若干问题的解释》第 11 条之规定,以寻衅滋事罪判处被告人张某新有期徒刑 2 年。

一审宣判后,被告人张某新提出上诉,二审法院裁定驳回上诉,维持原判。

【要点评析】

本案审理难度较大的原因有二:其一,法律问题。表面看来,本案的焦点问题在于此罪与彼罪的区分,在于对犯罪主观要件的辨识,但事实上,本案审理过程中更涉及刑法上的因果关系这一深层次的法律问题。其二,事实问题。被告人所实施的行为能够达到扰乱社会管理秩序目的的关键之一,在于其声称自己患有“非典”这种传染性很强的传染病。据权威机构发布信息,案发当天,即2003年4月24日,北京市确诊感染“非典”人数高达89例,即使在本案起诉、审理的过程中,防治“非典”疫情的战役尚处于攻坚阶段。因此,如何达到案件审理法律效果与社会效果的统一,就成为此案的焦点问题。

1. 审理过程中对本案犯罪客观要件的辨识

一般的刑事案件审理过程中,就作为“事后推理”的法官而言,符合逻辑的思维过程就是:辨识犯罪的客观要件,确定犯罪的主观要件,剖析、构建其间的因果关系,对被告人的行为适用刑法规定某一罪名的具体犯罪构成分析,进而确定罪名,处以刑罚。如前文所述,本案中被告人的犯罪行为危害后果以强行拿走事主价值69.2元的食品为最显著的直接表征,并且完全实现了对该项犯罪对象的占有,就此逻辑线索而言,直接的导向就是对被告人适用抢劫罪的犯罪构成分析,进而得以定罪。换句话说,即是将本案犯罪客观要件辨识为:(1)危害行为。认定被告人的危害行为是以作为的形式,使事主的合法所有权益脱离自身控制,而完全被其掌控。(2)危害结果。事主丧失对合法权益的享有,具体在本案中,事主所丧失的,是价值人民币69.2元的食品。故此,在此辨识结果的导引下,犯罪客体指向于“公私财物所有权”,从而完成一个完整的逻辑推导链条。

但更深入地对本案具体案情进行考察,发现存在以下几点犯罪事实:(1)被告人在强行拿取食物之前,曾试图用假币向事主购买食品。(2)被告人在拿取食物之后,又拦截事主车辆等阻挠事主经营的行为。(3)被告人在本案中白吃了他人一个菠萝,随意将熟食送给他人,不让已经购买了熟食的顾客付钱。(4)公安人员出警后,被告人未离开现场,且有自称“非典”患者威胁公安人员的行为。在以上4点行为客观存在、难以回避的情况下,简单将犯罪客体直接固化为“公私财物所有权”,难免有在认识论上“只见树木,不见森林”的形而上学之虞。强行拿取事主价值人民币69.2元的食品这一犯罪行为客观存在,且在本案犯罪客观要件中较为显著,易于在作为“事后推理”的法律思维上占据主要印象。但综合而看,本案中被告人采取的危害行为应该被辨识为以上几点综合而成的一种扰乱社会管理秩序的行为,否则难以对被告人试图用假币向事主购买食物、拦截事主车辆、白吃了他人菠萝,尤其是对警察施以“威胁”作出解释。而这种行为造成的客观危害后果是对社会管理秩序、具体而言是对社会公共秩序的扰乱。

2. 刑法上的因果关系

刑法理论一般认为,刑法上的因果关系,应该是指危害行为与危害后果之间的一种引起与被引起的关系。辨别、确认刑法上的因果关系的意义在于,只有先确定了“谁”的“行为”造成了该“危害结果”,才能进一步判断出该行为是否符合犯罪构成,继而得出是否构成犯罪,构成何种犯罪的结论。如同在哲学意义上一样,刑法上的因果关系同样遵从客观存在的规律的引导。

首先,刑法上的因果关系所谓的“因”与“果”,也就是“危害行为”与“危害后果”,必须是确证的、客观存在的,在审判实践中,至少是能够在庭审中达到证据证明标准的事实。在本案的审理中,就必须对案件的客观要件作出正确的辨析,即确认被告人张某新的客观危害行为与危害后果,这是逻辑推理得以进行的前提。

其次,刑法上的因果关系所谓的“因”与“果”,也就是“危害行为”与“危害后果”,必须存在一个“引起与被引起”的关系,这当中又有两层含义:其一,承认认识论中普遍存在的客观规律,即“因”与“果”并不是绝对的,只是相对的;其二,这种“引起与被引起”的关系,即使可逆,即使存在多个“因”引起多个“果”,或者相反的情况,在截取的某一个因果关系链条上,它应该是成立的。

困扰理论界和实务界已久的一个问题,即是刑法上的因果关系的认定问题。按通说,存在“必然说”、“必然加偶然说”、“条件说”等多种,这一问题始终存在的原因,在于难以对审判实践中的客观事实非常周延的予以涵盖。考察本案的审理过程,刑法上的因果关系得以确认的要点在于:

(1)正常的逻辑推理中,被告人张某新的行为,即试图用假币向事主购买食物、强拿硬要事主食品、拦截事主车辆、白吃他人菠萝、对警察施以“威胁”,“可以”导向危害后果,即案发当时被告人所处地区社会公共秩序被扰乱,严重失去常态。也就是说,在逻辑推理的结构中,已经构成一个“必要条件”,在事实上,则被告人张某新的行为客观地具有导向危害后果的实在可能性。

(2)本案的特殊之处在于,案发之时正是北京市处于“非典”疫情较为严重的时期,社会大众、行政管理机关对于“正常公共秩序”这种一定意义上“社会公共产品”的供给处于一种高度关注的状态。换句话说,社会公共秩序由于“非典”疫情的影响,大众的需求比正常情况下要高,同样正因为如此,被告人张某新以声称自己患有“非典”作为扰乱社会公共秩序的手段之一,此危害行为对危害结果的产生起到了一定的作用。这种作用是客观存在的,在认定本案的因果关系上必须予以承认。

(3)本案刑法上的因果关系认定,特殊之处在于,如前所述,被告人张某新采取试图用假币向事主购买食物、强拿硬要事主食品、拦截事主车辆、白吃他人菠萝、对警察施以“威胁”等行为,构成了对危害后果的导向。而被告人谎称自己患有“非典”的行为,则是在特殊条件下加剧了对危害后果的导向。故在本案因果关系的认定上,“引发”危害后果的行为应认定为一个综合的整体。

3. 本案的犯罪构成分析

在被告人张某新寻衅滋事一案的起诉、审理阶段,就本案的定性一直存在争议。一种意见认为应该认定为抢劫罪;另外一种意见认为本案被告人应以刑法第293条定罪,即寻衅滋事罪。以犯罪构成四要件的通说为依据,包括犯罪主体、犯罪主观方面、客观方面、侵犯客观方面四部分。此案具有以下特点:

(1)犯罪主观方面。本案中被告人张某新在使用假币购买食品被卖主识破后,谎称自己患有"非典"疾病,白吃他人菠萝,公然强拿硬要他人食品,并在获取食品后仍不罢休,继续干扰他人正常经营活动,甚至用"非典"威胁前来制止其行为的公安人员,表现出其主观上是为了满足自己酒后逞强耍威、寻求精神刺激等不健康的心理需要,犯罪故意针对的是社会正常的公共秩序。从其对自己行为的认知、控制,特别是提出其患有"非典"的情节看,饮酒与否并不能作为改变其犯罪故意的因素予以考虑。

(2)犯罪客观方面。如前所述,本案中被告人张某新试图用假币向事主购买食物、谎称自己患有"非典"疾病强拿硬要事主食品、拦截事主车辆、白吃他人菠萝、对警察施以"威胁",其行为与抢劫罪所限定的"以暴力、胁迫或者其他方法截取公私财物的行为"存在区别。将其行为之一即强行拿走事主食品单独割裂予以认定,既是事实上,也是认识论上的错误。另外,以其先后支付假币搪塞事主,在取得食品后并不脱离现场,事主始终未放弃向其索要钱款等客观情况看,被告人使用的威胁方法尚达不到抢劫罪所要求的对他人人身安全造成现实威胁的程度,而仅仅是其强拿硬要的一种手段,亦不难认定。

(3)犯罪客体方面。如前所述,本案中遭到侵犯的客体主要是社会公共秩序,而不是抢劫罪的犯罪客体公私财产所有权。

据此,被告人张某新的犯罪行为应以寻衅滋事罪定性。

4. 量刑幅度与司法解释的适用

2003年5月14日,"两高"出台了《最高人民法院、最高人民检察院关于办理妨害预防、控制突发传染病疫情等灾害的刑事案件具体应用法律若干问题的解释》,其基本目的是为了在预防、控制突发传染病的特殊时期的犯罪行为方面,司法机关能够正确适用法律,依法从重处罚,维护人民群众的身体健康和安全。主要保护的对象即是公共安全、正常的市场秩序和社会秩序等。

按照《中华人民共和国刑法》第293条的规定,犯寻衅滋事罪应判处5年以下有期徒刑、拘役或者管制。本案被告人张某新在国家预防、控制突发性非典型性肺炎传染病疫情期间无故滋事,强拿硬要他人财物,情节严重。《关于办理妨害预防、控制突发传染病疫情等灾害的刑事案件具体应用法律若干问题的解释》第11条规定:“在预防、控制突发传染病疫情等灾害期间,强拿硬要或者任意损毁、占用公私财物情节严重,或者在公共场所起哄闹事,造成公共场所秩序严重混乱的,依照刑法第二百九十三条的规定,以寻衅滋事罪定罪,依法从重处罚。”故在本案的审理中,法院以寻衅滋事罪,判处被告人张某新有期徒刑2年。检察院提出抗诉后,二审法院维持了原判。

**【法律法规链接】**

《中华人民共和国刑法》第64条,第293条第(三)项、第(四)项

《最高人民法院、最高人民检察院关于办理妨害预防、控制突发传染病疫情等灾害的刑事案件具体应用法律若干问题的解释》第11条

(编写人:朱　军　黄宝耀)

## 65. 以接受刑事处罚为目的而实施劫取财物的行为应否认定抢劫罪

——马某植寻衅滋事案[①]

**【裁判要旨】**

当行为人以令自己接受刑事处罚为目的,去实施了以暴力相威胁劫取财物的行为时,如仍以抢劫罪对其定罪处罚,明显有悖于罪责刑相适应的基本原则。要正确对被告人定罪量刑,涉及对被告人犯罪时主观心态的分析,以及刑法分则的适用问题。

**【基本案情】**

被告人马某植与吕某萍曾系恋人关系,2010年11月后与被害人张某共同租住于北京市海淀区交大东路4号院5号楼3单元1201室。后被告人马某植与吕某萍发生感情纠葛,断绝了恋人关系,但并未搬离上述住处。后吕某萍出差期间,被告人马某植出现自杀倾向,但被张某劝阻。吕某萍出差归来后,张某将上述情况告知,吕某萍即于2011年6月10日将马某植赶到其租住的房间门口的楼道内(房门未锁)。2011年6月11日10时许,吕某萍起床后见马某植手持2把刀

① (2012)海刑初字第112号判决书。

(住地厨房内的刀具),口称抢劫。吕某萍即进入张某的房间,将张某唤醒,告知其马某植又来了。马某植随即进入张某的房间,持刀口呼抢劫,张某对其进行规劝,但马某植称不认识张某,并要求张某交出财物。后张某出于恐惧,告知马某植其钱包、手机放置于电脑桌上。被告人马某植即拿起张某的财物,并使用张某的手机拨打电话报警,后被赶到的民警抓获。经清点,马某植劫取财物计人民币2786元、诺基亚5800型手机1部(经鉴定价值人民币621.76元)。涉案赃款物现已发还被害人。后经鉴定,被告人马某植为应激相关障碍,案发时处于疾病期,对抢劫行为的辨认能力完整、控制能力减弱,评定为限制刑事责任能力,具有受审能力。

2011年12月22日,检察院以被告人马某植的行为触犯了《中华人民共和国刑法》第293条第1款第(三)项之规定,构成寻衅滋事罪,向法院提起公诉。被告人马某植对起诉书指控的事实及罪名均未提出异议。其指定辩护人发表的辩护意见为:被告人马某植此次犯罪系初犯、偶犯,实施犯罪行为系因感情纠纷一时糊涂而并非为占有钱财,故主观恶性较小;其在案发后能立即自首,认罪态度一直较好;其因家庭原因性格方面有缺陷,且在案发时正处于精神障碍疾病期,属于限制刑事责任能力。综上,希望法院在量刑时能对其从轻处罚。

**【法院裁判】**

法院认为:被告人马某植恐吓他人,情节恶劣,其行为已构成寻衅滋事罪,应予惩处。检察院据此指控被告人马某植犯有寻衅滋事罪的事实清楚,证据确实充分,指控罪名成立。鉴于被告人马某植在案发时系限制刑事责任能力;且能主动投案并如实供述自己的犯罪事实,系自首。依照《中华人民共和国刑法》第293条第1款第(二)项、第18条第3款、第67条第1款之规定,于2012年3月19日以寻衅滋事罪判处被告人马某植有期徒刑1年。

一审宣判后,被告人未上诉,公诉机关亦未抗诉,一审判决已经生效。

**【要点评析】**

本案的争议焦点在于对被告人应以抢劫罪还是寻衅滋事罪定罪处罚,如以寻衅滋事罪定罪处罚,应适用具体哪一条款。法院认定被告人马某植恐吓他人,情节恶劣,其行为构成寻衅滋事罪,并判处相应刑罚,我们认为是正确的。理由如下:

如果不考虑被告人马某植犯罪的目的而只从形式上考察他的行为,马某植在室内实施了以暴力相威胁,劫取财物的行为,其占有财物的手段是非法的,主观上对于自己行为的非法性也有明确认知,似乎应当以抢劫罪对其定罪处罚。但笔者认为，虽然被告人的犯罪动机并不是犯罪构成的主观要件之要素，一般不影响定罪而只影响量刑，但如果把犯罪动机割裂开来，对于定罪的判断就会出现偏差，在本案中，被告人马某植的犯罪动机并不是占有财物供自己或他人使用，而是通过实施相应的行为让自己受到刑事处罚，从这个案件的发展过程上看，马某植的主观恶性并不大，也没有造成严重的犯罪后果，虽然从表面上分析他的犯罪与抢劫罪极为类似，但如以抢劫罪对其定罪处罚，明显有悖于罪责刑相适应的原则，故法院最终是以寻衅滋事罪对其定罪处罚。

在本案中，公诉机关认定被告人马某植强拿硬要，情节严重，构成寻衅滋事罪予以起诉，但究其根本，马某植的目的并不是要占有相应的财物，故在处罚时认定其属于强拿硬要就与其罪行明显不符，而考虑到其在居民户内持刀对被害人进行威胁，给被害人造成精神上的恐慌多于财产、人身的伤害，严重扰乱了社会秩序，故最终法院以恐吓他人，情节恶劣加以认定。

**【法律法规链接】**

《中华人民共和国刑法》第 18 条第 3 款、第 67 条第 1 款、第 293 条第 1 款第(二)项

(编写人：尹鹏展)

## 66. 掩饰、隐瞒犯罪所得罪之成立无须金额限制

——谢某成、柴某磊掩饰、隐瞒犯罪所得案①

**【裁判要旨】**

掩饰、隐瞒犯罪所得罪不同于盗窃、诈骗、抢夺等犯罪需要犯罪金额限制，只要是明知是犯罪所得即可构成此罪。为厘清司法实践中，关于掩饰、隐瞒犯罪所得罪被告人主观认识内容，以及该罪与上游行为关系的争论，首先应借鉴三阶层犯罪论来界定行为人主观认识程度，即只要求行为人认识到上游行为的构成要件该当性，

---

① (2012)海刑初字第 1315 号判决书。

不要求其对上游行为的违法性和有责性具有认识;[1]其次应将上游行为构成犯罪这一事实,作为掩饰、隐瞒犯罪所得罪的客观处罚条件,以限制刑罚权的过度扩张。

## 【基本案情】

谢某成于2011年7月28日,在北京市海淀区远大路金源购物中心南侧过道天桥下西侧存车处,窃取被害人滕某某都市风电动自行车电瓶1块(价值人民币50元);同年8月22日,在海淀区世纪城时雨园西门外,窃取被害人赵某某飞鸽电动自行车电瓶1块(价值人民币490元);26日,在海淀区金源购物中心南侧天桥下,窃取被害人张某某电动自行车电瓶1块(无法作价);29日,在海淀区金源购物中心南侧存车处,窃取被害人王某某都市风电动自行车电瓶1块(价值人民币231元);同年9月4日,在海淀区金源购物中心对面路南处,窃取被害人曲某某超威电动三轮车电瓶1组(价值人民币1029元)。

2011年8月至9月初,柴某磊在北京市海淀区四季青北高庄,分三次收购了谢某成向其出售的3块电瓶(依次为价值50元、490元和无法作价的3块电瓶),赃物价值人民币共计540元。同年9月7日,谢某成、柴某磊被公安机关抓获归案。现赃物均未起获。

柴某磊辩称:其虽然知道谢某成向其出售的电瓶可能不是正当渠道获得,但认为该电瓶实际价值很低,盗窃单个电瓶都不构成盗窃罪,因此收购的电瓶也不属于犯罪赃物,其不具有掩饰、隐瞒犯罪所得罪的主观故意。

## 【法院裁判】

法院于2012年3月29日作出(2012)海刑初字第1315号刑事判决,依照《中华人民共和国刑法》第264条、第312条第1款、第67条第3款、第53条、第64条之规定,判决如下:被告人谢某成犯盗窃罪,判处有期徒刑9个月,罚金人民币1000元;被告人柴某磊犯掩饰、隐瞒犯罪所得罪,判处有期徒刑7个月,罚金人民币1000元。

宣判后,二被告人均未提出上诉,判决已生效。

---

① 我国的四要件犯罪构成理论并不具备由表入里,由浅入深的一个层级构造,且对于四要件之间孰先孰后,理论界尚有争论,无法体现一般人对某一犯罪现象的逐渐认识过程,而我们在对收赃人员的"明知是犯罪所得及其产生的收益"的具体认识内容进行甄别时,量化其认识程度具有十分重要的意义,因此三阶层犯罪论此时更具有优势。四要件犯罪构成理论中无法涵盖出罪要素,违法性阻却及责任阻却事由都只能在体系外解决,而三阶层犯罪构成论则直接兼备出罪、入罪评介要素,因此更为综合全面。虽然两种犯罪构成理论各有利弊,笔者仅在此文中,更倾向于采用三阶层犯罪论。

## 【要点评析】

对于柴某磊是否构成掩饰、隐瞒犯罪所得罪存在争议,曾存在三种不同意见。

第一种意见为否定说,认为柴某磊不构成掩饰、隐瞒犯罪所得罪。《刑法》第312条规定掩饰、隐瞒犯罪所得罪的行为人必须"明知是犯罪所得及其产生的收益"。本案中,按照普通人的认识标准,即使盗窃这3块电瓶,数额也很小,根本不足以构成犯罪。因此,柴某磊在当时虽认识到电瓶的来路不正,但的确难以认识到是犯罪所得,属于刑法理论中的"禁止错误",责任要件缺失,应判无罪。①

第二种意见为折中说,认为柴某磊仅第三次收赃行为构成掩饰、隐瞒犯罪所得罪。《刑法修正案(八)》规定实施"多次盗窃"构成盗窃罪,这仅限于将数个盗窃行为作为一个整体考虑的场合。从逻辑角度推演,在谢某成于8月29日实施完第3个盗窃行为之前,此前的两个盗窃行为都未构成盗窃罪。而柴某磊并不是一次性的将谢某成盗窃的3个电瓶都收购,而是收赃行为与盗窃行为相互穿插交织在一起。前两次收购的电瓶在当时都尚不足以构成刑事案件的赃物,自然柴某磊的收购行为也不是掩饰、隐瞒犯罪所得。只有在第三次收购电瓶时,谢某成的盗窃行为已达多次,构成盗窃罪,柴某磊的此次收购行为才构成掩饰、隐瞒犯罪所得罪。但因该电瓶无法作价,没有给予刑罚处罚的必要。

第三种意见为肯定说,认为柴某磊的三次收赃行为都构成掩饰、隐瞒犯罪所得罪。理由如下:

首先,《刑法》第312条规定的"明知是犯罪……"并非"明知是法院已判决的犯罪……"而是"知道可能是犯罪……"按照我国刑事诉讼法,只有法院才有权宣告某人的行为是否构成犯罪,在行为人收赃时,法院可能对上游行为并未作出判决,因此在大多数场合,上游行为是否构成犯罪只能是事后确认。否则,几乎所有的收赃者都可以主张自己不明知收购的物品是犯罪所得,除非他在收赃时目睹了法院的判决书,并且确信判决上所指的赃物就是其正要收购的物品。倘若如此,必将导致掩饰、隐瞒犯罪所得罪形同虚设。而且,在《刑法修正案(八)》实施后,公民

---

① "禁止性错误"又称为"法律上的认识错误",可影响被告人刑事责任的有无及大小。如《德国刑法》第17条规定:"行为人行为时没有认识其违法性,如该错误认识不可避免,则对其行为不负责任。如该错误认识可以避免,则对其行为依第49条第1款减轻其刑罚。"详见许久生译:《德国刑法典》,方正出版社2004年版,第10页。

会被推定为已知晓该法律的有关规定,正如古老法谚所云“不知法不赦”,[①]公民不能以对法律的无知作为无罪辩护理由。因此,我们可以推定柴某磊知晓《刑法修正案(八)》的规定。其在收购谢某成的电瓶时,就必然知道这些电瓶可能是多次违法所得,但其仍然予以收购,可见其在概括的认识基础上产生了放任的故意。

其次,只要行为人收购的物品属于犯罪所得的赃物,即使收购的只是赃物中的一部分或几部分,都是一种掩饰、隐瞒犯罪所得的行为。既然我们能认定柴某磊具有收购犯罪赃物的主观故意,那么就应当将数个收赃行为作为一个连续的整体看待,因此柴某磊应对三次收赃行为负刑事责任。

笔者认同第三种观点。在司法实践中,类似的案件时有发生,比如收购不满14周岁未成年人的盗窃所得和多次收购未达入罪数额的盗窃所得的,定性争议很大。由于《刑法修正案(八)》增设了非数额型盗窃的规定,对于收购“多次盗窃、入户盗窃、携带凶器盗窃、扒窃”所得赃物的,该类赃物往往价值较小,如何把握掩饰、隐瞒非数额型盗窃所得的出入罪标准,越发引起了司法界的关注。这些问题的争论点都可以归结为两个方面:一是如何把握掩饰、隐瞒犯罪所得罪被告人主观认识内容;二是如何把握掩饰、隐瞒犯罪所得行为定性与上游行为定性的关系。

为统一评判标准,笔者认为,应当以三阶层犯罪论来界定掩饰、隐瞒犯罪所得罪中“明知是犯罪所得”的内涵,同时利用客观的处罚条件理论来对其进行反向限制。详述如下:

1. 利用三阶层犯罪论对“明知是犯罪所得及其产生的收益”中的“明知”内容进行合理解释

《刑法》第312条规定行为人在收赃时需“明知是犯罪所得及其产生的收益”,正如上文所述,对于此处的“明知是犯罪……”不应解释为“明知法院作出了有罪宣告”,而必须对其做更为宽泛的解释。但根据何种标准,才能使得该解释既能便于操作,同时又不失之偏颇,是值得我们考虑的问题。笔者认为,三阶层犯罪论恰好能担当此功能。

三阶层犯罪论是通过对某一行为的构成要件该当性、违法性、有责性依次予以审查,既评价其入罪要素,也评价其出罪要素,经过层层筛选,最终认定该行为是否构成刑法上的犯罪。

---

① 不知法不赦(Ignorantia juris non excusat)这一制度最早起源于诺曼底王朝(1066~1135年,House of Normandy)时期的绝对责任主义。意思是“在作为主观的犯罪成立条件的犯意中,不要求认识到自己行为的违法性。”刑法理论上将错误分为“法律错误”和“事实错误”,事实错误在13世纪的布莱克顿教科书已被承认为抗辩理由,而不知法律或者法律认识错误,却不影响犯罪的成立,甚至不影响量刑。详见冯军著:《刑事责任论》,法律出版社1996年版,第205页。

掩饰、隐瞒犯罪所得中所指的行为人“明知是犯罪……”,应当是指明知上游行为大致符合构成要件该当性。行为人只要明知上游行为在形式上可能是违法犯罪,收购的物品是通过某种违法行为获得的,就已足够,不要求其知晓上游行为是否符合违法性和有责性要求。因为在通常情况下,行为人通过物品的外在特征、交易状况及卖方人员的相关表现等具体信息,比较容易区分某物品的来路是否正当,但是难以知晓上游行为的具体实施者是谁,该人是否达到刑事责任年龄,有无违法性认识,及其他违法性阻却和责任阻却事由。2007 年施行的最高人民法院、最高人民检察院《关于办理与盗窃、抢劫、诈骗、抢夺机动车相关刑事案件具体应用法律若干问题的解释》也基本采取的是这种观点,该解释第 6 条规定:“……涉及的机动车有下列情形之一的,应当认定行为人主观上属于上述条款所称‘明知’:(一)没有合法有效的来历凭证;(二)发动机号、车辆识别代号有明显更改痕迹,没有合法证明的。”该司法解释的本意就是指:行为人只要明知某物品具备赃物的相关特征,就可能知道它是卖方通过违法行为甚至犯罪行为所得,而不再需要行为人对上游行为有更深层次的认识。

回到本案,柴某磊承认他知道谢某成向其出售的电瓶不是通过正当渠道获得,即是说,他大致知晓上游行为符合构成要件该当性。但他认为电瓶价值小,即使是谢某成偷的,也不构成盗窃罪。此时柴某磊对于上游行为是否具备第二阶层的违法性要素产生了错误认识,而按照上述分析,刑法并不要求柴某磊对于上游行为的违法性和有责性有认识,即使他认识错了,也不影响对其收赃行为的定性。所以,从这点来看,柴某磊的辩解不能被采纳。同样,前述第一种意见也不能被采纳。

2. 利用“客观的处罚条件”理论对掩饰、隐瞒犯罪所得罪的适用进行反向限制

由于笔者主张对收赃行为人的主观认识内容进行合理解释,以便于司法人员从证据角度对其进行认定,但这同时可能会随附引发打击面过宽的问题,有违刑法谦抑性,因此还必须从客观层面对其进行一定程度的限制。比如,对于收购不满 16 周岁的未成年人盗窃所得和多次收购小额盗窃所得的案件,收赃人员很可能对上游行为的构成要件该当性有认识,但是无法认识到上游行为人是否达到刑事责任年龄,或者是否达到相应入罪数额。我们不可将此类收赃行为一概定罪,也不能全做无罪处理,而是需要设定一种过滤机制,将某些没有刑事打击必要的行为予以剔除。此时,客观的处罚条件理论具有很大借鉴意义。

客观的处罚条件,即是客观上存在的使行为具有可罚性的事实,即一种客观的犯罪成立要件,客观处罚条件虽然与行为具有直接关系,但既不属于不法,亦不属于罪责的行为情状,而应作为不法构成要件以外的一种犯罪要素,系属可罚性的实

体要件。[①] 它一般具有以下几种含义:第一,它是与被指控的犯罪行为直接相关的情状,但既不属于犯罪行为的不法构成要件,也不属于有责性范畴;第二,不要求行为人对其有主观认识或者过错;第三,它应当被作为一种刑罚限制事由,而不是一种刑罚扩张事由来使用。比较典型的立法例,就是《德国刑法》第 186 条的名誉诋毁罪,该罪的客观处罚条件是:必须无法证明诋毁的内容属于客观事实。如果被告人能证明其发表的诋毁性言论具有客观依据,则可免于刑事追究。还有《日本刑法》第 197 条第 2 款规定的事先受贿罪:"即将成为公务员的人,就其将要担任的职务,接受请托,收受、索要或者约定贿赂,在就任公务员的场合,处五年以下有期徒刑。"据此,在行为人就即将担任的职务,接受请托,收受、索要或者约定贿赂的,就可以构成事前受贿罪,但是,对其处罚,则只有在行为人"就任公务员的场合"才能进行。

笔者认为,上游行为已构成犯罪,应当成为掩饰、隐瞒犯罪所得罪的客观的处罚条件。因为,掩饰、隐瞒犯罪所得罪是一种次生型犯罪,其处罚的必要性依附于上游行为,如果上游行为因为存在违法性阻却或者责任阻却事由而不构成犯罪,根本不可能进入刑事诉讼程序的视野,则也无必要对掩饰、隐瞒"赃物"的行为予以刑事处罚,否则就是舍本逐末,有违罪刑法定原则。据于此,收购未达刑事责任年龄人员盗窃所得的,应当不构成掩饰、隐瞒犯罪所得罪;多次收购不同人员提供的小额盗窃所得,只要不是多次盗窃、入户盗窃、携带凶器盗窃、扒窃所得,也不构成掩饰、隐瞒犯罪所得罪。但是收购同一人的多次盗窃所得,或者入户盗窃、携带凶器盗窃、扒窃所得的,按照《刑法修正案(八)》的规定,上游行为构成盗窃罪,所以收赃者应当构成掩饰、隐瞒犯罪所得罪。

在实践中可以将"司法机关对上游行为作出了有罪判断"作为认定"上游行为已经构成犯罪"的重要标尺。即是说,即使我们有充分的理由怀疑上游行为可能构成了犯罪,但只要尚未被法院判决有罪,或者未受到其他类似的司法评价,[②]也不应对收赃者予以刑事处罚。不过,出于侦查便利的考虑,可以对收赃者事先采取一定形式的强制措施。简而言之,掩饰、隐瞒犯罪所得罪的判决不能先于上游行为的判决。否则,就有可能会出现上游行为被判无罪,而收赃行为却被判有罪的现象,在目前法律框架下,法院会处于极端被动境地。据此,前述第二种意见亦不可采纳,因为上游行为是否构成犯罪,这是一个客观的处罚条件,只要上游行为的判决或者

---

① 德国刑法学上,将客观的处罚条件表述为"die objektiven bedingungen der Strafbarkeit"。详见林山田著:《刑法通论》(上册),元照出版股份有限公司 2008 年版,第 403、404 页。

② 此处说的其他类似的司法评价,是指上游被告人本足以构成犯罪,但在对其进行有罪宣告之前,被告人已经死亡的场合。

司法定性，逻辑上先于掩饰、隐瞒行为的判决即可，至于掩饰、隐瞒行为与盗窃行为是否交替出现，并不重要，我们应以整体的眼光看待该类问题。

有人可能持有不同意见，认为收购未成年人盗窃所得，如果数额较大，也会给被害人和追赃工作带来极大困难，其社会危害性不可小觑；如果行为人多次收购多人的小额盗窃所得，证明其主观恶性较深，以此为业，积重难返，如不予以刑罚制裁，亦不合情理。然而，笔者认为，在我国目前的法律规定下，都不宜将该两类行为作犯罪处理。除非我国参照某些国家的立法，对《刑法》第 312 规定作出调整，将“掩饰、隐瞒犯罪所得罪”罪名改为“掩饰、隐瞒违法所得罪”，并将“明知是犯罪所得及其产生的收益”改为“明知是违法所得及其产生的收益”。①

**【法律法规链接】**

《中华人民共和国刑法》第 53 条、第 64 条、第 67 条第 3 款、第 264 条、第 312 条第 1 款

（编写人：王　冲）

## 67. 以协议离婚转移财产方式逃避法院执行的行为如何定性

——何某江拒不执行判决案②

**【裁判要旨】**

近年来，行为人为逃避法院执行，通过虚假离婚协议的方式转移财产成为实践中较为常见的一种方式。对此，笔者认为，行为人通过虚假离婚协议的方式转移财产后，客观上造成了人民法院不能再通过执行异议、追加被执行人等法定方式继续执行原生效判决，故其行为属于已经造成“致使生效判决、裁定无法执行”的结果，应当以拒不执行判决罪定罪量刑。

---

① 比如在《德国刑法》中，第 259 条规定的赃物罪（Hehlerei）中的赃物概念，就使用的是“针对他人财物通过违法行为（Rechtswiderige tat）获得的”这样一种表述方法，而没有使用“通过犯罪行为（Straftat）获得”这样的表述。笔者认为我国可以参考德国的这种立法例，同时为防止入罪门槛过低，可规定只有情节严重的掩饰、隐瞒所得行为才予以刑事处罚。

② （2013）海刑初字第 412 号判决书，（2013）一中刑终字第 3249 号裁定书。

## 【基本案情】

1989 年 9 月，被告人何某江与冯某慧登记结婚，婚后育有一女。2008 年 2 月，被告人何某江通过征婚网站与王某相识，发生婚外情，二人租房以夫妻名义共同生活，并于 2009 年 2 月育有一女何甲。2011 年 4 月 21 日，法院以(2010)海民初字第 17550 号判决书判决被告人何某江按每月人民币 3000 元标准向何甲支付自 2009 年 2 月起至何甲 18 周岁止的子女抚育费(其中自 2009 年 2 月起至 2011 年 4 月期间的子女抚育费人民币 81,000 元，于判决生效后 15 日内给付，2011 年 5 月后子女抚育费按月给付)。后何甲的法定代理人王某根据生效的民事判决书申请执行 2009 年 2 月至 2011 年 5 月被告人何某江应支付的子女抚育费人民币 8.4 万元，法院于 2011 年 7 月 4 日向何某江发出执行通知书。当日，被告人何某江将本人名下车牌号为 NHM809 的本田雅阁轿车的所有人变更为冯某慧。2011 年 7 月 5 日，被告人何某江与妻子冯某慧办理离婚手续，并协议将位于北京市海淀区万柳星标家园 2 楼 3 单元 502 号的房产，该房产中现有家具、家电，车牌号为 NHM809 的本田雅阁轿车归冯某慧所有。后经被告人何某江交纳及法院依法强制扣划何某江的银行存款人民币 37,828.85 元，仍有部分金额未执行完毕。2011 年 10 月，被告人何某江搬离原住址到西南科技大学从事科研工作，未再与法院执行庭联系，也未继续履行给付子女抚育费的义务，致使上述生效判决无法执行。2012 年 5 月 17 日，被告人何某江被抓获。案发后，被告人何某江的亲友代为退缴抚养费人民币 76,171.15 元。

## 【法院裁判】

审理过程中，被告人何某江对公诉机关指控的事实及罪名没有异议。法院认为，被告人何某江拒不履行人民法院判决所确定的义务，以离婚协议的方式向他人无偿转让个人财产，致使人民法院的判决无法执行，情节严重，其行为已构成拒不执行判决罪，应予惩处。鉴于被告人何某江到案后如实供述犯罪事实，认罪态度较好，可依法从轻处罚。其曾因故意犯罪被判处有期徒刑以上刑罚，刑罚执行完毕后，在 5 年内再犯应当判处有期徒刑以上刑罚之罪，系累犯，应依法对其从重处罚。综上，依照《中华人民共和国刑法》第 313 条、第 65 条第 1 款、第 67 条第 3 款之规定，判决被告人何某江犯拒不执行判决罪，判处有期徒刑 2 年 6 个月。

一审宣判后，被告人何某江提出上诉，二审法院裁定驳回上诉，维持原判。

## 【要点评析】

保证司法判决得到全面、及时执行，既是国家治理能力的重要体现，也是法治国家的重要标志之一。因此，自建立社会主义法制体系伊始，我国刑法就高度重视对妨碍人民法院生效判决执行行为的规制。1979 年《刑法》第 157 条规定："以暴力、威胁方法阻碍国家工作人员依法执行职务的，或者拒不执行人民法院已经发生法律效力的判决、裁定的，处三年以下有期徒刑、拘役、罚金或者剥夺政法权利。"1997 年《刑法》则进一步将拒不履行判决、裁定行为从妨碍公务中独立出来，并进行了一定细化。其第 331 条规定："对人民法院的判决、裁定有能力执行而拒不执行、情节严重的，处三年以下有期徒刑、拘役或者罚金。"相比 1979 年《刑法》，新《刑法》将该罪的罪状设置为"有能力执行而不执行"且"情节严重"。何为"有能力"、何为"情节严重"，具体操作中仍然不好把握。就此，最高人民法院 1998 年公布的《关于审理拒不执行判决、裁定案件具体应用法律若干问题的解释》对"情节严重"作了解释，全国人大常委会于 2002 年公布的《关于〈中华人民共和国刑法〉第三百一十三条的解释》(以下简称《解释》)又对该罪的构成要件作了全面解释。因全国人大常委会作出的解释系立法解释，其效力高于最高人民法院的司法解释，故最高院的上述解释已废止，审判实践中对该罪的认定以全国人大常委会《解释》为依据。

该《解释》舍弃了原刑法法条中"有能力"、"情节严重"等抽象且不易把握的相关词汇，转而采用直接描述行为人行为方式的立法技术对该罪名进行规定。这就大大提高了司法实践中的可操作性。《解释》规定，"有能力执行而拒不执行，情节严重"是指下列情形：(1)被执行人隐藏、转移、故意毁损财产或者无偿转让财产、以明显不合理的低价转让财产，致使判决、裁定无法执行的；(2)担保人或者被执行人隐藏、转移、故意毁损或者转让已向人民法院提供担保的财产，致使判决、裁定无法执行的；(3)协助执行义务人接到人民法院协助执行通知书后，拒不协助执行，致使判决、裁定无法执行的；(4)被执行人、担保人、协助执行义务人与国家机关工作人员通谋，利用国家机关工作人员的职权妨害执行，致使判决、裁定无法执行的；(5)其他有能力执行而拒不执行，情节严重的情形。

从立法技术上看，除第(5)项系兜底条款外，该解释针对拒不执行判决、裁定罪具体适用情形的前四项均采取了"行为 + 结果"的"双要件"模式，即行为人为某行为，从而造成某结果的，构成该罪。

实践中，对行为人具体行为是否符合《解释》所规定的四类行为要件，相对容易判断，但如何理解"致使判决、裁定无法执行"的结果要件，实践中存在不同意见。

一种意见认为,“致使判决、裁定无法执行”是指行为人逃避或者抗拒执行的行为暂时性的妨害了人民法院的正常执行活动,使裁判确定的执行内容暂时未得到执行。另一种意见认为,“致使判决、裁定无法执行”是指行为人的行为永久性的妨害了人民法院的执行活动,造成裁判内容彻底不能执行的后果。

笔者认为,上述两种理解均不够准确。首先,行为人抗拒执行的行为仅暂时性的妨害人民法院正常执行活动的行为不能认定为“致使判决、裁定无法执行”。第一,从字义上理解,所谓“无法”即是指没有办法、穷尽一切办法仍不能做到,如果行为人的行为只是暂时性的妨害了执行活动,人民法院仍然能够通过某种方法使得执行程序进行下去,则明显不符合司法解释所要求的“无法执行”;第二,民事诉讼法及其相关司法解释已经对被执行人部分轻微的妨害执行的行为规定了司法拘留、限制出境等惩戒措施,从刑法的谦抑性出发,如果对被执行人轻微的、暂时性的妨害执行行为均以刑罚进行处理,既不恰当地扩大了打击面,也扰乱了刑法与其他法律部门间的衔接关系;第三,从司法的现实情境看,目前,被执行人通过各种手段逃避执行的行为事实上极为高发,如果不分青红皂白,一律以刑事手段进行处理,事实上也不可能做到,反而影响刑法的权威性和严肃性。因此,行为人行为仅暂时性的妨害执行的,不能认定为《解释》所规定的“致使判决裁定不能执行”。

其次,不能将永久性的妨害执行活动狭义地理解为“裁判内容彻底不能执行”。虽然行为人拒不执行判决、裁定的行为必然会造成申请人申请的执行内容不能实现,但从该罪在刑法条文中所处的位置来看,拒不执行判决、裁定罪所侵犯的主要法益是司法秩序。申请人、被执行人之间的请求权基础主要是民事、行政法律关系,单纯对民事、行政法律关系产生侵犯的,不能也不应该上升到刑事层面。因此,对永久性妨害执行活动的理解应主要从对人民法院正常执行工作的影响出发。基于此,笔者认为,永久性的妨害执行活动主要是指行为人的行为造成人民法院执行机构无法运用法定的执行措施,或者运用了法律规定的各种执行措施,但仍无法完成执行的情形。这是因为,执行程序是严格依照诉讼法及相关司法解释进行的诉讼活动,诉讼法中对执行程序的启动、中止、终结及执行手段等均有着严格的规定,一旦行为人采用隐藏、转移、毁损财产等手段并造成财产永久性脱离控制时,要么使得整个执行程序因失去执行基础而终结,要么因穷尽法定执行手段仍无法实行执行内容而终结,都会造成人民法院的正常执行活动无法实现其应得之目的,极大的浪费了司法资源,影响了司法权威,从而对正常的司法秩序造成破坏。

本案中,被告人何某江在收到人民法院执行通知书后,即具有了司法解释所要求的被执行人的主体身份,其在收到执行通知当日及之后通过变更车辆所有人登记、与妻子办理离婚手续并通过协议方式将全部夫妻共同财产转移至妻子名下的行为，符合《解释》“被执行人隐藏、转移、故意毁损财产或者无偿转让财产”的规定。值得注意的是，本案中法院生效判决的执行内容是非婚生子女的抚养费请求权，因被告人何某江婚外与他人同居并生育的行为本身即违反了夫妻间的忠诚义务，由此产生的非婚生子女抚养费支出当然不属于夫妻共同债务，其妻子对此不承担偿还义务，因此，被告人何某江将财产转让给其妻子后，人民法院不能再通过执行异议、追加被执行人等法定方式继续执行原生效判决，故其行为属于已经造成“致使生效判决、裁定无法执行的”结果。而在某些情况下，行为人所负债务本身属于在夫妻共同生活中产生的共同债务，如果行为人通过虚假离婚等方式将财产转移给妻子，因其妻子也负有偿还义务，申请执行人还可以通过执行异议、追加被执行人等方式要求对行为人之妻进行执行，故笔者认为，该种情形下不属于“致使生效判决、裁定无法执行的”，不构成本罪。

综上，法院认定被告人何某江的行为构成拒不执行判决罪是正确的。

**【法律法规链接】**

《中华人民共和国刑法》第65条第1款、第67条第3款、第313条

（编写人：李　元　陈　明）

## 68. 毒品累犯、再犯情节及毒品数量能否作为非法持有毒品罪“情节严重”因素考虑

——谭某锋非法持有毒品案①

**【裁判要旨】**

《刑法》第348条规定：“非法持有鸦片一千克以上、海洛因或者甲基苯丙胺五十克以上或者其他毒品数量大的，处七年以上有期徒刑或者无期徒刑，并处罚金；非法持有鸦片二百克以上不满一千克、海洛因或者甲基苯丙胺十克以上不满五十克或者其他毒品数量较大的，处三年以下有期徒刑、拘役或者管制，并处罚金；情节严重的，处三年以上七年以下有期徒刑，并处罚金。”刑法规定了三档量刑幅度，对于第二档“情节严重”之认定标准，司法解释未作明确界定。实践操作中，是以数额

① （2013）海刑初字第11号判决书。

接近50克认定？抑或以其他情节，比如累犯、毒品再犯等情节认定？笔者认为，法律明确规定非法持有毒品甲基苯丙胺50克以下应在3年有期徒刑以下量刑，故不能再以数额作为“情节严重”的认定标准，这是贯彻罪刑法定原则的体现；但如果行为人持毒数额接近50克，且有累犯、毒品再犯等因素，综合考虑可视为其持有毒品行为达到“情节严重”的程度；同时，量刑时不再重复评价累犯、再犯情节。

## 【基本案情】

被告人谭某锋之前曾多次贩毒，2001年1月因犯抢劫罪被判处有期徒刑10年，剥夺政治权利2年，并处罚金人民币1万元，2008年11月6日刑满释放；2010年5月11日因犯贩卖毒品罪被判处有期徒刑1年，并处罚金人民币2000元，与前罪未执行完毕的剥夺政治权利11个月零3天并罚，决定执行有期徒刑1年，剥夺政治权利11个月零3天，并处罚金人民币2000元，于2010年12月2日刑满释放。2012年6月1日，民警在审查涉嫌吸毒的赵某某时，该人称可向公安机关提供线索协助抓获其他出售毒品的嫌疑人。赵某某在玉泉营派出所给谭某锋打电话，向谭“要”毒品20克，并约定好时间与地点，后民警在约定地点将涉嫌毒品犯罪人员谭某锋抓获，并当场从被告人谭某锋处起获毒品一包，经鉴定，上述毒品为甲基苯丙胺，净重45.5克。

## 【法院裁判】

法院认为：被告人谭某锋非法持有毒品，数额达到45.5克，其行为已构成非法持有毒品罪，且其在刑满释放后5年内再犯应判处有期徒刑以上刑罚之罪，系累犯，亦是毒品再犯，情节严重，依法应予惩处。检察院指控被告人谭某锋犯非法持有毒品罪的事实清楚，证据确实、充分，指控罪名成立。被告人谭某锋前罪所判罚金刑尚未执行完毕，应与本次犯罪所判刑罚并罚。鉴于被告人谭某锋到案后及在庭审过程中均能如实供述犯罪事实，认罪、悔罪态度较好，故对被告人谭某锋依法从轻处罚。依照《中华人民共和国刑法》第348条，第71条，第69条第2款，第65条第1款，第356条，第67条第3款，第53条之规定，判决如下：被告人谭某锋犯非法持有毒品罪，判处有期徒刑5年，罚金人民币5000元；与前罪未执行完毕的罚金刑人民币13,000元并罚，决定执行有期徒刑3年，罚金人民币17,000元。

一审宣判后，被告人未上诉，公诉机关亦未抗诉，一审判决已经生效。

## 【要点评析】

本案定性存在争议。被告人谭某锋因涉嫌贩卖毒品被批捕，后公诉人以非法持有毒品提起公诉。证据显示:2012 年 6 月 1 日,民警在审查涉嫌吸毒的赵某某时,该人称可向公安机关提供线索协助抓获其他出售毒品嫌疑人。赵某某在玉泉营派出所给谭某锋打电话,向谭"要"毒品甲基苯丙胺 20 克,并约定好时间与地点,后民警在约定地点将涉嫌毒品犯罪人员谭某锋抓获。本案谭某锋之行为类似于贩卖毒品,但因赵某某与其电话沟通时未涉及毒品交易价格问题;抓捕时也是直接将谭某锋抓获,未完成毒品交易行为,定贩卖毒品缺乏证据支持,故合议庭认定谭某锋之行为属于非法持有毒品行为。

本案的争议焦点在于非法持有毒品罪中"情节严重"的认定标准及"禁止重复评价"问题。

本案审理过程中,对被告人谭某锋之行为是否属于"情节严重",曾出现过三种意见:

第一种意见认为,法律规定对非法持有甲基苯丙胺 50 克以上或以下分别处以 7 年以上或 3 年以下有期徒刑,存在 3 ~ 7 年的断档,法律以"情节严重"予以认定,这属于法官的自由裁量权,本案中被告人谭某锋非法持有毒品虽不到 50 克,但已非常接近,故认为可以认定为"情节严重",量刑时再考虑累犯、再犯因素,与控方意见一致。

第二种意见认为,法律明确规定持有甲基苯丙胺 50 克以下应判处 3 年以下有期徒刑,根据罪刑法定原则,即使无限接近 50 克也应在 3 年以下量刑,不能因数额接近 50 克就认定属于"情节严重",故应在 3 年以下幅度量刑,再依法考虑累犯、再犯等因素。

第三种意见认为,既然法律明确规定持有甲基苯丙胺 50 克以下应在 3 年以下幅度量刑,故不能再以数额作为"情节严重"的认定标准,这是贯彻罪刑法定原则的体现;但考虑到被告人持毒数量接近 50 克,且构成累犯及毒品再犯,此情节可视为其持毒行为达到"情节严重"的程度;同时,根据"禁止重复评价"等相关法治精神,在 3 年到 7 年的具体幅度内量刑时不再考虑累犯、毒品再犯因素。

庭审过程中,公诉人认为被告人谭某锋非法持有毒品 45.5 克,接近 50 克的上一档标准,故指控被告人之行为属于"情节严重"。司法解释未对"情节严重"作明确界定,但刑法典对非法持毒犯罪数额的界定非常明确,非法持有甲基苯丙胺 10 克以上不满 50 克的,处 3 年以下有期徒刑、拘役或者管制,仅以数额接近 50 克就认定被告人之行为构成"情节严重"有悖罪刑法定原则。被告人属于累犯,亦是毒品再犯,此情节符合"情节严重"的量刑标准,应在 3 ~ 7 年幅度量刑;但为避免"重复评价",合议庭认为在该档幅度内具体量刑时不再考虑累犯及再犯两个因素。最终,法院认为第三种意见更加符合相关法律规定。

【法律法规链接】

《中华人民共和国刑法》第 53 条,第 65 条第 1 款,第 67 条第 3 款,第 69 条第 2 款,第 71 条,第 348 条,第 356 条

(编写人:侯孝文)

## 69. 组织他人散发招嫖广告卡片是否属于“组织卖淫”

——尼某君等组织卖淫案①

【裁判要旨】

我国刑法对组织卖淫罪的从犯进行了特殊的规定,单独将组织卖淫罪的从犯规定为协助组织卖淫罪,“组织”与“协助组织”两种行为对卖淫活动所起的作用具有明显的差别,因此刑法对两种犯罪规定了不同的法定刑。部分犯罪人为逃避刑罚,不再局限于传统的在固定场所组织人员进行卖淫活动,而是通过多人分工、互相配合来进行卖淫活动。例如,部分人员仅分工负责组织他人收集、提供嫖客信息,这种行为必然属于刑法所打击的卖淫犯罪范畴,但这种行为如何认定?系组织卖淫抑或协助组织卖淫?我们认为必须进行实质理解,正确把握收集、提供嫖客信息行为的对进行组织卖淫活动是否起到核心作用,才能准确通过刑罚打击犯罪活动。

【基本案情】

2010 年 7 月至 2011 年 9 月,被告人尼某君、孟某甲在明知小军在北京市海淀区、朝阳区等地组织卖淫的情况下,仍组织陈某、于某伟(均另案处理)等人在北京市海淀区西苑饭店等地散发招嫖卡片以获取嫖客信息并提供给小军,并由小军按照所获取的信息安排人员进行卖淫活动,卖淫嫖资由尼某君和小军五五分成,而后尼某君将所非法获取的钱款部分交给孟某甲,由孟某甲负责发放散发卡片人员的工资。

2011 年 9 月 6 日,被告人尼某君被公安机关抓获;2011 年 9 月 7 日,被告人孟

① (2012)海刑初字第 2394 号判决书。

某甲被公安机关抓获归案。

【法院裁判】

在庭审过程中,被告人尼某君、孟某甲对检察院指控的事实和罪名提出异议,被告人尼某君辩称自己系为他人打工,仅仅从事散发卡片的活动,被告人孟某甲辩称虽然发卡片的人是其找的,但工资并非其发放。被告人尼某君的辩护人发表的辩护意见为,公诉机关指控被告人尼某君犯组织卖淫罪的事实不清,证据不足,建议法庭对被告人尼某君宣告无罪;被告人孟某甲的辩护人发表的辩护意见为,公诉机关指控被告人孟某甲犯组织卖淫罪的事实不清,证据不足,建议法庭对被告人孟某甲宣告无罪。

法院认为:本案同案犯的供述及证人证言相互印证,均能证明,被告人尼某君、孟某甲在明知他人进行卖淫活动的情况下,仍通过控制、管理数人发放招嫖卡片获取大量嫖客信息,在卖淫活动中起到关键作用,二被告人这种提供大量嫖客信息的行为属于组织卖淫行为的表现形式之一,二被告人的行为完全符合组织卖淫罪的构成要件,故二被告人的无罪辩解及辩护人的无罪辩护意见无事实及法律依据,法院不予采纳。

最终,法院认为,被告人尼某君、孟某甲无视社会管理秩序,组织他人卖淫,其行为均已构成组织卖淫罪,应予惩处。依照《中华人民共和国刑法》第358条第1款、第25条第1款、第53条之规定,判决如下:被告人尼某君犯组织卖淫罪,判处有期徒刑6年,罚金人民币6000元。被告人孟某甲犯组织卖淫罪,判处有期徒刑6年,罚金人民币6000元。

宣判后,二被告人均未上诉,公诉机关亦未抗诉,判决已生效。

【要点评析】

本案的焦点问题是:收集、提供大量嫖客信息的行为应如何定性,即对组织卖淫行为的理解。对此,审理中曾存在以下两种不同意见:

第一种意见坚持对组织卖淫罪的形式理解,认为本案不构成组织卖淫罪,只能认定为协助组织卖淫罪。"组织"一词的意思是指为达到一定目的,安排分散的人或事物,使之具有一定的系统性和整体性。组织卖淫罪的实行行为,应当表现为对卖淫人员从事了管理、控制、安排和调度。组织卖淫罪中的组织对象应当是卖淫人员,她们是卖淫行为的直接实施者。《刑法》第358条第3款规定的协助组织卖淫罪是指:"为组织卖淫的人招募、运送人员或者其他协助组织他人卖淫的行为。"根据此法条,对于仅从事发招嫖广告、接送卖淫女、为卖淫嫖娼通风报信等行为应按照协助组织卖淫罪处罚。本案中二被告人虽也有一定的组织行为,但组织对象是发招嫖卡片的人,他们仅仅是招嫖行为的实施者,故不构成组织卖淫罪,应构成协助组织卖淫罪。

第二种意见坚持对组织卖淫罪的实质理解,认为本案构成组织卖淫罪。最高法院、最高检察院于1992年印发的《关于执行〈全国人民代表大会常务委员会关于严禁卖淫嫖娼的决定〉的若干问题的解答》中第2条明确提到,组织卖淫罪的主体"必须是卖淫的组织者,可以是几个人,也可以是一个人,关键要看其在卖淫活动中是否起组织者的作用"。因此,判断一个行为是否构成组织卖淫罪,根本上取决于该行为在卖淫行为中起到了何种作用,而不仅仅从形式上来理解法律条文。

我们认为第二种意见更为合理。按照我国刑法,组织卖淫罪的起刑点规定为5年以上有期徒刑,最高为死刑,而协助组织卖淫罪的量刑幅度为5年以下有期徒刑,最高为10年有期徒刑。组织卖淫者和协助组织卖淫者本来都属于共同犯罪,将协助组织卖淫者按照组织卖淫罪的从犯论处,在刑法理论上没有任何障碍。但我国刑法之所以将协助组织卖淫罪独立出来,设立一个专门的罪名,具有多重目的。首先是为了明确区分行为人在实施组织卖淫过程中的不同作用,按照组织者和协助组织者的刑事责任大小设置不同的罪名,实现处罚的精确化;其次是鉴于司法实践中协助组织卖淫行为的多发性和多样性,立法者为强调打击此类违法行为的决心,需用刑法罪名对其刑事当罚性予以确认,防止轻纵此类犯罪。归根结底,对这两类犯罪行为进行分别定罪的根本目的在于贯彻刑法罪刑相适应原则,使罪刑规范更能精确体现出被告人的刑事责任大小及其差别,并在此基础上裁量适度的刑罚,实现刑法的一般预防和特殊预防之目的。

基于此,我们认为,在区分组织卖淫罪和协助组织卖淫罪时,关键要斟酌行为人在整个犯罪过程中的刑事责任大小,看其应负组织卖淫之责,还是应负协助组织卖淫之责,具体而言,可以从以下两个"核心"因素着手进行分析:

1. 功能因素,即行为人在卖淫活动中是否发挥"核心作用"

行为人在组织卖淫中的所谓"核心作用",就是指对整个卖淫团伙的"全部事项"或者"核心事项"负责。如果起到核心作用,应当可以被认定为组织卖淫罪。

所谓"全部事项"比较容易理解,即是对卖淫团伙中的"人"(卖淫人员及其他人员)、"事"(卖淫活动及其他联络、保障工作)、"物"(卖淫定价及非法所得的分配使用)三者具有最后的统筹、决定权。行为人若负责全部事项,他必然起核心作用,应当构成组织卖淫罪。

关键点在于如何理解"核心事项"。我们认为,在通常情况下,只要对上述"人、事、物"中的一项或者多项起到实质上的组织管理作用,便可认定为在卖淫活动中发挥了“核心作用”,也应当被认定为组织卖淫罪。然而,收集、提供大量嫖客信息是否属于核心作用则应具体问题具体分析。

客观而论,卖淫是一种非法买卖“性服务”的双方行为,双方的意思沟通与合意,表现为“与嫖客接触——双方谈论卖淫时间、地点、价格、方式和其他要求——谈妥”这一具体过程,它类似于契约签订中的“要约”和“承诺”,该阶段一旦完成,“卖淫契约”宣告成立。后继的“派出妓女、实施卖淫、给付嫖资”等行为都是“卖淫契约”的履行阶段。因此,对于卖淫团伙而言,“卖淫契约”的成立与“卖淫契约”的履行都具有重要地位。尤其对于没有固定卖淫地点的卖淫团伙而言,“卖淫契约”的成立阶段甚至更为重要,因为其无固定卖淫场所,嫖客无法自行主动前来嫖娼,招嫖行为对于卖淫的促成起着基础作用;而且卖淫地点不固定,更为隐蔽,一旦“卖淫契约”成立,性交易的发生过程很难被公安机关发觉。所以说,无论是从犯罪学角度,还是侦查学角度而言,无固定卖淫地点的卖淫团伙中的“卖淫契约”成立阶段都具有核心作用,在该类团伙中,组织多人收集、约定、提供大量卖淫信息,完全可以认定为一种组织卖淫行为。

本案的二被告人组织专人负责发招嫖广告,嫖客根据广告上的电话联系二被告人,二被告人直接与嫖客约定好卖淫时间、地点、价格及对卖淫女的要求,此时“卖淫契约”业已成立,之后被告人再将嫖客信息提供给掌控卖淫女的小军。由此可见,二被告人不仅实施了发放招嫖广告的管理行为,还负责与嫖客约定具体卖淫细节,实施了卖淫的核心事项,应当构成组织卖淫罪。如果二被告人仅仅是发招嫖广告,并不负责接招嫖电话,或者虽然接招嫖电话,但不负责与嫖客确定卖淫细节,则仍无法将其认定为组织卖淫罪。

2. 人际因素,即行为人在卖淫团伙中是否具有“核心地位”

通过上文对“核心作用”的分析,基本上能解决大部分案件的定性问题。然而,不排除司法实践中存在“核心作用”难以认定的场合,此时,我们还可以对行为人在卖淫团伙中的地位进行分析,看其是否具有“核心地位”,并结合其在犯罪中所起的作用大小,来综合认定其是组织卖淫,还是协助组织卖淫。

任何具有相当规模的卖淫团伙,其内部都在一定程度上存在层级关系。组织卖淫罪一般只适用于其中的一定层级,而不是全部适用,除非该团伙人数少,且无明显分工。所以,要判断某一行为人是否是组织卖淫者,需看他是否处于或者接近该团伙的核心层,而不取决于该人是否直接管理、控制卖淫者,直接管理、控制卖淫者的也可能仅是被雇用的一般打手。

在有些案件中,将卖淫团伙的核心人物一次性全部定位并非易事,因此我们只能采取比较排除的方式进行筛选。根据已有证据,我们首先要定位卖淫团伙中最容易被确定的核心人物,他们应当是组织卖淫者。只要该名或者几名核心人物确定,如果其团伙内的某行为人与该核心人物之间是平等协作关系,则该行为人也可以被认定为组织卖淫者。如果某行为人与核心人物之间是隶属关系,即听命于核心人物,则还要看该行为人的具体分工和权责大小,如比较接近核心层,则仍可以认定为组织卖淫者,如不接近核心层,则应当被认定为协助组织卖淫者。

本案的同案犯小军,其必定是卖淫团伙的核心人物,其负责直接掌控和派遣卖淫人员,并负责集中收取卖淫人员带回的嫖资,然后进行统一发放,他应当被认定为组织卖淫者。而本案的二被告人与直接管理卖淫女的同案犯小军之间是按照事先合谋进行的分工协作,且约定的分成方式为五五分成,分成之高,并非简单的协助卖淫者所能获得。据此,可以说,二被告人与小军之间并非上下级的层属关系,而是平等的分工协作关系。故本案中被告人也应当被认定为组织卖淫者。

**【法律法规链接】**

《中华人民共和国刑法》第 25 条第 1 款、第 53 条、第 358 条第 1 款

(编写人:孙凯飞　谭轶城)

## 70. 已实施介绍卖淫行为但卖淫嫖娼者未实际达成交易的,如何定性

——秦某某介绍卖淫案①

**【裁判要旨】**

介绍卖淫是否必须以卖淫嫖娼行为得以完成为前提,没有统一的结论。“介绍”,是指在卖淫者与嫖娼者之间进行引见、沟通、撮合,包括通过互联网发布卖淫信息,使卖淫嫖娼行为得以实现的行为,即通常所说的“拉皮条”。据此,似乎介绍成功了才能构成介绍卖淫罪。我们认为,司法实践中,如果以卖淫嫖娼行为的完成作为介绍卖淫罪成立的前提,对本罪的犯罪构成要求过高。但是,又不能将本罪的成立范围过于扩大化。介绍行为较为复杂,诸如单纯的发招嫖信息小广告的行为,就不宜纳入本罪。

---

① (2013)海刑初字第 2885 号判决书。

## 【基本案情】

经审理查明,2011 年 1 月至 4 月间,曹某某(已判决)在北京市海淀区某宾馆租住客房九间,并伙同被告人秦某某及张某某、关某等人(均另案处理)找来卖淫女进行卖淫活动。同年 4 月 8 日,秦某某对嫖客曾某和潘某称其所在宾馆有多名"小姐",可提供卖淫服务,1000 元一次,并将曾某和潘某带至宾馆二层一小房间内挑选卖淫女。曾某选定卖淫女后,在该酒店房间并与其实际发生了性关系。潘某因未选中卖淫女,遂至该宾馆其他房间看电视并等待曾某。后潘某替曾某结账后二人离开宾馆。同年 11 月 29 日,被告人秦某某向公安机关主动投案。

## 【法院裁判】

在本案的审理过程中,对被告人秦某某是否构成介绍卖淫罪,存在三种不同意见:

第一种意见认为,依据 2008 年最高人民检察院、公安部《关于公安机关管辖的刑事案件立案追诉标准的规定(一)》的规定,介绍卖淫入罪标准是介绍 2 人次以上卖淫的方可构成本罪,而本案中,被告人秦某某仅介绍成功了一位嫖客,也即仅介绍了一位卖淫女,因此,秦某某不能构成本罪,只能以行政手段对其进行处理。

第二种意见认为,介绍卖淫的入罪标准虽然是介绍 2 人次以上卖淫,但是,本案中,被告人秦某某介绍了两位嫖客,对应的是两名卖淫女,其中一名卖淫女与嫖客成功完成了性行为,另一名嫖客虽然未选中卖淫女,但其介绍行为已经完成,应当以介绍卖淫罪追究其刑事责任。

第三种意见认为,介绍卖淫中的介绍不以性行为完成为必要,只要介绍行为已经完成,就应当定罪,本案构成介绍卖淫罪没有异议。

最终,法院认为,第二种意见是正确的。介绍卖淫行为能否成立不应当以卖淫行为是否实际完成为标准,故以介绍卖淫罪判处秦某某有期徒刑 10 个月。

一审宣判后,被告人未上诉,公诉机关亦未抗诉,一审判决已经生效。

## 【要点评析】

刑法规定的介绍卖淫罪采用的是简单罪状的模式,对介绍行为没有详细的定义。一种观点认为:介绍卖淫罪是指为卖淫进行介绍的行为。此处的介绍,是指在卖淫者与嫖客之间牵线搭桥,促使卖淫嫖娼行为得以顺利进行的行为[①]。还有观点

① 高铭暄、马克昌主编:《刑法学》,北京大学出版社、高等教育出版社 2011 年版,第 601 页。

认为,"介绍",是指在卖淫者与嫖娼者之间进行引见、沟通、撮合,包括通过互联网发布卖淫信息,使卖淫嫖娼行为得以实现的行为,即所说的"拉皮条"①。经过比较,上述关于"介绍"的定义还是有一定区别,后者要求卖淫嫖娼行为得以实现,前者只是说促使卖淫嫖娼行为得以顺利进行。

卖淫女与嫖客之间性行为的完成受制于许多因素,嫖客可能因为醉酒、自身生理原因等多种因素而未能与卖淫女完成性行为,实践中,比较一致的观点是,介绍卖淫罪不要求卖淫女与嫖客之间完成性行为。但是,也不宜说介绍行为一旦完成就构成本罪。理论上,介绍卖淫罪属于行为犯,一旦介绍行为完成就本罪即可以成立,且构成既遂。但是,实践中,介绍行为却非常复杂。比如,仅仅是在宾馆、酒吧甚至是街上发招嫖信息传单的行为一般不能认定构成介绍卖淫罪。然而,如果招嫖信息上明确印有小姐的联系方式,嫖客根据传递单联系上小姐,最终完成性行为,那么发传单的行为是否构成介绍卖淫罪呢?如果认为这种行为构成本罪,那么,介绍卖淫罪是否还是要考虑卖淫女与嫖客间完成性行为呢?又有人提出,卖淫女与嫖客之间不一定完成性行为,但是一定要见面,二人要达成合意。实践中,有介绍人介绍卖淫女与嫖客发生性行为,而卖淫女与嫖客在房间因为价格没有谈拢而没有完成性行为,那么,很难说先前的介绍人不能构成犯罪?退一步讲,有人提出,因为介绍的对象是双方,因此,介绍的卖淫女与嫖客之间必须见面,而不论被介绍的双方之间是否最终达成合意。实践中,有的介绍人只是在介绍卖淫地门口将嫖客领进门,向嫖客介绍完卖淫信息就去招待别的客人了,或者介绍人通过电话或网络介绍卖淫女与嫖客进行卖淫,最终卖淫女与嫖客还未及见面,介绍人就被抓获,也不宜说介绍人不构成犯罪。

我们认为上述问题实际上属于刑法的维度问题,牵涉到犯罪圈的划定。我们认为介绍卖淫罪是否构成犯罪,应当以是否对刑法所保护的法益造成现实的损害为依据。介绍卖淫罪保护的法益是国家对社会风尚的管理秩序,是否对这一法益造成现实或迫切的损害,一般要求卖淫女与嫖客之间形成一定的意思联络和意思表示行为。卖淫女与嫖客之间最终会因种种原因未能完成性行为,甚至会因为各种原因达不成性交易的合意,但二者应当对卖淫女卖淫、嫖客进行招嫖这一事实有清晰的认识,并进行一定的诸如交易地点、交易方式、讨价还价等意思联络和意思表示。而二人能形成意思联络正是由于介绍卖淫罪的行为人实施的牵线搭桥等帮助行为。就本案而言,二名嫖客已经到了专门从事卖淫的场所,秦某某又是场所的工作人员,并安排屋里一排卖淫女接受二名嫖客的挑选,虽然一名嫖客没有选中卖

① 周道鸾、张军主编:《刑法罪名精释》,人民法院出版社2013年版,第953页。

淫女，没有选中可能基于嫖客心情，招嫖价格、卖淫女自身等各种原因，但不论基于什么原因，此时，卖淫女与嫖客之间已经形成了接受挑选进行卖淫和挑选卖淫女进行嫖娼这一意思联络和意思表示的行为，刑法所保护的国家对社会的管理秩序这一法益已经遭到了现实的损害，我们认为此时，应当认定秦某某构成介绍卖淫罪。

**【法律法规链接】**

《中华人民共和国刑法》第53条、第67条第1款、第359条第1款

（编写人：陈 雷）

## 71. 淫秽电子信息属于淫秽物品

——甄某林、杨某英复制、贩卖淫秽物品牟利案①

**【裁判要旨】**

淫秽物品包括具体描绘性行为或者露骨宣扬色情的诲淫性的视频文件、电子刊物、图片、文章、短信息等互联网、移动通信终端电子信息和声讯的语音信息。淫秽电子信息属于淫秽物品，以牟利为目的下载、上传淫秽电子信息就构成复制淫秽物品牟利罪，贩卖淫秽电子信息就构成贩卖淫秽物品牟利罪。

**【基本案情】**

法院经审理查明，被告人甄某林在163网站上申请了一个网址为LEG363.7i24.COM的相册（用户名是LADY2004－2008，密码是666666），在相册内存放大量淫秽电影或图片的视频文件，并以车标图片加以掩饰。知道网址的人或知道相册用户名和密码的人均可进入相册观看。被告人甄某林伙同杨某英通过网上聊天，或通过在网上销售丝袜等货物建立联系的途径，告知一些顾客可以通过上述网址选购光盘。2004年6月至10月间，被告人甄某林在海淀区西三旗育新花园小区66楼1503号房间，从"情色六月天"等网站下载大量淫秽电影或图片存放在电脑中，并根据客户的要求刻录制作成光盘进行销售，被告人杨某英在销售丝袜的同时也帮助销售部分淫秽光盘。后经群众举报，二被告人于2004年12月14日在家中

① (2005)海法刑初字第2181号判决书，(2005)一中刑终字第3875号裁定书。

被抓获，公安机关同时起获电脑三台，其中甄某林使用的电脑中存有视频文件格式的电影478部，公安机关还从LEG363.7i24.COM网址上下载有视频图片158张。经北京市公安局淫秽物品审查鉴定书鉴定为淫秽物品。

**【法院裁判】**

法院认为：最高人民法院、最高人民检察院《关于办理利用互联网、移动通信终端、声讯台制作、复制、出版、贩卖、传播淫秽电子信息刑事案件具体应用法律若干问题的解释》（以下简称《解释》）第9条规定，《刑法》第367条第1款规定的“其他淫秽物品”，包括具体描绘性行为或者露骨宣扬色情的诲淫性的视频文件、音频文件、电子刊物、图片、文章、短信息等互联网、移动通信终端电子信息和声讯台语音信息。依据上述解释规定，构成复制淫秽物品牟利罪的淫秽物品，并不要求是物化了的淫秽物品，电子信息也可以构成。而本案查获的存放在甄某林的电脑中的视频文件格式的478部电影，以及粘贴在甄某林建立的网址LEG363.7i24.COM上的158张视频图片，也经鉴定均为淫秽物品。故被告人甄某林的辩护人关于存放在电脑中的电影视频文件和视频图片不属于复制淫秽物品牟利罪所指的淫秽物品的辩护意见不符合法律规定，法院不予采信。被告人甄某林将这些淫秽物品，用于制作成光盘进行贩卖，反映其具有非法牟利的目的；而其从互联网上下载淫秽物品的过程，就属于复制行为；而其下载淫秽物品、将淫秽物品粘贴在自己建立的网址上供购买者挑选、利用QQ聊天的形式联系购买者等行为，均利用了互联网络进行。被告人甄某林、杨某英的行为完全符合《解释》第1条规定的以牟利为目的，利用互联网复制、贩卖淫秽电子信息的行为，应该以复制、贩卖淫秽物品牟利罪定罪处罚。因此，被告人甄某林伙同杨某英以牟利为目的，复制并贩卖淫秽物品，情节严重，其行为均已构成复制、贩卖淫秽物品牟利罪，应予惩罚。检察院指控被告人甄某林、杨某英犯罪的事实清楚，证据确实充分，但指控罪名有误。被告人甄某林在共同犯罪过程中，起主要作用，系主犯；被告人杨某英在犯罪过程中起次要作用，系从犯，结合其能坦白犯罪事实，认罪态度较好，依法可对其减轻处罚。

法院对被告人甄某林依照《中华人民共和国刑法》第363条第1款，第25条第1款，第26条第1款、第4款，第53条及《解释》第1条第1款第（一）项、第2条；对被告人杨某英依据《中华人民共和国刑法》第363条第1款、第25条第1款，第27条，第53条及《解释》第1条第1款第（一）项、第2条之规定，判决如下：被告人甄某林犯复制、贩卖淫秽物品牟利罪，判处有期徒刑5年，罚金人民币5000元。被告人杨某英犯复制、贩卖淫秽物品牟利罪，判处有期徒刑2年，罚金人民币2000元。

一审宣判后，被告人提出上诉，二审法院裁定驳回上诉，维持原判。

**【要点评析】**

《中华人民共和国刑法》第367条第1款规定了“淫秽物品”的定义,即具体描绘性行为或者露骨宣扬色情的诲淫性的书刊、影片、录像带、录音带、图片以及其他淫秽物品。而随着互联网、移动通信、声讯台的迅猛发展,淫秽物品的载体已经多样化,在线电影、动画、即时通话、电子刊物、短信息等非实物化的电子信息相继出现,而这些载体与传统的实物载体有着很大不同。这些非实物化的淫秽信息是否构成淫秽物品呢?这就成为本案的争议焦点。本案中甄某林通过互联网下载了大量的淫秽色情信息,并采用视频文件及图片作为载体加以储存,再按照客户的要求将这些信息物化于光盘加以出售。而实际上,这种视频文件及图片与物化后的光盘作用是一样的,它们同样是通过人的感官传递同一种信息,刺激、诱导接受者的性欲,教唆、驱使其进行淫秽色情活动。因此,《解释》第9条第1款规定,《刑法》第367条第1款规定的“其他淫秽物品”,包括具体描绘性行为或者露骨宣扬色情的诲淫性的视频文件、音频文件、电子刊物、图片、文章、短信息等互联网、移动通信终端电子信息和声讯台语音信息。所以,本案涉及的淫秽电子信息属于淫秽物品,而以牟利为目的下载、上传淫秽电子信息就构成复制淫秽物品牟利罪,贩卖淫秽电子信息就构成贩卖淫秽物品牟利罪。

**【法律法规链接】**

《中华人民共和国刑法》第25条第1款,第26条第1款、第4款,第27条,第53条,第363条第1款

最高人民法院、最高人民检察院《关于办理利用互联网、移动通讯终端、声讯台制作、复制、出版、贩卖、传播淫秽电子信息刑事案件具体应用法律若干问题的解释》第1条第1款第(一)项、第2条

（编写人:游　涛　李　元）

# 第七章　贪污贿赂类案件

## 72. 挪用公款给个人注册、“名为全民实为私营”企业的行为如何认定

——王某匀挪用公款、贪污案①

### 【裁判要旨】

“名为全民实为个体”，或者“名为单位实为个人”等问题，在审判实践中经常遇到。对于全民和个体、单位和个人问题的判断，必须依据工商行政管理机关登记客观实质进行核定。登记核定主体虽然合法，但依据的基础是被告人提供的虚假材料，基于此产生的营业执照，虽然形式合法，但是内容却没有客观地反映出企业性质，不是客观真实的。如果善意第三人依据此营业执照上的法律事实来对抗被告人的行为，法院应予支持；但是被告人凭借此其违法取得的营业执照来为自己抗辩，如果法院予以支持，便是在支持违法行为，违反了公平与正义。

### 【基本案情】

被告人王某匀于1991年年底至1992年年初，与何甲（另案处理）等人商定私下成立海南益发实业发展联合公司。为办理益发公司的注册登记手续，被告人王某匀遂利用其担任海南标准实业发展联合公司（以下简称海标公司）总经理的职务之便，将其他单位应归还海标公司的欠款人民币90万元私自划到海南中发实业公司（后更名为海南益发实业发展联合公司）的账上，由此取得了已投入注册资本人民币90万元的验资证明及银行存款证明，以此作为向工商机关申请注册成立海南益发实业发展联合公司的证明文件。1992年2月1日，海南省工商局正式批准成立海南益发实业发展联合公司，其注册资金即为人民币90万元。后该款中的80万元分别归还给海口四发塑胶实业联合公司（以下简称四发公司）以及四发公司的股东之一中信化工公司，其余10万元至案发时尚未归还。

被告人王某匀于1992年5月间，利用其担任海南标准实业发展联合公司总经

---

① (2000)海刑初字第595号判决书。

理及海口四发塑胶实业联合公司总经理的职务之便,在明知海标公司与四发公司及益发公司从未发生过任何咨询服务业务的情况下,将海南标准实业发展联合公司的公款人民币15万元,以咨询费的名义转至四发公司的账上。而后,其又以该款应为益发公司咨询费收入,此前误转给四发公司为由,将该15万元转至其与何甲等人私营的海南益发实业发展联合公司的账上,并指使何乙用一张虚假的15万元咨询费收入发票,在海口四发塑胶实业联合公司平账,从而将该款非法占有。

2000年4月4日,检察院以被告人王某匀犯挪用公款罪、贪污罪向法院提起公诉。被告人王某匀辩称,起诉书指控的两项事实根本不存在。首先,自己对90万元的来源和去向根本不清楚,更谈不上指使何乙等人挪用该笔款项;其次,15万元并不是海标公司的钱,自己无权支配,对于该款的去向也不清楚;最后,成立益发公司是何甲与张某民提出的,自己只是挂个虚名,没有帮助成立该公司,也没有参与经营管理,因此益发公司与其没有任何关系,故认为自己无罪。其辩护人认为:(1)起诉书所指控的90万元不是海标公司的公款,因为海标公司的账上并没有该笔款项的入账凭证,也没有王某匀对该90万元的处理意见,检察院将根本不存在的款项认定为挪用是牵强的;(2)海南益发实业发展联合公司营业执照上所确定的企业性质为全民所有制,后海南省工商局重新认定为私营企业,其任意改变自己对企业经济性质的认定是没有法律依据的;(3)15万元公款虽然转到海南益发公司的账上,但没有证据证明被王某匀侵吞。综上,辩护人认为起诉书认定被告人王某匀犯有挪用公款罪、贪污罪的证据不足,其指控不能成立。

**【法院裁判】**

法院认为:被告人王某匀身为全民所有制企业的经理,利用职务之便,将其他单位应归还本单位的欠款人民币90万元擅自截留,并挪至其私营的公司用于经营活动,其行为已构成挪用公款罪,且犯罪情节严重;被告人王某匀伙同他人编造支付咨询费的假相,并以虚假的销售发票平账的手段,将本单位的公款人民币15万元划至其私营公司的账上,据为己有,其行为亦已构成贪污罪,应与其所犯挪用公款罪并罚。在法庭审理中,关于海南益发实业发展联合公司的企业性质问题,一直是控辩双方争论的焦点,也是正确认定本案事实的关键。对此,法庭认为,控方所提供的证据已经证实,海南益发实业发展联合公司系被告人王某匀与他人打着全民所有制的幌子,在未经上级领导及有关股东的同意,主办单位没有投资和参与管理,也未进行国有资产登记的情况下,擅自成立的私营企业。这种结论不是根据个别证人的证言得出的,而是已经为本案一系列相互联系的证据所证实。海南省工商局对益发公司重新认定为私营企业,也正是依据客观事实,尊重客观事实的结果,同时也符合最高人民法院有关司法解释的精神,可以作为定案的依据。另外,尽管被告人王某匀声称自己对涉案的90万元及15万元的事情一无所知,但无论是案犯何乙的供述,还是证人刘某的证言,都一致而且明确地证实被告人王某匀不仅知道90万元的来历,而且还左右了该90万元公款的去向,并且这种结论在王某匀自己的笔记本上也清楚地得到了印证;在认定王某匀侵吞15万元公款的问题上,益发公司开给四发公司的15万元咨询费发票是本案至关重要的证据,被告人王某匀在该发票上签字,只能说明其对发票内容的明知与认可,同时结合何乙及王某匀自己在侦查机关的供述,足以证明被告人王某匀参与侵吞15万元公款的事实。因此,被告人王某匀及其辩护人所作的无罪辩解及辩护意见,缺乏事实和法律依据,法院不予采信。依照《中华人民共和国刑法》第384条第1款、第382条第1款、第383条第1款第(一)项、第12条第1款、第69条第1款、第64条之规定,对被告人王某匀以挪用公款罪判处有期徒刑6年,以贪污罪判处有期徒刑11年,决定执行有期徒刑13年。

一审宣判后,被告人未上诉,公诉机关亦未抗诉,一审判决已经生效。

## 【要点评析】

本案的焦点在于刑事审判是依照原有企业性质还是依照重新核定的企业性质来认定被告人行为的性质以及挪用公款罪的认定问题。

1. 本案应依照重新核定的企业性质来认定被告人行为的性质

本案确定益发公司的企业性质是判断本案被告人行为性质的关键所在。因为如果海南益发实业发展联合公司属于全民所有制企业,就很难判断被告人的行为是否为牟取个人利益,很难判断被告人挪用公款是否归个人使用和将公款占为己有。从营业执照上判断,益发公司系全民所有制法人,这是益发公司登记取得营业执照时工商行政管理机关核定的企业性质。而从海南省工商局的重新认定来看,益发公司属于“名为全民实为私营”的个人投资企业,这也是依据客观事实,尊重客观事实的结果。因此,控辩双方对如何采信益发公司企业性质存在争论就不难理解了。那么本案是以工商局核发的营业执照为依据,还是以工商局重新认定的企业性质为依据呢?答案显然是后者。

辩护人提出营业执照上的企业性质是工商行政管理部门依法核发的,此为法律事实,审判因该遵照此法律事实来判断企业性质。但是我们知道,司法审判应尽可能地发现客观真相,依据客观事实来裁判是非曲直。证据是确定案件事实的依据,是判断是非曲直的基础。在判断证据是否具有可采性上,证据的形式合法性和内容客观真实性同等重要。证据形式合法性必须维护,如果证据形式不合法,即使该证据内容为客观真实,也不能采纳。同样,如果证据形式合法,但内容并非客观真实,而是基于虚假的材料而取得,该证据亦不具有可采性。本案营业执照上的企业性质,虽然是工商管理机关确认的,但是证据显示,被告人成立益发公司,既没有与股东商量,也没有经领导同意,而是其一手操办;成立公司时而且成立为国有企业后,也没有到国资办等单位登记。被告人办理公司注册登记时,提供给工商管理机关的完全是虚假的材料。因此登记核定主体虽然合法,但依据的基础是被告人提供的虚假材料,基于此产生的营业执照,虽然形式合法,但是内容却没有客观地反映出企业性质,不是客观真实。如果善意第三人依据此营业执照上的法律事实来对抗被告人的行为,法院应予支持;但是被告人凭借此其违法取得的营业执照来为自己抗辩,如果法院予以支持,便是在支持违法行为,违反了公平与正义。

海南工商管理局重新核定的益发公司企业性质,形式、内容均合法有效。首先,海南省工商管理局主体合法。根据有关司法解释,重新核定企业性质,是国家工商管理部门的应有职权。《国家工商行政管理局关于认定企业经济性质有关问题的答复》(工商企字〔1995〕第264号)明确指出:"工商行政管理机关是企业登记注册的主管机关,在对企业依法登记注册时,要依法核定企业的经济性质或组织形式。""由于企业的经济性质与其产权关系密切,作为企业的登记主管机关,可以根据当事人或司法机关的申请,依照其掌握的材料,重新核定企业的经济性质。保护国家、集体和当事人利益,在协助司法机关处理企业产权纠纷中,发挥有效的作用。这是法律、法规明确赋予工商行政管理机关的职责。"其次,工商行政管理机关重新核定益发公司企业性质,尊重历史,符合客观事实,与法院审理查明的事实一致。因此,海南国家工商局重新核定的结论这一证据,形式来源合法、内容客观真实,可以作为审判的依据。实际上,依据重新核定的企业性质来判断行为性质,在司法实践中已经在广泛运用。比如北京市第一中级法院二审审理的陆某荣玩忽职守案中,在认定吴某松的企业性质时就认定该企业为"名为全民实为个体",并基此来判断被告人陆某荣的行为性质。

如果被告人并不知该企业实际上为私营企业,而只是根据企业的营业执照来挪用公款给该企业使用,此时营业执照就可以作为判断行为的性质。例如行为人主观上并不知道"私挂公"企业的性质,一直认为该公司或企业是国有或集体性质的,而将公款给这些企业使用。我们知道,犯罪故意的内容不是抽象的,而是对犯罪构成具体的内容的认识,挪用公款是以特定的使用人作为构成要件的,行为人故意的认识内容应该包括对这一特定使用人的认识。行为人如果对使用人的私营企业的性质没有认识,反而认为使用人是国有或集体性质的公司、企业,行为人因缺乏挪用公款归个人使用的故意,就不能构成挪用公款罪。但是,本案益发公司由被告人自己成立，益发公司的实际性质，被告人心知肚明，不存在可以“善意对抗”的问题。被告人使用公款，用于个人投资注册成立益发公司，其使用公款实际上是与自己发生关系，而不涉及其他人，因此被告人挪用公款给个人是客观事实。

2. 挪用公款罪的认定

本案第一起事实被认定为挪用公款罪。在本案中，被告人系中国标准技术开发公司副总经理及该公司下属的海南标准实业发展联合公司法人代表和总经理，以及海标公司为主要股东的海口四发塑胶实业联合公司法人代表和总经理，是国有公司从事公务的人员，具有职务上的便利条件，主体身份符合挪用公款罪的犯罪构成。分析被告人的客观行为表现是本案定性的关键。

分析挪用公款罪，必须依循两个步骤，第一步需要判断行为人是否挪用公款归“个人使用”，第二步需要判断挪用时间、数额和用途。实践中的难点和理论中争议最大的问题是如何认定挪用公款归“个人使用”。笔者以为，近年来对这一问题所作的立法解释和司法解释，已经较好地解决了这一难题。2001 年最高人民法院《关于如何认定挪用公款归个人使用有关问题的解释》，明确了不具有法人资格的私营独资企业、私营合伙企业视为个人而非单位，从而将单位的范围与单位犯罪中单位的范围达到了统一。而 2002 年全国人民代表大会常务委员会《关于〈中华人民共和国刑法〉第三百八十四条第一款的解释》，明确了挪用公款供单位使用，必须或者“以个人名义”，或者“个人决定以单位名义”“谋取个人利益”。本案被告人挪用公款的行为是利用职务之便私自截留公款，用于个人投资注册公司使用，由于挪用之时公司并没有成立，因此并非挪用公款给单位使用，而是挪用公款给本人使用，属于挪用公款归个人使用。退一步讲，如有些人所说，应该认定被告人挪用公款实际上是给益发公司使用，那么这是否为挪用公款归个人使用呢？回答是肯定的。虽然本案益发公司为私营企业，并且属于法人，依据司法解释，益发公司归属于单位范畴之列。但是，被告人采用的手段是私自截留，利用职权指令他人将公款汇到其私营企业中。虽然很难判断被告人是以个人名义指令还是个人决定以单位名义指令，但因其行为是在领导和其他股东不知情的情况下个人私自作出，因此其行为肯定不是单位集体决定以单位名义作出，而至少是个人决定以单位名义作出。最为重要的是被告人私自处分单位财产的目的是利用职务上的便利为个人注册的私营公司使用，这实际上是为其个人谋取利益。被告人利用职务之便私自挪用公款为个人谋利益，依据立法解释属于挪用公款归个人使用。因此，不管认定被告人挪用公款给本人使用，还是认定被告人挪用公款给单位使用，在本案中，被告人都是挪用公款归个人使用。而很明显，被挪用的公款是用于注册公司，属于经营行为，因此本案客观方面表现为挪用公款给个人使用，用于经营活动，符合挪用公款罪的客观方面的构成要件。被告人挪用公款后很快就归还了挪用款的绝大部分,因此被告人并不是要侵吞此笔公款,而是临时用于注册公司使用,故被告人行为的主观故意很明显就是临时挪用公款获益,符合挪用公款罪的主观方面的构成要件。被告人身为国家工作人员,利用职务之便,挪用公款归个人使用,谋取个人利益,既侵犯了公共财产所有权,又侵犯了职务廉洁性,其行为符合挪用公款罪侵犯的客体要件。因此综上所述,被告人王某匀的行为构成挪用公款罪。

**【法律法规链接】**

《中华人民共和国刑法》第12条第1款、第64条、第69条第1款、第382条第1款、第383条第1款第(一)项、第384条第1款

(编写人:朱　军　游　涛)

## 73. 帮助国家机关工作人员收取受贿款能否认定为受贿罪的共犯

——丁某生受贿案①

**【裁判要旨】**

我国《刑法》第25条规定:“共同犯罪是指二人以上共同故意犯罪。”受贿罪共同犯罪的成立也必须符合刑法的这一规定。共同受贿是受贿犯罪的一种特殊形态,它比单独受贿更具复杂性。非国家机关工作人员与国家工作人员互相勾结,为国家工作人员收受贿赂创造必要的便利条件,代收并代为使用受贿款,其行为应当视为受贿罪的共犯。

**【基本案情】**

2004年7月间,被告人丁某生接到其朋友裴某举(男,55岁,系现役军人,另案处理)的电话,裴在电话中明确说明自己帮人办事得了笔好处费,不方便去取,让丁某生出面帮助取回,丁某生答应此事。2004年7月21日,丁某生按照约定在北京市海淀区复兴路26号院门前与行贿人王某华见面,并跟随王某华前往银行将150万元好处费取出。后王某华将此150万元交与丁某生,丁某生遂联系裴某举,后携

① (2012)海刑初字第282号判决书。

带此150万元回到海淀区复兴路26号院门前将赃款交予裴某举。当日裴某举将其中的50万元借给丁某生使用，并约定剩余100万元日后再陆续汇给丁某生。2004年8月至2005年5月间，裴某举通过他人先后9次将人民币99.6万元汇入丁某生的妻子李某的个人账户。后该笔款项及之前给付的人民币50万元均被裴某举通过丁某生网上赌球挥霍掉。后裴某举将受贿款150万元全部退给王某华，并检举揭发了被告人丁某生代其出面收取王某华给付的150万元受贿款的事实。2009年4月18日，被告人丁某生被公安机关抓获归案。

**【法院裁判】**

法院认为：被告人丁某生与国家工作人员裴某举经事前通谋，帮助裴某举收受贿赂，并使用贿款，构成受贿罪的共犯，其行为亦已构成受贿罪，应予惩处。鉴于被告人丁某生在共同犯罪中起帮助作用，系从犯，可依法对其减轻处罚。依照《中华人民共和国刑法》第385条第1款、第386条、第383条第1款第(一)项、第25条第1款、第27条、第59条之规定，判决被告人丁某生犯受贿罪，判处有期徒刑3年，并处没收财产人民币10万元。

一审宣判后，被告人未上诉，公诉机关亦未抗诉，一审判决已经生效。

**【要点评析】**

本案控辩双方争议的关键点，是被告人丁某生是否构成受贿罪的共犯。什么样的行为才能构成受贿罪的共犯？我国《刑法》第25条规定："共同犯罪是指二人以上共同故意犯罪。"受贿罪共同犯罪也必须符合刑法的这一规定，其犯罪构成如下：一是犯罪主体中至少有一人是国家工作人员。受贿罪是一种职务犯罪，其犯罪主体是特殊主体，在单独犯罪的情况下，其犯罪主体必须是特殊主体。在共同犯罪中，涉及特殊主体与非特殊主体、不同的特殊主体之间能否构成共同受贿犯罪的问题。非国家工作人员可以构成受贿罪的共犯的主体，受贿罪的主体可以是两个以上的国家工作人员构成，也可以由国家工作人员与非国家工作人员共同构成。二是各犯罪主体侵犯的客体都是国家的廉政制度。受贿罪的客体是国家的廉政建设制度，这是受贿罪最本质的特征。受贿罪共同犯罪的犯罪主体中虽然有的是非国家工作人员，他们本身没有职务上的便利可以利用，不能直接侵犯国家工作人员职务行为的廉洁性。但他们在共同受贿犯罪中进行教唆、帮助等行为，与国家工作人员相互勾结，通过国家工作人员犯罪主体的行为来达到这一效果。因此，在受贿罪共同犯罪中，犯罪主体不论是否为国家工作人员，他们的犯罪行为所指向的犯罪客体都是同一的，即国家的廉政制度。三是受贿犯罪主观方面具有共同受贿犯罪的故意。共同受贿犯罪的故意表现为贿赂心理的沟通性。行为人对贿赂的追求，是受贿罪的主观心理基础，而贿赂心理的沟通、融合则是各共同受贿犯罪人勾结在一起，共同受贿的心理基础。四是犯罪客观方面表现为各犯罪主体相互配合进行受贿犯罪。在共同受贿犯罪中，各犯罪主体有可能分工不同，不像在单一主体的受贿犯罪中，犯罪主体只表现为受贿行为，而且表现出多种行为方式，如有的是教唆他人受贿，有的是帮助他人受贿，还有的是组织、策划、指挥多人受贿。这些行为方式虽然并不相同，但都是同一受贿犯罪的有机组成部分，各自的行动都是密切配合的，共同组成一起完整的受贿罪。

再具体到本案中，收受他人贿赂的裴某举在收受贿赂前曾电话告知丁某生，明确说明因其不好出面遂让丁某生帮忙去取一笔别人给的好处费，丁某生在明知裴某举委托他代取的款项系受贿款的情况下仍予以答允，并积极帮助裴某举收取贿赂款，且之后在二人的约定下丁某生实际使用该笔受贿款，可见丁某生在整个过程中均密切配合裴某举的受贿行为，其所作所为已构成受贿罪的共犯，应当以受贿罪对其定罪处罚。

**【法律法规链接】**

《中华人民共和国刑法》第25条第1款、第27条、第59条、第383条第1款第(一)项、第385条第1款、第386条

(编写人：郭　晟)

## 74. 单位行贿罪之“行贿”是否包含对单位的行贿

——陈某、深圳市振华通信设备有限公司单位行贿案①

**【裁判要旨】**

“在经济往来中，违反国家规定，给予国家工作人员以财物”既然作为普通行贿的方式之一，当然也可以成为单位行贿罪的客观表现形式之一。行贿与受贿是对合性犯罪，法律对受贿行为的打击要明显严厉于对行贿行为的打击。我国刑法既然没有将非国有单位的受贿问题犯罪化，自然也就不可能将非国有单位的行贿问

① (2003)海刑初字第185号判决书。

题犯罪化。因此,单位行贿罪的"行贿"不包括对单位进行行贿的情形,而只限于对国家工作人员行贿。

【基本案情】

被告人陈某于1999年9月至2002年7月在担任深圳市振华通信设备有限公司(原中国振华电子工业公司程控交换机厂)北京经销维护中心主任期间,在代表中国振华(深圳)电子工业公司(2001年1月变更名称为振华集团深圳电子有限公司)与中国人民武装警察部队司令部通信部处签订并履行程控交换机订货合同过程中,先后给予原中国人民武装警察部队司令部通信部器材处处长韩某华、参谋边某满好处费人民币221,711.80元。被告人陈某于2002年8月29日被抓获归案。

2003年1月14日,检察机关以被告单位深圳市振华通信设备有限公司、被告人陈某的行为已构成单位行贿罪,向法院提起公诉。被告单位诉讼代表人吴某及被告人陈某对起诉书指控内容没有异议。

【法院裁判】

法院认为:被告单位深圳市振华通信设备有限公司在与中国人民武装警察部队司令部通信部器材处经济往来过程中,为谋取不正当利益,违反国家规定,给予国家工作人员好处费,且情节严重,其行为已构成单位行贿罪,应予惩处。被告人陈某是其单位行贿的直接经办人,系直接责任人员,应依单位行贿罪定罪处罚。检察院指控被告单位深圳市振华通信设备有限公司、被告人陈某犯有单位行贿罪的事实清楚,证据确实,指控罪名成立。鉴于被告人陈某之犯罪行为确系为单位之利益,主观恶性不深,犯罪情节较轻,且在被查获归案后,能坦白所有犯罪事实,认罪悔罪态度较好,对其宣告缓刑不致再危害社会,故法院对被告人陈某酌予从轻处罚,并宣告缓刑。根据本案的性质、情节及被告人陈某在单位犯罪中所起的作用,法院对被告单位深圳市振华通信设备有限公司依照《中华人民共和国刑法》第393条、第53条,对被告人陈某依照《中华人民共和国刑法》第393条、第72条第1款、第73条第2款、第3款之规定,判决被告单位深圳市振华通信设备有限公司犯单位行贿罪,判处罚金人民币2万元;被告人陈某犯单位行贿罪,判处有期徒刑1年,缓刑1年。

一审宣判后,被告人未上诉,公诉机关亦未抗诉,一审判决已经生效。

【要点评析】

本案焦点问题有两点:一是单位行贿之法条是否包括"在经济往来中,违反国家规定,给予国家工作人员以财物、数额较大的"之客观表现形式;二是单位行贿之法条是否包含对单位行贿之意。

1. 单位行贿罪的立法渊源和犯罪构成

1979 年刑法没有单位行贿罪的规定。1988 年全国人大常委会《关于惩治贪污罪贿赂罪的补充规定》(以下简称《补充规定》)第 9 条规定:"企业事业单位、机关、团体为谋取不正当利益而行贿,或者违反国家规定,给予国家工作人员、集体经济组织工作人员或者其他从事公务的人员以回扣、手续费,情节严重的,判处罚金,并对其直接负责的主管人员和其他直接责任人员,处五年以下有期徒刑或者拘役。因行贿取得的违法所得归私人所有的,依照本规定第八条的规定处罚。"第八条即是对普通(个人)行贿罪的处罚规定。现行《刑法》第 393 条就是在上述条文基础上拟定。比较《补充规定》第 9 条和《刑法》第 393 条可以发现,两者的主要区别是以"单位"取代"企业事业单位、机关、团体",以"国家工作人员"取代"国家工作人员、集体经济组织工作人员或者其他从事公务的人员"。同时《刑法》第 30 条和第 93 条分别对"单位"和"国家工作人员"进行了解释性规定。由此可见,刑法关于单位行贿罪的规定,除了将《补充规定》第 9 条中的行贿对象之一"集体经济组织工作人员"排除以外,其他内容基本沿袭了《补充规定》第 9 条的规定。

从《刑法》第 393 条的规定来看,单位行贿罪,是指单位为谋取不正当利益而行贿,或者违反国家规定,给予国家工作人员以回扣、手续费,情节严重的行为。该罪的客观方面表现为,一是为谋取不正当利益给予国家工作人员财物,二是违反国家规定,给予国家工作人员以回扣、手续费。何谓"谋取不正当利益"?1999 年 3 月 14 日最高人民法院、最高人民检察院《关于各地在办理受贿犯罪大要案的同时严肃查处严重行贿犯罪分子的通知》对此做了明确规定:"'谋取不正当利益'是指谋取违反法律、法规、国家政策和国务院各部门规章规定的利益,以及要求国家工作人员或者有关单位提供违反法律、法规、国家政策和国务院各部门规章规定的帮助或者方便条件。"该解释同时也为最高人民检察院《关于人民检察院直接受理立案侦查案件立案标准的规定(试行)》(1999 年 8 月 6 日最高人民检察院第九届检察委员会第四十一次会议通过)所吸收,并在附则第(五)条予以解释性规定。由此解释性规定可见,所谓"谋取不正当利益",包括两种情况,一种情况是利益本身具有违法性,即违反法律、法规、国家政策和国务院各部门规章规定;另一种情况是利益本身虽然可能具有合法性,但要求国家工作人员或者有关单位提供违法性的帮助或者方便条件取得利益,即要求国家工作人员或者有关单位提供违反法律、法规、国家政策和国务院各部门规章规定的帮助或者方便条件。同时从上述解释性规定也可以看出,如果国家工作人员和有关单位提供的帮助或者方便条件并不违反法律、法规、国家政策和国务院各部门规章的规定，那么通过行贿手段要求提供这种帮助或者方便条件的，就不属于谋取不正当利益。因此，绝不能把通过行贿手段取得的利益一概视为不正当利益。“从实践中看，所谓不正当利益，主要有以下几种具体表现：一是国家法律规定，任何人、任何单位，在任何时候都不允许取得的利益。例如走私、非法经营、赌博、侵犯知识产权、偷税、抗税等取得的利益。二是在具备法定条件时可以获得某种利益，但在不具备条件时，通过不正当手段获得该种利益。例如，按法律规定，男女达到法定年龄的，可以结婚，有的人未达到结婚年龄，通过伪造证明虚报年龄骗取结婚登记，应视为获得不正当利益。三是应当履行某种义务，通过不正当手段获得减免。四是在损害其他人（或单位）合法权益基础上取得的利益。五是要求国家工作人员或者有关单位提供违反法律、法规、国家政策和国务院各部门规章规定的帮助或者方便条件所取得的利益。”①在本案中，被告单位深圳市振华通信设备有限公司与中国人民武装警察部队司令部通信部处签订并履行程控交换机订货合同，合同利益本身是合法的。但该利益具有不确定性，即在市场经济中具有竞争性，中国人民武装警察部队司令部通信部处可以通过市场选择向这家或那家单位购买程控交换机，而被告单位却通过行贿的手段，让该通信部的负责人常年与其签订合同，剥夺了其他单位的可期待利益，也剥夺了该通信部的市场选择权，当然应该认定为“谋取不正当利益”。何为“违反国家规定”？依据《刑法》第96条的规定，“本法所称违反国家规定，是指违反全国人民代表大会及其常务委员会制定的法律和规定，国务院制定的行政法规、规定和行政措施、发布的决定和命令”。例如《中华人民共和国反不正当竞争法》、1988年国务院办公厅《关于严禁在社会经济活动中牟取非法利益的通知》等。该罪的主体是单位，依据《刑法》第30条的规定，单位包括“公司、企业、事业单位、机关、团体”，既包括国有单位，又包括非国有单位。该罪的主观方面只能是故意构成，并且具有为单位谋取不正当利益的目的，在单位犯罪中具有代表性。

2. 单位行贿罪包括“在经济往来中，违反国家规定，给予国家工作人员以财物，数额较大的”之客观表现形式

在本案中，被告单位深圳市振华通信设备有限公司在与中国人民武装警察部队司令部通信部处签订并履行程控交换机订货合同过程中，3年间先后给予原中国人民武装警察部队司令部通信部器材处处长韩某华、参谋边某满好处费人民币221,711.80元，这个好处费似乎既不是回扣，也不是手续费，而纯粹是钱财，同样发生在签订合同的经济往来过程中。那么是不是就因为规定单位行贿罪的第393条

---

① 王作富主编：《刑法分则实务研究》（下）（第2版），中国方正出版社2003年版，第1987页。

没有如第389条一样明确规定“在经济往来中,违反国家规定,给予国家工作人员以财物”,就否定了该种行为属于单位行贿行为呢?答案是否定的。

《刑法》第389条是对普通行贿罪的立法,从刑法关于行贿犯罪立法的整个系统来看,该条规定的行贿罪的主体虽然是一般主体,但仅限于自然人,不包括单位。这是《刑法》第389条与第393条的主要区别之一。但仔细分析可以发现,《刑法》第389条关于普通行贿的客观方面规定了三种表现形式,第一种是“为谋取不正当利益,给予国家工作人员以财物的”,第二种是“在经济往来中,违反国家规定,给予国家工作人员以财物,数额较大的”,第三种是“违反国家规定,给予国家工作人员以各种名义的回扣、手续费的”。而《刑法》第393条关于单位行贿的客观方面规定了二种表现形式,第一种是“为谋取不正当利益而行贿”,第二种是“违反国家规定,给予国家工作人员以回扣、手续费”。从文字表面来看,单位行贿的表现形式,似乎没有“在经济往来中,违反国家规定,给予国家工作人员以财物,数额较大的”这种行为方式。那么是否就意味着单位“在经济往来中,违反国家规定,给予国家工作人员以财物”,就不构成单位行贿罪呢?笔者认为答案是否定的。“在经济往来中,违反国家规定,给予国家工作人员以财物”能够成为普通行贿罪的客观表现形式之一,这就说明这种行为方式的社会危害性和法律特征,与“违反国家规定,给予国家工作人员以各种名义的回扣、手续费的”的社会危害性和法律特征,在性质上是等同的。单位与个人一样,在经济交往过程中,不仅会存在“违反国家规定,给予国家工作人员以各种名义的回扣、手续费的”的现象,同样也会存在“违反国家规定,给予国家工作人员以财物”的现象。因此,“在经济往来中,违反国家规定,给予国家工作人员以财物”当然是可以成为单位行贿罪的客观表现形式之一的。那么立法是否忽视了此点,而没有将此种行为方式明确规定呢?也并非如此。从立法技术来看,《刑法》第389条是关于行贿罪的一般特征和表现形式的统一规定,该条第1款是对行贿罪的概念进行统一的定义,而第2款是对经济活动中的两种行贿行为的补充性规定,同时也有提示的作用,以便于司法部门能够明确把握,而实际上该款的两种行为方式,在本质上都是“为谋取不正当利益,给予国家工作人员财物”。第2款虽然没有明确规定“为谋取不正当利益”这个主观目的,但笔者认为“为谋取不正当利益”也是经济行贿的应有之意。① 立法在第2款中对此没有明确规定,一方面是因为第1款对于行贿罪已经有了统一的定义;另一方面是因为经济行贿行为一般具有长期性和经常性,在司法实践中确实也很难判断“为谋取不正当利益”这个主观目的。而且在经济活动中出现的第2款行为方式本身就侵犯了国

① 相似的观点,参见陈兴良主编:《刑法学》,复旦大学出版社2003年版,第702页。

家工作人员职务行为的廉洁性。因此,无须在第2款中对主观目的进行规定。第3款是行贿罪的违法阻却性规定。该款规定"因被勒索给予国家工作人员以财物,没有获得不正当利益的,不是行贿。"综观刑法对行贿类犯罪的立法规定,行贿行为和非行贿行为的本质特征,都可以在第389条中找到答案,该条确实是刑法规定的行贿类犯罪的统领性规定。《刑法》第393条规定的单位行贿罪,其法律特征当然也应符合普通行贿罪的法律特征,同时该法条也就没有必要对所有的三种行贿行为都进行规定,而只需对其需要强调的行为方式做出提示性规定,例如该条完全没有必要对违法阻却性规定再次加以规定。该条也确实是如此规定的,其所阐明的所谓第一种行贿方式"为谋取不正当利益而行贿",只是用了"行贿"一词,而并未用"为谋取不正当利益,给予国家工作人员以财物"这样复杂的文字表述。该"行贿"一词,完全可以结合《刑法》第389条进行理解,所有的符合该条规定的行贿方式和该条规定的非行贿方式,都可以用来判断单位行贿的行贿方式和非行贿方式。因此,"在经济往来中,违反国家规定,给予国家工作人员以财物"既然作为普通行贿的方式之一,当然也可以成为单位行贿罪的客观表现形式之一。那么第393条为什么又单独对"违反国家规定,给予国家工作人员以各种名义的回扣、手续费的"进行特别规定呢?笔者认为这也是一个提示性规定,便于司法实践部门掌握。

3. 单位行贿罪的犯罪对象不包括单位,而仅仅是国家工作人员

关于单位行贿罪的犯罪对象,有观点认为包括非国有单位。① 笔者对此不敢苟同,并认为单位行贿罪的犯罪对象依法只有国家工作人员。从逻辑上说,行贿犯罪的犯罪对象只可能出现三种,第一种是国家工作人员个人,第二种是国有单位,第三种是非国有单位。从法条规定上看,《刑法》第391条是对"对单位行贿罪"的规定,并且明确规定,"对单位行贿罪"的犯罪对象是国有单位,即国家机关、国有公司、企业、事业单位、人民团体,而没有包括非国有单位。同时规定了单位犯"对单位行贿罪"的处罚规定,即明确规定,单位对国有单位行贿,以对单位行贿罪处罚,而不以单位行贿罪定罪处罚。而《刑法》第393条是对"单位行贿罪"的规定,该条虽然没有明确规定犯罪对象不能是国有单位,但从第391条这一特别规定来看,单位行贿罪的犯罪对象不可能包括国有单位。那么是否可能包括非国有单位呢?答案是否定的。行贿与受贿是对合性犯罪,从立法规定来看,国家对受贿的打击力度明显要高于对行贿的打击力度。这从立法关于行贿罪与受贿罪的刑罚规定和犯罪构成要求都可以明显地分辨出来。立法规定受贿罪有两种,一种是普通受贿犯罪,即国家工作人员个人受贿犯罪,另一种是单位受贿罪,即国家机关、国有公司、企

① 参见周道鸾主编:《刑法罪名精释》,人民法院出版社2003年版,第731页。

业、事业单位、人民团体受贿犯罪。因此,立法在对受贿类犯罪的规定中,不存在非国有单位的受贿犯罪问题,也就是现行刑法并没有将非国有单位的受贿问题犯罪化。既然法律对受贿行为的打击要明显严厉于对行贿行为的打击,那么立法既然不将非国有单位的受贿问题犯罪化,也就不可能将非国有单位的行贿问题犯罪化。综上,单位行贿罪的犯罪对象排除了国有单位和非国有单位两种可能性,只可能存在于对国家工作人员行贿的问题了。

**【法律法规链接】**

《中华人民共和国刑法》第 72 条第 1 款,第 73 条第 2 款、第 3 款,第 393 条

(编写人:徐子强　游　涛)

# 第八章　刑事诉讼证明及特别程序类案件

## 75. 存在重大瑕疵，并与其他证据之间存在矛盾的鉴定意见，不应当作为定案依据

——陈某某等人寻衅滋事案①

**【裁判要旨】**

鉴定意见是刑事诉讼中重要的证据种类，常常被冠以“科学证据”的美誉。但就本质而言，鉴定意见只是证据的一种，它所具有的证明力并不是不证自明的，也不具有预定的证明力等级，不是最终结论，如果司法鉴定的程序、依据、过程以及结论存在重大瑕疵，那么将严重影响鉴定意见的真实可靠性，甚至导致鉴定意见被排除在定案依据之外。

**【基本案情】**

被告人陈某某于2008年11月11日，因经营场所租赁问题与云川台球厅的经营者朱某某发生争吵及厮打，后被告人陈某某为报复朱某某，指使被告人孟某某纠集他人对云川台球厅进行打砸，被告人孟某某随后授意被告人孙某某纠集人员前往云川台球厅损毁财物，被告人孙某某遂指使被告人兰某某为此事纠集人员，后被告人兰某某纠集了被告人张某某、马某某、王某甲、邹某某，被告人张某某又纠集了被告人杜某某，于2008年11月12日零时许，携带由被告人孟某某事先购买的铁锤，乘车来到北京市海淀区花园路1号由被害人朱某某经营的云川台球厅，将台球厅内的14张台球桌以及电脑、鱼缸等物品砸坏，后逃离现场。2008年12月12日，被告人陈某某、孟某某、孙某某被抓获归案；2008年12月13日，被告人兰某某、张某某、邹某某、杜某某、马某某、王某甲被抓获归案。在法院审理期间，被害人朱某

---

① (2009)海刑初字第2784号判决书，(2010)一中刑终字第2490号裁定书。

某已向我院提起附带民事诉讼,但由于被毁损财物的修复价值目前难以确定,为避免刑事审判的过分迟延,本案民事赔偿问题将由同一审判组织另行审理。在案件审理过程中,被告人孟某某向法院缴纳人民币5万元,被告人马某某向法院缴纳人民币2万元,被告人陈某某向法院缴纳人民币2万元,被告人孙某某向法院缴纳人民币1万元,现扣押在案。

2008年11月20日17时许,被告人杜某某纠集被告人张某某、王某甲、马某某,在位于北京市海淀区永定路铁家坟甲3号被害人王某乙(男,44岁)的家中,持镐把等工具无故对王某乙进行殴打,造成王某乙右颞骨骨折,经鉴定,王某乙身体所受损伤为轻伤。被告人杜某某在因参加毁损云川台球厅财物一事于2008年12月13日被公安机关羁押后,于同年12月16日主动向公安机关交代了其纠集他人无故殴打被害人王某乙的事实。经法院调解,被告人杜某某、张某某、马某某与被害人王某乙就本案民事赔偿问题达成调解协议,被告人杜某某、张某某、马某某共同赔偿王某乙人民币1.5万元,王某乙撤回对被告人杜某某、张某某、马某某、王某甲的附带民事赔偿请求,并对被告人杜某某、张某某、马某某表示谅解。

**【法院裁判】**

一审法院认为:被告人陈某某、孟某某、孙某某、兰某某、张某某、杜某某、马某某、王某甲、邹某某任意损毁他人财物,情节严重;同时,被告人杜某某、张某某、马某某、王某甲还无故滋事,随意殴打他人,情节恶劣,其行为均已构成寻衅滋事罪,应予惩处。检察院指控被告人张某某、杜某某、马某某、王某甲犯有寻衅滋事罪的事实清楚,证据确实、充分,指控罪名成立;但检察院对于被告人陈某某、孟某某、孙某某、兰某某、张某某、杜某某、马某某、王某甲、邹某某犯有故意毁坏财物罪的指控事实不清,证据不足,指控罪名有误。因为故意毁坏财物罪不同于盗窃罪、诈骗罪等以非法占有为目的的侵犯财产犯罪,由于行为人所损毁的财物在种类、品性上各不相同,常常出现财物并非全部灭失或者完全丧失使用功能的情况,因而根据客观状况确定被毁损财物是否可以修复以及具体的修复价值,是正确认定本罪的一个关键要素。根据控方提供的证据显示,被害人朱某某所经营的云川台球厅内共有14张台球桌被本案被告人砸坏,经鉴定价值人民币117,516元,占全部财物损失的96%。根据涉案照片记载,其损坏程度主要表现在桌面被砸有大小及深浅不等的凹陷,但被砸之台球桌并未在整体上遭到损毁,其主要结构仍然完好;同时证人付某新、蔺某萍的证言可以证实,对于台面受损的台球桌完全可以修复,且修复台面所需的费用与台球桌的整体价值之间有着很大差异,因此对涉案14张台球桌的损失数额应以实际修复价值作为认定标准才更为合理,更符合客观实际。但公安机关在案发后却未及时对云川台球厅进行现场勘查，无法证实涉案的14张台球桌在案发当时遭受损毁的具体部位以及损坏程度，而北京市海淀区价格认证中心则是以涉案台球桌全部损失，无法修复为前提，对14张台球桌的整体价值作出了认定，虽然这一鉴定意见本身没有错误，但由于其对确定被毁损财物的修复价值没有任何意义，因而不能作为故意毁坏财物罪的定案依据，故法院对该财产价格鉴定意见不予采纳。被告人及其辩护人提出的相关辩解及辩护意见，法院予以采纳。根据以上事实和证据，法院认为，在涉案财物的修复价值无法确定，而价格鉴定机关又拒绝重新鉴定的情况下，法庭本着主客观相统一的原则，对被告人陈某某、孟某某、孙某某、兰某某、张某某、杜某某、马某某、王某甲、邹某某任意毁损他人财物且情节严重的行为可以寻衅滋事罪加以评价；同时，为使被害人遭受的经济损失得到及时救济，对被告人陈某某、孟某某、马某某、孙某某所缴纳的10万元赔偿款，可提存后作为今后附带民事判决执行的保证。

依照《中华人民共和国刑法》第293条第（一）项、第（三）项，第25条第1款之规定，判决如下：被告人王某甲犯寻衅滋事罪，判处有期徒刑2年。被告人张某某犯寻衅滋事罪，判处有期徒刑1年10个月。被告人杜某某、马某某犯寻衅滋事罪，判处有期徒刑1年8个月。被告人陈某某、孟某某、孙某某、邹某某、兰某某犯寻衅滋事罪，判处有期徒刑1年6个月。

一审宣判后，被告人均未提出上诉，检察院提出抗诉。二审法院于2010年12月20日作出二审裁定，驳回抗诉，维持原判。

## 【要点评析】

本案的主要争议焦点在于公诉机关出示的涉案财产价格鉴定意见能否作为定案根据使用。关于陈某某等人在台球厅进行打砸的行为，检察院以故意毁坏财物罪向法院提起公诉，而据以定罪的关键证据便是北京市海淀区价格认证中心出具的涉案财产价格鉴定意见，该鉴定意见对于被毁损财物的作价为人民币12万余元，其中被毁损台球桌的价值占全部财物损失的96%。辩方在庭审过程中针对该鉴定意见的客观性提出了质疑。法院在审理过程中，针对鉴定意见的合法性、真实性进行了审查，发现该鉴定意见本身的合法性、真实性并没有问题，但同时在审查过程中发现该鉴定意见所依赖的前提是被毁损的14张台球桌均已达到无法修复的程度，从而得出全损的结论。同时，公安机关对案发现场所拍摄照片又显示被毁损台球桌的损伤主要体现为台面大小不一的凹陷，而主体结构尚存，这与被告人的相关辩解能够相互印证。如此一来，涉案财产价格鉴定意见便与其他证据产生了矛盾，矛盾焦点就在于涉案台球桌是否全损？这一矛盾成为了本案事实认定中最为关键的环节。法院为确定该鉴定意见与其他证据之间的矛盾能否得到合理排除,曾要求公诉机关提供公安机关或者海淀区价格认证中心对案发现场被毁损物品的勘查笔录及毁损程度的详细记载,但公诉机关称无法提供;在此情况下,价格鉴定意见与其他证据间的矛盾仍然存在,而且无法得到合理排除,所以合议庭又要求公诉机关联系价格认证中心对涉案被毁损财物进行重新鉴定,但价格认证中心以涉案物品无法重新鉴定为由予以拒绝。而涉案台球桌是否全损这个问题又带有一定的专业性,因此合议庭调取了该品牌台球桌的经销商及生产厂家负责人的证言,两人证言从台球桌的结构、受损部位、修复价值等方面证实了台球桌在主体结构尚存的情况下,其修复价值与全损价值之间是存在巨大差异的。因此合议庭认为,在台球桌可修复的情况下,按照修复价值来确定被告人的犯罪数额才是符合客观实际和公平合理的。但由于涉案财产价格鉴定意见的得出是以被砸台球桌全损为前提,而台球桌全损这一结论却与在案其他证据之间存在明显矛盾并且无法合理排除,公诉机关提供的证据无法证明被砸台球桌已经达到无法修复的程度,从"存疑有利于被告人"的原则出发,法院根据现有证据认定被砸台球桌是可修复的,涉案财产价格鉴定意见所评定的财产价值并非被砸台球桌的修复价值,所以该鉴定意见与台球桌修复价值这一待证事实之间缺乏足够的关联性,不应作为定案根据使用。

【法律法规链接】

《中华人民共和国刑法》第 25 条第 1 款,第 293 条第(一)项、第(三)项

(编写人:张　鹏)

## 76. 对足以推翻指控事实、排除犯罪性的关键证据,应当如何认定其证明效力

——胡某某诈骗案①

【裁判要旨】

证据作为可以用于证明案件事实的材料,既是还原待证事实的素材,其本身也

① (2013)海刑初字第 581 号判决书,(2013)一中刑终字第 5046 号裁定书。

是一种具有特定来源、背景和使命的事实。在刑事诉讼中，确认指控事实须以严密、完整的证据链条为依据，但一项相反证据却可能足以推翻原有证据链条，使事实认定发生逆转。关键证据的审查不仅要以合法性、真实性和关联性为基础，还要围绕证据形成的原因、阶段及其对案件全局的影响进行综合分析，以最终判定关键证据的证明效力。

【基本案情】

2011 年 3 月至 4 月间，被告人胡某某称具有境外融资能力，以帮助被害人曲某某所在的中战蓝盟公司进行酒仙桥危改项目融资、需要费用的名义，约定采用共同出资的形式开展合作。同年 4 月 1 日，胡某某先行向曲某某账户汇入人民币 120 万元(胡某某出资 100 万元，钟某某出资 20 万元)，曲某某遂向胡某某实际控制的第三方账户汇入 300 万元(曲某某出资 180 万元)；当日，胡某某将上述 300 万元钱款从第三方账户取出，存入其个人理财金账户，并用于购买理财产品。同年 5 月 30 日，胡某某在曲某某的催要下还款 50 万元，其中 20 万元由曲某某返还出资人钟某某。后胡某某在融资事项未果的情况下，拒将剩余的 130 万元退还曲某某。经曲某某报案，被告人胡某某被公安机关抓获归案，胡某某账户内的人民币 102 万元被依法冻结。

本案审理期间，被告人胡某某辩称其与被害人曲某某已经明确停止合作并进行了结算，胡某某共计支付曲某某 150 万元，双方钱款已结清，不存在诈骗行为，并向法庭提交了一份《情况说明》复印件，写明："本人曲某某与胡某某、钟某某欲合作的酒仙桥项目，因各方条件不成熟，现已停止合作，三人的各自出资额已分别退回。"该《情况说明》右下方的签字部分同样为复印字迹，其中"2011 年 7 月 21 日"书写于"曲某某"签名的正上方。对于该份证据的来源，胡某某称，2011 年 7 月 17 日，曲某某确实写过一份钱款两清的证明，这份证明的原件已经于 2012 年 5 月 15 日交给了甘家口派出所的倪警官，其把证明的复印件放在了自己的书包里，书包交给其爱人汪某了。被害人曲某某则称，其从未给胡某某写过诸如三个人各自出资已分别退回的证明，不存在 2011 年 7 月 21 日签名的情况。证人倪某当庭表示，被害人曲某某曾到其派出所报案，经过侦查发现胡某某有重大作案嫌疑，并将此案移交至海淀分局，但除一张银行卡之外，胡某某没有交给民警其他物品，其没有见过曲某某签字的收条或协议。甘家口派出所也出具了工作说明，称派出所侦查人员未收到胡某某或其他人提供的有关退回出资额《情况说明》的原件或复印件。

【法院裁判】

庭审过程中，控辩双方对于《情况说明》复印件的合法性、真实性及证明效力各执一词，争议焦点在于该份《情况说明》能否作为认定被告人胡某某无罪的关键证据。经控辩双方举证质证及合议庭认证，法庭认为该《情况说明》存在以下疑点：一是《情况说明》仅系复印件，关键字迹部分存在明显折痕，不能单独作为证据使用，可信度较低；二是该《情况说明》的曲某某签字位于日期的正下方，与曲某某自称的书写习惯及一般人的正常书写习惯均存在偏差；三是被害人对该《情况说明》表示否定且称从未见过这份材料；四是被告人胡某某虽辩称将该《情况说明》原件交予证人倪某，但倪某对此表示否定，并与甘家口派出所出具的工作说明相互印证；五是被告人胡某某自2012年5月15日被羁押之后的数次供述中均未提及《情况说明》的存在，直至同年9月13日的供述中才第一次提及，胡某某对此无法作出合理解释。法庭认为，该证据形式及来源缺乏合法依据，内容的客观性、真实性亦存疑，对其证明效力不予确认。最终，一审法院依照《中华人民共和国刑法》第266条、第53条、第64条、第55条第1款、第56条第1款之规定，作出如下判决：被告人胡某某犯诈骗罪，判处有期徒刑10年6个月，罚金人民币10万元，剥夺政治权利1年；被告人胡某某退赔人民币130万元，发还被害人曲某某，在案冻结的账户资金折抵上述款项。

一审宣判后，被告人胡某某以事实不清、量刑过重为由提出上诉，二审法院裁定驳回上诉，维持原判。

【要点评析】

本案中，被告人胡某某在审判阶段提出了侦查阶段曾一度被"忽视"的证据，且该证据是足以推翻原有指控事实、认定被告人无罪的关键证据。案件争议乃至审理思路的焦点最终着眼于该份关键证据与原有证据体系之间如何进行证明力的衡量。根据疑点利益归于被告人的原则，如果关键证据取得了对原有证据链条的证明优势或形成均势，都有可能得出被告人胡某某无罪的结论。在这种情况下，对关键证据的审查不仅包括对合法性、真实性和关联性的判断，更应当将证据本身作为一项待证事实，结合其在案件全局中的地位和作用、证据形成过程及其逻辑关系，对证据疑点逐一进行剖析，以最终决定其能否作为定案依据。

司法实践中，对关键证据的审查可分为两个层面：(1)证据的合法性、客观性和关联性是疑点剖析的基本依据。本案中，证据的合法性问题表现得尤其突出：就证据来源而言，被告人胡某某称已将《情况说明》原件交予侦查人员倪某，证人汪某称从胡某某的公文包内只找到了《情况说明》复印件并交与法庭，但证人倪某当庭表示其从未收到胡某某提交的《情况说明》原件，故该证据来源的合法性存疑；就证据形式而言，该《情况说明》仅系复印件，关键字迹部分存在明显折痕，不能单独作为证据使用，且曲某某的签字位于日期的正下方，与曲某某自称的书写习惯及一般人的正常书写习惯均存在偏差，故该证据形式的合法性亦存疑；结合被害人曲某某始终表示其未出具过类似说明，在无相关补强证据的情况下，该《情况说明》真实性较弱、可信度较低。(2)将证据的地位、作用、形成过程及逻辑关系作为疑点剖析的综合依据。本案中，被告人胡某某以《情况说明》指出的“曲某某承认出资已退回”作为其已经归还曲某某150万元的证据，除其中50万元得到曲某某确认外，其余100万元均无资金往来记录或第三方证明，胡某某的银行交易明细中也没有相应的取款或转账记录，因此，其归还曲某某100万元的资金来源缺乏事实依据。在逻辑关系上，既然《情况说明》中“出资已退回”的表述是排除被告人胡某某犯罪性的颠覆性内容，那么该证据的重要性应为一般人所明知，对于长期从事相关工作、谙熟经济往来和合同法律关系的被告人胡某某更是如此，但现有证据显示，被告人胡某某自2012年5月15日被羁押之后的数次供述中均未提及《情况说明》的存在，直至同年9月13日的供述中才第一次提及该项证据，被告人胡某某对此无法解释，使《情况说明》的可信度进一步降低。至此，尽管没有直接证据证明该份《情况说明》系伪造，但其本身存在的证据缺陷以及围绕该证据进行的事实查证，已经排除了其推翻指控事实的可能，从而使原有证据体系进一步强化，达到了确实、充分的证明标准。

毋庸置疑，排除犯罪性关键证据的出现必然牵动司法神经，并可能导致审判局势的转折，但正如该项证据的特殊重要性，对其查证的维度、思路和方法也应当全面深入、慎之又慎，既要保障被告人获得公正裁判的权利，又要保障裁判本身的客观严谨、实事求是。本案中，因证据形式及来源缺乏合法依据，内容真实性亦存疑，且证据形成的事实依据和逻辑关系混乱，不足以反驳在案其他证据的综合证明效力，故法院未采信该证据，依法对被告人胡某某作出了有罪判决。

**【法律法规链接】**

《中华人民共和国刑法》第53条、第55条第1款、第56条第1款、第64条、第266条

（编写人：王启亮）

# 77. “一对一”证据的审查判断

## ——邢某某受贿案①

**【裁判要旨】**

职务犯罪案件审理中，证据上出现“一对一”时，应围绕“一对一”证据本身进行审查，逐一排除“一对一”证据中不合乎情理、不合乎客观规律的因素，使认定的事实相对接近案件的真实情况。

**【基本案情】**

被告人邢某某于1999年9月至2007年1月间，受中国兵器工业集团公司(全民所有制企业)委派到兵器财务有限责任公司(以下简称兵器财务公司)担任副总经理，主管投资业务。2005年末至2006年3月间，被告人邢某某经戴某某(另案处理)介绍认识了北京华夏创富投资管理有限公司(以下简称华夏创富公司)董事长方某某(另案处理)，并答应帮助方某某融资人民币5000万元用于股权收购项目，方某某亦表示融资成功后会给邢某某人民币100万元及500万股四维瓷业股份，给戴某某400万股四维瓷业股份以作为回报。2006年3月，被告人邢某某通过兵器财务公司作为股东的深圳置地公司为方某某融资人民币5000万元。资金到位后，方某某于2006年3月到邢某某的办公室，送给了邢某某人民币10万元；并于2006年3月及6月间，委托戴某某转交给邢某某人民币50万元，作为邢某某帮助其融资的好处费，邢某某分给戴某某人民币10万元；另，方某某曾于2006年4月将1辆奥迪A6型轿车交给邢某某使用，后于同年8月以验车为由取回。因经济纠纷，方某某向检察院举报邢某某受贿，2008年5月13日，被告人邢某某被抓获。案发后，戴某某已退还人民币10万元，现扣押在案。

从侦查到审理阶段，邢某某只承认曾帮助方某某融资人民币5000万元，但否认收到60万元的行贿款。证人戴某某证实其于2006年3月31日，到邢某某家丰融园小区门口，将方某某给其准备的40万元现金给了邢某某。邢某某说这个项目其也花钱了，让其从40万中拿10万元，于是其从中拿了10万元。2006年6月，方某某说剩余的10万元准备好了，让其和蒋某某联系。下午3点多，其拿着蒋某某

① (2009)海刑初字第1334号判决书，(2010)一中刑终字第1740号裁定书。

给其的10万元开车到兵器财务公司邢某某办公室，将装10万元钱的纸袋子放在邢某某办公桌边上，邢某某把纸袋子拿进去放在椅子边。其对邢某某说这是方某某给的剩下的10万元。其离开邢某某办公室后告诉方某某10万元已经给邢某某了。证人方某某称其给邢某某打电话说他通过戴某某要的40万元已经给戴某某了，邢某某没有明确答复。2006年6月，其让公司出纳蒋某某取10万元，并让她同戴某某一起去给邢某某送去，后得知戴某某自己拿着钱去了邢某某的办公室。

【法院裁判】

法院生效裁判认为：针对被告人邢某某辩称其没有收到60万元行贿款及其辩护人的相关辩护意见，法院认为，从案发情况看，行贿人方某某举报邢某某受贿的起因是基于其与戴某某产生尖锐矛盾，因此方某某与戴某某在证明邢某某受贿的问题上并无共同利益可言，故可以排除二人共同陷害邢某某的可能；方某某曾答应收购成功之后给戴某某400万股四维瓷业股份，该股份的价值远大于涉案行贿款，而且行贿发生在收购进行中，为了促成收购及融资成功，可以排除戴某某私吞行贿款的可能；同时，法庭注意到，戴某某在证明邢某某受贿的同时，也承认自己从中收取了10万元好处，并主动退出赃款，进一步说明戴某某证言的真实可信；另外，根据被告人邢某某的供述与证人方某某的证言亦可证实，二人在融资之前已约定事成之后方某某将酬谢邢某某，而方某某在获得5000万元融资款前后，相继兑现了60万元行贿款及价值40余万元的奥迪车，故双方行、受贿的因果关系明确。因此，综合全案证据，可以认定被告人邢某某受贿的事实成立。根据被告人犯罪的事实、性质、情节及对于社会的危害程度，一审法院依照《中华人民共和国刑法》第383条第1款第(一)项、第385条第1款、第386条、第64条之规定，于2010年4月12日作出(2009)海刑初字第1334号刑事判决，认定被告人邢某某犯受贿罪，判处有期徒刑10年。

宣判后，邢某某提出上诉，二审法院作出驳回上诉，维持原判的终审裁定，现判决已发生法律效力。

【要点评析】

本案的关键问题在于只有"一对一"的证据能否定案。案件某一事实的当事人只有两个人，而这两个人对事情经过各执一词，所提供的证据相互对立，但除此之外，没有其他任何证据或者至多只有一些不能形成完整的证据链的间接证据。这种证据在办案中通常被称为"一对一"证据。本案即属于"一对一"证据的典型案例，认为本案不能定案的观点为：证人方某某、戴某某证实邢某某收受了60万元贿赂款,但被告人邢某某对此从未供认,无法做到供证吻合;而会计蒋某某的证言只能证明方某某通过蒋某某将40万元和10万元两笔现金交给了戴某某,但是戴某某是否将该50万元交给邢某某,目前只有戴某某一人的证言,无其他证据予以佐证;另外,方某某证实其曾亲自送给邢某某10万元,但目前也只有方某某一人的证言,同样无其他证据予以佐证,从而在客观上形成了一对一的孤证,难以以此确认案件事实。本案除了言词证据之外,缺乏其他物证和书证佐证案件事实。中间人戴某某与案件事实存在利害关系,难以排除其侵吞行贿款的合理怀疑。

"一对一"证据由于在证据充分性上有所欠缺,无法依靠其他证据的印证来判断案件事实的真实情况,因而给司法机关正确认定案件带来极大的难度。笔者认为,对于"一对一"证据的案件,相互对立的每一方证据都没有其他证据可以印证或只有少量的间接证据,因此分析案件必须围绕"一对一"证据本身进行审查,逐一排除"一对一"证据中不合乎情理、不合乎客观规律的因素,使认定的事实相对接近案件的真实情况。在对"一对一"证据的审查中,要将被告人的供述与相对的证人证言进行对比,通过对比找出这两方面证据的相同部分,如果相同部分内容合乎情理,能与案件的其他事实相互印证,通常来说是真实的,可以作为认定部分案件事实的依据;通过对比发现两者之间的差异,并进一步分析研究产生差异的原因。

对于被告人的供述,主要审查被告人的辩解与案件其他证据有无矛盾。必须将被告人的供述同案件中的其他证据联系起来,在联系和对比中考察,这样就有可能和较容易地发现矛盾,鉴别真假。

对于证人证言,审查工作可从以下方面进行:(1)审查证人是否如实提供证言。司法人员可以通过审查证人和案件结果有无利害关系,证人的思想道德和法制观念以及证人是否受人指使、贿买、威胁、引诱或欺骗等,进而对有违纪违法行为证据的真实与否作出判断。(2)审查证人证言形成过程是否影响其提供证言的客观性。一方面从主观因素方面要审查证人的感知能力、记忆能力、表述能力以及有关精神状态、心理因素等是否对证言的客观真实有影响;另一方面从客观因素方面审查证人感知案件事实时,是否因为距离较远、光线太暗、声音太小或因事情发生突然等原因而影响感知的准确性和全面性。司法人员必须完全排除上述影响证言的真实性的主、客观因素,才能确定证言真实可信。(3)审查证人证言的内容是否具体、稳定,是否合情合理,与案件中其他证据有无矛盾。司法人员应着重审查证言内容是否具体明确,前后是否一致、有无反复和出入,以及与案件中的其他证据是否协调、能否印证。证人如果如实叙述其了解的案件事实,则其内容一般是不会矛盾和反复的,并与案件中被查实的其他证据能相互印证;相反,如果证人有意作伪证,无论是捏造事实,还是夸大情节,都有可能会出现漏洞、破绽,与案件中其他证据有矛盾,不能相互印证。

【法律法规链接】

《中华人民共和国刑法》第64条、第383条第1款第(一)项、第385条第1款、第386条

(编写人:樊　强)

## 78. 存在瑕疵或缺陷的检验报告如何进行证据补强

——魏甲、赵某玲、李某高销售假冒注册商标的商品案[①]

【裁判要旨】

证据瑕疵或缺陷直接影响着该项证据乃至整个证据链的证明力,其中,检验报告[②]作为司法鉴定机构之外具有专门知识的人提出的检验意见,可以作为定罪量刑的参考,并应当参照鉴定意见的证据规范对检验报告进行审查和认定:这一方面说明检验报告的证明力相对较弱,仅作为定案参考,另一方面说明检验报告的证据适用具有补充性,通常是在鉴定意见的适用范畴外对特定问题提出的专家意见,因此,一旦检验报告出现证据瑕疵或缺陷,无法以鉴定意见的方式进行证据补强,唯有排除证据瑕疵或重新出具检验报告。如何在不同的检验报告之间明确采信标准,并防止因检验报告结论不一而导致重复检验、难以取舍,需要在证据补强的思路上加以明确。

【基本案情】

2012年7月23日,被告人魏甲雇用被告人李某高,并伙同被告人赵某玲,在北京市海淀区中关村鼎好电子城租用的B2979号摊位向被害人李某销售苹果牌iPhone4翻新手机1部。同年7月28日,被告人魏甲、赵某玲、李某高在上述地点

① (2013)海刑初字第175号判决书。

② 最高人民法院《关于适用〈中华人民共和国刑事诉讼法〉的解释》第87条规定:"对案件中的专门性问题需要鉴定,但没有法定司法鉴定机构,或者法律、司法解释规定可以进行检验的,可以指派、聘请有专门知识的人进行检验,检验报告可以作为定罪量刑的参考。对检验报告的审查与认定,参照适用本节的有关规定。"

销售苹果牌翻新手机时被公安机关抓获归案，并当场起获205部尚未出售的苹果牌手机及手机后盖、包装盒等产品。经北京A知识产权代理有限公司出具检验报告，上述产品均系假冒苹果公司注册商标的产品，其中手机整机产品共计价值人民币499,300元。

**【法院裁判】**

经庭审质证，被告人魏甲、赵某玲、李某高对上述证据均无异议，但被告人魏甲的辩护人在第一次庭审中对假冒苹果公司注册商标商品的检验报告提出异议，称2012年7月23日购买手机的李某系北京A知识产权代理有限公司员工，该公司作为出具检验报告的鉴定单位，与本案有利害关系，不应作为定案依据，而苹果电脑贸易(上海)有限公司的另一份检验报告仅系复印件，不应单独作为定案依据；后公诉人在第二次庭审中补充出示了苹果电脑贸易(上海)有限公司的检验报告原件，被告人魏甲的辩护人未提出实质性异议。经查，北京A知识产权代理有限公司的检验报告虽存在证据瑕疵，但该瑕疵已由苹果电脑贸易(上海)有限公司的检验报告得以补强，该检验报告系苹果电脑贸易(上海)有限公司依法定程序、经与其原厂产品进行同一性比对后作出，且报告结论与被告人魏甲、赵某玲、李某高的供述，证人李某、魏乙的证言相互印证，可信度高，法庭予以采信。

法院认为：被告人魏甲、赵某玲、李某高共同销售明知是假冒注册商标的商品，且销售金额数额巨大，其三人的行为均已构成销售假冒注册商标的商品罪，应予惩处。鉴于被告人魏甲、赵某玲、李某高已经着手实施犯罪，但因自身意志以外的原因而未得逞，系犯罪未遂；被告人魏甲在共同犯罪中起主要作用，系主犯，被告人赵某玲、李某高在共同犯罪中起次要作用，系从犯；被告人魏甲、赵某玲、李某高到案后及庭审过程中均能如实供述其所犯罪行，故对其三人依法减轻处罚，但被告人魏甲与被告人赵某玲、李某高减轻处罚的程度应当有所区分。被告人赵某玲、李某高犯罪情节相对较轻，确有悔罪表现，故对其二人依法宣告缓刑。辩护人的相关辩护意见，酌予采纳。最终，法院对被告人魏甲依照《中华人民共和国刑法》第214条、第23条、第25条第1款、第26条第1款、第67条第3款、第53条；对被告人赵某玲、李某高依照《中华人民共和国刑法》第214条、第23条、第25条第1款、第27条、第67条第3款、第72条第1款、第3款，第73条第2款、第3款，第53条之规定，作出如下判决：被告人魏甲犯销售假冒注册商标的商品罪，判处有期徒刑2年6个月，罚金人民币10万元；被告人赵某玲犯销售假冒注册商标的商品罪，判处有期徒刑2年，缓刑3年，罚金人民币5万元；被告人李某高犯销售假冒注册商标的商品罪，判处有期徒刑2年，缓刑3年，罚金人民币5万元。

一审宣判后,被告人未上诉,公诉机关亦未抗诉,一审判决已经生效。

【要点评析】

在假冒注册商标等案件中,某种产品是否属于该公司生产的正品无法由法定鉴定机构作出结论,司法实践中,通常由被侵权公司或被侵权公司委托的知识产权代理公司对涉案产品进行真伪鉴别,出具检验报告并加以说明。这种"自圆其说"的证明模式固然有其局限性,但在权威的第三方检验机构及相关检验制度尚未完善之前,此种检验报告的出具确有其客观原因,也不应据此否认其证明效力。问题在于,如何使检验报告及相关证据达到确实、充分的证明标准。

与鉴定意见相同,检验报告的检验人员违反回避规定的,该项检验报告不得作为定案依据。本案中,被害人李某是北京A知识产权代理有限公司员工,也恰恰是在A知识产权代理公司出具的检验报告上署名的检验人员,明显违反了回避规定。在这种情况下,辩护人对该份检验报告的质证意见应当予以采纳。但随之而来的问题是,辩护人以A知识产权代理公司出具的检验报告存在常识性错误为由,对该公司的检验能力及检验报告的客观真实性提出质疑,而涉案苹果手机是否为假冒作为本案定罪的核心问题,需要排除一切合理怀疑,否则就可能构成对被告人的有罪推定。在这种情况下,可以通过两条路径对证据缺陷进行补强:

(1)排除A公司出具的检验报告,也不再要求A公司另行出具检验报告。尽管回避规定仅针对被害人李某,A公司的其他检验人员可以参与检验并出具检验报告,但基于A公司出具的检验报告存在被害人与检验人员重合的错误,客观上导致了其检验报告可信度的下降,且由于检验报告的出具程序和规则较之鉴定意见相对较弱,难以从程序上保证A公司的检验资质和能力,由A公司重新出具检验报告亦难以具备"定罪量刑参考"的证据属性,故不宜在此问题上重复出具检验报告。相应地,可以考虑由被侵权公司委托的其他知识产权代理公司或直接由被侵权公司出具检验报告,本案中,为了有效提高检验报告的证明力,法庭建议公诉机关向苹果电脑贸易(上海)有限公司调取证据,即由美国苹果公司在中国的总公司直接出具检验报告,从源头上解决了检验报告的主体争议。

(2)针对检验报告的证明力本身较弱的情形,应当查证与检验报告相互印证的其他证据,从而对检验报告的证明力进一步加以补强。本案中,证人魏乙系被告人魏甲的弟弟,其证言直接证明了魏甲曾经向其说明涉案苹果手机的来源及翻新性质,且与被告人魏甲、赵某玲、李某高的供述及检验报告相互印证,既增强了检验报告的证明力,也防止了本案仅凭言词证据定案,证据链更加严密。

【法律法规链接】

《中华人民共和国刑法》第23条,第25条第1款,第26条第1款,第27条,第53条,第67条第3款,第72条第1款、第3款,第73条第2款、第3款,第214条

(编写人:王启亮)

## 79. 如何把握刑事诉讼的证明标准

——王某某职务侵占撤诉案①

【裁判要旨】

刑事诉讼证明标准即承担证明责任的公诉机关或自诉人提供证据对案件事实进行证明时应当达到的程度。我国刑事诉讼一直遵循证据确实、充分的证明标准,《刑事诉讼法》第53条第2款对证据确实、充分作出了明确规定,即定罪量刑的事实都有证据证明、据以定案的证据均经法定程序查证属实、综合全案证据对所认定事实已排除合理怀疑。司法实践中,依据刑事诉讼法确定的证据规则,全面审查案件证据是否达到确实、充分的证明标准,往往是审判工作的难点和重点,同时也是有效防范冤假错案的关键步骤。

【基本案情】

北京金博智信软件技术开发有限公司(以下简称金博智信公司)的住所在北京市海淀区上地信息产业基地,公司主营销售炒股软件和客户培训。长沙瑞锦投资咨询有限公司(以下简称长沙瑞锦公司)和南昌长博科技有限公司(以下简称南昌长博公司)为金博智信公司在长沙、南昌设立的分公司。被告人王某某系金博智信公司员工,2009年4月被聘任为金博智信公司长沙、南昌地区销售经理,负责湘赣地区全部管理工作。2009年10月至2010年2月间,王某某利用担任金博智信公司长沙、南昌地区区域经理的职务便利,在长沙、南昌等地开设收费提高班和销售智富软件,并将所得费用人民币32.9万元据为己有。2011年4月24日,王某某接公安机关电话传唤主动到案。

① (2012)海刑初字第1287号裁定书。

公诉机关认为，被告人王某某将本单位的财物非法占为己有，其行为已构成职务侵占罪。被告人王某某及其辩护人辩称，王某某在公司外面举办提高班，属于利用业余时间兼职创收，与公司宣传的培训班完全不同；出售的智富动态软件与金博智信公司享有著作权的智富软件也不是同一款软件，因此公诉机关指控王某某犯职务侵占罪的事实不清、证据不足。

【法院裁判】

本案先后经过三次开庭审理，控辩双方均向法庭提供了大量的证据材料，经过对全案证据综合比对，法院认为，公诉机关据以认定被告人王某某构成职务侵占罪的证据之间存在多处矛盾和疑点，尚未达到确实、充分的证明标准，因此指控王某某犯职务侵占罪的事实不清、证据不足。鉴于该案证据存在诸多矛盾和疑点，在一审宣判前，公诉机关主动要求撤回起诉，法院裁定允许。

【要点评析】

职务侵占罪是指公司、企业或者其他单位的人员利用职务上的便利将本单位财物占为己有，数额较大的行为。实践中，被告人是否具有相应的主体资格、被侵占的财物是否归属于被害单位等事实，是案件审理的关键所在。本案中，证明被告人王某某主体身份的证据确实、充分，控辩双方均无异议，争议焦点集中在涉案财产是否应当归属于公司，亦即王某某举办培训班是否属公司行为、销售的智富动态软件是否归公司所有。

1. 涉案培训班是否为金博智信公司举办存疑

首先，关于培训班的宣传形式，在案言词证据之间存在较大矛盾。金博智信公司的工作人员一致证明，公司采用海报和软件跳窗等方式对培训班进行了统一宣传，而参加培训班的多名学员则证实有关培训班的信息是王某某亲自告知或由他人转告，无一见到过相关海报，也未提及软件跳窗。上述学员的证言与王某某供述中只是当面告知学员有关情况，并未进行宣传的内容相吻合。其次，公诉机关虽出示了金博智信公司有关开设培训班的通知及细则，却无法证明该文件何时、通过何种方式下发，也未能提供培训班的宣传海报及软件跳窗截屏印证公司对培训班进行宣传的情况。相反，辩护人当庭出示的金博智信公司其他培训班的宣传网页截图，在宣传模式和宣传力度上都与公诉机关的证据形成了鲜明对比。再次，公诉机关当庭出示了四名证人的书面证明，证实在北京、济南等地参加金博智信公司举办的相同内容的培训班。法院经审查发现，上述书面证明都是金博智信公司提供，不但取证程序上存在瑕疵，还有两名证人的身份存在疑问，一名自称金博智信公司客户的证人实为金博智信公司南昌分公司的股东，另一名证人提供的身份信息有误，无法确定其真实身份。最后，参加培训班的多名学员证实的相关细节也表明涉案培训班并不正规，一是交款方式上，将现金直接交给王某某本人，或通过银行向王某某等人的个人账户汇款，未直接交给公司；二是交款后王某某或公司并未开具发票和收据；三是上课时间不固定，上课地点亦不在公司，而在酒店或咖啡馆里。

2. 智富动态软件与智富软件是否同一无法确定

智富动态软件与智富软件虽仅有两字之差，但在案证据并不能证明二者即同一款软件。首先，智富软件的开发时间明显晚于智富动态软件。王某某和多名证人均证实智富动态软件是2009年开发完成、2010年1月至2月初进行销售的。而智富软件的计算机软件著作权登记证书显示，该软件开发完成日期是2010年3月1日，首次发表日期是2010年4月1日，辩护人当庭出示有关宣传材料显示该软件于8月正式上市。其次，智富动态软件的界面显示该软件由深圳市财富趋势科技有限责任公司出品，并非金博智信公司，这与王某某和证人邓某某关于以从网上下载的通达信软件为模板，稍作修改后命名为智富动态软件的说法相一致，也与部分证人证明发现智富动态软件是一款免费产品、假冒产品相吻合。再次，公诉机关并未对两款软件进行源代码比对鉴定，而仅依据金博智信公司的说明和员工证言即认定两款软件为同一款软件，显然缺乏客观性和权威性。经法院进一步查证，金博智信公司在中国版权保护中心存档的智富软件，在安装方式、登录界面和功能介绍等方面均与智富动态软件存在较大差别。

此外，法院在审理中还发现公诉机关提供的王某某给客户所开收据存根来源存疑，与多名证人证实的王某某没有开过收据和部分学员并非一次付清全款，而是通过转账方式向王某某或他人账户支付等实际情况相矛盾。通过上述分析，公诉机关的举证显然未能达到确实、充分的证明标准，不能排除王某某利用公司客户资源伙同他人自行开办培训班、推销自行开发的软件的可能，因此不能认定王某某的行为构成职务侵占罪。

**【法律法规链接】**

《中华人民共和国刑事诉讼法》第53条第2款

（编写人：徐　进）

## 80. 尚未附着或者加贴假冒注册商标标识的产品可否计入假冒注册商标商品的非法经营数额

——孙某某等三人假冒注册商标案①

【裁判要旨】

假冒注册商标是常见的侵犯知识产权犯罪，在审判实践中，办案机关往往查获大量尚未附着或者加贴假冒注册商标标识产品的情况，是否将其计入假冒注册商标商品的非法经营数额，不可一概而论。这关系到能否正确认定被告人犯罪行为的危害性大小，因此法院必须通过对证据的严格审查与判断，经过证据之间的相互印证，结合被告人的主观意图和客观行为，才能作出相关产品能否计入非法经营数额的结论，从而准确定罪量刑。

【基本案情】

2007年6月至2008年1月间，被告人孙某某在北京市海淀区永丰屯租用房间后自建冷库，雇用被告人钱某某、周某利用低价购买或自行生产的水饺、汤圆，灌装到标有“思念”牌商标的包装袋及包装箱中，假冒“思念”牌水饺、汤圆对外销售。2008年1月23日，被告人孙某某、钱某某、周某被抓获归案，公安人员当场起获大量“思念”牌水饺、汤圆。郑州思念食品有限公司系“思念”牌注册商标的所有权人，该注册商标核定使用商品的范围为：饺子、元宵、馄饨、包子、春卷、方便米饭、八宝饭、粽子、馒头、冰淇淋。经依法鉴定，起获的“思念”牌水饺、汤圆系假冒“思念”牌注册商标的食品，货值金额为人民币103,480元。

【法院裁判】

法院认为：被告人孙某某、钱某某、周某未经注册商标所有人许可，在同一种商品上使用与其注册商标相同的商标，情节严重，其行为均已构成假冒注册商标罪，应予惩处。同时，由于“思念”牌注册商标所核定使用的商品范围并不包括羊肉片，因此在公诉机关指控中有关羊肉片的货值金额不应纳入假冒注册商标罪的犯罪数额，故予以纠正。关于被告人孙某某提出起获的散装水饺是准备假冒其他品牌出

① (2008)海法刑初字第3100号判决书，(2009)一中刑终字第712号裁定书。

售以及起获的“思念”牌水饺含有正品的辩解，与其及同案犯钱某某、周某关于永丰屯仓库一直作为假冒“思念”牌食品的制假窝点的供述明显相悖，且孙某某、钱某某二人的供述均能证明起获的散装水饺都是为了假冒“思念”牌食品而备用，这一事实亦可从现场起获的大量假冒“思念”牌的外包装予以印证，故对上述辩解不予采纳。关于被告人钱某某等人假冒“思念”牌注册商标食品的数量问题，除了现场起获的假冒该注册商标的食品外，根据被告人孙某某的供述与有关批发市场经销商的证言，能够证明大量由其假冒的“思念”牌注册商标的食品已经进入市场流通。虽然公诉机关对于已销售的这部分假冒“思念”注册商标食品的数额没有予以指控，基于不告不理的原则，法院亦对此没有认定；但如上所述，对于孙某某等人假冒“思念”注册商标食品已大量流入市场的这一情况，供证吻合，而且食品安全问题关乎广大人民群众的身体健康与切身利益，考虑到其经营时间长，销售数量多，波及面广等具体情节，表明其行为有着极大的社会危害性，故法院对三被告人酌予从重处罚。被告人钱某某、周某系由孙某某雇用进行犯罪活动的人员，在共同犯罪中起次要、辅助作用，属于从犯，结合其二人认罪态度较好，故法院依法对其二人从轻处罚；但综合考量本案证据情况，被告人钱某某在共同犯罪中所起作用与被告人周某所起作用相比较大，故在量刑时亦有所区别。依照《中华人民共和国刑法》第213条，第25条第1款，第26条第1款、第4款，第27条，第53条之规定，判决如下：被告人孙某某犯假冒注册商标罪，判处有期徒刑2年6个月，罚金人民币5万元；被告人钱某某犯假冒注册商标罪，判处有期徒刑1年6个月，罚金人民币2万元；被告人周某犯假冒注册商标罪，判处有期徒刑1年3个月，罚金人民币1万元。

一审宣判后，被告人孙某某提出上诉，二审法院于2009年3月11日作出二审裁定，驳回上诉，维持原判。

## 【要点评析】

本案的争议焦点之一在于尚未附着或者加贴假冒注册商标标识的产品可否计入假冒注册商标商品的非法经营数额。在我国，商品生产者和经营者有权在商品上使用注册商标并享有注册商标的专用权，未经注册的商标，不受法律保护。因此，假冒注册商标犯罪是对他人的注册商标专用权和国家的商标管理制度的侵犯。假冒注册商标罪的社会危害性在于，犯罪行为人未经注册商标权利人的许可，便擅自在同种商品上附着或加贴注册商标后对外销售，通过这种“搭便车”的手段，犯罪行为人不但能降低自身经营成本，而且可以获取高额利润，而犯罪行为所导致的直接后果就是注册商标权利人在同种商品销售市场上本应获得的市场份额却被非法挤占，造成经济损失。但在假冒注册商标商品的制造过程中，犯罪行为人出于规避打击的需要,其所购入的大量假冒注册商标的标识与用于制造该商品的原料往往是分开存放的,在被公安机关查获时,大部分产品都是标识与原料相分离的状态,也就是常说的"半成品"。如果原料本身的质量并不存在问题,那么犯罪行为人对尚未附着或加贴注册商标的这部分产品不但不属于伪劣产品,而且是否属于假冒他人注册商标的产品也成为疑问。

在本案中,公诉机关指控的数额不仅包括已经包装完毕并标有"思念"牌注册商标的箱装水饺,而且包括多达6520千克放置在白色编织袋内,尚未包装、装箱的散装水饺,而这部分散装水饺的货值金额占到了整个指控金额的一半以上。被告人孙某某及其辩护人的主要辩护意见之一便是这部分散装水饺将会以其他商标品牌装箱对外销售,而不是以"思念"牌注册商标装箱对外销售。但是法院注意到,被告人孙某某及其同案犯钱某某、周某的供述以及大量证人的证言相互印证,证实公安机关所查获的制假窝点内日常就是用白色编织袋存放大量从他人处购入的散装水饺,然后均是以"思念"牌水饺的外包装对外销售。要认定这些散装水饺属于侵权产品,不但要审查本案的言词证据,还应该结合本案物证的审查来予以认定。在本案中,公安机关从孙某某的制假窝点内,不但起获了封口包装机、电子秤等作案工具,更为重要的是起获了数万个标有"思念"牌注册商标的水饺外包装袋及包装箱,这些物证强有力地印证了之前的言词证据,驳斥了孙某某的辩解,因此法院在证据确实、充分的前提下,将散装水饺认定为侵权产品,散装水饺的价值计入非法经营数额,这一事实认定准确反映了孙某某等人的犯罪行为所实际产生的社会危害性,做到了"不枉不纵"。在判定是否将尚未附着或加贴假冒注册商标标识的产品价值计入非法经营数额时,之所以要强调对物证的审查,从物证与言词证据相互印证的角度来确认相关事实认定是否已经达到了证据确实、充分的标准,就在于言词证据相对于物证而言,具有不稳定性、易变性,而假冒注册商标犯罪的特点,也决定了公安机关在抓获犯罪行为人的同时,往往能起获大量制假工具、商标标识、外包装等重要物证。因此,法院在审理此类案件时,应当特别注意审查公安机关收集相关物证时所制作的起获经过、搜查笔录、清点记录、检查笔录、照片、录像,一方面是审查所起获物证的真实性以及与本案的关联性,另一方面则是审查公安机关取证过程的合法性。

**【法律法规链接】**

《中华人民共和国刑法》第25条第1款,第26条第1款、第4款,第27条,第53条,第213条

(编写人:张　鹏)

# 81. 强制医疗案件中“继续危害社会可能性”的审查及家属申请监管的处置

——宋某某强制医疗案①

**【裁判要旨】**

强制医疗案件的审判焦点主要表现为以下两点:第一,如何确定被申请人是否具有继续危害社会的可能性。此点应着重从以下三方面予以把握:一是被申请人精神疾病的类型。一般精神分裂症患者攻击性相对较强。二是既往病史、发病表现及现阶段治疗情况。即通过询问法定代理人、医院主治医师及查阅其既往病史资料等方式,了解其过去是否存在攻击他人的行为及现阶段通过治疗病情是否有明显改善。三是实施本次暴力行为的细节表现,这也是认定行为人是否具有继续危害社会的可能性的最关键要素。第二,在家属申请且有经济实力看管、治疗被申请人的情况下,法院需要综合把握,不能仅凭家属意愿。首先,要查明此次暴力行为是否由于监护人疏于监管所致。如果调查发现监护人既往监管不力,不利于被申请人病情的缓解,难以阻止被申请人危害社会行为的继续发生,则不能由监护人监管;其次,监护人能否提供保障被申请人医疗、看护的有效措施。比如足够的经济收入、确定的看护人及充裕的时间等。缺乏有效措施的,也需要由政府强制医疗。

**【基本案情】**

检察院申请称,2012 年 11 月 30 日 16 时 20 分许,被申请人宋某某在北京市地铁 2 号线鼓楼大街站,将在站台边等候列车的被害人李某某(男,37 岁)推下站台,致使李某某被正在进站的列车碾压致伤,造成其右侧第 6 ~ 10 根肋骨骨折,右侧血气胸,左侧血胸,右下肺破裂,右肺血管破裂,右侧肋间血管破裂,双肺挫伤,右侧胸部皮下气肿,头部开放伤口,脑外伤后神经反应,全身多处软组织损伤。

2012 年 12 月 6 日,被申请人宋某某被抓获归案,并供述了上述事实。2013 年 1 月 6 日,被申请人宋某某经法定程序鉴定,依法不负刑事责任。

申请机关认为被申请人宋某某有继续危害社会的可能,并向法院提供了相应

① (2013)海法刑医字第 001 号强制医疗决定书,(2013)一中刑医复字第 1420 号裁定书。

的证据材料，提请法院依照《中华人民共和国刑事诉讼法》第285条第2款之规定，对被申请人宋某某强制医疗。

被申请人宋某某的法定代理人及诉讼代理人对申请机关提出的事实和证据均不持异议，承认宋某某患有精神疾病，并有暴力倾向，但认为家属有能力对宋某某进行正常治疗并可雇用他人对其进行监管，认为宋某某现不具有社会危险性，不需要强制医疗。

**【法院裁判】**

一审法院于2013年3月17日作出(2013)海法刑医字第001号强制医疗决定书，决定对被申请人宋某某予以强制医疗。宣判后，被申请人宋某某的法定代理人对强制医疗决定不服提出上诉，二审法院于2013年4月1日裁定维持一审决定，现决定已生效并交付执行。法院生效裁定认为：被申请人宋某某在2007年2月就曾被医院诊断为精神分裂症，在2012年1月至10月连续发生无故打骂他人的情况，在2012年11月30日又实施了将他人推下地铁站台，造成被害人身体遭到列车碾压后多处受伤的危险行为。被申请人宋某某虽经法定程序鉴定为依法不负刑事责任能力的精神病人，但其行为严重危害了他人的生命安全，具有社会危险性，应予以强制医疗。针对被申请人宋某某的法定代理人及诉讼代理人提出的被申请人宋某某现不具有社会危险性，没有必要被强制医疗的意见，合议庭认为在案证据表明，现被申请人宋某某的病情没有康复，多次发生无故辱骂和殴打他人的行为，暴力倾向明显，仍然存在继续危害社会的可能，故决定对被申请人宋某某予以强制医疗。

**【要点评析】**

强制医疗案件是新刑诉法实施后规定的新类型案件，无既往经验可以借鉴，本案更是北京市首例强制医疗案件。强制医疗案件的审判焦点主要表现为以下两点：一是如何确定被申请人是否具有继续危害社会的可能性；二是在家属申请且有经济实力看管、治疗被申请人的情况下，法院如何决定的问题。

1. 确定被告人是否有继续危害社会的可能性

2012年新修改的《刑事诉讼法》第24条、第285条对实施强制医疗的条件作了明确规定：实施了暴力行为，危害公共安全或者严重危害公民人身安全；经法定程序鉴定依法不负刑事责任的精神病人；有继续危害社会的可能。同时具备上述三要素，法院可以决定对被申请人予以强制医疗。司法实践中，上述第一点及第二点可以根据控方证据清晰、明确的证实，关键是第三点“是否具备继续危害社会的可能性”，因法官并非精神疾病专家，普遍缺乏相关专业知识及经验，把握该点难度较大。结合相关司法解释精神，我们认为在司法实践中判定被申请人是否具有继续危害社会的可能性，应着重从以下三方面予以把握：一是被申请人精神疾病的类型。现阶段医学界一般将精神疾病区分为轻型精神疾病与重型精神疾病，前者如强迫症、抑郁症、神经衰弱等，行为人攻击性较弱；后者如精神分裂，存在一定的攻击性。二是其既往病史、发病表现及现阶段治疗情况。即通过问询法定代理人、安康医院主治医师及查阅其既往病史资料等方式，了解其过去是否存在攻击他人的行为及现阶段通过治疗病情是否有明显改善。三是实施本次暴力行为的细节表现。认定行为人是否具有继续危害社会的可能性，最关键的要素是其实施本次行为的暴力特征是否明显。综合上述三点，如果被申请人经鉴定为精神分裂症患者，且存在既往攻击他人的行为且本次攻击行为具有一定的暴力色彩，则一般可以认定其具有继续危害社会的可能性。

具体到本案中，被申请人宋某某的疾病类型为精神分裂症，具有一定的攻击性；据其法定代理人提供的情况，其在 2012 年 1 月至 10 月间连续发生多起无故打骂他人的情况，并因其法定代理人疏于监管，最终导致本案暴力行为的发生，说明其有明显的暴力倾向；审判前被申请人正在安康医院接受治疗，经向主治医师问询，被申请人正在急性治疗期，经诊治虽病情有所稳定，但仍存在夸大妄想及冲动行为。综合上面几点，合议庭判定被申请人具有继续危害社会的可能性。

2. 家属申请自行对被申请人送医治疗，且认为有能力看管被申请人的，法院对被申请人应作何决定

《刑法》第 18 条第 1 款规定：“精神病人在不能辨认或者不能控制自己行为的时候造成危害结果，经法定程序鉴定确认的，不负刑事责任，但是应当责令他的家属或者监护人严加看管和医疗；在必要的时候，由政府强制医疗。”该规定表明，政府强制医疗是在家属看管、医疗不能情况下的补充措施，即应以家属看管为优先原则。但对于具有继续危害社会可能性的被申请人，如果其家属具备看管、治疗被申请人的条件，且向法院申请不予强制医疗的，法院需要综合把握，不应仅凭家属申请就予以同意。首先应当查明此次暴力危害行为发生的原因，是否由于监护人疏于监管所致。如果调查发现监护人既往监管不力，不利于被申请人病情的缓解，难以阻止被申请人危害社会行为的继续发生，则不能由监护人监管。其次，监护人是否提供保障被申请人医疗、看护的有效措施。比如足够的经济收入、确定的看护人及充裕的时间等，缺乏有效措施的，也需要政府强制医疗。

本案中，被申请人宋某某的父母一再声明有能力将宋某某送医治疗和监护，不同意强制医疗；合议庭在审理时对宋某某父母既往对宋某某的治疗、监护力度及宋

某某的发病过程、表现等方面进行了全面了解，经审查，被申请人的父母虽一直对其进行治疗和监管，但监管方式松散，其父母明知宋某某一直与同事、陌生人及家人存在暴力冲突亦无相应的强制约束措施，且本次事故的发生亦是由于其父母盲目判断宋某某病情有所好转而擅自减药且疏于监管所致，这足以证明宋某某的父母虽已履行相应职责，但看护不利，其监管措施不足以阻却被申请人宋某某继续实施危害社会的行为，法院最终作出对被申请人宋某某强制医疗的决定。

**【法律法规链接】**

《中华人民共和国刑事诉讼法》第285条

（编写人：王　冲　侯孝文）

## 82. 解除强制医疗案的审查要点

——纪某某解除强制医疗案①

**【裁判要旨】**

解除强制医疗程序具体应如何操作，被强制医疗人在何种条件下能够被解除强制医疗，《刑事诉讼法》没有明确规定。对司法实践中出现的该类案件，探索听证模式作为解除强制医疗的程序设计，具有借鉴意义。

**【基本案情】**

被强制医疗人纪某某，男，1969年6月21日出生于辽宁省绥中县，满族，文盲，农民，户籍所在地为辽宁省绥中县大王庙镇小黄羊村上沟外屯9号。被强制医疗人纪某某于2012年7月2日下午在京与家人走失。当日20时许，纪某某在北京市海淀区八里庄大桥西北角，使用暴力踢伤被害人杨某并劫取其挎包一个，内有三星牌手机一部、钱包一个及现金人民币924元，并致其左足拇指皮肤软组织损伤，经鉴定杨某伤情为轻微伤。当日，在群众协助下，被强制医疗人纪某某被抓获归案，赃款物均已起获并发还。2013年4月10日，被强制医疗人纪某某经法定程序鉴定依法不负刑事责任，因其有继续危害社会的可能，法院于2013年6月19日作

① (2014)海刑医初字第707号解除强制医疗决定书。

出强制医疗决定，送北京市公安局强制治疗管理处所辖的北京市安康医院治疗。

北京市安康医院于2013年12月19日作出（编号：2013－01）强制医疗解除意见书，认为被法院决定强制医疗的精神病人纪某某，经该院进行诊断评估，其已不具有人身危险性，不需要继续执行强制医疗，建议法院对其依法解除强制医疗。

**【法院裁判】**

审理过程中，法院遇到的首要问题就是以何种形式进行庭审。

本案只有申请方而无传统庭审中的反对方，法庭无法进行抗辩模式。现有法规只要求法院在审理完结后将决定书送达检察院即可，故检察院经法院通知后明确表示不派员参见庭审。本案的被解除医疗人又系精神病人，其自身无刑事责任能力，庭审答辩要由其法定代理人进行。因此以往刑事案件开庭审理的方式并不适应本案的特殊情况。北京市人民检察院、北京市高级人民法院、北京市公安局《关于强制医疗程序的实施办法（试行）》第28条中也只规定对于此类案件法院应当组成合议庭进行审查，没有明确开庭的规范和形式。合议庭经研究并向院、庭领导汇报，最后确定以听证会的方式审理本案，并向被强制医疗人纪某某的法定代理人、申请人安康医院、检察院、纪某某户籍所在地的司法所、村委会发出了出庭通知，要求以上单位和个人参与本案的听证会。在听证会召开前，承办法官到安康医院直接与被强制医疗人纪某某进行了交谈并向纪某某的主治医生了解了相关病情。

法院于2014年4月4日上午以听证会的形式审理了本案。被强制医疗人纪某某的法定代理人杨某伟及其诉讼代理人、北京市安康医院医疗人员到庭参加了听证会，检察院、纪某某户籍所在地的司法所、村委会未派员参加听证会。

听证会要解决的首要问题就是被强制医疗人纪某某还有没有继续危害社会的可能性。合议庭引导参加听证的各方围绕此问题相继发表了意见，并出示了以下证据：

2013年12月19日北京市安康医院作出（编号：2013－01）强制医疗解除意见书向法院申请解除纪某某的强制医疗。北京市安康医院诊断评估报告书的评估结论是纪某某经临床评估，病情有所缓解，达到临床好转，目前无人身危险性。

被强制医疗人纪某某的法定代理人杨某伟向法院保证在纪某某解除强制医疗后即带其回原籍老家居住，由其本人对纪某某进行认真的看管监护。

被强制医疗人纪某某与承办人的谈话笔录，在该笔录中其本人保证不再饮酒滋事，希望法院能对其解除强制医疗。

被强制医疗人纪某某户籍所在地辽宁省绥中县大王庙镇小黄羊沟村村民委员

会为纪某某出具担保书,保证组织人员对纪某某认真监管,避免类似事件再次发生。

经过合议,合议庭在听证会后于 2014 年 4 月 11 日宣布对被强制医疗人纪某某解除强制医疗,并责令其法定代理人杨某伟对纪某某严加看管和医疗。

解除强制医疗决定书已生效。

【要点评析】

本案是北京市法院审结的首例解除强制医疗案件。解除强制医疗案件是新刑事诉讼法实施后规定的新类型案件,无既往经验可以借鉴。法院认为,解除强制医疗案件,作为刑事诉讼法新增程序,其重点在于保障社会公共安全和人权。以此为出发点,合议庭从以下几方面对案件进行了分析评估:(1)本案纪某某前次犯罪的情节不是很严重,社会危害性也不是很大,因此可以判断其本人的人身危险性不大。(2)纪某某本人的精神病状况现在也不是很严重,其犯病的诱因是长期酗酒。如果能够控制其饮酒行为,纪某某再次犯罪的可能性就会大大减小。(3)安康医院诊断评估报告书的评估结论是纪某某经临床评估,病情有所缓解,达到临床好转,目前无人身危险性。合议庭可以根据该评估报告认定纪某某现在具有解除强制医疗的条件。(4)承办法官曾在收案后亲自到安康医院会见过纪某某,通过谈话发现纪某某思维、行动均属正常状态。(5)纪某某的法定代理人杨某伟向法院保证在纪某某解除强制医疗后即带其回原籍老家居住,由其本人对纪某某进行认真的看管监护;这说明纪某某解除强制医疗后有被监管、看护的条件。(6)纪某某户籍所在地辽宁省绥中县大王庙镇小黄羊沟村村民委员会为纪某某出具担保书,保证组织人员对纪某某认真监管,避免类似事件再次发生。另绥中县大王庙镇司法所也接到过法院出庭的通知,虽未到庭发表意见,但其司法所给承办人来过电话,称其所现知道此事,同意对纪某某解除强制医疗。这说明纪某某原籍的政府已经知道此情况,并且同意对纪某某解除强制医疗。综合以上情节,法院认为纪某某再次危害社会的可能性较小,同意对纪某某解除强制医疗。

【法律法规链接】

《中华人民共和国刑事诉讼法》第 288 条第 1 款

《最高人民法院关于适用〈中华人民共和国刑事诉讼法〉的解释》第 542 条第 1 款

(编写人:王　冲)

# 后　记

2013 年年初，习近平总书记就做好新形势下政法工作做出指示：“努力让人民群众在每一个司法案件中都能够感受到公平正义。”为此，最高人民法院院长周强明确提出，要“以司法公开促进公正……人民法院践行司法为民根本宗旨，就是在司法领域贯彻执行党的群众路线，就是通过履行职能为人民服务”。

为人民司法是我国司法制度的最根本特色所在，而如何让人民群众在每一个案件中感受公平正义？如何通过履行职责体现为人民服务？这些，都是人民法院，尤其是基层法院在新形势下面临的新挑战。作为近三年年均收结案近五万件的基层法院，作为总结出诸多优良工作经验、涌现出许多先进法官的基层法院，我们深知，法院不仅是法律的执行者，还是法律的宣讲者，审理案件的过程，就是对当事人、旁听人，甚至是对全社会进行的一场生动的法律宣讲。换言之，人民群众通过每一个具体案件的审理直接地体验和感知着法律程序是否透明，司法是否公正。

而做好法律的宣讲者，不仅要求法官具有精通法律知识的素养、过硬的审判业务技能，还要有司法为民的良好作风。不仅要求法官对人民群众有感情，还要有让群众信任司法的能力和方法。法官应该用人民群众听得懂的语言，为他们讲解法律，帮助他们掌握基本的诉讼知识，引导他们合理诉讼、服判、信法，并逐渐在内心形成对法律的信仰，对法治的信赖。

现阶段，通过举办法院开放日、公众旁听庭审、裁判文书公开等方式进行的司法公开，是基层法院做好法律宣讲者的主要和重要途径。法院开放日和旁听庭审，固然能给参与的民众提供一个直观认识法院角色、感受法官工作、体验庭审程序的经历，但鉴于法律程序的纷繁复杂，一次体验恐怕不足以让民众真正了解法律。同样的，裁判文书的公开，虽然承载着向公众公开案件审理过程、法院认定事实、适用法律和法律推理过程以及案件确定的裁判规则的功能，但是不可否认的，当前裁判文书中体现的说理性，对于不同诉讼意见的回应性，对于重大程序行为记载的全面性等方面均有待完善。对于不了解，甚至对法律一无所知的普通民众而言，通过阅读个案文书，也许还不能达到充分了解法律程序的程度。

有鉴于此，我们尝试着探寻更好的方法促进司法公开，实现司法公正。此次与法律出版社合作进行本套丛书的编撰出版，即是我们努力的成果之一。丛书针对特定类型案件在审判实践中的重点及难点，依据最新的法律法规及司法解释，结合法学理论进行分析。其中，系统梳理了类案的特点、类型、发展趋势及相关的基础理论，并总结提炼出类案审理的思路、方法和要点，希望为初任法官和具有一定实务经验的法律实务工作者提供参考和指引。

丛书的编撰出版，经历了初稿撰写、两次分类统稿和最后的集中统稿，是一项艰难费时的工作，历经大半年的时间。其间，作者们同时承担着繁重的审判任务，但是，希望丛书能为读者们提供一点有用信息，能成为司法公开的一个有效途径的心愿，支持着我们优质高效地完成丛书的编写工作。同时，院党组成员不仅主持丛书的编写、统稿工作，而且多次听取编写的进展，提出修改意见。法律出版社的领导和编辑对丛书的最终完成也发挥了重要的指导作用。对此，我们感激不尽。

司法公开，司法公正，是每一个司法工作者的理想信念，是每一名人民群众的良好心愿。丛书的出版是一个契机，也将是我们进一步落实司法公开，促进司法公正，践行为人民司法宗旨的又一个新起点。

以此为跋。

北京市海淀区人民法院院长

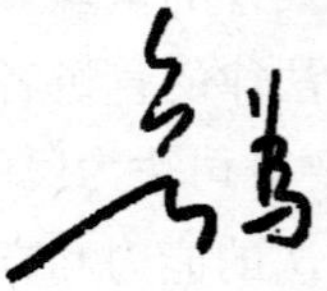

**图书在版编目(CIP)数据**

刑事疑难问题典型案例评析 / 肖中华,范君主编.
—北京:法律出版社,2015.2
ISBN 978-7-5118-7490-0

Ⅰ.①刑… Ⅱ.①肖… ②范… Ⅲ.①刑法—判例—研究—中国 Ⅳ.①D924.05

中国版本图书馆 CIP 数据核字(2015)第 021253 号

**刑事疑难问题典型案例评析**
总主编 鲁 为
主 编 肖中华 范 君

策划编辑 韦钦平 夏旭日
责任编辑 夏旭日
装帧设计 贾丹丹



**开本** 720 毫米×960 毫米 1/16
**印张** 22.5 **字数** 416千
**版本** 2015 年 3 月第 1 版
**印次** 2015 年 3 月第 1 次印刷
**出版** 法律出版社
**编辑统筹** 大众出版分社
**总发行** 中国法律图书有限公司
**经销** 新华书店
**责任校对** 王 丰
**责任印制** 沙 磊
**印刷** 三河市兴达印务有限公司

法律出版社/北京市丰台区莲花池西里 7 号(100073)
电子邮件/info@lawpress.com.cn
销售热线/010-63939792/9779
网址/www.lawpress.com.cn
咨询电话/010-63939796

中国法律图书有限公司/北京市丰台区莲花池西里 7 号(100073)
全国各地中法图分、子公司电话:
第一法律书店/010-63939781/9782
西安分公司/029-85388843
重庆公司/023-65382816/2908
上海公司/021-62071010/1636
北京分公司/010-62534456
深圳公司/0755-83072995

**书号**:ISBN 978-7-5118-7490-0
**定价**:58.00 元
(如有缺页或倒装,中国法律图书有限公司负责退换)